南山大学経営研究叢書

# ビジネス・シミュレーション ―設計・構築・分析―
BUSINESS SIMULATION: A Problem-Based Approach Using Excel

姜　秉国──◎著
Kang, Byung-Kook

創 成 社

シミュレーターの完成図 ─────── ❶ 暗闇の中の確率

|   | B | C | D | E | F | G | H | I | J | K | L | M | N |   | P | Q | R | S | T | U | V | W | X | Y | Z |   | AB | AC | AD | AE | AF | AG | AH | AI | AJ | AK | AL |
|---|---|---|---|---|---|---|---|---|---|---|---|---|---|---|---|---|---|---|---|---|---|---|---|---|---|---|---|---|---|---|---|---|---|---|---|---|---|
| 10 | | | | | | | | | | | | | | | | | | | | | | | | | | | | | | | | | | | | | |
| 11 | | | | | | | | | | | | | | | | ♠ | 1 | 2 | 3 | 4 | 5 | 6 | 7 | 8 | 9 | 10 | | | | | | ← 結果 → | | | | | 19 |
| 12 | | | | | | | | | | | | | | | | | | | | | | | | | | | | | | | | | | | | | |
| 13 | | TABLE-1 | | | | 乱数 | | | | | | | | | | TABLE-2 | | | 割り当て | | | | | | | | TABLE-3 | | | チェック | | | | | | | 判定 |
| 14 | | | | | | | | | | | | | | | | | | | | | | | | | | | | | | | | | | | | | |
| 15 | | 1st | .73 | .12 | .09 | .03 | .65 | .95 | .00 | .97 | .14 | .93 | | | 4 | 7 | 8 | 9 | 5 | 2 | 10 | 1 | 6 | 3 | | 1 | 1 | 1 | 1 | =SUM(AL15:AL68) | | | | | |
| 16 | | 2nd | .80 | .59 | | .07 | .20 | .42 | .05 | .92 | .55 | .72 | | | 3 | 5 | | 9 | 8 | 7 | 10 | 2 | 6 | 4 | | 1 | | 1 | 1 | 1 | 1 | 1 | 1 | 1 | | |
| 17 | | 3rd | .32 | .55 | .01 | | | .40 | .86 | .35 | | .77 | | | 8 | 5 | 10 | 1 | 4 | 9 | 6 | 2 | 7 | 3 | | 1 | | | | | | | | | | 1 |
| 18 | | 4th | .11 | .50 | .86 | =RAND() | | .38 | .66 | .91 | | .22 | | | 10 | 2 | 7 | =RANK(E15,$E15:$N15) | 8 | 3 | 4 | 5 | 6 | 1 | | 1 | 1 | | | | | | | | | |
| 19 | 10 | 5th | .09 | .37 | .93 | .20 | .48 | .13 | .97 | .06 | .90 | .87 | | ♥ | 9 | 6 | 2 | | | 5 | 1 | 10 | 4 | 3 | | 1 | 1 | =IF(Q$11=Q15,"",1) | | | | | | | | |
| 20 | | 6th | .17 | .35 | .20 | .33 | .03 | .37 | .97 | .94 | .83 | .14 | | | 7 | 5 | 6 | 4 | 8 | 3 | 10 | 1 | 2 | 9 | | 1 | 1 | 1 | 1 | 1 | 1 | 1 | 1 | 1 | 1 | |
| 21 | | 7th | .17 | .68 | .47 | .51 | .33 | .36 | .42 | .44 | .65 | .76 | | | 10 | 2 | 5 | 4 | 9 | 8 | 7 | 6 | 3 | 1 | | =IF(SUM(AB15:AK15)=10,1,"") | | | | | | | | | | |
| 22 | | 8th | .98 | .36 | .60 | .32 | .12 | .98 | .12 | .80 | .02 | .43 | | | 1 | 6 | 4 | 7 | 8 | 2 | 9 | 3 | 10 | 5 | | 1 | | | | | | | | | | |
| 23 | | 9th | .41 | .65 | .08 | .05 | .09 | .84 | .13 | .58 | .85 | .36 | | | 5 | 9 | 3 | 10 | 8 | 2 | 7 | 4 | 1 | 6 | | 1 | 1 | 1 | 1 | 1 | 1 | 1 | 1 | 1 | 1 | |
| 24 | | 10th | .95 | .29 | .73 | .59 | .55 | .72 | .18 | .38 | .02 | .80 | | | 1 | 8 | 3 | 5 | 6 | 4 | 9 | 7 | 10 | 2 | | 1 | 1 | 1 | 1 | 1 | 1 | 1 | 1 | 1 | 1 | |
| 25 | | | | | | | | | | | | | | | | | | | | | | | | | | | | | | | | | | | | | |
| 26 | | 1st | .01 | .03 | .13 | .26 | .08 | .72 | .46 | .28 | .57 | .13 | | | 10 | 9 | 7 | 5 | 8 | 1 | 3 | 4 | 2 | 6 | | 1 | 1 | 1 | 1 | 1 | 1 | 1 | 1 | 1 | 1 | 1 |
| 27 | | 2nd | .13 | .86 | .86 | .06 | .79 | .11 | .44 | .34 | .18 | .24 | | | 8 | 2 | 1 | 10 | 3 | 9 | 4 | 5 | 7 | 6 | | 1 | 1 | 1 | 1 | 1 | 1 | 1 | 1 | 1 | 1 | |
| 28 | | 3rd | .77 | .23 | .98 | .61 | .03 | .34 | .20 | .46 | .26 | | | | 2 | 8 | 1 | 3 | 10 | 5 | 9 | 4 | 6 | | | 1 | 1 | 1 | 1 | 1 | 1 | 1 | 1 | 1 | 1 | |
| 29 | | 4th | .09 | .47 | .14 | .60 | .76 | .04 | .39 | .20 | .17 | .93 | | | 9 | 4 | 8 | 3 | 2 | 10 | 5 | 6 | 7 | 1 | | 1 | 1 | 1 | 1 | 1 | 1 | 1 | 1 | 1 | 1 | |
| 30 | 20 | 5th | .67 | .38 | .80 | .35 | .20 | .12 | .15 | .53 | .18 | .24 | | ♥ | 2 | 4 | 1 | 5 | 7 | 9 | 8 | 3 | 10 | 6 | | 1 | 1 | 1 | 1 | 1 | 1 | 1 | 1 | 1 | 1 | |
| 31 | | 6th | .73 | .79 | .46 | .23 | .66 | .33 | .29 | .35 | .38 | .06 | | | 2 | 1 | 4 | 9 | 3 | 7 | 5 | 6 | 5 | 10 | | 1 | 1 | 1 | 1 | 1 | 1 | 1 | 1 | 1 | 1 | |
| 32 | | 7th | .69 | .43 | .42 | .71 | .39 | .26 | .06 | .16 | .83 | .30 | | | 8 | 1 | 2 | 4 | 7 | 3 | 6 | 10 | 9 | 5 | | 1 | 1 | 1 | 1 | 1 | 1 | 1 | 1 | 1 | 1 | |
| 33 | | 8th | .35 | .23 | .61 | .67 | .26 | .35 | .50 | .03 | .64 | .26 | | | 5 | 8 | 3 | 10 | 6 | 2 | 10 | 2 | 7 | 4 | | 1 | 1 | 1 | 1 | 1 | 1 | 1 | 1 | 1 | 1 | |
| 34 | | 9th | .60 | .41 | .03 | .69 | .39 | .23 | .45 | .27 | .24 | .84 | | | 6 | 5 | 10 | 2 | 6 | 9 | 4 | 7 | 8 | 1 | | 1 | 1 | 1 | 1 | 1 | 1 | 1 | 1 | 1 | 1 | |
| 35 | | 10th | .73 | .16 | .46 | .04 | .37 | .52 | .09 | .15 | .12 | .94 | | | 2 | 6 | 4 | 10 | 5 | 3 | 9 | 7 | 8 | 1 | | 1 | 1 | 1 | 1 | 1 | 1 | 1 | 1 | 1 | 1 | |
| 36 | | | | | | | | | | | | | | | | | | | | | | | | | | | | | | | | | | | | | |
| 37 | | 1st | .18 | .28 | .17 | .40 | .26 | .07 | .28 | .05 | .15 | .90 | | | 6 | 4 | 7 | 2 | 5 | 9 | 3 | 8 | 2 | 10 | | 1 | 1 | 1 | 1 | 1 | 1 | 1 | 1 | 1 | 1 | |
| 38 | | 2nd | .50 | .53 | .38 | .56 | .96 | .29 | .68 | .74 | .28 | .48 | | | 6 | 5 | 8 | 4 | 7 | 9 | 3 | 2 | 10 | 7 | | 1 | 1 | 1 | 1 | 1 | 1 | 1 | 1 | 1 | 1 | |
| 39 | | 3rd | .36 | .94 | .98 | .53 | .46 | .07 | .35 | .78 | .66 | .95 | | | 8 | 9 | 7 | 10 | 9 | 4 | 5 | 3 | 6 | 2 | | 1 | 1 | 1 | 1 | 1 | 1 | 1 | 1 | 1 | 1 | |
| 40 | | 4th | .36 | .53 | .41 | .20 | .85 | .59 | .25 | .04 | .37 | .96 | | | 5 | 7 | 6 | 3 | 10 | 4 | 8 | 5 | 2 | 9 | | 1 | 1 | 1 | 1 | 1 | 1 | 1 | 1 | 1 | 1 | |
| 41 | 30 | 5th | .42 | .17 | .09 | .00 | .70 | .58 | .66 | .94 | .04 | .83 | | ♥ | 6 | 7 | 8 | 10 | 3 | 5 | 4 | 1 | 9 | 2 | | 1 | 1 | 1 | 1 | 1 | 1 | 1 | 1 | 1 | 1 | |
| 42 | | 6th | .35 | .63 | .74 | .16 | .22 | .25 | .55 | .34 | .65 | | | | 5 | 3 | 1 | 10 | 8 | 7 | 4 | 9 | 6 | 2 | | 1 | 1 | 1 | 1 | 1 | 1 | 1 | 1 | 1 | 1 | |
| 43 | | 7th | .24 | .48 | .97 | .49 | .55 | .21 | .42 | .28 | .72 | .02 | | | 8 | 5 | 1 | 4 | 3 | 9 | 6 | 7 | 2 | 10 | | 1 | 1 | 1 | 1 | 1 | 1 | 1 | 1 | 1 | 1 | |
| 44 | | 8th | .48 | .62 | .51 | .05 | .67 | .98 | .34 | .76 | .95 | .47 | | | 7 | 5 | 4 | 10 | 1 | 9 | 3 | 2 | 8 | | | 1 | 1 | 1 | 1 | 1 | 1 | 1 | 1 | 1 | 1 | |
| 45 | | 9th | .60 | .39 | .26 | .85 | .36 | .43 | .58 | .99 | .30 | .75 | | | 4 | 7 | 10 | 2 | 8 | 6 | 5 | 1 | 9 | 3 | | 1 | 1 | 1 | 1 | 1 | 1 | 1 | 1 | 1 | 1 | |
| 46 | | 10th | .63 | .43 | .23 | .52 | .72 | .79 | .55 | .82 | .81 | .01 | | | 5 | 8 | 9 | 7 | 4 | 3 | 6 | 1 | 2 | 10 | | 1 | 1 | 1 | 1 | 1 | 1 | 1 | 1 | 1 | 1 | |
| 47 | | | | | | | | | | | | | | | | | | | | | | | | | | | | | | | | | | | | | |
| 48 | | 1st | .51 | .62 | .11 | .72 | .46 | .31 | .54 | .21 | .81 | .77 | | | 6 | 4 | 10 | 3 | 7 | 8 | 5 | 9 | 1 | 2 | | 1 | 1 | 1 | 1 | 1 | 1 | 1 | 1 | 1 | 1 | 1 |
| 49 | | 2nd | .24 | .57 | .87 | .33 | .72 | .07 | .47 | .85 | .75 | .99 | | | 8 | 4 | 2 | 10 | 5 | 1 | 7 | 3 | 4 | 1 | | 1 | 1 | 1 | 1 | 1 | 1 | 1 | 1 | 1 | 1 | |
| 50 | | 3rd | .56 | .26 | .72 | .77 | .85 | .72 | .47 | .06 | .06 | .07 | | | 5 | 2 | 6 | 8 | 10 | 7 | 4 | 1 | 9 | 8 | | 1 | 1 | 1 | 1 | 1 | 1 | 1 | 1 | 1 | 1 | |
| 51 | | 4th | .45 | .03 | .01 | .46 | .43 | .78 | .47 | .30 | .72 | .63 | | | 6 | 9 | 10 | 5 | 4 | 2 | 3 | 8 | 1 | 7 | | 1 | 1 | 1 | 1 | 1 | 1 | 1 | 1 | 1 | 1 | |
| 52 | 40 | 5th | .69 | .88 | .54 | .92 | .46 | .64 | .45 | .19 | .04 | .26 | | | 3 | 2 | 5 | 1 | 6 | 4 | 7 | 9 | 10 | 8 | | 1 | 1 | 1 | 1 | 1 | 1 | 1 | 1 | 1 | 1 | |
| 53 | | 6th | .25 | .67 | .17 | .59 | .11 | .04 | .57 | .81 | .32 | .89 | | | 7 | 3 | 8 | 4 | 9 | 10 | 5 | 2 | 6 | 1 | | 1 | 1 | 1 | 1 | 1 | 1 | 1 | 1 | 1 | 1 | |
| 54 | | 7th | .55 | .13 | .01 | .08 | .75 | .43 | .42 | .64 | .25 | .92 | | | 4 | 8 | 10 | 9 | 5 | 6 | 3 | 7 | 1 | 2 | | 1 | 1 | 1 | 1 | 1 | 1 | 1 | 1 | 1 | 1 | 1 |
| 55 | | 8th | .44 | .24 | .87 | .09 | .71 | .94 | .43 | .41 | .58 | .24 | | | 5 | 9 | 2 | 10 | 4 | 1 | 6 | 7 | 3 | 8 | | 1 | 1 | 1 | 1 | 1 | 1 | 1 | 1 | 1 | 1 | 1 |
| 56 | | 9th | .51 | .55 | .51 | .92 | .76 | .77 | .15 | .09 | .31 | .99 | | | 6 | 5 | 7 | 2 | 4 | 3 | 9 | 10 | 8 | 1 | | 1 | 1 | 1 | 1 | 1 | 1 | 1 | 1 | 1 | 1 | |
| 57 | | 10th | .23 | .20 | .01 | .47 | .54 | .05 | .45 | .82 | .90 | .98 | | | 7 | 8 | 10 | 5 | 4 | 9 | 6 | 3 | 2 | 1 | | 1 | 1 | 1 | 1 | 1 | 1 | 1 | 1 | 1 | 1 | 1 |
| 58 | | | | | | | | | | | | | | | | | | | | | | | | | | | | | | | | | | | | | |
| 59 | | 1st | .92 | .94 | .16 | .15 | .51 | .81 | .84 | .82 | .62 | .97 | | | 3 | 2 | 9 | 10 | 8 | 6 | 4 | 5 | 7 | 1 | | 1 | 1 | 1 | 1 | 1 | 1 | 1 | 1 | 1 | 1 | |
| 60 | | 2nd | .26 | .86 | .70 | .67 | .38 | .91 | .29 | .64 | .36 | .09 | | | 9 | 2 | 3 | 4 | 6 | 1 | 8 | 5 | 7 | 10 | | 1 | 1 | 1 | 1 | 1 | 1 | 1 | 1 | 1 | 1 | |
| 61 | | 3rd | .91 | .59 | .37 | .88 | .69 | .68 | .85 | .32 | .79 | .09 | | | 1 | 7 | 8 | 5 | 9 | 7 | 3 | 2 | 4 | 10 | | 1 | 1 | 1 | 1 | 1 | 1 | 1 | 1 | 1 | 1 | |
| 62 | | 4th | .51 | .59 | .21 | .99 | .09 | .79 | .64 | .84 | .41 | .69 | | | 7 | 6 | 9 | 1 | 10 | 3 | 5 | 2 | 8 | 4 | | 1 | 1 | 1 | 1 | 1 | 1 | 1 | 1 | 1 | 1 | |
| 63 | 50 | 5th | .25 | .75 | .04 | .90 | .25 | .75 | .25 | .59 | .33 | .81 | | ♥ | 9 | 4 | 10 | 1 | 8 | 3 | 7 | 5 | 6 | 2 | | 1 | 1 | 1 | 1 | 1 | 1 | 1 | 1 | 1 | 1 | |
| 64 | | 6th | .77 | .40 | .79 | .69 | .63 | .42 | .86 | .22 | .60 | .22 | | | 5 | 4 | 8 | 7 | 6 | 3 | 10 | 1 | 9 | 2 | | 1 | 1 | 1 | 1 | 1 | 1 | 1 | 1 | 1 | 1 | |
| 65 | | 7th | .37 | .73 | .88 | .63 | .67 | .06 | .07 | .71 | .69 | .60 | | | 8 | 2 | 1 | 5 | 9 | 3 | 6 | 4 | 7 | | | 1 | 1 | 1 | 1 | 1 | 1 | 1 | 1 | 1 | 1 | |
| 66 | | 8th | .90 | .42 | .77 | .04 | .34 | .12 | .54 | .40 | .62 | .93 | | | 2 | 6 | 3 | 10 | 9 | 4 | 7 | 5 | 8 | 1 | | 1 | 1 | 1 | 1 | 1 | 1 | 1 | 1 | 1 | 1 | |
| 67 | | 9th | .42 | .57 | .95 | .13 | .79 | .50 | .87 | .52 | .15 | .82 | | | 8 | 5 | 1 | 10 | 4 | 7 | 2 | 6 | 9 | 3 | | 1 | 1 | 1 | 1 | 1 | 1 | 1 | 1 | 1 | 1 | |
| 68 | | 10th | .21 | .09 | .61 | .60 | .48 | .43 | .26 | .32 | .67 | .99 | | | 9 | 10 | 3 | 4 | 5 | 6 | 8 | 7 | 2 | 1 | | 1 | 1 | 1 | 1 | 1 | 1 | 1 | 1 | 1 | 1 | |

シミュレーターの完成図 ──── ❷ 投資戦略の比較

## TABLE 1 — 1 Game

| | R | 判定 | MG 賭金 | MG 残額 | AM 賭金 | AM 残額 | GM 賭金 | GM 残額 | DB 賭金 | DB 残額 | TP 賭金 | TP 残額 | OU 賭金 | OU 残額 | RD 賭金 | RD 残額 |
|---|---|---|---|---|---|---|---|---|---|---|---|---|---|---|---|---|
| 資金 | | | 100 | | 100 | | 100 | | 100 | | 100 | | 100 | | 100 | |
| 残金 | | | 147 | | 50 | | 109 | | 53 | | 60 | | 100 | | 93 | |
| 基準 | 3 | | ↑ | | ↑ | | ↑ | | ↑ | | ↑ | | ↑ | | ↑ | |
| 1 | 1 | 4 | 1 | 99 | 1 | 99 | 1 | 99 | 1 | 99 | 10 | 90 | 1 | 99 | 5 | 95 |
| 2 | 2 | 4 | 2 | 97 | 1 | 98 | 1 | 98 | 1 | 98 | 9 | 81 | 1 | 98 | 1 | 94 |
| 3 | 3 | 2 | 4 | 101 | 1 | 99 | 1 | 99 | 1 | 99 | 8 | 89 | 1 | 99 | 4 | 98 |
| 4 | 4 | 5 | 1 | 100 | 2 | 97 | 2 | 97 | 2 | 97 | 9 | 80 | 1 | 98 | 4 | 94 |
| 5 | 5 | 2 | 2 | 102 | 1 | 98 | 1 | 98 | 1 | 98 | 8 | 88 | 1 | 99 | 3 | 97 |
| 6 | 6 | 2 | 1 | 103 | 2 | 100 | 2 | 100 | 2 | 100 | 9 | 97 | 1 | 100 | 4 | 101 |
| 7 | 7 | 2 | 1 | 104 | 4 | 104 | 3 | 103 | 3 | 103 | 10 | 107 | 1 | 101 | 5 | 106 |
| 8 | 8 | 1 | 1 | 105 | 8 | 112 | 5 | 108 | 4 | 107 | 11 | 118 | 1 | 102 | 1 | 107 |
| 9 | 9 | 1 | 1 | 106 | 16 | 128 | 5 | 113 | 5 | 112 | 12 | 130 | 1 | 103 | 5 | 112 |
| 10 | 10 | 5 | 1 | 105 | 32 | 96 | 5 | 108 | 6 | 106 | 13 | 117 | 1 | 102 | 1 | 111 |
| 11 | 11 | 5 | 2 | 103 | 1 | 95 | 1 | 107 | 5 | 101 | 12 | 105 | 1 | 101 | 3 | 108 |
| 12 | 12 | 4 | 4 | 99 | 1 | 94 | 1 | 106 | 4 | 97 | 11 | 94 | 1 | 100 | 3 | 105 |
| 13 | 13 | 1 | 8 | 107 | 1 | 95 | 1 | 107 | 3 | 100 | 9 | 103 | 1 | 101 | 1 | 106 |
| 14 | 14 | 3 | 1 | 108 | 2 | 97 | 2 | 109 | 4 | 104 | 10 | 113 | 1 | 102 | 5 | 111 |
| 15 | 15 | 6 | 1 | 107 | 4 | 93 | 3 | 106 | 5 | 99 | 11 | 102 | 1 | 103 | 3 | 108 |
| 16 | 16 | 4 | 2 | 105 | 1 | 92 | 1 | 105 | 4 | 95 | 10 | 92 | 1 | 102 | 2 | 106 |
| 17 | 17 | 5 | 4 | 101 | 1 | 91 | 1 | 104 | 3 | 92 | 9 | 83 | 1 | 101 | 4 | 102 |
| 18 | 18 | 1 | 8 | 109 | 1 | 92 | 1 | 105 | 2 | 94 | 8 | 91 | 1 | 100 | 2 | 104 |
| 19 | 19 | 6 | 1 | 108 | 2 | 90 | 2 | 103 | 3 | 91 | 9 | 82 | 1 | 99 | 2 | 102 |
| 20 | 20 | 1 | 2 | 110 | 1 | 91 | 1 | 104 | 2 | 93 | 8 | 90 | 1 | 100 | 5 | 107 |
| 21 | 21 | 1 | 1 | 111 | 1 | 93 | 2 | 106 | 3 | 96 | 9 | 99 | 1 | 101 | 5 | 112 |
| 22 | 22 | 3 | 1 | 112 | 4 | 97 | 3 | 109 | 4 | 100 | 10 | 109 | 1 | 102 | 4 | 116 |
| 23 | 23 | 1 | 1 | 113 | 8 | 105 | 5 | 114 | 5 | 105 | 11 | 120 | 1 | 103 | 3 | 119 |
| 24 | 24 | 4 | 1 | 114 | 16 | 89 | 5 | 109 | 6 | 99 | 12 | 108 | 1 | 102 | 1 | 118 |
| 25 | 25 | 1 | 1 | 114 | 1 | 90 | 1 | 110 | 5 | 104 | 11 | 119 | 1 | 103 | 2 | 120 |
| 26 | 26 | 6 | 1 | 113 | 2 | 88 | 2 | 108 | 6 | 98 | 12 | 107 | 1 | 102 | 2 | 118 |
| 27 | 27 | 6 | 2 | 111 | 1 | 87 | 1 | 107 | 5 | 93 | 11 | 96 | 1 | 101 | 4 | 114 |
| 28 | 28 | 4 | 4 | 107 | 1 | 86 | 1 | 106 | 4 | 89 | 10 | 86 | 1 | 100 | 3 | 111 |
| 29 | 29 | 1 | 8 | 115 | 1 | 87 | 1 | 107 | 3 | 92 | 9 | 95 | 1 | 101 | 5 | 116 |
| 30 | 30 | 6 | 1 | 114 | 2 | 85 | 2 | 105 | 4 | 88 | 10 | 85 | 1 | 100 | 3 | 113 |
| 31 | 31 | 6 | 2 | 112 | 1 | 84 | 1 | 104 | 3 | 85 | 9 | 76 | 1 | 99 | 3 | 110 |
| 32 | 32 | 1 | 4 | 116 | 1 | 85 | 1 | 105 | 2 | 87 | 8 | 84 | 1 | 100 | 4 | 114 |
| 33 | 33 | 4 | 1 | 115 | 2 | 83 | 2 | 103 | 3 | 84 | 8 | 76 | 1 | 99 | 3 | 111 |
| 34 | 34 | 1 | 2 | 117 | 1 | 84 | 1 | 104 | 2 | 86 | 8 | 84 | 1 | 100 | 2 | 113 |
| 35 | 35 | 3 | 1 | 118 | 2 | 86 | 2 | 106 | 3 | 89 | 8 | 92 | 1 | 101 | 1 | 114 |
| 36 | 36 | 2 | 1 | 119 | 4 | 90 | 3 | 109 | 4 | 93 | 9 | 101 | 1 | 102 | 3 | 117 |
| 37 | 37 | 4 | 1 | 118 | 8 | 82 | 5 | 104 | 5 | 88 | 10 | 91 | 1 | 101 | 5 | 112 |
| 38 | 38 | 3 | 2 | 120 | 1 | 83 | 1 | 105 | 4 | 92 | 9 | 100 | 1 | 102 | 5 | 117 |
| 39 | 39 | 2 | 1 | 121 | 2 | 85 | 2 | 107 | 5 | 97 | 10 | 110 | 1 | 103 | 4 | 121 |
| 40 | 40 | 3 | 1 | 122 | 4 | 89 | 3 | 110 | 6 | 103 | 11 | 121 | 1 | 104 | 3 | 124 |
| 41 | 41 | 1 | 1 | 123 | 8 | 97 | 5 | 115 | 7 | 110 | 12 | 133 | 1 | 105 | 5 | 129 |
| 42 | 42 | 1 | 2 | 124 | 16 | 113 | 5 | 120 | 8 | 118 | 13 | 146 | 1 | 106 | 4 | 133 |
| 43 | 43 | 4 | 1 | 123 | 32 | 81 | 5 | 115 | 9 | 109 | 14 | 131 | 1 | 105 | 1 | 131 |
| 44 | 44 | 3 | 2 | 125 | 1 | 82 | 1 | 116 | 8 | 117 | 13 | 144 | 1 | 106 | 3 | 134 |
| 45 | 45 | 2 | 1 | 126 | 2 | 84 | 2 | 118 | 5 | 126 | 14 | 158 | 1 | 107 | 2 | 138 |
| 46 | 46 | 4 | 1 | 125 | 4 | 80 | 3 | 115 | 10 | 116 | 15 | 142 | 1 | 106 | 2 | 135 |
| 47 | 47 | 4 | 2 | 123 | 1 | 79 | 1 | 114 | 9 | 107 | 14 | 128 | 1 | 105 | 2 | 133 |
| 48 | 48 | 5 | 4 | 119 | 1 | 78 | 1 | 113 | 8 | 99 | 13 | 115 | 1 | 104 | 1 | 132 |
| 49 | 49 | 5 | 8 | 111 | 1 | 77 | 1 | 112 | 7 | 92 | 12 | 103 | 1 | 103 | 4 | 128 |
| 50 | 50 | 3 | 16 | 127 | 1 | 78 | 1 | 113 | 6 | 98 | 10 | 113 | 1 | 104 | 2 | 130 |

## TABLE 2 — 100 Games

| | 勝ち数 | MG | AM | GM | DB | TP | OU | RD |
|---|---|---|---|---|---|---|---|---|
| | | 65 | 1 | 41 | 33 | 32 | 43 | 46 |
| 残金合計 | | 9,695 | 5,278 | 9,914 | 10,065 | 9,599 | 9,948 | 9,771 |
| COPY | | 147 | 50 | 109 | 53 | 60 | 100 | 93 |
| 100G | | MG | AM | GM | DB | TP | OU | RD |
| 1 | | 154 | 69 | 115 | 109 | 133 | 108 | 123 |
| 2 | | 0 | 48 | 95 | 83 | 34 | 94 | 66 |
| 3 | | 0 | 44 | 96 | 47 | 18 | 88 | 67 |
| 4 | | 134 | 65 | 112 | 128 | 69 | 100 | 81 |
| 5 | | 0 | 52 | 86 | 94 | 45 | 98 | 102 |
| 6 | | 162 | 93 | 188 | 387 | 660 | 124 | 169 |
| 7 | | 147 | 48 | 106 | 54 | 40 | 96 | 102 |
| 8 | | 144 | 51 | 96 | 54 | 74 | 102 | 106 |
| 9 | | 129 | 47 | 87 | 57 | 30 | 94 | 81 |
| 10 | | 155 | 56 | 127 | 134 | 203 | 112 | 127 |
| 11 | | 154 | 55 | 146 | 174 | 133 | 108 | 97 |
| 12 | | 136 | 51 | 129 | 129 | 68 | 102 | 109 |
| 13 | | 0 | 51 | 121 | 95 | 62 | 100 | 114 |
| 14 | | 0 | 41 | 75 | 41 | 9 | 82 | 48 |
| 15 | | 0 | 45 | 76 | 45 | 20 | 88 | 80 |
| 16 | | 148 | 51 | 102 | 117 | 70 | 102 | 102 |
| 17 | | 157 | 58 | 116 | 162 | 241 | 114 | 160 |
| 18 | | 149 | 50 | 75 | 71 | 62 | 100 | 100 |
| 19 | | 154 | 57 | 119 | 99 | 136 | 108 | 88 |
| 20 | | 155 | 56 | 117 | 192 | 202 | 112 | 121 |
| 21 | | 0 | 57 | 76 | 108 | 4 | 84 | 51 |
| 22 | | 157 | 72 | 128 | 247 | 243 | 114 | 126 |
| 23 | | 0 | 50 | 78 | 50 | 34 | 94 | 78 |
| 24 | | 152 | 53 | 100 | 108 | 105 | 106 | 153 |
| 25 | | 153 | 56 | 130 | 192 | 197 | 112 | 147 |
| 26 | | 146 | 53 | 104 | 89 | 110 | 106 | 103 |
| 27 | | 158 | 59 | 140 | 248 | 308 | 116 | 146 |
| 28 | | 138 | 48 | 92 | 58 | 40 | 96 | 95 |
| 29 | | 131 | 54 | 96 | 98 | 106 | 106 | 95 |
| 30 | | 0 | 76 | 86 | 60 | 19 | 90 | 62 |
| 31 | | 157 | 58 | 110 | 248 | 308 | 116 | 150 |
| 32 | | 141 | 48 | 77 | 54 | 37 | 96 | 82 |
| 33 | | 0 | 47 | 84 | 112 | 24 | 92 | 89 |
| 34 | | 158 | 59 | 121 | 269 | 366 | 118 | 144 |
| 35 | | 0 | 46 | 77 | 46 | 25 | 92 | 59 |
| 36 | | 153 | 54 | 88 | 99 | 142 | 108 | 140 |
| 37 | | 0 | 48 | 69 | 60 | 21 | 90 | 73 |
| 38 | | 138 | 53 | 95 | 119 | 113 | 106 | 111 |
| 39 | | 0 | 47 | 99 | 47 | 34 | 94 | 87 |
| 40 | | 156 | 57 | 129 | 162 | 247 | 114 | 135 |
| 41 | | 115 | 50 | 72 | 70 | 47 | 98 | 110 |
| 42 | | 0 | 49 | 82 | 76 | 45 | 96 | 83 |
| 43 | | 151 | 52 | 106 | 96 | 72 | 102 | 113 |
| 44 | | 146 | 53 | 122 | 98 | 111 | 106 | 114 |
| 45 | | 146 | 49 | 79 | 49 | 48 | 98 | 85 |
| 46 | | 151 | 54 | 88 | 79 | 74 | 102 | 89 |
| 47 | | 0 | 42 | 56 | 63 | 13 | 84 | 57 |
| 48 | | 151 | 52 | 106 | 97 | 86 | 104 | 118 |
| 49 | | 155 | 58 | 140 | 133 | 167 | 110 | 120 |
| 50 | | 0 | 45 | 79 | 45 | 17 | 88 | 91 |

## シミュレーターの完成図 ——— ❸ 自販機における釣銭の適正補充問題

B C D E F G H I J K L M N O P Q R S T U V W X Y Z AA AB AC AD AE

### TABLE 1

| 出し方 番号 | 金額 | 内訳 | おつり | 支払 (ToPay) - 500 | - 100 | - 50 | - 10 | 入金 (InPut) + 500 | + 100 | + 50 | + 10 | 割合 |
|---|---|---|---|---|---|---|---|---|---|---|---|---|
| 1 | 120 | 100+10×2 | 0 | | | | | | 1 | | 2 | |
| 2 | 120 | 50×2+10×2 | 0 | | | | | | | 2 | 2 | 70% |
| 3 | 150 | 100+50×1 | 30 | | | | 3 | | 1 | 1 | | |
| 4 | 150 | 50×3 | 30 | | | | 3 | | | 3 | | 63 |
| 5 | 200 | 100×2 | 80 | | | 1 | 3 | | 2 | | | |
| 6 | 500 | 500×1 | 380 | | 3 | 1 | 3 | 1 | | | | 25% |
| 7 | 520 | 500+10×2 | 400 | | 4 | | | 1 | | | 2 | |
| 8 | 550 | 500+50×1 | 430 | | 4 | | 3 | 1 | | 1 | | 85 |
| 9 | 120 | 50×1+10×7 | 0 | | | | | | | 1 | 7 | |
| 10 | 120 | 10×12 | 0 | | | | | | | | 12 | |
| 11 | 1000 | 1000×1 | 880 | 1 | 3 | 1 | 3 | | | | | 5% |
| 12 | 1020 | 1000+20 | 900 | 1 | 4 | | | | | | 2 | |
| 13 | 1050 | 1000+50×1 | 930 | 1 | 4 | | 3 | | | 1 | | 90 |

### TABLE 2

| 出し方 番号 | 金額 | 内訳 | おつり | 支払 (ToPay) - 500 | - 100 | - 50 | - 10 | 入金 (InPut) + 500 | + 100 | + 50 | + 10 |
|---|---|---|---|---|---|---|---|---|---|---|---|
| 1 | 150 | 100+10×5 | 0 | | | | | | 1 | | 5 |
| 2 | 150 | 50×2+10×5 | 0 | | | | | | | 2 | 5 |
| 3 | 150 | 100+50×1 | 0 | | | | | | 1 | 1 | |
| 4 | 150 | 50×3 | 0 | | | | | | | 3 | |
| 5 | 200 | 100×2 | 50 | | | 1 | | | 2 | | |
| 6 | 500 | 500×1 | 350 | | 3 | 1 | | 1 | | | |
| 7 | 550 | 500+10×5 | 400 | | 4 | | | 1 | | | 5 |
| 8 | 550 | 500+50×1 | 400 | | 4 | | | 1 | | 1 | |
| 9 | 150 | 50×1+10×10 | 0 | | | | | | | 1 | 10 |
| 10 | 150 | 10×15 | 0 | | | | | | | | 15 |
| 11 | 1000 | 1000×1 | 850 | 1 | 3 | 1 | | | | | |
| 12 | 1050 | 1000+10×5 | 900 | 1 | 4 | | | | | | 5 |
| 13 | 1050 | 1000+50×1 | 900 | 1 | 4 | | | | | 1 | |

COIN

| 初期 | 客数 | 最大補充枚数 | 70 | 最大補充枚数 | 80 | 最大補充枚数 | 80 | 最大補充枚数 | 90 | 件数 | 8 |
|---|---|---|---|---|---|---|---|---|---|---|---|
| 設定 | 90 | 実際補充枚数 | 5 | 実際補充枚数 | 5 | 実際補充枚数 | 5 | 実際補充枚数 | 5 | 初回 | 2 |

| | | | |
|---|---|---|---|
| - | 26 | 2 | 3 |
| - | 7 | 12 | 41 |

| | | | |
|---|---|---|---|
| 件数 | - | 3 | 1 |
| 初回 | - | 12 | 15 |

### TABLE 3

| 客番 | 商品 | 乱数 | 出し方 | おつり | 【A】500円玉 ToPay - 500 | InPut + 500 | Payable 支払可 | 【B】100円玉 ToPay - 100 | InPut + 100 | Payable 支払可 | 【C】50円玉 ToPay - 50 | InPut + 50 | Payable 支払可 | 【D】10円玉 ToPay - 10 | InPut + 10 | Payable 支払可 | 合計 | 釣銭切れ |
|---|---|---|---|---|---|---|---|---|---|---|---|---|---|---|---|---|---|---|
| 00 | • | | • | • | • | • | • | • | • | • | • | • | • | • | • | • | • | • |
| 01 | 1 | 69 | 8 | 430 | 0 | 1 | 0 | 4 | 0 | 4 | 0 | 1 | 0 | 3 | 0 | 3 | 430 | |
| 02 | 1 | 49 | 3 | 30 | 0 | 0 | 0 | 0 | 1 | 0 | 0 | 1 | 0 | 3 | 0 | 2 | 20 | × |
| 03 | 2 | 56 | 3 | 0 | 0 | 0 | 0 | 0 | 1 | 0 | 0 | 1 | 0 | 0 | 0 | 0 | 0 | |
| 04 | 1 | 70 | 5 | 80 | 0 | 0 | 0 | 0 | 2 | 0 | 1 | 0 | 1 | 3 | 0 | 2 | 70 | × |
| 05 | 2 | 14 | 2 | 0 | 0 | 0 | 0 | 0 | 0 | 0 | 0 | 2 | 0 | 0 | 5 | 0 | 0 | |
| 06 | 2 | 51 | 1 | 0 | 0 | 0 | 0 | 0 | 1 | 0 | 0 | 0 | 0 | 0 | 5 | 0 | 0 | |
| 07 | 2 | 77 | 6 | 350 | 0 | 1 | 0 | 3 | 0 | 3 | 1 | 0 | 1 | 0 | 0 | 0 | 350 | |
| 08 | 1 | 58 | 1 | 0 | 0 | 0 | 0 | 0 | 1 | 0 | 0 | 0 | 0 | 0 | 2 | 0 | 0 | |
| 09 | 1 | 26 | 4 | 30 | 0 | 0 | 0 | 0 | 0 | 0 | 0 | 3 | 0 | 3 | 0 | 3 | 30 | |
| 10 | 1 | 68 | 7 | 400 | 0 | 1 | 0 | 4 | 0 | 1 | 6 | 0 | 6 | 0 | 2 | 0 | 400 | |
| 11 | 1 | 21 | 2 | 0 | 0 | 0 | 0 | 0 | 0 | 0 | 0 | 2 | 0 | 0 | 2 | 0 | 0 | |
| 12 | 1 | 66 | 8 | 430 | 0 | 1 | 0 | 4 | 0 | 0 | 8 | 1 | 8 | 3 | 0 | 3 | 430 | |
| 13 | 2 | 62 | 4 | 0 | 0 | 0 | 0 | 0 | 0 | 0 | 0 | 3 | 0 | 0 | 0 | 0 | 0 | |
| 14 | 1 | 10 | 4 | 30 | 0 | 0 | 0 | 0 | 0 | 0 | 0 | 3 | 0 | 3 | 0 | 3 | 30 | |
| 15 | 2 | 75 | 7 | 400 | 0 | 1 | 0 | 4 | 0 | 0 | 8 | 0 | 6 | 10 | 5 | 10 | 400 | |
| 16 | 2 | 45 | 3 | 0 | 0 | 0 | 0 | 0 | 1 | 0 | 0 | 1 | 0 | 0 | 0 | 0 | 0 | |
| 17 | 2 | 76 | 6 | 350 | 0 | 1 | 0 | 3 | 0 | 1 | 5 | 0 | 1 | 20 | 0 | 4 | 190 | × |
| 18 | 2 | 64 | 7 | 400 | 0 | 1 | 0 | 4 | 0 | 1 | 6 | 0 | 1 | 25 | 5 | 9 | 240 | × |
| 19 | 2 | 85 | 7 | 400 | 0 | 1 | 0 | 4 | 0 | 1 | 6 | 0 | 1 | 25 | 5 | 9 | 240 | × |
| 20 | 2 | 7 | 4 | 0 | 0 | 0 | 0 | 0 | 0 | 0 | 0 | 3 | 0 | 0 | 0 | 0 | 0 | |
| 21 | 1 | 66 | 6 | 380 | 0 | 1 | 0 | 3 | 0 | 1 | 5 | 0 | 4 | 8 | 0 | 4 | 340 | × |
| 22 | 1 | 62 | 2 | 0 | 0 | 0 | 0 | 0 | 0 | 0 | 0 | 2 | 0 | 0 | 2 | 0 | 0 | |
| 23 | 2 | 8 | 1 | 0 | 0 | 0 | 0 | 0 | 1 | 0 | 0 | 0 | 0 | 0 | 5 | 0 | 0 | |
| 24 | 2 | 66 | 5 | 50 | 0 | 0 | 0 | 0 | 2 | 0 | 1 | 0 | 1 | 0 | 0 | 0 | 50 | |
| 25 | 1 | 71 | 8 | 430 | 0 | 1 | 0 | 4 | 0 | 4 | 0 | 1 | 0 | 3 | 0 | 3 | 430 | |
| 26 | 2 | 46 | 4 | 0 | 0 | 0 | 0 | 0 | 0 | 0 | 0 | 3 | 0 | 0 | 0 | 0 | 0 | |
| 27 | 2 | 72 | 5 | 50 | 0 | 0 | 0 | 0 | 2 | 0 | 1 | 0 | 1 | 0 | 0 | 0 | 50 | |
| 28 | 1 | 60 | 2 | 0 | 0 | 0 | 0 | 0 | 0 | 0 | 0 | 2 | 0 | 0 | 2 | 0 | 0 | |
| 29 | 1 | 38 | 3 | 30 | 0 | 0 | 0 | 0 | 1 | 0 | 0 | 1 | 0 | 3 | 0 | 3 | 30 | |
| 30 | 1 | 21 | 2 | 0 | 0 | 0 | 0 | 0 | 0 | 0 | 0 | 2 | 0 | 0 | 2 | 0 | 0 | |
| 31 | 1 | 21 | 4 | 30 | 0 | 0 | 0 | 0 | 0 | 0 | 0 | 3 | 0 | 3 | 0 | 3 | 30 | |
| 32 | 1 | 38 | 3 | 30 | 0 | 0 | 0 | 0 | 1 | 0 | 0 | 1 | 0 | 3 | 0 | 3 | 30 | |
| 33 | 2 | 84 | 5 | 50 | 0 | 0 | 0 | 0 | 2 | 0 | 1 | 0 | 1 | 0 | 0 | 0 | 50 | |
| 34 | 1 | 74 | 7 | 400 | 0 | 1 | 0 | 4 | 0 | 4 | 0 | 0 | 0 | 0 | 2 | 0 | 400 | |
| 35 | 2 | 22 | 2 | 0 | 0 | 0 | 0 | 0 | 0 | 0 | 0 | 2 | 0 | 0 | 5 | 0 | 0 | |
| 36 | 1 | 69 | 6 | 380 | 0 | 1 | 0 | 3 | 0 | 2 | 3 | 0 | 3 | 3 | 0 | 3 | 380 | |
| 37 | 1 | 28 | 4 | 30 | 0 | 0 | 0 | 0 | 0 | 0 | 0 | 3 | 0 | 3 | 0 | 3 | 30 | |
| 38 | 1 | 7 | 3 | 30 | 0 | 0 | 0 | 0 | 1 | 0 | 0 | 1 | 0 | 3 | 0 | 3 | 30 | |
| 39 | 2 | 20 | 1 | 0 | 0 | 0 | 0 | 0 | 1 | 0 | 0 | 0 | 0 | 0 | 5 | 0 | 0 | |
| 40 | 1 | 21 | 4 | 30 | 0 | 0 | 0 | 0 | 0 | 0 | 0 | 3 | 0 | 3 | 0 | 3 | 30 | |
| 41 | 1 | 72 | 6 | 380 | 0 | 1 | 0 | 3 | 0 | 2 | 3 | 0 | 3 | 3 | 0 | 3 | 380 | |
| 42 | 2 | 85 | 6 | 350 | 0 | 1 | 0 | 3 | 0 | 0 | 7 | 0 | 7 | 0 | 0 | 0 | 350 | |
| 43 | 1 | 30 | 4 | 30 | 0 | 0 | 0 | 0 | 0 | 0 | 0 | 3 | 0 | 3 | 0 | 0 | 0 | × |
| 44 | 1 | 7 | 1 | 0 | 0 | 0 | 0 | 0 | 1 | 0 | 0 | 0 | 0 | 0 | 2 | 0 | 0 | |
| 45 | 1 | 66 | 6 | 380 | 0 | 1 | 0 | 3 | 0 | 1 | 5 | 0 | 5 | 3 | 0 | 2 | 370 | × |
| 46 | 2 | 25 | 3 | 0 | 0 | 0 | 0 | 0 | 1 | 0 | 0 | 1 | 0 | 0 | 0 | 0 | 0 | |
| 47 | 1 | 14 | 1 | 0 | 0 | 0 | 0 | 0 | 1 | 0 | 0 | 0 | 0 | 0 | 2 | 0 | 0 | |
| 48 | 1 | 61 | 4 | 30 | 0 | 0 | 0 | 0 | 0 | 0 | 0 | 3 | 0 | 3 | 0 | 3 | 30 | |
| 49 | 2 | 68 | 7 | 400 | 0 | 1 | 0 | 4 | 0 | 3 | 2 | 0 | 2 | 0 | 5 | 0 | 400 | |
| 50 | 2 | 48 | 2 | 0 | 0 | 0 | 0 | 0 | 0 | 0 | 0 | 2 | 0 | 0 | 5 | 0 | 0 | |
| 51 | 1 | 7 | 3 | 30 | 0 | 0 | 0 | 0 | 1 | 0 | 0 | 1 | 0 | 3 | 0 | 3 | 30 | |
| 52 | 2 | 42 | 2 | 0 | 0 | 0 | 0 | 0 | 0 | 0 | 0 | 2 | 0 | 0 | 5 | 0 | 0 | |
| 53 | 1 | 86 | 10 | 0 | 0 | 0 | 0 | 0 | 0 | 0 | 0 | 0 | 0 | 0 | 12 | 0 | 0 | |
| 54 | 2 | 43 | 4 | 0 | 0 | 0 | 0 | 0 | 0 | 0 | 0 | 3 | 0 | 0 | 0 | 0 | 0 | |
| 55 | 1 | 87 | 11 | 880 | 1 | 0 | 1 | 3 | 0 | 1 | 5 | 0 | 5 | 3 | 0 | 3 | 880 | |
| 56 | 2 | 49 | 1 | 0 | 0 | 0 | 0 | 0 | 1 | 0 | 0 | 0 | 0 | 0 | 5 | 0 | 0 | |
| 57 | 2 | 46 | 3 | 0 | 0 | 0 | 0 | 0 | 1 | 0 | 0 | 1 | 0 | 0 | 0 | 0 | 0 | |
| 58 | 1 | 40 | 2 | 0 | 0 | 0 | 0 | 0 | 0 | 0 | 0 | 2 | 0 | 0 | 2 | 0 | 0 | |
| 59 | 2 | 12 | 2 | 0 | 0 | 0 | 0 | 0 | 0 | 0 | 0 | 2 | 0 | 0 | 5 | 0 | 0 | |
| 60 | 2 | 48 | 2 | 0 | 0 | 0 | 0 | 0 | 0 | 0 | 0 | 2 | 0 | 0 | 5 | 0 | 0 | |
| 61 | 2 | 26 | 4 | 0 | 0 | 0 | 0 | 0 | 0 | 0 | 0 | 3 | 0 | 0 | 0 | 0 | 0 | |
| 62 | 2 | 23 | 4 | 0 | 0 | 0 | 0 | 0 | 0 | 0 | 0 | 3 | 0 | 0 | 0 | 0 | 0 | |
| 63 | 1 | 61 | 4 | 30 | 0 | 0 | 0 | 0 | 0 | 0 | 0 | 3 | 0 | 3 | 0 | 3 | 30 | |
| 64 | 1 | 32 | 3 | 30 | 0 | 0 | 0 | 0 | 1 | 0 | 0 | 1 | 0 | 3 | 0 | 3 | 30 | |
| 65 | 2 | 69 | 8 | 400 | 0 | 1 | 0 | 4 | 0 | 3 | 2 | 1 | 2 | 0 | 0 | 0 | 400 | |

### TABLE 4

| 釣銭在庫 500円 | 100円 | 50円 | 10円 |
|---|---|---|---|
| 5 | 5 | 5 | 5 |
| 6 | 1 | 6 | 2 |
| 6 | 1 | 6 | 2 |
| 6 | 2 | 7 | 2 |
| 6 | 2 | 7 | 2 |
| 6 | 2 | 9 | 7 |
| 6 | 3 | 9 | 12 |
| 7 | 0 | 8 | 12 |
| 7 | 1 | 8 | 14 |
| 7 | 1 | 11 | 11 |
| 8 | 0 | 5 | 13 |
| 8 | 0 | 7 | 15 |
| 9 | 0 | 0 | 12 |
| 9 | 0 | 3 | 12 |
| 9 | 0 | 6 | 9 |
| 10 | 0 | 0 | 4 |
| 10 | 1 | 1 | 4 |
| 10 | 1 | 1 | 4 |
| 10 | 1 | 1 | 4 |
| 10 | 1 | 1 | 4 |
| 10 | 1 | 4 | 4 |
| 10 | 1 | 4 | 4 |
| 10 | 1 | 6 | 6 |
| 10 | 2 | 6 | 11 |
| 10 | 4 | 5 | 11 |
| 11 | 0 | 6 | 8 |
| 11 | 0 | 9 | 8 |
| 11 | 2 | 8 | 8 |
| 11 | 2 | 10 | 10 |
| 11 | 3 | 11 | 7 |
| 11 | 3 | 13 | 9 |
| 11 | 3 | 16 | 6 |
| 11 | 4 | 17 | 3 |
| 11 | 6 | 16 | 3 |
| 12 | 2 | 16 | 5 |
| 12 | 2 | 18 | 10 |
| 13 | 0 | 15 | 7 |
| 13 | 0 | 18 | 4 |
| 13 | 1 | 19 | 1 |
| 13 | 2 | 19 | 6 |
| 13 | 2 | 22 | 3 |
| 14 | 0 | 19 | 0 |
| 15 | 0 | 12 | 0 |
| 15 | 0 | 12 | 0 |
| 15 | 1 | 12 | 2 |
| 15 | 1 | 12 | 2 |
| 15 | 2 | 13 | 2 |
| 15 | 3 | 13 | 4 |
| 15 | 3 | 16 | 1 |
| 16 | 0 | 14 | 6 |
| 16 | 0 | 16 | 11 |
| 16 | 1 | 17 | 8 |
| 16 | 1 | 19 | 13 |
| 16 | 1 | 19 | 25 |
| 16 | 1 | 22 | 25 |
| 15 | 0 | 17 | 22 |
| 15 | 1 | 17 | 27 |
| 15 | 2 | 18 | 27 |
| 15 | 2 | 20 | 29 |
| 15 | 2 | 22 | 34 |
| 15 | 2 | 24 | 39 |
| 15 | 2 | 27 | 39 |
| 15 | 2 | 30 | 39 |
| 15 | 2 | 33 | 36 |
| 15 | 3 | 34 | 33 |
| 16 | 0 | 33 | 33 |

### TABLE 5

| 大量払いチェック 金種 | 100円 | 50円 | 10円 |
|---|---|---|---|
| 基準 | 8 | 7 | 10 |
| 01 | | | |
| 02 | | | |
| 03 | | | |
| 04 | | | |
| 05 | | | |
| 06 | | | |
| 07 | | | |
| 08 | | | |
| 09 | | | |
| 10 | | | |
| 11 | | | |
| 12 | | 1 | |
| 13 | | | |
| 14 | | | |
| 15 | | | 1 |
| 16 | | | |
| 17 | | | |
| 18 | | | |
| 19 | | | |
| 20 | | | |
| 21 | | | |
| 22 | | | |
| 23 | | | |
| 24 | | | |
| 25 | | | |
| 26 | | | |
| 27 | | | |
| 28 | | | |
| 29 | | | |
| 30 | | | |
| 31 | | | |
| 32 | | | |
| 33 | | | |
| 34 | | | |
| 35 | | | |
| 36 | | | |
| 37 | | | |
| 38 | | | |
| 39 | | | |
| 40 | | | |
| 41 | | | |
| 42 | | 1 | |
| 43 | | | |
| 44 | | | |
| 45 | | | |
| 46 | | | |
| 47 | | | |
| 48 | | | |
| 49 | | | |
| 50 | | | |
| 51 | | | |
| 52 | | | |
| 53 | | | |
| 54 | | | |
| 55 | | | |
| 56 | | | |
| 57 | | | |
| 58 | | | |
| 59 | | | |
| 60 | | | |
| 61 | | | |
| 62 | | | |
| 63 | | | |
| 64 | | | |
| 65 | | | |

## シミュレーターの完成図 ❹ 在庫管理方式の比較

### TABLE-1

| | 実績 | 乱数 |
|---|---|---|
| 平均 | 5.36 | 5.55 |
| 標準偏差 | 3.58 | 3.46 |

| 需要合計 |
|---|
| 666 |

### TABLE-2 定量

| 発注量 | 140 |
|---|---|
| 発注点 | 40 |
| リードタイム | 5 |

| 販売数計 | 品切数計 | 品切日計 | 平均在庫 | 発注回数 |
|---|---|---|---|---|
| 652 | -14 | 2 | 78 | 4 |

### TABLE-3 定期

| 基本発注量 | 170 |
|---|---|
| 発注間隔 | 21 |
| リードタイム | 5 |

| 販売数計 | 品切数計 | 品切日計 | 平均在庫 | 発注回数 |
|---|---|---|---|---|
| 642 | -24 | 4 | 89 | 5 |

| 日数 | 乱数 | 需要 | 販売数(定量) | 品切数(定量) | 品切日(定量) | 在庫(定量) | サイン(定量) | 販売数(定期) | 品切数(定期) | 品切日(定期) | 在庫(定期) | サイン(定期) |
|---|---|---|---|---|---|---|---|---|---|---|---|---|
| | | | - | - | | 140 | - | - | - | | 170 | - |
| 1 | 10.6 | 11 | 11 | | | 129 | | 11 | | | 159 | |
| 2 | 10.1 | 10 | 10 | | | 119 | | 10 | | | 149 | |
| 3 | 6.2 | 6 | 6 | | | 113 | | 6 | | | 143 | |
| 4 | 6.9 | 7 | 7 | | | 106 | | 7 | | | 136 | |
| 5 | 1.9 | 2 | 2 | | | 104 | | 2 | | | 134 | |
| 6 | 8.0 | 8 | 8 | | | 96 | | 8 | | | 126 | |
| 7 | 8.0 | 8 | 8 | | | 88 | | 8 | | | 118 | |
| 8 | 5.8 | 6 | 6 | | | 82 | | 6 | | | 112 | |
| 9 | 8.7 | 9 | 9 | | | 73 | | 9 | | | 103 | |
| 10 | 3.1 | 3 | 3 | | | 70 | | 3 | | | 100 | |
| 11 | 10.9 | 11 | 11 | | | 59 | | 11 | | | 89 | |
| 12 | 1.2 | 1 | 1 | | | 58 | | 1 | | | 88 | |
| 13 | 6.1 | 6 | 6 | | | 52 | | 6 | | | 82 | |
| 14 | 11.8 | 12 | 12 | | | 40 | | 12 | | | 70 | |
| 15 | 10.7 | 11 | 11 | | | 29 | 140 | 11 | | | 59 | |
| 16 | 12.7 | 13 | 13 | | | 16 | | 13 | | | 46 | |
| 17 | 9.7 | 10 | 10 | | | 6 | | 10 | | | 36 | |
| 18 | -0.3 | 0 | 0 | | | 6 | | 0 | | | 36 | |
| 19 | 11.0 | 11 | 6 | -5 | 品切 | 0 | | 11 | | | 25 | |
| 20 | 8.5 | 9 | 0 | -9 | 品切 | 0 | 入検 | 9 | | | 16 | |
| 21 | 6.1 | 6 | 6 | | | 134 | | 6 | | | 10 | 160 |
| 22 | 7.5 | 8 | 8 | | | 126 | | 8 | | | 2 | |
| 23 | 7.7 | 8 | 8 | | | 118 | | 2 | -6 | 品切 | 0 | |
| 24 | 10.6 | 11 | 11 | | | 107 | | 0 | -11 | 品切 | 0 | |
| 25 | 4.5 | 4 | 4 | | | 103 | | 0 | -4 | 品切 | 0 | |
| 26 | 3.0 | 3 | 3 | | | 100 | | 0 | -3 | 品切 | 0 | 入検 |
| 27 | 6.6 | 7 | 7 | | | 93 | | 7 | | | 153 | |
| 28 | 9.3 | 9 | 9 | | | 84 | | 9 | | | 144 | |
| 29 | 2.2 | 2 | 2 | | | 82 | | 2 | | | 142 | |
| 30 | 4.3 | 4 | 4 | | | 78 | | 4 | | | 138 | |
| 31 | 2.7 | 3 | 3 | | | 75 | | 3 | | | 135 | |
| 32 | 10.1 | 10 | 10 | | | 65 | | 10 | | | 125 | |
| 33 | 4.3 | 4 | 4 | | | 61 | | 4 | | | 121 | |
| 34 | 9.0 | 9 | 9 | | | 52 | | 9 | | | 112 | |
| 35 | 3.6 | 4 | 4 | | | 48 | | 4 | | | 108 | |
| 36 | 6.9 | 7 | 7 | | | 41 | | 7 | | | 101 | |
| 37 | 10.3 | 10 | 10 | | | 31 | 140 | 10 | | | 91 | |
| 38 | 2.7 | 3 | 3 | | | 28 | | 3 | | | 88 | |
| 39 | 4.0 | 4 | 4 | | | 24 | | 4 | | | 84 | |
| 40 | 3.0 | 3 | 3 | | | 21 | | 3 | | | 81 | |
| 41 | 1.1 | 1 | 1 | | | 20 | | 1 | | | 80 | |
| 42 | 3.9 | 4 | 4 | | | 16 | 入検 | 4 | | | 76 | 94 |
| 43 | 3.2 | 3 | 3 | | | 153 | | 3 | | | 73 | |
| 44 | 4.5 | 5 | 5 | | | 148 | | 5 | | | 68 | |
| 45 | 13.7 | 14 | 14 | | | 134 | | 14 | | | 54 | |
| 46 | 10.1 | 10 | 10 | | | 124 | | 10 | | | 44 | |
| 47 | 5.3 | 5 | 5 | | | 119 | | 5 | | | 39 | 入検 |
| 48 | 4.2 | 4 | 4 | | | 115 | | 4 | | | 129 | |
| 49 | 5.3 | 5 | 5 | | | 110 | | 5 | | | 124 | |
| 50 | 3.2 | 3 | 3 | | | 107 | | 3 | | | 121 | |
| 51 | 8.2 | 8 | 8 | | | 99 | | 8 | | | 113 | |
| 52 | 0.6 | 1 | 1 | | | 98 | | 1 | | | 112 | |
| 53 | 2.4 | 2 | 2 | | | 96 | | 2 | | | 110 | |
| 54 | 3.1 | 3 | 3 | | | 93 | | 3 | | | 107 | |
| 55 | 10.5 | 11 | 11 | | | 82 | | 11 | | | 96 | |
| 56 | 1.6 | 2 | 2 | | | 80 | | 2 | | | 94 | |
| 57 | 1.2 | 1 | 1 | | | 79 | | 1 | | | 93 | |
| 58 | 2.0 | 2 | 2 | | | 77 | | 2 | | | 91 | |

シミュレーターの完成図 ❺ TOC と工程管理

### LINE A
Min 3 / Max 4 (A1)
Min 1 / Max 2 (A2)

| 時間 | 資材 | A1 加工 | A2 搬入 | 能力 | 加工 | 残留 | 搬出 |
|---|---|---|---|---|---|---|---|
| 1H | 30 | 4 | 4 | 1 | 1 | 3 | 1 |
| 2H | 26 | 3 | 7 | 2 | 2 | 5 | 2 |
| 3H | 23 | 4 | 8 | 1 | 1 | 7 | 1 |
| 4H | 19 | 3 | 11 | 2 | 2 | 9 | 2 |
| 5H | 16 | 4 | 12 | 2 | 2 | 10 | 2 |
| 6H | 12 | 4 | 14 | 1 | 1 | 13 | 1 |
| 7H | 8 | 3 | 17 | 1 | 1 | 16 | 1 |
| 8H | 5 | 3 | 19 | 1 | 1 | 18 | 1 |
| | | | 在庫→ | | | 18 | 11 |

### LINE B
Min 3 / Max 4 (B1)
Min 3 / Max 4 (B2)
配分 0.5 / 0.5

| 時間 | 資材 | B1 加工 | B2 搬入 | 能力 | 加工 | 残留 | 搬出 | K1 | K2 |
|---|---|---|---|---|---|---|---|---|---|
| 1H | 30 | 3 | 3 | 3 | 3 | 0 | 3 | 2 | 1 |
| 2H | 27 | 4 | 3 | 4 | 3 | 0 | 3 | 2 | 1 |
| 3H | 23 | 4 | 4 | 4 | 4 | 0 | 4 | 2 | 2 |
| 4H | 19 | 4 | 4 | 4 | 4 | 0 | 4 | 2 | 2 |
| 5H | 15 | 3 | 4 | 3 | 3 | 1 | 3 | 2 | 1 |
| 6H | 12 | 4 | 4 | 3 | 3 | 1 | 3 | 2 | 1 |
| 7H | 8 | 4 | 5 | 4 | 4 | 1 | 4 | 2 | 2 |
| 8H | 4 | 3 | 5 | 4 | 4 | 1 | 4 | 2 | 2 |
| | | | 在庫→ | | | 1 | 28 | | |

### LINE C
Min 2 / Max 3 (C1)
Min 1 / Max 2 (C2)

| 時間 | 資材 | C1 加工 | C2 搬入 | 能力 | 加工 | 残留 | 搬出 |
|---|---|---|---|---|---|---|---|
| 1H | 25 | 2 | 3 | 1 | 1 | 2 | 1 |
| 2H | 23 | 2 | 4 | 1 | 1 | 3 | 1 |
| 3H | 21 | 2 | 5 | 2 | 2 | 3 | 2 |
| 4H | 19 | 2 | 5 | 2 | 2 | 3 | 2 |
| 5H | 17 | 3 | 5 | 1 | 1 | 4 | 1 |
| 6H | 14 | 2 | 7 | 2 | 2 | 5 | 2 |
| 7H | 12 | 3 | 7 | 2 | 2 | 5 | 2 |
| 8H | 9 | 2 | 8 | 1 | 1 | 7 | 1 |
| | | | 在庫→ | | | 7 | 12 |

### LINE K1
Min 2 / Max 3

| 搬入 a2 | 搬入 b2 | 能力 | 組立 | 残留 a2 | 残留 b2 | 搬出 |
|---|---|---|---|---|---|---|
| 2 | 2 | 2 | 2 | 0 | 0 | 2 |
| 1 | 2 | 3 | 1 | 0 | 1 | 1 |
| 2 | 3 | 2 | 2 | 0 | 1 | 2 |
| 1 | 3 | 2 | 1 | 0 | 2 | 1 |
| 2 | 4 | 3 | 2 | 0 | 2 | 2 |
| 2 | 4 | 3 | 2 | 0 | 2 | 2 |
| 1 | 4 | 3 | 1 | 0 | 3 | 1 |
| 1 | 5 | 3 | 1 | 0 | 4 | 1 |
| 在庫 0 / 4 | | | | | | 完成 12 |

### TABLE-1 当日分の翌日搬入処理テーブル

| 送り先 | A2 | B2 | C2 | K1 | K1 | K2 | K2 |
|---|---|---|---|---|---|---|---|
| 品物 | a1 | b1 | c1 | a2 | b2 | b2 | c2 |
| 待機用 | 3 | 3 | 2 | 1 | 2 | 2 | 1 |
| 搬入用 | 3 | 3 | 2 | 1 | 2 | 2 | 1 |

 COPY

### LINE K2
Min 2 / Max 3

| 搬入 b2 | 搬入 c2 | 能力 | 組立 | 残留 b2 | 残留 c2 | 搬出 |
|---|---|---|---|---|---|---|
| 1 | 2 | 2 | 1 | 0 | 1 | 1 |
| 1 | 2 | 2 | 1 | 0 | 1 | 1 |
| 1 | 2 | 2 | 1 | 0 | 1 | 1 |
| 2 | 3 | 2 | 2 | 0 | 1 | 2 |
| 2 | 3 | 3 | 2 | 0 | 1 | 2 |
| 1 | 3 | 2 | 1 | 0 | 1 | 1 |
| 1 | 3 | 2 | 1 | 0 | 2 | 1 |
| 2 | 4 | 2 | 2 | 0 | 2 | 2 |
| 在庫 0 / 2 | | | | | | 完成 11 |

# シュレーターの完成図 — ❻ 適正ポイント還元率の決定

## TABLE-7

| | |
|---|---|
| 売上合計 | 950,717 |
| 発生PT合計 | 95,067 |
| 使用PT合計 | 28,783 |
| 未使用PT合計 | 66,284 |
| 発行CP合計 | 62,800 |
| 失効PT合計 | 3,484 |

### 未使用PT内訳

| | |
|---|---|
| 平均 | 663 |
| 平均以上人数 | 42 |
| 平均未満人数 | 58 |
| CP還元対象者 | 97 |

## TABLE-1

| PT還元率 | 0.10 | | PT使用度 | 0.20 | | CP額 | 100 |
|---|---|---|---|---|---|---|---|

| 商品 | 1 | 2 | 3 | 4 | 5 | 6 | 7 | 8 | 9 | 10 |
|---|---|---|---|---|---|---|---|---|---|---|
| 価格 | 1,000 | 1,500 | 2,000 | 2,500 | 3,000 | 3,500 | 4,000 | 4,500 | 5,000 | 5,500 |
| 還元率 | 0.10 | 0.10 | 0.10 | 0.10 | 0.10 | 0.10 | 0.10 | 0.10 | 0.10 | 0.10 |

○ Auto　◇ Clear　□ Once

## TABLE-6

| 集計 | | |
|---|---|---|
| A | 40,500 | 40,150 |
| B | 4,050 | 4,015 |
| C | 0 | 350 |

## TABLE-2

| 客番 | 乱数 | 順位 | 発生PT計 | 使用PT計 | 保有PT | 発行CP | 失効PT |
|---|---|---|---|---|---|---|---|
| 1 | 0.072 | 94 | 1,805 | 950 | 855 | 800 | 55 |
| 2 | 0.874 | 18 | 1,000 | 500 | 500 | 500 | 0 |
| 3 | 0.966 | 4 | 1,403 | 965 | 438 | 400 | 38 |
| 4 | 0.410 | 59 | 1,000 | 0 | 1,000 | 1,000 | 0 |
| 5 | 0.969 | 2 | 1,112 | 380 | 732 | 700 | 32 |
| 6 | 0.091 | 89 | 900 | 0 | 900 | 900 | 0 |
| 7 | 0.278 | 75 | 650 | 0 | 650 | 600 | 50 |
| 8 | 0.283 | 74 | 900 | 0 | 900 | 900 | 0 |
| 9 | 0.656 | 32 | 750 | 0 | 750 | 700 | 50 |
| 10 | 0.682 | 31 | 950 | 0 | 950 | 900 | 50 |
| 11 | 0.399 | 63 | 1,215 | 845 | 370 | 300 | 70 |
| 12 | 0.312 | 72 | 450 | 0 | 450 | 400 | 50 |
| 13 | 0.369 | 65 | 1,867 | 821 | 1,046 | 1,000 | 46 |
| 14 | 0.895 | 11 | 630 | 200 | 430 | 400 | 30 |
| 15 | 0.605 | 37 | 800 | 0 | 800 | 800 | 0 |
| 16 | 0.889 | 14 | 550 | 0 | 550 | 500 | 50 |
| 17 | 0.437 | 55 | 600 | 0 | 600 | 600 | 0 |
| 18 | 0.072 | 93 | 1,851 | 1,490 | 361 | 300 | 61 |
| 19 | 0.446 | 52 | 450 | 0 | 450 | 400 | 50 |
| 20 | 0.883 | 16 | 750 | 0 | 750 | 700 | 50 |
| 21 | 0.022 | 99 | 600 | 0 | 600 | 600 | 0 |
| 22 | 0.143 | 84 | 500 | 0 | 500 | 500 | 0 |
| 23 | 0.316 | 69 | 150 | 0 | 150 | 100 | 50 |
| 24 | 0.890 | 13 | 1,020 | 800 | 220 | 200 | 20 |

## TABLE-3　客数 12　←　想定値 10　変動幅 ± 3

| 順位 | 客番 | 保有PT | 商品 | 価格 | PT使用 | | 使用PT | 支払額 | 還元率 | 発生PT |
|---|---|---|---|---|---|---|---|---|---|---|
| 1 | 55 | 600 | 9 | 5,000 | 0.207 | × | 0 | 5,000 | 0.10 | 500 |
| 2 | 5 | 732 | 5 | 3,000 | 0.681 | ● | 732 | 2,268 | 0.10 | 226 |
| 3 | 78 | 920 | 8 | 4,500 | 0.528 | × | 0 | 4,500 | 0.10 | 450 |
| 4 | 26 | 438 | 10 | 5,500 | 0.680 | ● | 438 | 5,062 | 0.10 | 506 |
| 5 | 99 | 900 | 9 | 5,000 | 0.204 | × | 0 | 5,000 | 0.10 | 500 |
| 6 | 54 | 624 | 5 | 2,500 | 0.072 | × | 0 | 2,500 | 0.10 | 250 |
| 7 | 53 | 550 | 5 | 3,000 | 0.108 | × | 0 | 3,000 | 0.10 | 300 |
| 8 | 62 | 900 | 6 | 3,500 | 0.417 | × | 0 | 3,500 | 0.10 | 350 |
| 9 | 95 | 1,200 | 9 | 5,000 | 0.509 | × | 0 | 5,000 | 0.10 | 500 |
| 10 | 28 | 200 | 10 | 5,500 | 0.113 | × | 0 | 5,500 | 0.10 | 550 |
| 11 | 14 | 430 | 6 | 3,500 | 0.223 | × | 0 | 3,500 | 0.10 | 350 |
| 12 | 74 | 288 | 6 | 3,500 | 0.321 | × | 0 | 3,500 | 0.10 | 350 |

## TABLE-4 転記用

| |
|---|
| 5,062 |
| 506 |
| 438 |
| 2,268 |
| 226 |
| 732 |
| 3,500 |
| 350 |
| 0 |

## TABLE-5

| 客番 | 区分 | 1日 | 2日 |
|---|---|---|---|
| 1 | a | | |
| | b | | |
| | c | | |
| 2 | a | | 5,000 |
| | b | | 500 |
| | c | | 0 |
| 3 | a | | 3,500 |
| | b | | 350 |
| | c | | 0 |
| 4 | a | | |
| | b | | |
| | c | | |
| 5 | a | 2,000 | |
| | b | 200 | |
| | c | 0 | |
| 6 | a | | |
| | b | | |
| | c | | |
| 7 | a | | |
| | b | | |
| | c | | |
| 8 | a | | |
| | b | | |
| | c | | |
| 9 | a | | |
| | b | | |
| | c | | |
| 10 | a | 4,500 | |
| | b | 450 | |
| | c | 0 | |
| 11 | a | | |
| | b | | |
| | c | | |
| 12 | a | | |
| | b | | |
| | c | | |
| 13 | a | | |
| | b | | |
| | c | | |
| 14 | a | | 2,000 |
| | b | | 200 |
| | c | | 0 |
| 15 | a | | |
| | b | | |
| | c | | |
| 16 | a | | |
| | b | | |
| | c | | |
| 17 | a | | |
| | b | | |
| | c | | |
| 18 | a | 5,500 | |
| | b | 550 | |
| | c | 0 | |
| 19 | a | | |
| | b | | |
| | c | | |
| 20 | a | | |
| | b | | |
| | c | | |
| 21 | a | | |
| | b | | |
| | c | | |
| 22 | a | | |
| | b | | |
| | c | | |
| 23 | a | | |
| | b | | |
| | c | | |
| 24 | a | | 3,500 |
| | b | | 350 |
| | c | | 0 |

### 未使用PT分布

| 境界 | 人数 | 未使用PT計 |
|---|---|---|
| 0 | 3 | 225 |
| 100 | 8 | 1,234 |
| 200 | 7 | 1,713 |
| 300 | 7 | 2,386 |
| 400 | 8 | 3,579 |
| 500 | 15 | 7,785 |
| 600 | 10 | 6,224 |
| 700 | 9 | 6,626 |
| 800 | 5 | 4,165 |
| 900 | 11 | 10,190 |
| 1,000 | 6 | 6,226 |
| 1,100 | 2 | 2,321 |
| 1,200 | 2 | 2,400 |
| 1,300 | 2 | 2,655 |
| 1,400 | 1 | 1,465 |
| 1,500 | 1 | 1,590 |
| 1,600 | 0 | 0 |
| 1,700 | 1 | 1,700 |
| 1,800 | 1 | 1,800 |
| 1,900 | 0 | 0 |
| 2,000 | 1 | 2,000 |
| 2,100 | 0 | 0 |
| 2,200 | 0 | 0 |
| 2,300 | 0 | 0 |
| 2,400 | 0 | 0 |
| 2,500 | 0 | 0 |
| 合計 | 100 | 66,284 |

ビジネス・シミュレーション　―設計・構築・分析―

# まえがき

　「変化」と「不確実性」はビジネスに付き物である．それ故，それらを扱えるツールやスキルは，ビジネスモデルを計画・実行・分析する者にとって欠かせない．経営学や経営科学の分野で取り扱う意思決定問題の中には，問題の構成要素が明らかであり要素同士の関係も決まっていることを前提にする場合がある．そして，その場合でも，前提条件が変わったときに問題の解がどうなるかを検討する感度分析やシナリオ分析を行ったりする．しかし，大抵の場合，前者は前提条件のある範囲内の可変性に対する，後者は想定可能な不確実性に対する検討に限られる．また，両者とも問題の一意的な解に対する二次的な検討であり，メインではない．そのため，しばしば想定外の出来事に不意打ちされることがある．

　本書では，不確実性が問題の中心要素（key factor）であり，それによって起こり得るすべての結果に対する検討が必要な問題を扱う．そして，そのような問題の解決に有効でありかつ重要なツールとして，モンテカルロ法を用いたシミュレーション（Monte Carlo simulation）を取り上げ，その活用例を示す．手短に言えば，モンテカルロ法とは不確実性を伴う要素の挙動を乱数によって疑似的に再現する方法であり，シミュレーションとはある方針ないし計画がもたらす結果を予測する実験的な研究方法である．そして，シミュレーションでは，最も起こり易い結果に注目するが，不確実な要素の挙動がもたらすすべての結果を観察することによって，問題の本質に対する理解を改めることも往々にしてある．

　ところが，乱数を用いたシミュレーションは，ビジネスパーソンにとってまだ馴染まれていなく十分活用されていない．問題の構成要素間の関係を表現するモデル化には数学的な知識が，モデル全体の動きを再現するシミュレーターの構築にはプログラミングの知識が，シミュレーション結果の解析には確率論的な知識が必要である，という固定観念が原因ではないかと推測する．実際，シミュレーション関連書物には，微分方程式をはじめとする数学モデルとプログラミング言語を使ったシミュレーションについて書かれたものが少なくない．しかし，数学的な知識の有無はともかく，プログラミング言語を教わる機会がほとんどない文系の人がそのような書物の内容を読みこなすには難がある．そのため，シミュレーションは理系出身者の専有物であって，文系の人にはなかなか手を出せないもの，という認識がある．けれども，プログラミングや数学的・確率論的な知識がシミュレーションの必修要件ではない．割り切った言い方をすれば，プログラミング言語が分からなくても表計算ソフトの基本的な計算機能を使えば，コンピュータを使ったシミュレーションはできる．モデルは必ずしも定式化する必要がないので，入力と出力の関係さえ正しく規定すればいい．また，確率論的な知識がなくても十分安定したシミュレーション結果を求めれば，理論解の近似解あるいは確率論で裏付けられる解を得ることができる．本来，シミュレーションは定式化できでも数学的な解析方法では解けない問題に用いる手段であり，また今はパソコン上でも大量の乱数を要するシミュレーションが短時間でできてしまう．したがって，シミュレーションをビジネスに活かさない理由はもはやないといっても過

言ではない．

　このような観点から，本書では次の点を意識して書いてある．第一は，プログラミングができなくても数学モデルを作らなくても，シミュレーションができることを示す．そのために，ビジネスの現場で広く使用されている汎用ソフト（Excel）の基本的な計算機能（四則演算と関数）を用いて，シミュレーターを構築する．第二は，コンピュータ・シミュレーションを読者一人でデザイン・構築・実行・分析できるようにする．そのために，多数のシミュレーション例を単に羅列するのではなく，少数の事例であってもシミュレーターのデザインからシミュレーション結果の分析に至るまでの解説をする．第三は，不確実な要素を多く含むビジネス上の意思決定問題にこそ，シミュレーションが有効な解決手段となり得ることを示す．そのために，モンテカルロ法を用いたシミュレーションに的を絞る．

　シミュレーションがビジネスにまだ十分活用されていないと述べたが，シミュレーションを含む様々な分析力を駆使し，競争優位を確保し続けている企業もある．在庫管理やサービス・ステーション管理に関する問題はシミュレーションのビジネスへの典型的な活用例であるが，シミュレーションがビジネス現場の有効な問題解決手段となり得る場面はその限りではない．本書より，読者諸氏がシミュレーションをビジネスの様々な場面で直面する問題の意思決定に活用するきっかけを得ることができれば，幸いである．

　本書の内容は三部に分けられる．第Ⅰ部（第1章～第2章）の第1章では，ミュレーションに関する概論的な説明をする．第2章では，シミュレーションの面白さを知ってもらうために，ビジネスとは無関係ではあるが，ある奇妙な確率問題を取り上げる．そして，同問題の確率は，数学的な知識を一切使わないごく簡単なシミュレーションの実行によって求めることができることを示す．また，その実験解の確率が数学的な理論解にほぼ一致する近似解であることを示し，シミュレーション結果の精度に対する認識を改めてもらう．第Ⅱ部（第3章～第7章）の内容は目次を参照されたいが，どの章から読み始めてもいいように書いてある．そのため，シミュレーション結果の更新方法などいくつかの説明が各章に重複しているが，この点は読者の了解を得たい．第Ⅲ部（第8章）では，確率論に関する学習経験のない読者のために，シミュレーション結果に対する理解と評価に役立つ統計学の基礎知識をまとめてある．確率論的な分析装置を合わせ持つと，シミュレーションを行う際に目標とする精度の結果を効率よく求めることができることについても書いてある．

　本書の刊行にさいしては筆者が所属する南山大学経営学会の研究叢書出版助成を受けている．記して関係各位に感謝の意を表する．なお，いろいろ入り組んだ原稿の細かい修正に何度も応じてくださった創成社の編集の方々，並びにシミュレーション結果の再確認などに手を貸してくれた卒業生に感謝の意を表したい．

2016年10月

筆　　者

● ── 各章の構成について

　本書第2部の各章は次のような節で構成されている．各節の内容について簡単な説明を付け加えておく．

（1）　導入
（2）　事例
（3）　課題
（4）　シミュレーションの準備
（5）　シミュレーターの完成図
（6）　シミュレーターの作成
（7）　シミュレーションの結果と分析
（8）　まとめ
（9）　付録

- 「導入」では取り上げる問題の背景について説明し，「事例」では本書用に一部加工した実例を含む問題を紹介する．そして，「課題」では事例における問題を読者への課題として提示する．

- 「シミュレーションの準備」では，シミュレーションを行う上で先に決めておく必要のある事項を整理し，また事前に説明を要するシミュレーション方法に関するガイドラインを提供する．そして，「シミュレーターの完成図」では完成するシミュレーターのイメージを示しておき，「シミュレーターの作成」では具体的なシミュレーターの作成方法を細部にわたって解説する．

- 「シミュレーションの結果と分析」では，シミュレーション結果の集計方法と分析方法に触れ，結論を導く．そして，結論に対する検証結果について言及する．「まとめ」では，課題の問題解決に用いたシミュレーションの意義，問題の拡大・発展に関するアドバイスなどを記す．

- 「付録」では，取り上げた問題に数学的な解が存在する場合，それを示し，シミュレーションのみならず理論的な解も垣間見ることができるようにする．また，参考までにシミュレーション結果の自動集計用プログラム（マクロ）を載せる．参考までにとは，そのプログラムを使用しなくても集計はできるが，そのようなプログラムを使えば便利であるという意味である．プログラミングに関しては本書の範囲外として詳細な説明はしないが，読者にプログラミングにも関心を持ってもらう機会となればという期待を込めて，プログラムには簡単な注釈を付けておく．

● 本書の内容を確認できるサンプル・シートは，創成社サイト（http://www.books-sosei.com）よりダウンロードできる．

# 目次

## 第 I 部

### 第1章 シミュレーション概論　　1

- 1.1 シミュレーション概要　　2
  - 1.1.1 シミュレーションの意味　　2
  - 1.1.2 シミュレーションを行う理由　　2
  - 1.1.3 シミュレーションを行う目的　　3
  - 1.1.4 シミュレーションの分類　　4
- 1.2 モンテカルロ・シミュレーション　　6
  - 1.2.1 問題解決手法としての有効性　　6
  - 1.2.2 モンテカルロ・シミュレーションに用いられる乱数　　7
  - 1.2.3 モンテカルロ・シミュレーションの実例　　8
  - 1.2.4 シミュレーションに必要な統計学の基礎知識　　11
  - 1.2.5 コンピュータを使用した最初のモンテカルロ・シミュレーション　　14
- 参考文献　　16
- 付録Ⅰ：EXCEL 上の操作に関する説明　　18
- 付録Ⅱ：モンティ・ホール問題の解法　　21

### 第2章 暗闇の中の確率　　23

- 2.1 導入　　24
- 2.2 方法論の模索　　26
  - 2.2.1 羅列方式（その1）　　26
  - 2.2.2 羅列方式（その2）　　28
  - 2.2.3 数学的方法　　29
  - 2.2.4 実験的方法　　29
- 2.3 シミュレーションの準備　　31
  - 2.3.1 シミュレーションの方法　　31
  - 2.3.2 シミュレーターの大きさ　　31
- 2.4 シミュレーターの完成図　　32
- 2.5 シミュレーターの作成　　33
  - 2.5.1 TABLE-1 の作成　　33
  - 2.5.2 TABLE-2 の作成　　33
  - 2.5.3 TABLE-3 の作成　　34
  - 2.5.4 50回分までの拡張と実験結果の集計　　34

|   |   |   |
|---|---|---|
| | 2.5.5　その他 | 35 |
| 2.6 | シミュレーションの結果と分析 | 36 |
| | 2.6.1　結果 | 36 |
| | 2.6.2　分析 | 36 |
| 2.7 | まとめ | 38 |
| 参考文献 | | 39 |
| 付録Ⅰ：理論解の追求 | | 40 |
| 付録Ⅱ：実験データ自動記録用マクロ | | 44 |

# 第Ⅱ部

## 第3章　投資戦略の比較　　45

|   |   |   |
|---|---|---|
| 3.1 | 導入 | 46 |
| 3.2 | 課題 | 48 |
| | 3.2.1　攻略法の解説 | 48 |
| | 3.2.2　攻略法のまとめ | 51 |
| 3.3 | シミュレーションの準備 | 53 |
| | 3.3.1　攻略法の比較方法 | 53 |
| | 3.3.2　ゲームのルール | 53 |
| | 3.3.3　シミュレーションの前提条件 | 54 |
| 3.4 | シミュレーターの完成図 | 55 |
| 3.5 | シミュレーターの作成 | 56 |
| | 3.5.1　TABLE-1の作成 | 56 |
| | 3.5.2　TABLE-2の作成 | 61 |
| 3.6 | シミュレーションの結果と分析 | 63 |
| | 3.6.1　結果 | 63 |
| | 3.6.2　分析 | 64 |
| 3.7 | まとめ | 68 |
| 参考文献 | | 70 |
| 付録Ⅰ：マーチンゲール法の期待値 | | 71 |
| 付録Ⅱ：実験データ自動記録用マクロ | | 72 |

## 第4章　自販機における釣銭の適正補充問題　　73

|   |   |   |
|---|---|---|
| 4.1 | 導入 | 74 |
| 4.2 | 事例 | 76 |
| 4.3 | 課題 | 77 |
| 4.4 | シミュレーションの準備 | 78 |

|   |   |   | |
|---|---|---|---|
| | 4.4.1 | シミュレーションの流れ | 78 |
| | 4.4.2 | シミュレーションの前提条件 | 78 |
| | 4.4.3 | シミュレーターの構成要素とデザイン | 83 |
| 4.5 | シミュレーターの完成図 | | 84 |
| 4.6 | シミュレーターの作成 | | 85 |
| | 4.6.1 | TABLE-1 と TABLE-2 の作成 | 85 |
| | 4.6.2 | TABLE-3 の作成 | 86 |
| | 4.6.3 | TABLE-4 の作成 | 92 |
| | 4.6.4 | TABLE-5 の作成 | 94 |
| 4.7 | シミュレーションの結果と分析 | | 96 |
| | 4.7.1 | 集計表の作成 | 96 |
| | 4.7.2 | 結果と分析 | 98 |
| 4.8 | まとめ | | 101 |
| 参考文献 | | | 102 |
| 付録Ⅰ：乱数による事象発生の比率の決め方について | | | 103 |
| 付録Ⅱ：実験データ自動記録用マクロ | | | 104 |

## 第5章　在庫管理方式の比較　　105

|   |   |   |   |
|---|---|---|---|
| 5.1 | 導入 | | 106 |
| 5.2 | 事例 | | 108 |
| 5.3 | 課題 | | 109 |
| 5.4 | シミュレーションの準備 | | 110 |
| | 5.4.1 | シミュレーションの目的 | 110 |
| | 5.4.2 | シミュレーションの流れ | 110 |
| | 5.4.3 | シミュレーションの前提条件 | 110 |
| | 5.4.4 | シミュレーターの構成要素とデザイン | 113 |
| 5.5 | シミュレーターの完成図 | | 114 |
| 5.6 | シミュレーターの作成 | | 115 |
| | 5.6.1 | TABLE-1 の作成 | 115 |
| | 5.6.2 | TABLE-2 の作成 | 116 |
| | 5.6.3 | TABLE-3 の作成 | 119 |
| 5.7 | シミュレーションの結果と分析 | | 122 |
| | 5.7.1 | パラメーターの適正値の模索 | 122 |
| | 5.7.2 | シミュレーションの結果と分析 | 125 |
| 5.8 | まとめ | | 129 |
| 参考文献 | | | 130 |
| 付録Ⅰ：「定量発注方式」と「定期発注方式」の理論解 | | | 131 |

付録Ⅱ：実験データ自動記録用マクロ ............................................. 134

# 第6章　TOCと工程管理　　　　　　　　　　　　　　　　　　　　135

 6.1　導入 ............................................................................. 136
 6.2　事例 ............................................................................. 140
  6.2.1　プロジェクトの推進 ......................................... 140
  6.2.2　プロジェクトの成果 ......................................... 143
 6.3　課題 ............................................................................. 146
 6.4　シミュレーションの準備 ............................................. 147
  6.4.1　シミュレーションの目的 ................................. 147
  6.4.2　シミュレーターの作り方 ................................. 147
  6.4.3　シミュレーションの前提条件 ......................... 148
 6.5　シミュレーターの完成図 ............................................. 150
 6.6　シミュレーターの作成 ................................................. 151
  6.6.1　LINE-Aの構築 ................................................. 151
  6.6.2　LINE-Bの構築 ................................................. 153
  6.6.3　LINE-Cの構築 ................................................. 154
  6.6.4　LINE-K1の構築 ............................................... 155
  6.6.5　LINE-K2の構築 ............................................... 157
  6.6.6　TABLE-1の作成 ............................................... 157
  6.6.7　改善策の反映 ..................................................... 159
 6.7　シミュレーションの結果と分析 ................................. 160
  6.7.1　集計表の作成 ..................................................... 160
  6.7.2　シミュレーションの結果と分析 ..................... 161
  6.7.3　結論 ..................................................................... 164
 6.8　まとめ ......................................................................... 165
 参考文献 ................................................................................. 165
 付録Ⅰ：標準偏差と不偏標準偏差の違い ......................... 166
 付録Ⅱ：実験データ自動記録用マクロ ............................. 167

# 第7章　適正ポイント還元率の決定　　　　　　　　　　　　　　169

 7.1　導入 ............................................................................. 170
 7.2　事例 ............................................................................. 171
 7.3　課題 ............................................................................. 172
 7.4　シミュレーションの準備 ............................................. 173
  7.4.1　シミュレーションの目的 ................................. 173
  7.4.2　有効性の判断材料 ............................................. 173

|  |  | 7.4.3 シミュレーションの方法 ……………………………… 173 |
|---|---|---|
|  |  | 7.4.4 シミュレーションの前提条件 …………………………… 174 |
|  |  | 7.4.5 ポイント計算の仕組み …………………………………… 177 |
| 7.5 | シミュレーターの完成図 ……………………………………………… 179 | |
| 7.6 | シミュレーターの作成 ………………………………………………… 180 | |
|  |  | 7.6.1 TABLE-1 の作成 …………………………………………… 180 |
|  |  | 7.6.2 TABLE-2 の作成 …………………………………………… 181 |
|  |  | 7.6.3 TABLE-3 の作成 …………………………………………… 183 |
|  |  | 7.6.4 TABLE-4 の作成 …………………………………………… 187 |
|  |  | 7.6.5 TABLE-5 の作成 …………………………………………… 188 |
|  |  | 7.6.6 TABLE-6 の作成 …………………………………………… 189 |
|  |  | 7.6.7 TABLE-7 の作成 …………………………………………… 190 |
|  |  | 7.6.8 未使用 PT 分布 ……………………………………………… 191 |
| 7.7 | シミュレーションの結果と分析 ……………………………………… 193 | |
|  |  | 7.7.1 結果 …………………………………………………………… 193 |
|  |  | 7.7.2 分析 …………………………………………………………… 196 |
|  |  | 7.7.3 結論 …………………………………………………………… 199 |
|  |  | 7.7.4 検証 …………………………………………………………… 200 |
| 7.8 | まとめ …………………………………………………………………… 200 | |

参考文献 ……………………………………………………………………… 201
付録Ⅰ：シミュレーション結果一覧 ……………………………………… 202
付録Ⅱ：実験データ自動記録用マクロ …………………………………… 203

## 第Ⅲ部

# 第8章　シミュレーション結果の数理的評価　205

| 8.1 | 導入 ……………………………………………………………………… 206 | |
|---|---|---|
| 8.2 | 統計学の基礎 …………………………………………………………… 207 | |
|  |  | 8.2.1 記述統計学と推測統計学 ………………………………… 207 |
|  |  | 8.2.2 標本調査 ……………………………………………………… 207 |
|  |  | 8.2.3 標本平均の分布 ……………………………………………… 208 |
|  |  | 8.2.4 標本平均の期待値と分散 …………………………………… 209 |
|  |  | 8.2.5 確率論の2大定理 …………………………………………… 212 |
|  |  | 8.2.6 正規分布 ……………………………………………………… 213 |
| 8.3 | 統計的推定方法 ………………………………………………………… 215 | |
|  |  | 8.3.1 推定量の要件 ………………………………………………… 215 |
|  |  | 8.3.2 推定の考え方 ………………………………………………… 216 |

8.3.3　母平均の区間推定 …………………………………………… 216
　　　8.3.4　母比率の区間推定 …………………………………………… 220
　8.4　標本の大きさの決定 ……………………………………………… 222
　　　8.4.1　母平均の区間推定の場合 …………………………………… 222
　　　8.4.2　母比率の区間推定の場合 …………………………………… 223
　8.5　まとめ ……………………………………………………………… 225
　参考文献 ………………………………………………………………… 228

索　引 …………………………………………………………………… 229
使用関数一覧（登場順） ……………………………………………… 230

# 第1章　シミュレーション概論

An introduction of computer simulations using the Monte Carlo method

　本書の序論として，ここではシミュレーションとモンテカルロ法に関する概論的な説明をする．

　第1節では，シミュレーションの意味，シミュレーションを行う理由と目的，そしてシミュレーションの分類について説明する．

　第2節では，シミュレーションの問題解決手法としての有効性と，シミュレーションに用いる乱数について述べる．そして，簡単なモンテカルロ・シミュレーションの例を示し，モンテカルロ・シミュレーションについて概観できるようにする．また，シミュレーション結果のまとめと分析に用いる統計学の基礎知識について軽く触れる．それから，コンピュータを使用した最初のモンテカルロ・シミュレーションについて記す．

　付録Iでは，Excelの操作に不慣れな読者のために，モンテカルロ・シミュレーションを行う上で必要なExcelの基本的な操作方法について説明する．

　付録IIでは，モンテカルロ・シミュレーションの例として取り上げた問題に対する解析的な解（理論解）を示し，シミュレーションによる解（実験解）と比較できるようにする．

## 1.1 シミュレーション概要

本節では，シミュレーションの意味，シミュレーションを行う理由と目的，そしてシミュレーションの分類について，概論的な説明をしておくことにする．

### 1.1.1 シミュレーションの意味

シミュレーション（simulation）は，ラテン語の "simulo（似せる・真似る）" に由来する[1]といわれており，"模擬実験" と訳されている．模擬実験は，'似せる' ことと '試す' ことを意味する '模擬' と '実験' の合成語であるので，"似せて試す" ことがシミュレーションであると理解してもいい．模擬面接，模擬訓練，模擬裁判などからわかるように，"実際と同じ状況を作る" ことと，理科実験，臨床実験，社会実験などからわかるように，"実際に試してみる" こと，これらはすべて "似せて試す" 広義の "シミュレーション" であると言える．しかし，今日ではもっぱらコンピュータ上で様々な事象を再現したモデルを使って行う "コンピュータ・シミュレーション" を指す場合が多い．

### 1.1.2 シミュレーションを行う理由

似せて試すことをするのには，次のような理由がある．

#### (1) 実物使用不可

例えば，研究開発中の新薬を人を対象にして試すことはできない．車のエア・バックの安全性に関しても，生身の人間を乗せて追突実験をすることはできない．また，原発の建物を津波が襲った場合の被害に関しても，実物を使った実験はできない．そのため，実験用生物や模型などを使った実験を行ったりする．

#### (2) 直接的な実験不可

例えば，人員削減の影響を調べるため，実際に人を辞めさせてみることはできない．また，投資効果を調べるため，試しに巨額の投資を要するプロジェクトを実行してみることはできない．国民経済全般に多大な影響を及ぼす経済政策に関しても同じである．このように，経営・経済などの社会科学分野で扱う問題は，自然科学分野で行われているような実験室での管理実験が不可能な場合が多い．そのため，物理的な実験装置を使うのではなく，論理的なモデルを構築し，投資の効果や施策の影響などをシミュレーションしたりする．

#### (3) 時間・費用・危険の軽減と回避

例えば，1人のパイロットの養成には多くの時間と費用がかかり，実際の飛行訓練には危険も伴う．それを軽減・回避するために開発されたのがフライト・シミュレーターである．自動車教習所にあるドライバー・シミュレーターも同様の理由で導入されている．

### (4) 可視化

これはすべてのシミュレーションに対して言えることであるが，物事の変化する様子を再現・可視化するだけで問題点の抽出と解決の糸口の発見に役立つことも多い．例えば，銀行ローンの返済シミュレーション，着工前に架構模型を使って建物の建て方を確認するシミュレーション，建築模型やCGを使って照明デザインの効果を確かめるシミュレーション，水槽の中に設置した原発の模型に人工の波を当てて津波による浸水状況を調べる実験などが挙げられる．

もうひとつ追加すると，天の川銀河の進化シミュレーション[2]が挙げられる．スーパーコンピュータを用いて作られた天の川は，銀河が何十億年とかけて進化する様子を早回しで見ることができ，観測では見ることのできない天の川銀河の全体像やその構造の解明に役立っている．

## 1.1.3 シミュレーションを行う目的

シミュレーションの目的は，前記の「シミュレーションを行う理由」と重なる部分があるが，ここでは「予測に基づく対策」と，「解明に基づく応用」という側面からまとめることにする．

### (1) 予測と対策

例えば，東日本大震災（2011年3月，東北地方太平洋沖地震）が起きた直後（同年4月），ハワイ大学マノア校太平洋研究センターは日本の津波によって発生した瓦礫がハワイ西海岸にいつ漂着するかを予測したシミュレーション映像を公開した（補足：当時CNNが流した同センターのシミュレーション映像[3]は今もインターネット上に公開されている．後に，長岡技術科学大学も漂流物・原発排水拡散の様子を予測するシミュレーション[4]を行っている）．今は，津波による被災状況と避難状況を示すシミュレーション動画を公開し，各地域の問題点の抽出と今後の対策を促しているところ[5]もある．

その他，需要予測に基づく在庫管理用シミュレーション，生産要素の一部組み替えによって変わる作業の流れを予測し，各ラインの作業負荷のバランスを整えるラインバランシング用シミュレーション，CADで再現した産業用ロボットのシミュレーターを用いて溶接や塗装の結果を確かめるシミュレーション等々，予測結果に基づく問題点の抽出と対策検討を目的としたシミュレーションは数々ある．

### (2) 解明と応用

例えば，粘菌の動きから鉄道ネットワーク形成の理論構築に成功した例[6][7]が挙げられる．脳も神経も持たない単細胞生物の真正粘菌（ライフサイクルの中で生態を変えていく変形菌）は，アメーバ状の時期に餌を探して移動・拡大するが，そのとき体内では栄養分を輸送する管のネットワークが形成される．例の研究内容を要約すると，"この粘菌を，関東地方をかたどった容器の中に置き，主要都市に当たる場所に餌を置くと，粘菌は実際の鉄道の路線図にそっくりの輸送ネットワークを作り上げることが観察された．そして，粘菌の管の成長方程式（理論モデル）を用いた

コンピュータ・シミュレーションを行ったところ，現実にある鉄道ネットワークより輸送効率のよいネットワークが得られた[6][7]"という．そして，"今後，同理論モデルは，都市間を結ぶ様々なネットワークの最適な設定法則の確立への応用が期待される[6]"という．このように，数理生物学[8]の分野では，様々な生物の振る舞い（適応戦略）の再現とその応用に，シミュレーションが重要な役割を果たしている．

他の例としては，自律的に判断・行動・学習する機能をもつ個体（エージェント）の集まった架空の世界をコンピュータの中に作り，個体同士の相互作用による集合的な現象（例えば流行）の発生メカニズムを分析するマルチエージェント・シミュレーション[9]が挙げられる．その例としては，個々人の避難行動を考慮した災害時の避難誘導計画を検証するシミュレーション[10]，消費者の購買行動に基づくマーケティング分野への応用シミュレーション[11]などが挙げられる．

### 1.1.4　シミュレーションの分類

シミュレーションは観点によって色々な分類が可能である．シミュレーションの全体像を概観する意味と，本書で扱うシミュレーションの性格を明確にする意図から，分類について触れておくことにする．

**(1)　事象の疑似的な再現方法による分類**

シミュレーションは，前節で述べたような理由と目的により，現実を疑似的に再現したものを使う．再現には，実物をかたどった模型や人工的な装置などを用いる場合と，問題を構成する要因間の関係を数式で表したモデルを使う場合がある．そして，前者の場合を「物理的シミュレーション」，後者の場合を「論理的シミュレーション」と呼ぶ．

a.　物理的シミュレーション

例えば，模型を使った前述の様々な実験と，飛行機や自動車の設計時に行う風洞実験などが挙げられる．最近の例としては，地下1,000 mの実験装置（5万トンの純水を満たしたタンクの内壁に高感度の光センサ装着）を使って，ニュートリノが飛行中に別の種類に変身するという理論上の予想現象を確認した実験[12]が挙げられる（補足：ニュートリノは宇宙から来て人体や地球を素通りしてしまう素粒子である．同実験では，ニュートリノがごくまれに水分子の中の電子などにぶつかったときに出す光からニュートリノの数などを調べ，ニュートリノに質量があることを立証した．そして，同実験の成果に対して2015年10月にノーベル物理学賞[13]の授与が決定された）．

b.　論理的シミュレーション

例えば，経済理論に基づく仮説や観測されたデータをもとに変数間の因果関係を定式化したモデルを使って，経済現象の説明や経済政策の評価などを行う計量経済学分野の実験が挙げられる．経営・生産管理・マーケティング・消費者行動論分野で行うシミュレーションも，基本的には論理的なシミュレーションである．

## (2) 事象の時間的変化による分類

対象とする事象が時間の経過とともに変化する場合には，その推移を再現して観察する必要がある．時間の経過による事象の変化を考慮しないものを「静的モデル」，考慮するものを「動的モデル」と呼ぶ．

### a. 静的モデル (static model)

例えば，原材料や労働力などの資源の増減が生産結果に及ぼす影響を調べるシミュレーションが挙げられる．オペレーションズ・リサーチ (operations research) 分野の線形計画法と整数計画法などで解く最適化問題はこれに該当する．

### b. 動的モデル (dynamic model)

これには，時間が経過することに連れて，連続的に変化する事象を対象にする「連続型モデル」と，途切れ途切れに発生・変化する事象を対象にする「離散型モデル」がある．前者の例は流体力学的な問題，後者の例は売上によって変化する在庫量の推移から品切れを起こさない発注時点を求める在庫管理問題などを扱うモデルが挙げられる．

## (3) 事象発生の規則性による分類

対象とする事象に不確定な要素が内在する場合は，事象の発生や状態の変化が不規則になるため，それを再現する必要がある．そのような要素を含まないものを「決定論的モデル」，含んでいるものを「確率論的モデル」と呼ぶ．

### a. 決定論的モデル (deterministic model)

事象発生に不確定な要素が含まれていない場合は，入力条件に対する出力結果は一意的に決まる．そのような場合には，入力と出力の関係を定式化し，数学的な解析手法を用いて解を求めることができる．例えば，損益分岐点（収入と費用が等しくなる生産量あるいは販売量）を求めるとか，線形計画法（原材料などの資源に一定の制約条件がある状況で，利益最大化あるいは費用最小化を達成する最適な資源配分を求める方法）を用いて最適解を求めることなどが挙げられる．この種のモデルの分析においては，単に問題を定式化して解を求めることより，変数やパラメーターなどの入力条件を変化させながら結果の出方を確かめることに，シミュレーションの意義がある．

### b. 確率論的モデル (stochastic model)

事象発生に一つ以上の不確定な要素が含まれている場合は，出力結果が一意的に決まらずに確率的に変動する．そのような場合には，数学的な解析手法を用いることもできるが，乱数を用いて不確定な要素の振る舞いを表現したほうが結果を知る上で効率がいい場合が多い．例えば，過去の販売実績から調べた需要分布に従う乱数を発生させ，日々変動する需要を疑似的に再現する．そして，変動する需要に伴う在庫の推移を観察・予測する．このように，不確定な要素を含む問題に「乱数を用いて実験的に解く手法」をモンテカルロ法 (Monte Carlo method) といい，乱数を用いた実験をモンテカルロ・シミュレーション (Monte Carlo simulation) と呼ぶ．

## 1.2 モンテカルロ・シミュレーション

本書で示すシミュレーションは，すべてモンテカルロ・シミュレーションである．したがって，本節ではモンテカルロ・シミュレーションについて少し詳しく述べておくことにする．

### 1.2.1 問題解決手法としての有効性

現実世界にある様々な現象や問題の解明・解決に，数学的な解析は有効な手段ではある．しかし，すべてを数式に盛り込むことは不可能である場合が多い．構成要素間の関係の複雑さ故に解析に必要な数式そのものを立てることができないときもあれば，数式を立てたとしても数学的な解析の難しさ故に解くことすらままならないときもある．

上記のことはビジネス世界で直面する問題にも当てはまり，数学的な方法で解ける問題より解けない問題の方が多い．むろん，前節で言及した損益分岐点の計算のように，要因同士の関係が明確な問題の場合は，簡単な計算で解ける．また，線形計画法のように，理論的な解法が確立されている問題の場合は，その解法を用いて最適解を求めることができる．そのため，そのような定型化した問題を決定論的に解くプログラムは，多くの場合，事務処理用の社内コンピュータ・システムに組み込まれている．そして，定型化したルーチンワークの自動化はどんどん進んでいる．

ところが，不確定な要素を含む問題に対する取り組みは意外と進んでいない．その理由は色々あろうが，不確定な要素の評価には予測が付きもので，その予測にはリスクと責任が伴うからであろう．それ故，不確定な要素を含む問題に対する判断は管理層の仕事になっているわけだが，不確定な要素に対する評価を経験と勘に頼っているところも少なくはない．そのリスクを客観的に見積もる意味においても，シミュレーションを用いるメリットはある．ここで，問題解決の手法としてシミュレーションを用いるメリットをいくつか挙げておく．

a. シミュレーションを行うには，入力と出力の関係を規定するだけで十分であり，必ずしもそれを数式で表現しなくてもいい．これは，現象を記述する数式がわからない場合はもちろんのこと，定式化できても解析的に解けない場合にも，問題解決に使える手段があることを意味する．

b. 数学的な解析手法を用いて厳密解（理論解）を求めることができる問題に対しても，シミュレーションを行えば，定式化と解析にかかる時間と手間を省ける．

c. モンテカルロ法を用いて得る解は真の値に近い解（近似解）となるが，近似的にせよ解が得られることは，問題解決の糸口の発見や判断が困難な問題の解決に役立つ．特に，不確定な要素を多く含む問題においては，起こり得る個々の結果またはその確率を近似的に求められる

ことの意味は大きい．

d. シミュレーションでは解を見つけるまでの過程を目で直接観察することができる．そのため，理論解のみではわかりづらい，問題の構造や解の性質に対する理解を深めることができる．また，それによって無駄な議論を避けることもできる．特に，想定外のシミュレーション結果が出た場合は，なぜそういう結果が出たかについての議論を開始するきっかけとなり，示唆に富んだ貴重な視点を得ることもある．

### 1.2.2 モンテカルロ・シミュレーションに用いられる乱数

乱数（random number）とは，わかりやすくいえば，現れ方がランダム（でたらめ）な数のことである．例えば，サイコロを振ったときに現れる数字を並べた数列には規則性がないため，その数列から次に現れる数字を予測することはできない．このように，いかなる規則性・法則性のない数列を乱数列（random number sequence）といい，その数列の各要素を'乱数'という．

#### (1) 真性乱数と疑似乱数

乱数発生の道具として，正六面体のサイコロを使うと，1から6まで等確率の乱数を得ることができる．正六面体以外に，正十二面体，正二十面体の乱数賽（サイ）と呼ばれるサイコロを使うこともある．その他，トランプカードやルーレットも使える．しかし，これらの道具を使うと，一度にひとつの乱数しか得られないので，乱数列を作るのに時間がかかる．

そこで，一定の数の乱数列を予め作っておいた'乱数表'が使用されるようになったが，例えば日本工業標準調査会が公表している通称 JIS 乱数表（1～9の数字を計 10,000 個ランダムに配置したもの）[14]がある．しかし，問題によっては乱数表に出ている以上の乱数が必要な場合もある．

多数の乱数を高速で作れるようになったのはコンピュータが登場してからのことであり，上記の JIS 乱数表もコンピュータを用いて作ったものである．コンピュータでは，乱数ジェネレーター（random number generator）と呼ばれるアルゴリズム（算術式）を用いて乱数を生成する．そのため，アルゴリズムがわかれば予測可能であり，また一定の周期（cycle）を持つ．このことから，コンピュータ上で作った乱数は，真の乱数（真性乱数）ではない疑似乱数（pseudo-random number）と呼ぶ．

しかし，コンピュータで生成する疑似乱数は，乱数の持つべき性質である等確率性（均等性）と無規則性（独立性）の条件を統計的に満たしており，真の乱数と同様に扱える．それに周期も非常に長いので，多くの乱数を必要とするコンピュータ・シミュレーションでは疑似乱数が多用されている．因みに，表計算ソフト Excel（Excel 2003 の改訂版以降のバージョン）における乱数列の周期は，$10^{13}$ 以上[15]とされている．

### (2) 乱数の分布と一様乱数

乱数列は，そこに含まれている乱数の分布によって特徴づけられる．最も基本的なものは，上で言及した等確率性と無規則性をもつ，一様分布に従う一様乱数である．「一様分布」とは，サイコロのように各面の出る確率が均等で，各面の出方が独立している分布のことである．確率モデルの中には正規分布をはじめ，指数分布やポアソン分布に従う乱数を必要とする場合もある．しかし，一様乱数をもとに他の分布に従う乱数列を作ることができる．そのため，コンピュータで作る乱数は一様乱数が基本となっている．

因みに，Excel では 'RAND' という関数を用いて 0 以上 1 未満 $[0, 1)$ の小数の一様乱数を簡単に作ることができ，'RANDBETWEEN' という関数では任意の区間 $[a, b]$ の整数の一様乱数を作ることができる．また，乱数生成には線形漸化式を使う線形合同法（linear congruential method）が使われている[15]．

参考までにだが，歴史的にデジタルコンピュータ上で疑似乱数を発生させる最初の算術的方法は，中央二乗法（注：midsquare method，平方採中法）と呼ばれる方法であり，同方法は 1946 年にフォン・ノイマン（John von Neumann）とメトロポリス（Nicholas Metropolis）によってはじめて提唱されたものである[16]と言われている．また，同方法による乱数を用いた実験が，コンピュータを用いた最初のモンテカルロ・シミュレーションであると言われている．このことについては，後に（1.2.5 節）詳しく触れることにする．

### 1.2.3　モンテカルロ・シミュレーションの実例

ここで，一様乱数を用いたモンテカルロ・シミュレーションの例を示そう．取り上げるのはモンティ・ホール問題（Monty Hall problem）と呼ばれるもので，これは「Let's Make a Deal」という米国のテレビショー（司会：モンティ・ホール）の中で行われたゲームである．その内容は以下の通りである．

> 参加者の目の前に A, B, C の 3 つのドアがあって，そのうち 1 つのドアの後ろには景品が置いてある．景品がおかれている正解のドアを参加者が言い当てれば，その景品がもらえる．今，参加者がドア A を選んだとする．そこで，司会者は残りの 2 つのドアのうち，外れのドア B を開けて見せる．そうすると，景品が置いてあるのは，参加者が最初に選んだドア A の後ろか，それとも残りのドア C の後ろかになる．そこで，司会者は参加者に，"今なら変えてもいい" と囁く．さて，参加者は自分が最初に選んだドア A から残りのドア C に変えるべきか，変えざるべきか．

景品は A と C のいずれかのドアの後ろに置いてあるはずなので，当たる確率は変えても変えなくても 1/2 ずつ同じである——こう考える人とそうではないという人の間で，この問題は一時大論争に発展したことがある．この問題の答を求めるのにシミュレーションを用いるならば，

「景品を置いておくドア」と「参加者が最初に選ぶドア」をランダムに決め，参加者が最初に選んだドアから別のドアに変えた場合と変えなかった場合，どちらの方が景品に当たる割合が高いかを確かめればいい．シミュレーションの具体的な方法は，表計算ソフトExcel上で作った表1.1を使って説明する．

**表1.1** シミュレーション・シート

| | B | C | D | E | F | G | H | I | J | K | L | M |
|---|---|---|---|---|---|---|---|---|---|---|---|---|
| | | | ① 正解用 | | ② 選択用 | | ③ 判定 | | ④ 累積得点 | | ⑤ 得点率 | |
| 8 | | 回数 | 乱数1 | 正解 | 乱数2 | 選択 | 不変 | 変更 | 不変 | 変更 | 不変 | 変更 |
| 10 | | 1 | 0.01273 | A | 0.04431 | A | 1 | 0 | 1 | 0 | 1.000 | 0.000 |
| 11 | | 2 | 0.74880 | C | 0.60344 | B | 0 | 1 | 1 | 1 | 0.500 | 0.500 |
| 12 | | 3 | 0.46050 | B | 0.31852 | A | 0 | 1 | 1 | 2 | 0.333 | 0.667 |
| 13 | | 4 | 0.23212 | A | 0.22166 | A | 1 | 0 | 2 | 2 | 0.500 | 0.500 |
| 14 | | 5 | 0.57709 | B | 0.59800 | B | 1 | 0 | 3 | 2 | 0.600 | 0.400 |
| | | : | : | : | : | : | : | : | : | : | : | : |
| 105 | | 96 | 0.31383 | A | 0.26617 | A | 1 | 0 | 37 | 59 | 0.385 | 0.615 |
| 106 | | 97 | 0.09869 | A | 0.55292 | B | 0 | 1 | 37 | 60 | 0.381 | 0.619 |
| 107 | | 98 | 0.30591 | A | 0.66344 | B | 0 | 1 | 37 | 61 | 0.378 | 0.622 |
| 108 | | 99 | 0.44518 | B | 0.26627 | A | 0 | 1 | 37 | 62 | 0.374 | 0.626 |
| 109 | | 100 | 0.02025 | A | 0.54346 | B | 0 | 1 | 37 | 63 | 0.370 | 0.630 |

### (1) ゲームの再現

**a. 3つのドアのうち1つに景品が置かれている状況の再現**

「①正解用」欄のセル〔D10〕にRAND関数を入力し，一様乱数（乱数1）を発生させる．そして，その乱数の値（rと称する）が $0 \leq r < 1/3$ ならドア「A」に，$1/3 \leq r < 2/3$ ならドア「B」に，$2/3 \leq r < 3/3$ ならドア「C」に，景品が隠されているとする．それを判別する式をセル〔E10〕に入力し，その結果を表示させる．そうすると，乱数が変わる度に景品を置いておくドア（正解）がランダムに決まる．次は，セル〔D10〕に入力した関数とセル〔E10〕に入力した判別式をセル〔D109〕と〔E109〕にまでコピーし，100回目までの実験ができるようにしておく．

**b. 参加者が選ぶドアの指定**

「②選択用」欄にも，一様乱数（乱数2）を発生させ，参加者が最初に選ぶドアをランダムに決める．決め方は上記aと同様にする．次は，セル〔F10〕とセル〔G10〕に入力した式を100回目のセル〔F109〕と〔G109〕にまでコピーする．

**c. 変えた場合と変えなかった場合の当り外れの判定**

上表のセル〔E10〕と〔G10〕に示されている例は，正解（景品が隠れているドア）は'A'で，参加者が最初に選んだドアも'A'という状況である．ここで参加者が別のドアに変更しないことにしたら，「③判定」欄のセル〔H10〕に'当り'を意味する'1'を表示させる．別のドアに変更することにしたら，セル〔I10〕に'外れ'を意味する'0'を表示させる．それを判別する式をセル〔H10〕と〔I10〕に入力し，同式を100回目のセルまでコピーする．

d. シミュレーション結果の表示

1回目の当りと外れの判定結果'1'と'0'を得点と見なし，それをセル〔J10〕と〔K10〕に転記する式を同セルに入力する．そして，転記された得点に基づく得点率を表示する式をセル〔L10〕と〔M10〕に入力する．2回目以降はそれまでの判定結果に基づく累積得点と，累積得点に基づく得点率を求め，それぞれ「④累積得点」欄と「⑤得点率」欄に表示する．次は，セル〔J10〕～〔M10〕に入力した式を100回目のセルにまでコピーする．

## (2) シミュレーション結果の観察

表1.1に示した100回目までの累積得点は，変更しない場合（不変）が37点，変更する場合（変更）が63点となっている．よって，100回目までの累積得点率（1回当たりの平均得点率）は，「不変」が0.37，「変更」が0.63となっている．ここで，100回目までのシミュレーション結果（表1.1の⑤得点率）をグラフにして表すと，次のようになる．

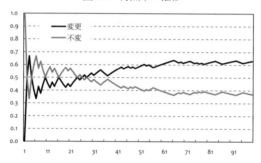

図1.1 得点率の推移

図1.1を見ると，だいたい30回目までは「変更」と「不変」の得点率が逆転することがあるが，それ以降は「変更」の得点率の方が高い状態が続く．そして，だいたい70回目以降は「変更」と「不変」の得点率はほぼ一定の差を維持しながら推移している．そして，このことはシミュレーション回数を更に増やしても続くことが予想される．

## (3) 結論

表1.1に示した得点率（不変：変更＝0.37：0.63）と図1.1に対する観察結果に基づくと，「変えたほうがいい（そのほうが景品に当たる確率が高い）」を結論とすることが考えられる．しかし，「変更の場合の得点率が高い」というシミュレーション結果は，たまたま得られたものである可能性がある．それに100回目以降どうなるかについての疑問もある．そのため，上記の結論には次のような条件が付く――同じ100回目までの実験を繰り返しても上記と同じ結論が得られるのか，またシミュレーション回数を100回目以降，更に増やしても「不変」と「変更」の得点率が逆転することはないかを十分検証する必要がある．

［補足］上記の条件に対する検証結果に触れておくと，シミュレーションを1,500回目まで拡大しても，上記の結論は変わらず，なお「不変」と「変更」の得点率はそれぞれ一定の値に収束

する（詳しいことは第8章の図8.8参照）．そのような収束値は数学的な厳密解である場合が多い．そのため，確率的な問題を対象にする理論研究では厳密解の存在を先に確かめるために，シミュレーションを用いることがしばしばある．モンティ・ホール問題は条件付き確率問題の恰好の例題でもあり，不変：変更の理論上の得点率は 1/3：2/3＝0.33：0.67 となる．つまり，「変更」の得点確率の方が2倍高い．この確率の計算方法は章末の付録Ⅱに示しておく．

### 1.2.4 シミュレーションに必要な統計学の基礎知識

前節のシミュレーション例で見たように，モンテカルロ・シミュレーションは乱数を用いて不確定な要素の振る舞いを表現する．そのため，得られる結果もランダムに変動する．これは，"多数回"の試行結果を"平均的に"捉える必要があることを意味する．以下では，得られたシミュレーション結果のまとめに用いる「基本的な統計量」と多数回のシミュレーション結果の解釈と分析に用いる「確率論の2大定理」，そしてシミュレーション結果の「精度」について触れることにする．

#### (1) 基本的な統計量

多数回のシミュレーション結果のまとめに使う統計量には，「平均」と「分散」がある．

- 平均（mean）は，ランダムに変動するシミュレーション結果の代表値として使う．平均には変化率の平均をとるときに使う幾何平均のようなものもあるが，基本的には観測値の和を観測数で割った算術平均を使う（下式参照）．

$$\bar{x} = (x_1 + x_2 + \cdots + x_n)/n \tag{1}$$

- 分散（variance）は，観測値と平均値との差の2乗の総和を観測値の数で割ったもので，観測値の平均からのバラツキ（散らばり具合）を表す尺度として使う（下式参照）．分散が大きいほど，観測値が平均から大きく散らばっていることを意味する．シミュレーション結果がなかなか安定しないときには，分散を求めてバラツキの度合を示す必要がある．

$$S^2 = \frac{1}{n}\{(x_1 - \bar{x})^2 + (x_2 - \bar{x})^2 + \cdots + (x_n - \bar{x})^2\} \tag{2}$$

一方，分散は観測値と平均値との差の2乗をとるため，測定単位が大きくなる（例えば，もとのデータが cm ならば，分散の単位は cm² となる）．そこで，分散の平方根をとって測定単位を観測値と同じ単位に戻した標準偏差（standard deviation，下式参照）を使うことが多い．

$$S = \sqrt{S^2} \tag{3}$$

#### (2) 確率論の二大定理

モンテカルロ・シミュレーションでは，十分安定した結果の値を求めようとする真の値の近似解と見なす．そして，その裏付けに以下の2つの定理が使われる．

- 大数の法則 (law of large numbers)

「観測値の平均は，観測（標本）数が増えるにつれて
母集団の平均（母平均）に近づく」

数式を使わずにごく大まかにいえば，大数の法則は上記のようになる．これをシミュレーションに当てはめると，以下のことを保証する定理となる．

「シミュレーション結果の平均は，シミュレーション回数を増やしていくにつれて
シミュレーションの対象の真の平均に近づいていく」

前節のシミュレーションを例にしていうと，表1.1に示した100回目までの結果（不変：変更＝0.37：0.63）は，シミュレーション回数を増やしていけば，［補足］で記した理論解0.33：0.67に近づく．これを保証するのが大数の法則である．因みに，大数の法則は，シミュレーションの対象がどのような分布であっても（それが未知であっても），成り立つ．

- 中心極限定理 (central limit theorem)

「母集団の分布が何であっても，標本の大きさ$n$を十分大きくすれば，
標本平均の分布は，平均$\mu$，分散$\sigma^2/n$の正規分布$N(\mu, \sigma^2/n)$に近づく」

中心極限定理は上記のようなものであるが，これをシミュレーションに当てはめると，以下のことを保証する定理となる．

「シミュレーションの対象がどのような分布をしようが，実験回数を十分多くすれば，
得られる結果の平均は，正規分布$N(\mu, \sigma^2/n)$に近づく」

前節のシミュレーションを例にしていうと，100回分のシミュレーション結果（得点率）をたくさん集めると，その平均達の分布はベル型の正規分布になる，ということである．ここで，それを確かめてみよう．図1.2は，表1.1の「③判定」欄の結果（100回分）を上から10回分ごとに分けた10個のサンプルを作り，各サンプルの平均（10回毎の得点合計に対する平均）の分布を度数で表したものである（縦軸はサンプル数，横軸は相対度数）．

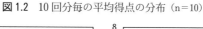

図1.2　10回分毎の平均得点の分布（n＝10）

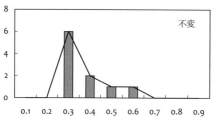
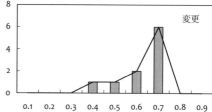

図 1.2 の分布を見ると，正規分布に近いというより両方とも偏っている．しかし，下の図 1.3 の結果は，ほぼ完全な正規分布の形を成している．この図は，表 1.1 の計算シートに表示される 100 回目の結果を 1,000 個集めたものである．つまり，100 回分毎のシミュレーションを，乱数を変えながら 1,000 回実行して得たものである．標本数を十分大きくすれば，標本平均の分布がこうなることを保証するのが中心極限定理である．

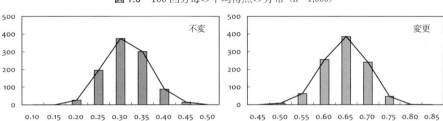

図 1.3 100 回分毎の平均得点の分布（n＝1,000）

因みに，図 1.3 に示した結果の平均は，0.3335（不変）と 0.6665（変更）である．シミュレーションでは，この平均（分布の中心を成す，もっとも起こり易い結果）をもって真の平均（得点率）の近似解とする．そのため，近似解と真の平均との間には誤差がある．そこで，正規分布の性質を利用し，標本平均（近似解）を中心としたある範囲内に真の平均（母平均）が含まれることを確率的に推定することがある（それを「統計的推定」というが，詳しいことは第 8 章で述べる）．

### (3) モンテカルロ・シミュレーションの精度

図 1.1 に示した 100 回目のシミュレーション結果（0.37：0.63），図 1.3 に示した 100 回目までの結果を 1,000 個集めた結果（0.3335：0.6667），1.2.3 節で記した理論上の得点率（0.33：0.67），これらを比較すると，シミュレーション結果の精度について知ることができる．同時に，「シミュレーション結果の精度はシミュレーション回数に比例する」ことと，「十分な回数のシミュレーション結果からは真の値に近い近似解を得ることができる」ことを再度確認できる．しかし，ここで，「何回分のシミュレーション結果（標本数）でどれだけの精度が確保できるか」という問題が浮上する．

まず，「回数」の問題に関しては，繰り返しになるが，これ以上回数を増やしても結果にほとんど変わりがない "十分安定した結果を得るまで" が答になる．しかしながら，図 1.3 に示した 100 回分毎にまとめた 1,000 個のシミュレーション結果から出す結論（変更したほうが景品に当たる確率が高い）は，図 1.1 に示した 100 回分 1 個の結果から出す結論と変わらない．それなら，100 回分 1 個の結果で十分ではないかという考えがあり得る．けれども，図 1.3 の右側にある図（変更の場合）の左端に注目すると，同じ 100 回分のシミュレーション結果であっても得点率が 0.5 よりも小さくなることがあり得る．これが示唆するのは，得られた結果がさらにシミュレーション回数を増やしたときにも維持できるかを "検証する" 必要がある，ということである．より多い試行結果に基づく結論に信頼度が増すことは言うまでもない．

次の「精度」の問題に関しては，前に言及した「統計的推定」を行うことができる．詳しいことは第8章で述べることにし，ここではシミュレーション結果の精度に関する議論によく使われる次の指標を示しておくことにする．

「標本平均の真の平均（母平均）に対する誤差は，$1/\sqrt{n}$ に比例する」

これは，"得られたシミュレーション結果の誤差（標本平均と母平均との差）を1/2に減らす（精度を2倍上げる）ためには，標本数を4倍にする必要があることを意味する．誤差を1/10に減らす（精度を10倍上げる）ためには標本数をおよそ100倍に増やす必要がある[1][17][18]" ことを意味する．

どの程度の精度を求めるか——これは扱う問題にもよるが，厳密さを追求する理論研究ではない限り，必要以上の精度を求めるのに時間を費やすことはない．特に，経営の意思決定問題の解決にシミュレーションを利用する場合は，シミュレーションそのものが目的ではなく，シミュレーション結果を政策的な議論のたたき台として活かすことに意味があることを記しておきたい．

### 1.2.5　コンピュータを使用した最初のモンテカルロ・シミュレーション

最後に，モンテカルロ・シミュレーションの歴史について触れておくことにする．

まず，モンテカルロ法の起源についてだが，それは，"フランス人の自然科学者（naturalist）ビュフォンの実験に見られる[19]" といわれている．「ビュフォンの針」という問題（Buffon's needle problem, 1733年[20]）は，「平面上に同間隔の平行線を数本引き，そこに針をランダムに落すと，針がどれかの線と交わる確率は如何ほどか」という問題である．そして，その確率を調べるために針を落す実験を数多く行ったので，モンテカルロ法の最初の例として挙げられている．因みに，その確率を数学的に解くと，$2l/\pi d$（針の長さ $2l$，平行線の距離 $2d$）となる．よって，針の長さが平行線の間隔の半分のときの確率は $1/\pi$（≒0.318）となる．このことから，同問題は円周率 $\pi$ の近似解を求める確率的模擬実験によく登場する．

次は，「モンテカルロ」という名称についてだが，それは大量の乱数を高速に発生させることができるコンピュータが世に生まれてから付けられたものである．このことと，コンピュータ上で行われた最初のモンテカルロ・シミュレーションについて，複数の参考資料の内容を要約・引用しながら，まとめておくことにする．

第二次世界大戦中の 1942 年 8 月，米国では原子爆弾の製造・開発を目指した「マンハッタン計画（Manhattan Project）」が始動した．そして，翌 1943 年 3 月，アラモス国立研究所（Los Alamos National Laboratory）がニューメキシコ州のロスアラモスに設立され，原爆開発の拠点となった．そして，1945 年 8 月 6 日に広島，3 日後の 9 日に長崎に原爆が投下された後も，同研究所では核兵器の開発が続けられていた．

　1946 年，同研究所ではいろいろな物質の中での中性子の動き（注：核分裂における中性子の拡散現象[1]）に関する研究が行われていた．しかし，中性子が原子核に衝突するまでの平均距離や衝突時に発するエネルギーに関するデータは持っていたものの，研究者達はそれらのことを従来の数学的方法で解くことができずにいた．そこで，原爆の開発に関わったことで有名な数学者，ウラム（Stanislaw Marcin Ulam）は，中性子の拡散と他の数理物理学的問題における計算を，コンピュータを使った確率的模擬実験（random experiments）に置き換えて解くことを思い付いた．そして，ウラムはそのアイデアをノイマン（John von Neumann）に説明し，二人で実験計画を立てた．[21]

　実験に使ったコンピュータは同 1946 年 2 月に公開された ENIAC（註：ミサイルの弾道計算を目的で開発された，真空管を使った世界初の電子式コンピュータ）であった．そして，中性子の原子核に衝突するまでの距離や方向などの設定に，一様乱数を用いた．[21]

　これが，"コンピュータを使ったモンテカルロ・シミュレーションの始まり"といわれる所以である．このことを，ウラムとノイマンの同僚であったメトロポリス（Nicholas Metropolis）は，後に "The First Ambitious Test" と記し[22]，また同実験に関わった研究者達がその後も多くの実験にモンテカルロ法を用いていたことを書いている．

　因みに，コンピュータを使った実験を行おうとしたウラムのアイデアは，意外なところで思い付いたものであった．彼は病気療養中にソリティア（canfield solitaire, 注：勝率が低いことで有名な 1 人用のカードゲーム）で暇をつぶしていたが，そのゲームの勝率が気になった．そして，組合せ論を用いた計算に挑んだが，その方法よりはただ多数回のゲーム結果を調べた方が簡単であると思い，同じことを中性子の拡散に関係する計算問題にも適用することにした．[21]

　一方，上記の実験は秘密裏に行われていたので，コードネーム（暗号名）が必要であった．そこで "Monte Carlo" の名を使うことをメトロポリスが提案した．これは，モナコにあるモンテカルロのカジノで使うお金を，ウラムのおじが度々親戚から借りていたことから思い付いたものであった．[22]

　その後の 1949 年に，ウラムとメトロポリスは，モンテカルロ法に関する論文[23]を発表した．それが乱数の用いるモンテカルロ法に関する最初の論文となった．1950 年代に入ると，モンテカルロ法は，マンハッタン計画における数々のシミュレーションの中心的な役割を果たし，また核分裂から核融合へ発展した水素爆弾の開発にも用いられていた．そして，物理学のみならず

オペレーションズ・リサーチ（Operations Research：第二次世界大戦中の英国軍による作戦研究から発展した経営科学の諸研究分野）などの様々な分野に普及されるようになった．そのような背景から，シミュレーションは OR の一つの研究分野になっている．

参考文献

［1］コンピュータシミュレーション，伊藤俊秀・草薙信照，オーム社，2006
［2］世界最大規模の天の川銀河のシミュレーション，国立天文台　理論研究部
　　（http://th.nao.ac.jp/release/20141112/）
［3］Tsunami Debris Model, International Pacific Research Center
　　（http://iprc.soest.hawaii.edu/news/marine_and_tsunami_debris/IPRC_tsunami_debris_models.php）
　　（http://www.asyura2.com/09/jisin16/msg/886.html）
［4］津波再現シミュレーションと見地調査，漂流物・原発排水拡散予測シミュレーション，長岡技術科学大学・水工学研究室（http://coastal.nagaokaut.ac.jp/tunami/110311/）
［5］鎌倉市・津波避難シミュレーション動画（http://coastal.nagaokaut.ac.jp/tunami/110311/）
［6］粘菌の輸送ネットワークから都市構造の設計理論を構築，科学技術振興機構報，第 708 号，2010
　　（http://www.jst.go.jp/pr/info/info708/）
［7］数学で自然現象を理解する，JST ニュース 3 月号，科学技術振興機構，2010
　　（http://www.jst.go.jp/pr/jst-news/2009/2010-03/page08.html）
［8］数理生物学入門−生物社会のダイナミックスを探る，巌佐庸，共立出版，2003
［9］コンピュータの中の人口社会，山形進・服部正太，構造計画研究所，2002
［10］マルチエージェント・シミュレーション，情報処理別冊，情報処理学会，2014
［11］複雑系マーケティング入門，北中英明，共立出版，2005
［12］ニュートリノ，宇宙情報センター（http://spaceinfo.jaxa.jp/ja/neutrinos.html）
［13］梶田氏　ノーベル物理賞：ニュートリノに重さ証明，朝日新聞，2015.10.7
［14］乱数生成及びランダム化の手順（規格番号：JISZ9031），日本工業標準調査会，最新改訂：2012
［15］Excel 2007 と Excel 2003 の RAND 関数について（https://support.microsoft.com/ja-jp/kb/828795）
［16］コンピュータシミュレーション，水野幸男・小柳吉雄 共訳，培風館，1971
　　（原書：Computer Simulation Techniques, Thomas H. Naylor el. John Willey & Sons, 1966）
［17］シミュレーションの数理的評価，逆瀬川浩孝，オペレーションズ・リサーチ経営の科学，46(4)，日本オペレーションズ・リサーチ学会，2001
［18］経営科学読本，近藤次郎，日科技連，1986
［19］シミュレーション，白鳥則郎監修，伊藤文明・斎藤稔・石原進・渡辺尚，共立出版，2013
［20］Buffon's needle problem, Wolfram MathWorld
　　（http://mathworld.wolfram.com/BuffonsNeedleProblem.html）
　　注：同サイトに載っている「ビュフォンの針」に関するソースは以下の通り．
　　Buffon, G. Editor's note concerning a lecture given 1733 by Mr. Le Clerc de Buffon to the Royal Academy of Sciences in Paris. Histoire de l'Acad. Roy. des Sci., pp. 43-45, 1733.
［21］Stan Ulam, John von Neumann, and the Monte Carlo method, Roger Eckhardt, Los Alamos

Science, Special Issue (15): 131-137, 1987

(http://permalink.lanl.gov/object/tr?what=info:lanl-repo/lareport/LA-UR-88-9068) (PDF)

[22] The beginning of the Monte Carlo method, N. Metropolis, Los Alamos Science, 125-130, 1987
(http://library.lanl.gov/cgi-bin/getfile?00326866.pdf) (PDF)

[23] The Monte Carlo Method, N. Metropolis and S. Ulam, Journal of the American Statistical Association (American Statistical Association), 44(247), 335-341, 1949

## 付録Ⅰ：EXCEL 上の操作に関する説明

ここでは，モンテカルロ・シミュレーションを行う際に必要な Excel 上の基本的な操作について，簡単な説明をしておくことにする．

### (1) 計算式の入力とコピー

Excel のワークシート上のセルに計算式を入力する基本的な方法は，画面の上段にある「数式バー」に直接打ち込むことである．参考までに，表 1.1（本文の中に載せたモンティ・ホール問題用のシミュレーション・シート）に直接入力する必要がある計算式を以下に示しておく．

**表 1.2 計算式の入力とコピー例**

| B | C | D | E | F | G | H | I | J | K | L | M |
|---|---|---|---|---|---|---|---|---|---|---|---|
| 8 | 回数 | ① 正解用 | | ② 選択用 | | ③ 判定 | | ④ 累積得点 | | ⑤ 得点率 | |
| 9 | | 乱数1 | 正解 | 乱数2 | 選択 | 不変 | 変更 | 不変 | 変更 | 不変 | 変更 |
| 10 | 1 | 0.01273 | A | 0.04431 | A | 1 | 0 | 1 | 0 | 1.000 | 0.000 |
| 11 | 2 | =RAND() | C | 0.60344 | B | 0 | 1 | 1 | 1 | 0.500 | 0.500 |
| 12 | 3 | | B | 0.31852 | A | 0 | 1 | 1 | 2 | 0.333 | 0.667 |
| 13 | 4 | 0.23212 | A | 0.22166 | A | 1 | 0 | 2 | 2 | 0.500 | 0.500 |

〔D10〕 =RAND()
〔E10〕 =IF(D10<=1/3,"A",IF(D10<=2/3,"B","C"))
〔F10〕 =RAND()
〔G10〕 =IF(F10<=1/3,"A",IF(F10<=2/3,"B","C"))
〔H10〕 =IF(E10=G10,1,0)
〔I10〕 =IF(H10=0,1,0)
〔J10〕 =H10
〔K10〕 =I10
〔L10〕 =H10
〔M10〕 =I10
〔J11〕 =J10+H11
〔K11〕 =K10+I11
〔L11〕 =J11/SUM(J11:K11)
〔M11〕 =K11/SUM(J11:K11)

次は入力した計算式をコピーする方法についてだが，表 1.2 のセル〔G10〕に入力した計算式を例にして説明することにする．まず，セル〔G10〕を選択した状態で，同セルの右下の角にマウスを当てる．そうすると，マウスポインターの形が'＋'に変わる．そこで，マウスの左ボタンを押したまま，同セルを矢印方向に引っ張る．そうすると，セル〔G10〕の式は引っ張ったところまでコピーされる．

因みに，セル〔G11〕にコピーされた式は，〔G11〕=IF(F11<1/3,"A",IF(F11<2/3,"B","C"))のようになる．ここで，セル〔G10〕に入力した参照先のセル番地'F10'が'F11'と変わっていることを確認すればいい．このように，式をコピーしたときに参照先のセル番地が自動的に変わるのは，Excel の基本的な参照方法が「相対参照」に設定されているからである．相対参照の

反対は，「絶対参照」といい，コピーしても参照先のセルの位置が変わらないように固定するときに使う．その設定方法は，'\$F\$1' のように行と列の番号の前に '\$' マークを付ける．'F\$10' と '\$F10' のように行または列だけに '\$' マークを付け，行または列だけを固定することもできる．

### (2) 乱数の生成と更新

Excel のワークシート上で乱数を生成する方法は，表 1.2 に示してあるように，RAND 関数をセルに入力すればいい．しかし，RAND 関数によって生成される乱数の値は，ワークシート上で入力，貼り付け，削除，保存などの操作を行ったときに自動的に更新されてしまう．これは，乱数を参照するシミュレーションの結果も更新されることを意味する．

一方，RAND 関数の値は，キーボード上の〔F9〕キーを押しても更新できる（MS-Windows の場合）．これは，同キーを押す度に新しいシミュレーション結果を得ることができることを意味する．したがって，次の章からは，同キーを押すことを，シミュレーション結果を更新する方法として記述することにする．

因みに，生成した乱数の値が前記のような操作によって自動的に変わるのは，ワークシートの計算方法が「自動」に設定されているからである．それを「手動」に切り替えると，乱数の値が前記のような操作で変わることはなく，〔F9〕キーを押したときに変わる．

### (3) シミュレーション結果の集計とマクロ

本文中の表 1.1 は，一度に 100 回分のシミュレーション結果を出すように作ってある．シミュレーション結果の集計方法に関しては，同表を例にして説明することにする．

表 1.3 シミュレーション結果の集計例

| B | C | D | E | F | G | H | I | J | K | L | M |
|---|---|---|---|---|---|---|---|---|---|---|---|
| 8 | 回数 | ① 正解用 | | ② 選択用 | | ③ 判定 | | ④ 累積得点 | | ⑤ 得点率 | |
| 9 | | 乱数1 | 正解 | 乱数2 | 選択 | 不変 | 変更 | 不変 | 変更 | 不変 | 変更 |
| 10 | 1 | 0.01273 | A | 0.04431 | A | 1 | 0 | 1 | 0 | 1.000 | 0.000 |
| 11 | 2 | 0.74880 | C | 0.60344 | B | 0 | 1 | 1 | 1 | 0.500 | 0.500 |
| : | : | : | : | : | : | : | : | : | : | : | : |
| 108 | 99 | 0.44518 | B | 0.26627 | A | 0 | 1 | 37 | 62 | 0.374 | 0.626 |
| 109 | 100 | 0.02025 | A | 0.54346 | B | 0 | 1 | 37 | 63 | 0.370 | 0.630 |
| 110 | | | | | | | | | | | |
| 111 | 集計表 | | | | ▶ Copy_1000 | | 平均 | 得点 | | 得点率 | |
| 112 | | | | | | | | 36.00 | 64.00 | 0.360 | 0.640 |
| 113 | 1 | 0.02025 | A | 0.543458 | B | 0 | 1 | 37 | 63 | 0.37 | 0.63 |
| 114 | 2 | 0.07953 | A | 0.638256 | B | 0 | 1 | 38 | 62 | 0.38 | 0.62 |
| 115 | 3 | 0.85317 | C | 0.198555 | A | 0 | 1 | 35 | 65 | 0.35 | 0.65 |
| 116 | 4 | 0.16947 | A | 0.543246 | B | 0 | 1 | 38 | 62 | 0.38 | 0.62 |
| 117 | 5 | 0.35387 | B | 0.918591 | C | 0 | 1 | 32 | 68 | 0.32 | 0.68 |

上表の上段にあるのは本文中の表 1.1 であり，下段にあるのが集計表の一部である．行番号 109 に表示される 100 回分（100 回目）のシミュレーション結果を下段の「集計表」に移す方法は，次の通りである．

① シミュレーション結果（100回分）が表示される範囲（セル〔D109〕～〔M109〕）を丸ごとコピーし，値だけを集計表に貼り付ける（最初は113行目にある第1回目の欄に）．
② 〔F9〕キーを1回押して，新しいシミュレーション結果を表示させる．
③ 上記①と②を繰り返す．

　表1.3には100回分のシミュレーション結果を5個移したのが表示されているが，本文の図1.3に示したような100回分毎の結果を1,000個得ようとすると，上記の操作を1,000回繰り返さなければならない．それには相当な忍耐力が要る．以下では，その繰り返し操作を自動化できる「マクロ」について説明する．

　「マクロ」とは，ExcelをはじめとするMS-Officeアプリケーション上で一連の操作を実行する機能のことであり，一連の操作の命令はVBA（Visual Basic for Applications）というプログラミング言語で記録する．したがって，前記の繰り返し作業の手順をVBAという言語を使って記述し，マクロという機能を実行すれば，転記作業が自動化できる．以下にその例を示す．

```
Sub Copy_1000()                              'マクロ（プログラム）開始
  For K=1 To 1000                            'Kを1から1000まで増加させる
    Range("D109:M109").COPY                  'セル範囲 D109:M109 をコピーする
    Cells(114+K, 4).PasteSpecial Paste:=xlPasteValues   '値のみを指定のセルに貼り付ける
  Next K                                     '次のKへ移る
End Sub                                      'マクロ（プログラム）終了
```

　左側にあるのがVBAで書いた命令文で，右側にあるのは便宜上つけた簡単な説明文である．命令文の内容は，'前記の繰り返し作業を1,000回行うこと'となっている．そして，マクロ名をコマンドボタンに登録しておけば，そのボタンを1回押すだけで記録しておいた作業手順通り実行させることができる．表1.3にある「Copy_1000」という名入りのボタンがそれである．なお，命令文の中のKの値'1000'を変えれば，その分の繰り返し作業を実行させることができる．参考までに，Excel 2010のワークシートの大きさは，「1,048,576行×16,384列」であることを記しておく．

　しかし，これ以上のVBA言語やマクロ機能についての言及は，本書の範囲外とせざるを得ない．したがって，詳しいことは諸氏の書物を参考にしてもらうことにする．その代わり，本書ではマクロを使わなくてもシミュレーション結果を集めることができるよう，一度に行うシミュレーション回数を少なめに設定することにする．そして，各章のシミュレーション結果の集計に筆者が使ったマクロは，参考までに，各章末の付録に載せておくことにする．

## 付録Ⅱ：モンティ・ホール問題の解法

ここでは，モンティ・ホール問題に対する解法を3つ取り上げ，解説することにする．

### (1) 一般的な解法

例として，景品が隠れているドア（正解）はAであるとする．便宜上，正解のドアAはA*と表記することにする．このとき，参加者が選ぶドアによって司会者が開けるドア，そして参加者が変更しない場合と変更する場合の結果をまとめると，以下の表のようになる．

表1.4 起こり得る事象と結果（正解がAの場合）

| ケース | 条件 選択する | 条件 開ける | 結果 変更しない | | 結果 変更する | |
|---|---|---|---|---|---|---|
| ① | A* | B/C | A | (A*, A*) | C | (A*, C/B) |
| ② | B | C | B | (B, B) | A | (B, A*) |
| ③ | C | B | C | (C, C) | A | (C, A*) |
| まとめ | 当たり | | 1 | | 2 | |
| まとめ | 確率 | | 1/3 | | 2/3 | |

参加者がAを選んだときに司会者が開けて見せるのはBかCのどちらか（便宜上B/Cと表記する）であり（ケース①），Bを選んだらCしかなく（ケース②），Cを選んだらBしかない（ケース③）．

そして，ケース①のとき，参加者が変更しない場合の結果は (A*, A*)，変更する場合の結果は (A*, C/B) になる．ケース②のときの結果はそれぞれ (B, B)，(B, A*)，ケース③のときの結果はそれぞれ (C, C)，(C, A*) となる．

すると，変更しないで当たるのは (A*, A*) の1つ，変更して当たるのは (B, A*) と (C, A*) の2つとなる．よって，確率は，変更しない場合が 1/3，変更する場合が 2/3 である．

### (2) 条件付き確率を使った解法

次は，上記の確率を本文の中で言及した「条件付き確率」を使って求めることにする．事象Bが起こったという条件の下で（言い換えれば，事象Bが起こったことがわかっている状況で）事象Aの起こる確率を，Bを条件とするAの条件付き確率（conditional probability）と呼び，$P(A|B)$ と書く．そして，$P(A|B)$ は定義により次のように表わせる．

$$P(A|B) = P(A \cap B)/P(B) \qquad (4)$$

ここで，'変更しない (No)' という事象をN，'変更する (Yes)' という事象をY，'当たる (Get)' という事象をGとし，各事象の要素を表1.4からまとめると，それぞれ次のようになる．

N = {(A*, A*), (B, B), (C, C)}
Y = {(A*, C/B), (B, A*), (C, A*)}
G = {(A*, A*), (B, A*), (C, A*)}

また，'変更しない'という事象と'変更する'という事象を合わせた標本空間をΩとすると，

Ω = {(A*, A*), (B, B), (C, C), (A*, C/B), (B, A*), (C, A*)}

であり，要素の個数 $n(\Omega)=6$ である．以上のことをベン図にまとめると，以下のようになる．

図1.4 諸事象のベン図

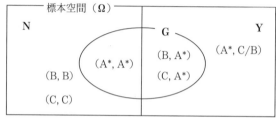

さて，「'変更しない'という条件の下で景品が'当たる'確率」を前記の式(4)に当てはめて，$P(G|N)=P(G\cap N)/P(N)$ とおく．すると，$P(G\cap N)=n(G\cap N)/n(\Omega)=1/6$，また $P(N)=n(N)/n(\Omega)=3/6$ であるため，

$P(G|N)=P(G\cap N)/P(N)=(1/6)\div(3/6)=$ **1/3**

となる．逆に，「'変更する'という条件の下で景品が'当たる'確率」は，$1-(1/3)=2/3$ になるのが自明だが，前記同様に式(4)に当てはめて，$P(G|Y)=P(G\cap Y)/P(Y)$ とおく．すると，$P(G\cap Y)=n(G\cap Y)/n(\Omega)=2/6$，$P(Y)=n(Y)/n(\Omega)=3/6$ であるため，以下のようになる．

$P(G|Y)=P(G\cap Y)/P(Y)=(2/6)\div(3/6)=$ **2/3**

### (3) 別解

最後に，ディジション・ツリー（decision tree: 決定木）分析法による別解を付け加えておく．紙面の関係上，説明は抜きにする．

図1.5 ディジション・ツリー分析法による解

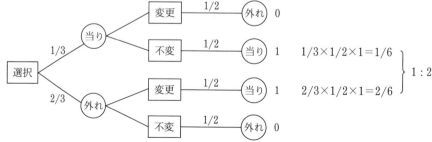

# 第2章　暗闇の中の確率

A strange probability that each couple encounters another's partner in the dark

　本章の狙いは，コンピュータを使ったシミュレーションの面白さ，手軽さ，そしてその有効性を示すことにある．そのために，ビジネスとはかけ離れた話題ではあるが，直感に反する振る舞いをする，ある確率問題をひとつ取りあげる．それは，その確率の奇妙さ故に，確率に詳しい人の間ではよく知られている問題でもある．

　一見，難しい数学的な解法を持ち込まないと解けそうもないこの問題の確率は，実は数式を一切使わない簡単な実験で求めることができる．本章では，その実験をコンピュータ上で行えるシミュレーターを作るが，作り方はとても簡単で，たった5個の式を入力し，後はそれをコピーするだけで済む．そして，そのシミュレーターを用いると，短時間で多くの実験結果を得ることができる．また，そのシミュレーターを用いて得た実験解の精度は，数学的な方法で求めた理論解にほぼ一致する．それを示すために，理論解を章末の付録に載せておく．

　乱数を用いるモンテカルロ・シミュレーションの基本的な方法を示すために，シミュレーターの作り方からシミュレーション結果の分析に至るまでの全過程をできるだけ詳細に解説することにする．

## 2.1 導入

　祭の夜，踊りの最中に突然すべての灯りが消されたら，手探りで探し当てた身近な異性と森の中へ入っていくことが許される――こんな風習が昔の日本の各地にはあったという．参考文献[1][2][3]には，上記同内容の「歌垣（うたがき）」，「嬥歌（かがい）」と呼ばれる風習が存在したことと，それを『古事記』，『万葉集』，『常陸国風土記』などによりうかがうことができることが書かれている．また，司馬遼太郎の小説『燃えよ剣』にも同じような話が登場する．府中市の六社明神（ろくしゃみょうじん）（現在の大國魂神社）の祭礼を材料にした同小説には，以下のように書かれている．

　　「社殿（しゃでん）の森のあたりで祭礼（さいれい）役人の矢声（やごえ）が聞こえ，神輿（みこし）の渡御（とぎょ）をつげる子の刻（ねのこく）の太鼓がひびきわたったかとおもうと，万燈（まんどう）が一せいに消え，あたりは闇になった．精闇（じょうあん）である．ただ星だけが見え，数万の群衆は息をつめて，男神の神輿が女神（めがみ）のもとに通うのをまつ．男女の媾合（こうごう）はこのあいだに行われるのである．そのことも，六社の神を賑わす神事であると参詣人（さんけいにん）たちは信じていた．だから，男女は影だけをかさね，声ひとつ立てない．神威をけがすことをおそれた．」

　この儀式は，地元の府中周辺ばかりではなく，遠く江戸からも人が泊りがけでやってくるほど賑わう祭であり，その中には神事に便乗して不埒なことを期待する人も多かったようである．その辺のことを小説の中ではあっさりと，"そういう祭礼であり，いわば，女の夜市"だと書かれている．これは小説的な描写に過ぎないことなのかどうか分からないが，仮に事実に基づく話だとすると，主人公（新撰組副長・土方歳三）のように自分より分際（階級）の高い女を抱くことを含め，せっかくのチャンスだから自分の妻と夫以外の人と一緒になることを期待する人も少なくはなかったであろう．

　ところで，そのような期待は，実際どれほど叶えられていたのであろうか――．暗闇の中でのことだから，まったくの運次第だっただろうか．それとも，神事に便乗した不純な望みに目をつぶるのも限度があって，神自ら設定した「神のみぞ知る確率」のようなもので司っていたであろうか．勝手な想像をめぐらせても仕方ないので，次のように考えてみることにする．

　今，10組のカップルが例の暗闇祭りに参加し，踊り狂っている最中だとする．そして，突然すべての灯りが消され，例の儀式が始まる．そのとき，漆黒の闇の中で偶然にできた 10 組の男女のペアの中に元のカップルが 1 組も含まれていない可能性，つまり，すべてのカップルが元のパートナー以外の異性と一緒になる確率は如何ほどか――．

　10 組の場合を例にしたが，20 組，あるいは 100 組にしてもよい．すると，次のように考える人がいるかもしれない――「10 組のときより 20 組のときの方が異性の数が倍になるから違うパートナーと出会える可能性は高くなる．100 組となれば，よほど運が悪くなければ元のパートナーに当たってしまうことはないだろう．だから，男女の組数が増えれば増えるほど，元のパートナー

以外の異性と一緒になる確率は大きくなる.」

　上記の論法だと，男女の組数が 100 組になれば，例の望みはかなりの確率で実現できることになる．それも，不埒な期待を抱こうが抱くまいが，関係なく，である．ここで次のような反論が出るかもしれない――「100 組のカップルを解体して無造作に作った 100 組の男女のペアの中に，元のカップルのペアが一組も含まれないようにすることの方が，むしろ至難の業である．50 組でも難しいだろうに，100 組となればその可能性はさらに低くなるであろう．だから，男女の組数が増えれば増えるほど，元のパートナー以外の異性と一緒になる確率は小さくなる.」

　さて，漆黒の闇の中で偶然できた 10 組のペアの中に 1 組も元のパートナーのペアが含まれない確率は如何ほどか．また，男女の組数が増えるにつれてその確率は増加するのか，それとも減少するのか――．この問いに対する答を探し求めることを本章の課題とする．

## 2.2 方法論の模索

本節では，前節の課題を解決する上で考えられる方法について検討することにする．

### 2.2.1 羅列方式（その1）

まず，起こり得るすべてのケースを羅列し，その中から求めるケースの数を点検する方法から試すことにする．

**(1) 2組の場合**

2組の元のカップルを $\{A, a\}$ と $\{B, b\}$ とする．そして，2人の男性 A と B を縦に並べておいて，そこに2人の女性 a と b を一列に並べる並べ方を考えると，2（＝2!＝2×1）通りある．それを以下の表に示すが，2組とも元のカップルではない $\{A, b\}$ と $\{B, a\}$ になるのは，下表の判定欄に星印をつけたケース(2)しかない．よって，2組のカップルを解体して新しい男女のペアを作ったとき，2組とも元の相手とのペアではない確率は **50%**（＝1/2）である．

表2.1 2組の男女の組合せ

|   |   | 女 | |
|---|---|---|---|
|   |   | (1) | (2) |
| 男 | A | a | b |
|   | B | b | a |
| 判定 | |  | ★ |

**(2) 3組の場合**

3人の男性 (A, B, C) のところに3人の女性 (a, b, c) を一列に並べる並べ方は，6（＝3!＝3×2×1）通りある．その並べ方をまとめた下表をみると，3組とも元の相手とのペアではないのは，$\{A, b\}$，$\{B, c\}$，$\{C, a\}$ となるケース(4)と，$\{A, c\}$，$\{B, a\}$，$\{C, b\}$ となるケース(5)しかない．よって，3組のカップルを解体して新しい男女のペアを作ったとき，3組とも元の相手とのペアではない確率は **33.3%**（＝2/6）である．

表2.2 3組の男女の組合せ

|   |   | 女 | | | | | |
|---|---|---|---|---|---|---|---|
|   |   | (1) | (2) | (3) | (4) | (5) | (6) |
| 男 | A | a | a | b | b | c | c |
|   | B | b | c | a | c | a | b |
|   | C | c | b | c | a | b | a |
| 判定 | | | | | ★ | ★ | |

ここまでの結果では，2組のときより3組のときの確率が低い．よって，「男女の組数が増えれば増えるほど例の確率は大きくなる」といった前節の予想はここで破綻し，逆の予想に軍配があがることになる．確認のため，次の4組の場合について調べることにする．

## (3) 4組の場合

4人の男性のところに4人の女性を一列に並べる並べ方は，24（=4!=4×3×2×1）通りある．その中で4組とも元の相手とのペアではない場合は，下表に示したとおり，9通りある．よって，4組の場合，4組とも元の相手とのペアではない確率は，**37.5%**（=9/24）である．

表 2.3　4組の男女の組合せ

| | | (1) | (2) | (3) | (4) | (5) | (6) | (7) | (8) | (9) | (10) | (11) | (12) | (13) | (14) | (15) | (16) | (17) | (18) | (19) | (20) | (21) | (22) | (23) | (24) |
|---|---|---|---|---|---|---|---|---|---|---|---|---|---|---|---|---|---|---|---|---|---|---|---|---|---|
| 男 | A | a | a | a | a | a | a | b | b | b | b | b | b | c | c | c | c | c | c | d | d | d | d | d | d |
| | B | b | b | c | c | d | d | a | a | c | c | d | d | a | a | b | b | d | d | a | a | b | b | c | c |
| | C | c | d | b | d | b | c | c | d | a | d | a | c | b | d | a | d | a | b | b | c | a | c | a | b |
| | D | d | c | d | b | c | b | d | c | d | a | c | a | d | b | d | a | b | a | c | b | c | a | b | a |
| 判定 | | | | | | | | | ★ | | ★ | ★ | | ★ | | | ★ | ★ | ★ | | | ★ | | ★ | ★ |

これまでの結果をまとめると，2組の場合は**50%**，3組の場合は**33.3%**，4組の場合は**37.5%**であり，例の確率は下がったり上がったりする．この奇妙な「真実」をどう受け止めればよいだろうか．神の悪戯であろうか――．

## (4) 5組以上の場合

次は5組の場合について考えることにする．しかし，ここで手が進まない．5組の場合，5人の女性を一列に並べる並べ方は120（=5!）通りもあることが分かるからである．この際，目標の10組の場合には組合せの数がどのくらいになるかを計算してみると，なんと3,628,800（=10!）通りにもなる．これは，1つの並べ方を考えるのに1秒かかると仮定して，1,008時間（=3,628,800÷3,600），すなわち42日（=1,008÷24）もかかる話である．こうなると，これ以上作業を進めることは諦めるしかない．神の凄さを知らしめるには，たった15組までの男女の期待を叶えてあげるのに，神ご自身が検討しなければならない組合せの数を見せるだけで十分かもしれない（下の表2.4参照）．

表 2.4　組合せの数

| 組数 | 組合せの数 |
|---|---|
| 1 | 1 |
| 2 | 2 |
| 3 | 6 |
| 4 | 24 |
| 5 | 120 |
| 6 | 720 |
| 7 | 5,040 |
| 8 | 40,320 |
| 9 | 362,880 |
| 10 | 3,628,800 |
| 11 | 39,916,800 |
| 12 | 479,001,600 |
| 13 | 6,227,020,800 |
| 14 | 87,178,291,200 |
| 15 | 1,307,674,368,000 |

参考までに，5組の場合の並べ方120通りを表にして以下に示しておこう．求めるケースは44通りある．よって，5組のカップルを解体して新しい男女のペアを組んだとき，5組とも元の相手とのペアではない確率は，**36.7%**（＝44/120）である．

やはり，これまでの確率は組数が増えるにつれて下がったり上がったりを繰り返す．そうすると，次の6組の場合には例の確率が上がる番であるが，どうなるか．そして，その先のことも気になるが，これ以上展開することは無理であり，目標の10組の場合までの展開は不可能に近い．よって，この方法による挑戦はここで打ち切ることにする．

表 2.5 5組の男女の組合せ

### 2.2.2 羅列方式（その2）

検討する組合せの数が多くなることが問題であれば，あり得るすべてのケースを羅列せずに，最初から求めるケースだけを書き出す方法も考えられる．例えば，A氏にはa（A氏の彼女）以外の女性を，B氏にはb（B氏の彼女）以外の女性を，C氏にはc（C氏の彼女）以外の女性を割り当てることを考えながら樹形図型式で展開していく．4組の場合の例を示そう．

表 2.6 割当て例（4 組の場合）

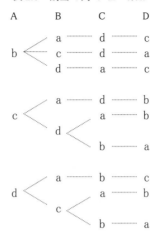

　見て分かるように，求めるケースは上記の 9 通りしかないので，確率は 9/4! で計算できる．しかし，この方法では，あり得るすべてのケースを書き出すのにかかる手間は省けるものの，頭の中で求めるケースだけを選び出すのに時間がかかる．4 組の場合ならまだしも，5 組，6 組になるにつれて神経が擦り減ることを覚悟しなければならない．なにも順を追う必要はないので，一挙に 10 組の場合の樹形図作成に取り掛かってもいいが，やはり問題の規模の大きさ故に手が出ない．よって，この方法で挑むのも諦めるしかない．

### 2.2.3　数学的方法

　すべてのケースを機械的に羅列してから求めるケースを点検する方法でも，最初から求めるケースだけを頭の中から選び出す方法でも駄目なら，数学的な方法も考えられる．本章の課題に対する数学的な解き方は，一つの数学問題に色々な解き方があるように，複数あり得る．そして，どのような解き方を取ろうが，基本的には次のような道を辿ることになる——問題の規模を小さくした場合の解き方に着目し，一般化した数理モデルを作る．そして解の性質に関する数学的な解析を行う．

　しかし，数学的な解が存在するにしてもそれが簡単に見つかるとは限らない．場合によっては，解析に多くの時間を費やしたあげく，諦めてしまうこともあり得る．それ以前に，数学的な方法を用いることができるのは，問題の内容に関連する数学的知識ないし数理的素養を有する場合に限られる．また，数学的な解き方は本書の目的と内容から逸脱する．そのため，これ以上の言及はしないが，参考までに，数学的な解き方の例を章末の付録に載せておくことにする．

### 2.2.4　実験的方法

　起こり得るケースを単に羅列する方法でも論理的に考える方法でも駄目で，数学的な解き方も見当がつかないと，もうひとつの手立てとして残っているのは，実験である．つまり，カップル

の解体と組み換えを実際やってみることである．しかし，人を使うと同じ事を何度も繰り返すのに疲れが出て，実験できる回数に限界がある．そのため，カードを用いた実験例を示すことにする（注：カードを用いて得た実験結果の例は参考文献[5]にもある）．

〔カードの並べ方〕　スペードの A～10 を 10 人の男性に，ハートの A～10 を 10 人の女性に見立てる．♠A の彼女は♥A，♠2 の彼女は♥2，以下同様．そして，スペードの A～10 を机の上に左から右へ順番に（A, 1, 2, ⋯, 9）並べておく．次は 10 枚のハートのカードをよく混ぜてから，1 枚ずつスペードのカードの下に並べていく．

〔組合せの確認〕　並べていく途中で上下 2 枚のカードの数字が一致したら，元の相手とのペアができてしまったことを意味するので，そこで 1 回目の実験を終える．そして，実験結果を記録する用紙に '×' 印をつける．もし，上下の数字が一致するカードの組がひとつもなかったら，すべての組が元の相手とのペアではないことを意味するので，記録用紙に '○' 印をつける．

〔繰り返しと集計〕　1 回目の実験が終わったら 10 枚のハートのカードを回収し，よく混ぜてから 2 回目の実験を行う．以降は，この作業を繰り返し，実験回数に対して '○' の数が占める割合（問題の確率）を計算する．以下にその例を示す．

**表 2.7**　トランプカードを用いた実験結果

| 実験回数 | すべての組が元のペアではなかった回数 | 割合 |
|---|---|---|
| 50 | 17 | 0.340 |
| 100 | 36 | 0.360 |
| 150 | 58 | 0.387 |
| 200 | 75 | 0.375 |

　上記の結果は一例ではあるが，問題の確率はおおよそ 34%～39% の範囲であることを示している．さらに実験回数を増やしたらどうなるかは，まだ分からない．しかし，他の方法では辿り着くことすらできなかった 10 組の場合の確率の範囲を把握することはできる．神をも恐れぬ言い方をすれば，これで，あの難攻不落の要塞のようだった '神のみぞ知る確率' を攻略できる可能性も見えてくる．

　このように，実験的な方法は，難しい数学知識も頭を混乱させる推理も必要としない．その代わり，正確な解が分からないため，「十分安定した結果」を得るまでに，カードを回収して再び並べる作業を繰り返す必要がある．しかし，それを繰り返すには限度がある．もし，その作業をコンピュータ上で行うことができれば，単調な作業を数限りなく繰り返すことができる．

　以上のような観点から，本章ではカードを用いた実験をコンピュータ上で行うことにする．そのためにはシミュレーター（シミュレーション・シート）を作る必要があるが，それが如何に簡単かは 2.4 節の完成図を見ればわかる．シミュレーターの作成と 5,000 回分の実験結果を得るのにかかる時間は，30 分程度で済む．

## 2.3 シミュレーションの準備

本節では，コンピュータを使ったシミュレーションの方法についての概略的な説明をする．また，作成するシミュレーターの大きさについて先に決めておくことにする．

### 2.3.1 シミュレーションの方法

カードを用いた前節の実験をコンピュータ上で行うには，次のことを再現する必要がある．

(a) 10人の男性に見立てた10枚のスペードのカードを横一列に並べておく．
(b) 10人の女性に見立てた10枚のハートのカードをよく混ぜて，スペードのカードの下に並べる．
(c) 上下に並ぶ2枚のカードの数字が，すべて異なるかどうかをチェックする．

'カードをよく混ぜて並べる' ことは，A（エース）カードを数字1に置き換えて '1から10までの数字がランダムに（無作為に）並ぶ' ようにすればいい．この作業には「乱数」を使う．乱数とは，「ある数字の次に現れる数字に癖がない数列」，すなわち，数字の現れ方に偏りのない数列のことである．Excelには0以上1未満の乱数を作り出す 'RAND' という関数が用意されている．その関数を10個のセルに入力すれば，10個の乱数が生成される．後は，乱数を大きい順に順位づけして1から10までの数字に変換すればいい．これを踏まえて，上記(a)〜(c)をコンピュータ上で再現する方法をまとめると，以下のようになる．

表 2.8 カードゲームの再現例

| (a) | ♠ |  | 1 | 2 | 3 | 4 | 5 | 6 | 7 | 8 | 9 | 10 |
|---|---|---|---|---|---|---|---|---|---|---|---|---|
| (b) | ♥ | 乱数 | .73 | .12 | .09 | .03 | .65 | .95 | .00 | .97 | .14 | .93 |
|  |  | 変換 | 4 | 7 | 8 | 9 | 5 | 2 | 10 | 1 | 6 | 3 |
| (c) |  | 判別 | ✓ | ✓ | ✓ | ✓ |  | ✓ | ✓ | ✓ | ✓ | ✓ |

(1) 上表の(a)のように，1〜10の数字を順番に入力したセルを横一列に配置しておく．
(2) 上表の(b)のように，10個の乱数を生成し，1〜10の数字に変換する．
(3) 上表のように，(a)と(b)のセルの数字が異なれば，チェックマークを入れる．

### 2.3.2 シミュレーターの大きさ

前節の説明は1回分の実験に対するものであるが，表2.8の(b)と(c)を複数セット追加すれば，一度に複数回の実験結果を得ることができる．今回はそれを50セット用意し，一度に50回分の実験結果が得られるシミュレーターを作ることにする．これは，実験結果を50回分に限定するという意味ではなく，'一度に得られる実験結果を何回分にするか' という，シミュレーターの大きさを決める話である．後に触れるが，キーボード上の「F9」キーを押す度に，新しい50回の実験結果を自動的に得ることができる．

## 2.4 シミュレーターの完成図

これから作成するシミュレーターは，以下のようなものになる．図中に示したように，入力する必要があるのはたった5個の式で，後はそれをコピーするだけで完成できる．作成方法は次節で詳しく説明する．

図 2.1 完成図

## 2.5 シミュレーターの作成

本節では，前節の完成図に示したシミュレーターの作成方法について説明する．そのため，完成図の先頭部分だけを切り取って以下に示しておく．図2.2 には 10 回分の実験内容が表示されているため，作成方法も 10 回分の結果を求めるところまで説明する．50 回分までの拡張方法については，図2.2 の各テーブルの作成方法の説明が終わったところで言及する．

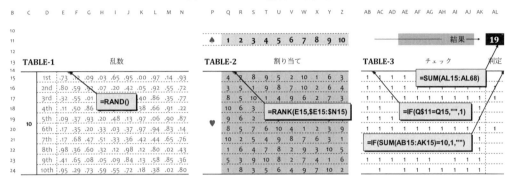

図2.2 テーブル構成と入力式

まず，図中の各テーブルの作成に入る前に，スペードカード（♠）に見立てる数字 1〜10 をセル〔Q11〕〜〔Z11〕に順番に入力しておく．

### 2.5.1 TABLE-1 の作成

TABLE-1 の役割は，ハートカード（♥）の数字のランダムな出方を乱数を用いて再現することである．そのために，まず図2.2 にある TABLE-1 のような形の表を作成する．（同表の左端の数字 '10' は 1st〜10th の計 10 回分の最初の実験表であることを意味する）．そして，乱数を発生させる RAND 関数を 1 枚目のカードに該当するセル〔E15〕に入力する．

〔E15〕=RAND()　　　　　　　　　…乱数を生成する

次は，このセルの式を 10 枚目のカードに該当するセル〔N15〕までコピーし，10 個の乱数が横一列に並ぶようにする．そして，'1st' 欄のセル〔E15〕〜〔N15〕の式を丸ごとコピーし，'10th' 欄の〔E24〕〜〔N24〕に貼り付けて 10 回分の乱数を用意する．TABLE-1 の乱数はすべて '0' の部分を除いた小数点以下第 2 位までの値を表示してあるが，この形式の表示は見栄えを考慮したものであるので，同じようにしなくてもよい．

### 2.5.2 TABLE-2 の作成

TABLE-2 の役割は，TABLE-1 で発生させた乱数を 1〜10 の数字に変換し，ハートカードの数字に見立てることである．変換方法は，RAND 関数で生成した 10 個の乱数を大きい順で順位

付けをすればいい．そのために，セル〔Q15〕に次の式を入力する．

　　〔Q15〕=RANK(E15,$E15:$N15)　　　　…乱数を1〜10の数字に変換する

この式は，「セル'E15'の値の範囲'$E15:$N15'内の順位（降順：大きい順）を表示すること」を意味する．次は，セル〔Q15〕の式をセル〔Z15〕までコピーする．そうすると，セル〔Q15〕〜〔Z15〕の値は1〜10の数字に変換される．後は，'1st'欄のセル〔Q15〕〜〔Z15〕の式を丸ごとコピーし，'10th'欄のセル〔Q24〕〜〔Z24〕まで貼り付ければいい．

### 2.5.3　TABLE-3の作成

　　TABLE-3の役割は，TABLE-2の先頭にあるスペードカード（♠）の数字と1st〜10th欄のハートカード（♥）の数字がすべて異なるかどうかをチェックし，その結果を表示することである．そのために，まずセル〔AB15〕に次の式を入力する．

　　〔AB15〕=IF(Q$11=Q15,"",1)　　　　…1組目の数字の相違をチェックする

この式は，「もし，セル'Q$11'にあるスペードカードの数字と'Q15'にあるハートカードの数字が同じであれば，'空白'にすること．異なれば'1'を表示すること」を意味する．図2.2のセル〔AB15〕に'1'と表示されているのは，'♠1'と'♥4'のペアの数字が異なるからである．

　　次は，セル〔AB15〕の式をセル〔AK15〕までコピーする．そうすると，カードの数字が一致する組と一致しない組を判別することができる．もし，上下10組のカードの数字がすべて異なれば，セル〔AB15〕〜〔AK15〕にすべて'1'が表示され，10組とも元の相手とのペアではないことになる．そのような判定を自動化するためにセル〔AL15〕に次の式を入力する．

　　〔AL15〕=IF(SUM(AB15:AK15)=10,1,"")　…10組の数字の相違をチェックする

この式は，「もし，範囲'AB15〜AK15'の合計が'10'であれば'1'と表示し，それ以外の場合は'空白'にすること」を意味する．図2.2には3ヶ所（2nd, 3rd, 6th）に判定印の'1'が付いている．

　　次は，'1st'欄のセル〔AB15〕〜〔AK15〕の式を'10th'欄のセル〔AB24〕〜〔AK24〕にコピーする．また，判定欄のセル〔AL15〕の式をとセル〔AL24〕までコピーする．そうすれば，10回分の実験結果が得られる．

### 2.5.4　50回分までの拡張と実験結果の集計

　　10回分の実験結果を得るテーブルが完成したら，一度に50回分の実験結果が得られるように拡張する．その方法は，TABLE-1〜TABLE-3の範囲（セル〔C15〕〜セル〔AL24〕）を丸ごとコピーし，下に4回貼り付けて，計5段にするだけである（図2.1の完成図参照）．そして，50回分の実験の判定結果が自動的に集計されるよう，以下の式をセル〔AL11〕の「結果」欄に入力す

る．これでシミュレーターの作成は完了する．

〔AL11〕＝SUM(AL 15:AL 68) 　　　　　…50回分の実験結果を集計する

　図2.1の完成図に示されている例では，スペード（♠）とハート（♥）カードの数字の並びがすべて異なるのは50回のうち19回となっている．

### 2.5.5　その他

　最後に，新しい実験結果を得る方法と実験結果のまとめ方について述べる．

#### (1)　実験結果の更新

　新しい50回分の実験結果を得るために必要なのは，TABLE-1にある乱数を変えることだけである．RAND関数で生成した乱数はキーボード上の〔F9〕キーを押す度に新しい値に変わる．したがって，実験結果を更新するには，同キーを1回押すだけで済む．これは，50回単位の実験結果を何度でも得ることができることを意味する．

#### (2)　実験結果のまとめ方

　実験結果のまとめ方は，〔F9〕キーを押す度に更新させる50回分の実験結果（セル〔AL11〕の値）をシミュレーション・シート上のどこかに記録すればよい（付録Ⅱに載せた表を参照すること）．何回の実験結果が必要かに関しては，前に（2.2.4節）言及したように，「十分安定した結果」が得られるまで実験を繰り返す必要がある．例として，50回分毎の結果を100個（累計5,000回分）まとめた表を次節に示す．

　言うまでもないが，5,000回分の実験結果を集めるには，シミュレーター上の実験結果（50回分）をコピー・アンド・ペースト（copy and paste）で100回繰り返す必要がある（所要時間は5分程度）．この単調な反復作業の手間を省く方法は2つある．

　ひとつは，現在の5段構成の実験テーブルを丸ごとコピーし，例えば10段に拡張する．そうすると，一度に2倍の実験結果（100回分）が得られるので，時間を半分に短縮することができる．

　もうひとつは，マクロという機能を使ってボタン一つ押すだけで例の100回の反復作業を自動化することである．マクロとは，一連の作業手順をプログラミングして自動的に実行する機能のことである．しかし，マクロに関することは本書内容の範囲外としているため，プログラミングとボタン作りの方法に関する説明は省く．その代わり，一度に5,000回分（50回分毎の結果を100個）の実験結果を自動記録するマクロを，簡単な注釈をつけて章末の付録に載せておくことにする．

## 2.6 シミュレーションの結果と分析

本節では，前節のシミュレーターを用いて得た結果を提示し，分析することにする．

### 2.6.1 結果

表 2.9　シミュレーション結果（累計 5,000 回分）

| 50×10 | 500 | 1,000 | 1,500 | 2,000 | 2,500 | 3,000 | 3,500 | 4,000 | 4,500 | 5,000 |
|---|---|---|---|---|---|---|---|---|---|---|
| 1st | 14 | 20 | 23 | 14 | 19 | 15 | 18 | 17 | 20 | 19 |
| 2nd | 21 | 17 | 16 | 17 | 20 | 18 | 19 | 14 | 26 | 17 |
| 3rd | 22 | 19 | 21 | 16 | 21 | 18 | 22 | 24 | 18 | 16 |
| 4th | 18 | 15 | 18 | 22 | 18 | 12 | 23 | 13 | 22 | 15 |
| 5th | 21 | 14 | 24 | 18 | 19 | 21 | 18 | 16 | 14 | 17 |
| 6th | 13 | 15 | 18 | 18 | 14 | 15 | 20 | 25 | 26 | 18 |
| 7th | 22 | 16 | 21 | 18 | 17 | 16 | 18 | 24 | 12 | 21 |
| 8th | 19 | 16 | 19 | 22 | 19 | 17 | 19 | 17 | 17 | 23 |
| 9th | 23 | 20 | 17 | 22 | 20 | 16 | 20 | 16 | 17 | 18 |
| 10th | 8 | 15 | 24 | 21 | 24 | 19 | 21 | 16 | 16 | 22 |
| 合計 | 181 | 167 | 201 | 188 | 191 | 167 | 198 | 182 | 188 | 186 |
| 累計 | 181 | 348 | 549 | 737 | 928 | 1,095 | 1,293 | 1,475 | 1,663 | 1,849 |
| 割合 | 0.362 | 0.348 | 0.366 | 0.369 | 0.371 | 0.365 | 0.369 | 0.369 | 0.370 | 0.370 |

　上表は，シミュレーター上の「結果」欄に表示される結果（50 回分）を縦に 10 個（500 回分）ずつ，計 100 個（5,000 回分）並べたものである．表の最下段にあるのは，最上段にある累計実験回数に対する下段の累計結果の「割合」を示している．

　例えば，最初の累計 500 回分に対して結果 181 が占める割合は 0.362（＝181÷500）となっている．上表の右端の下にある割合 0.370（＝1,849÷5,000）に対しても同様に読み取ればよい．

### 2.6.2 分析

図 2.3　5,000 回までの割合の推移

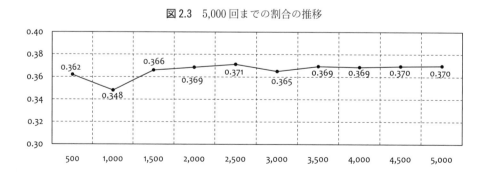

この図は，実験回数を増やすことによって例の確率がどう変わるのかを見るために，表2.9に示した「割合」の値を折れ線グラフにしたものである．この図から，割合は1,500回目辺りから安定してきて，3,500回目からはほとんど変わらないことが観察できる．この点（結果が安定していること）に注目し，今回の課題に対する暫定的な結論を出すと，次のようになる．

■ 結論

「10組のカップルを解体して新しい男女のペアを作ったとき，すべてのペアが元の相手とのペアでない確率は，37%辺りである．」

ここで '37%辺り' という曖昧な表現をしたのは，「正確な解が分からない」という点と「上記の結論に対する検証が必要である」という点からである．無論，実験回数をさらに増やしていけばより安定した値を得ることはできる．また，そうしたとしても現段階の結論が大きく変わるようなことはないことは，図2.3より予想はできる．

■ 検証

上記の結論はあくまでも表2.8に示した実験結果に基づくものであり，同じ回数の実験を繰り返した場合，同じ結果が得られる保証はまだ示されていない．そのため，「実験結果の再現性」を確かめる必要がある．表2.10は，前の表2.8と同じものを5セット作成して得た結果（各表の最下段にある割合のデータ）を5個まとめたものである．そして，図2.4は表2.10に示した割合の値をグラフにしたものである．

表2.10 シミュレーション結果（累計5,000回分×5個）

| 50×10 | 500 | 1000 | 1500 | 2000 | 2500 | 3000 | 3500 | 4000 | 4500 | 5000 |
|---|---|---|---|---|---|---|---|---|---|---|
| 1st | 0.362 | 0.348 | 0.366 | 0.369 | 0.371 | 0.365 | 0.369 | 0.369 | 0.370 | 0.370 |
| 2nd | 0.386 | 0.394 | 0.375 | 0.373 | 0.372 | 0.370 | 0.369 | 0.368 | 0.366 | 0.369 |
| 3rd | 0.392 | 0.370 | 0.386 | 0.391 | 0.378 | 0.379 | 0.379 | 0.376 | 0.373 | 0.371 |
| 4th | 0.348 | 0.345 | 0.354 | 0.359 | 0.361 | 0.363 | 0.363 | 0.365 | 0.366 | 0.365 |
| 5th | 0.326 | 0.350 | 0.353 | 0.357 | 0.355 | 0.353 | 0.357 | 0.361 | 0.362 | 0.366 |

図2.4 5,000回までの割合の推移

表 2.10 と図 2.4 に示した結果に注目すると，割合は 2,000 回辺りまではわりと上下に大きく振れるが，それ以降は段々安定してきて，5,000 回目にはほぼ同じ値に収束していることが観察できる．その収束値に僅少の差はあるものの，前の表 2.9 で示した最初の 5,000 回目の結果（太線）と後から追加した他の 4 つの 5,000 回目の結果は大きく離れていないことが確認できる．これによって，前記の結論及びその実験結果の再現性は確認できたと言える．よって，表 2.10 の 5,000 回目の割合の値の平均を以下に示し，今回の課題に対する最終的な結論とする．

$$(0.370 + 0.369 + 0.371 + 0.365 + 0.366) \div 5 = \mathbf{0.368}$$

最後に，表 2.10 の各列の平均値を計算して図 2.4 に重ねたもの（太線）を示しておく．5,000 回目までの実験結果の平均的な推移を表すものと見なせばいい．

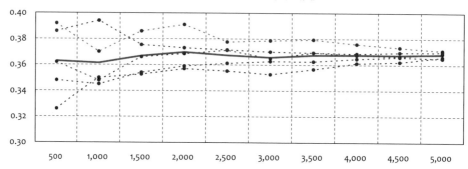

図 2.5　5,000 回までの割合の平均的な推移（太線）

■ 補足

本章では 10 組の場合を例にしたが，例の確率は，組数がいくら増えても，上記の 10 組の場合を例にして得た確率 0.368 と変わらない．それを確かめるためには本章で作成したシミュレーターを 10 組以上の実験用に拡張してみればよいが，興味のある読者には付録 I の表 2.11 も参照されたい．

## 2.7　まとめ

以下では，今回のシミュレーションの意義についてまとめることにする．

- **方法論としてのシミュレーションの手軽さ**

今回作成したシミュレーターは，5 つの式を入力し，後はその式をコピーするだけで作ることができた．一度に得られる実験結果を 50 回分までとしたのは，2.4 節でシミュレーターの全体像を示すためであったが，2.5.5 節で言及したように，一度に数百・数千回分の実験結果を得るシミュレーターに変えることも簡単にできる．

「手軽に多くの実験結果が短時間で得られる」ことは，コンピュータを用いることで得られるメリットである．単調な繰り返し作業をコンピュータ上で簡単に行うことができる時代だからこそ，コンピュータを用いたシミュレーションをビジネスに活かしてもらいたい．

● **問題解決と意思決定の道具としての有効性**

　本章では，2.2節で述べた他の方法では到底無理であった問題を，シミュレーションという実験的な方法で解くことができることを示した．本書の最初の課題として，本文の中で'難攻不落のような「神のみぞ知る確率」'とまで称してみた同問題を取り上げたのは，シミュレーションの面白さと有効性を示すためである．

　シミュレーションを通して得た '**37%辺り**' と検証段階で導いた平均 '**36.8%**' という実験解を，付録に載せた理論解（**36.7879%**）と比較すれば，今回のシミュレーションの有効性及びその精度を知ることができよう．厳密解を求める数学問題でないかぎり，近似解は現実社会の問題を解く上で十分有効な場合が多い．特に，不確定な要素を含む問題が多いビジネスの現場では，乱数を用いたシミュレーション結果を問題解決と意思決定の客観的な根拠として活かせる場面が少なくない．その例を示そうとするのが本書の狙いであることを記して終わりにする．

参考文献
[1] 歌垣の研究，渡邊昭五，三弥井書店，1981
[2] 日本古典文学大辞典，岩波書店，1983
[3] 大辞林，三省堂，2006
[4] 燃えよ剣，司馬遼太郎，新潮社，2001
[5] シミュレーションのはなし，大村平，日科技連，1991
[6] 世界を変えた確率と統計のからくり134話，岩沢宏和 SBクリエイティブ株式会社，2014

## 付録I：理論解の追求

本章の問題を以下のように定義し，数学的な理論解を求めることにする．数学が得意ではない人にも理解しやすい，平易な説明を試みる．

> $n$ 組のカップルを切り離して新しい男女のペアを作ったとき，
> すべてのペアが元の相手以外の異性とのペアになる確率 $P(n)$ を求めよ．

**〔準備I〕$n=3$ の場合の整理**　数学的は解法を模索するときには，基本的に，小規模な問題から検討し，その解き方を一般化する道を辿る．まず，組数 $n=3$ の場合から検討することにし，本文 2.2.1 節(2)で書いた内容をまとめておく．下表は表 2.2 の写しだが，以下の説明のためにケース番号を①，②，…，⑥に変えてある．

|   |   | 女 |   |   |   |   |   |
|---|---|---|---|---|---|---|---|
|   |   | ① | ② | ③ | ④ | ⑤ | ⑥ |
| 男 | A | a | a | b | b | c | c |
|   | B | b | c | a | c | a | b |
|   | C | c | b | c | a | b | a |
| 判定 |   |   |   |   | ★ | ★ |   |

- 3組のカップルを切り離して作れる新しい男女の組合せは，6（=3!）通り
- 3組のとも元の相手以外の異性とのペアになるのは，ケース④と⑤の2通り
- 3組のうち少なくても1組が元のペアになるのは，ケース①②③⑥の4通り
- よって，3組とも元の相手以外の異性とのペアになる確率 P(3) は，$1-(4/6)=1/3$

**〔準備II〕P(3)の数式化**　次は確率 P(3) の数式化を試み，以下のように書くことにする．

$$P(3)=1-(3組のうち少なくても1組が元のペアになる確率) \tag{1}$$

次は，上式の右辺にある括弧の部分を計算する式を考えればいい．そのために，括弧の部分を次のようなパーツに分解し，それぞれのパーツに該当するケースを横に並べておく．

- 元のカップル (A, a) が再度ペアになる場合　　　　　　　　…①, ②
- 元のカップル (B, b) が再度ペアになる場合　　　　　　　　…①, ⑥
- 元のカップル (C, c) が再度ペアになる場合　　　　　　　　…①, ③
- 元のカップル (A, a) と (B, b) が再度ペアになる場合　　　…①
- 元のカップル (A, a) と (C, c) が再度ペアになる場合　　　…①
- 元のカップル (B, b) と (C, c) が再度ペアになる場合　　　…①
- 元のカップル (A, a) と (B, b) と (C, c) が再度ペアになる場合　…①

ここで，ケース①は複数のパーツに属し，重複している．その重複関係を図で表すために，集合 A は元のカップル（A, a）が再度ペアになる場合，集合 B は元のカップル（B, b）が，集合 C は元のカップル（C, c）が再度ペアになる場合の集合とする．そうして，ベン図（Venn diagram）を描いてみると，次のようになる．

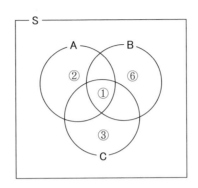

この図から，式(1)の右辺にある括弧の部分の計算方法を考えてみよう．まず，集合 A と B と C の要素数を単純に合計すると，A∪B∪C＝2＋2＋2＝6 となり，全体集合 S の要素数 4 より多い（足し過ぎ）．それは共集合 A∩B，A∩C，B∩C に含まれている要素①が 3 回数えられているからである．そこで，共集合の要素数 1＋1＋1＝3 を引くと，6－3＝3 となり，今度は足りなくなる（引き過ぎ）．それは集合 A, B, C すべてに含まれている要素①が除かれてしまったからである．そのため，A∩B∩C の要素数 1 を足す．そうすると，全体集合 S の要素数は 6－3＋1＝4 となる．以上のことを整理すると，次のようになる．

$$
\begin{aligned}
|A\cup B\cup C| &= |A|+|B|+|C| \\
&\quad -|A\cap B|-|A\cap C|-|B\cap C| \\
&\quad +|A\cap B\cap C| \\
&= (2+2+2)-(1+1+1)+1=4
\end{aligned}
\tag{2}
$$

実は，これは包除原理（inclusion-exclusion principle）というものである．ここで，式(2)に沿った形で以下の確率を定義する．そして，その計算結果を次のページに出しておく．

$$
\begin{aligned}
Q(1)=&（カップル（A, a）が再度ペアになる確率）\\
&+（カップル（B, b）が再度ペアになる確率）\\
&+（カップル（C, c）が再度ペアになる確率）
\end{aligned}
\tag{3}
$$

$$
\begin{aligned}
Q(2)=&（カップル（A, a）と（B, b）が再度ペアになる確率）\\
&+（カップル（A, a）と（C, c）が再度ペアになる確率）\\
&+（カップル（B, b）と（C, c）が再度ペアになる確率）
\end{aligned}
\tag{4}
$$

$$
Q(3)=（カップル（A, a）と（B, b）と（C, c）が再度ペアになる確率）
\tag{5}
$$

$$Q(1) = (2/6) + (2/6) + (2/6) = 3 \times (2/6) = 6/6 = 1 \tag{6}$$

$$Q(2) = (1/6) + (1/6) + (1/6) = 3 \times (1/6) = 3/6 = 1/2 \tag{7}$$

$$Q(3) = (1/6) \qquad\qquad\qquad = 1 \times (1/6) = 1/6 \tag{8}$$

すると，前式(1)は以下のように書き表すことができる．

$$P(3) = 1 - \{Q(1) - Q(2) + Q(3)\} \tag{9}$$
$$= 1 - Q(1) + Q(2) - Q(3) \tag{10}$$
$$= 1 - 1 + 1/2 - 1/6 = 1/3$$

〔一般化〕 P(3)を式(10)に表すことができたので，次は Q(1)，Q(2)，Q(3)の求め方を整理し，任意の $n$ に対応する一般式 P($n$) を導くことにする．

まず Q(1)についてだが，式(6)にある Q(1)=3×(2/6)に注目しよう．これは，次のように解釈することができる——3人の女性の中からひとりの特定の女性の選び方は $_3C_1 = 3$ 通りある．選んだ特定の女性を元の相手の男性に割り当てる．その後，残りの2人の女性を残りの2人の男性に割り当てるのは (3−1)!=2 通りある．3人の女性の並び方は 3!=6 通りある——．すると，式(6)の '3×(2/6)' は次のように書き換えることができる．

$$Q(1) = {}_3C_1 \times (3-1)!/3! = 3 \times (2/6) = 6/6 \tag{11}$$

次の Q(2)と Q(3)についても上記同様に考えて，以下のように書き換える．

$$Q(2) = {}_3C_2 \times (3-2)!/3! = 3 \times (1/6) = 3/6 \tag{12}$$

$$Q(3) = {}_3C_3 \times (3-3)!/3! = 1 \times (1/6) = 1/6 \tag{13}$$

さらに，式(11)(12)(13)をまとめて1つの式にすると，$Q(k) = {}_nC_k \times (n-k)!/n!$ となる．ここで ${}_nC_k = n!/(k!(n-k)!)$ を利用して同式を書き換えると，以下のようになる．

$$Q(k) = \frac{n!}{k!(n-k)!} \times \frac{(n-k)!}{n!} = \frac{1}{k!} \tag{14}$$

次は，式(10)の右辺の各項の符号が '−' から '+' へ，'+' から '−' へ変わることを反映するために $(-1)^k$ を上式に付け加える．すると，式(10)の '−Q(1)+Q(2)−Q(3)' の部分は次のようにまとめられる．

$$Q(k) = \sum_{k=1}^{n} (-1)^k \frac{1}{k!} \quad (k=1,\ 2,\ 3)$$

これより，求める P($n$) は次のような式になる．

$$P(n) = 1 + Q(k) = 1 + \sum_{k=1}^{n} (-1)^k \frac{1}{k!} = \sum_{k=0}^{n} (-1)^k \frac{1}{k!} \tag{15}$$

最後に，式(15)を用いて得た P($n$) の計算値を以下の表に示しておく．

表2.11 理論解一覧

| n | 組合せの数 | P(n) |
|---|---|---|
| 2 | 2 | 0.500000 |
| 3 | 6 | 0.333333 |
| 4 | 24 | 0.375000 |
| 5 | 120 | 0.366667 |
| 6 | 720 | 0.368056 |
| 7 | 5,040 | 0.367857 |
| 8 | 40,320 | 0.367882 |
| 9 | 362,880 | 0.367879 |
| 10 | 3,628,800 | 0.367879 |
| 11 | 39,916,800 | 0.367879 |
| 12 | 479,001,600 | 0.367879 |
| 13 | 6,227,020,800 | 0.367879 |

〔極限値〕 これからの議論はおまけであるが，なぜ $n$ が大きくなるにつれて $P(n)$ がある値に収束するのかについて触れておく．

式(15)を展開すると，次のようになる．

$$P(n) = 1 - \frac{1}{1!} + \frac{1}{2!} - \frac{1}{3!} + \cdots \cdots \tag{16}$$

この式の右辺は，以下で示す指数関数 $e^x$ のテイラー展開（Taylor expansion）において $x=-1$ を代入にしたものと同じである．

$$e^x = 1 + \frac{x}{1!} + \frac{x^2}{2!} + \frac{x^3}{3!} + \cdots \cdots \tag{17}$$

よって，$P(n)$ の極限は次のように書ける．

$$\lim_{n \to \infty} P(n) = e^{-1} = \frac{1}{e} \tag{18}$$

ここで，自然対数の底 $e = 2.718281\cdots$ であるので，$P(n)$ の極限（$=1/e$）は $0.367879\cdots$ となる．

〔補足〕 本章で取り上げた問題は，数学的には「モンモールの問題」として知られているものと内容が逆の問題である．モンモール（Pierre Raymond de Montmort 1678–1719）はフランス人の数学者で，1708年の著書の中で次のような問題の答えを証明抜きに記した——1〜13の番号を振った13枚のカードを袋に入れてよく混ぜる．それから1枚ずつ取り出すとき，振ってある番号が取り出す順番とたまたま一致する確率を求めよ（答えは，$1-1/e=0.632120\cdots$）．

その後，ド・モアプル，オイラー，ラプラスのような錚々たる数学者たちがこの問題および発展問題に取り組んだ．前記の包除原理はド・モアプルによって使用された方法であり，極限値はオイラーにより導かれた，とされている．詳しいことは文献[6]を参照されたい．

## 付録Ⅱ：実験データ自動記録用マクロ

　本文中に掲載した表2.9の集計結果は，シミュレーション結果を自動記録するマクロを利用して得たものである．参考までに，シミュレーター上の同集計結果を記録する位置とマクロのプログラムを示しておく．丸いボタンにマクロを登録してある．

| AN | AP | AQ | AR | AS | AT | AU | AV | AW | AX | AY |
|---|---|---|---|---|---|---|---|---|---|---|
| 40 | 42 | 43 | 44 | 45 | 46 | 47 | 48 | 49 | 50 | 51 |

| | TABLE-4 | | | | | | | | | ● |
|---|---|---|---|---|---|---|---|---|---|---|
| 15 | 14 | 20 | 23 | 14 | 19 | 15 | 18 | 17 | 20 | 19 |
| 16 | 21 | 17 | 16 | 17 | 20 | 18 | 19 | 14 | 26 | 17 |
| 17 | 22 | 19 | 21 | 16 | 21 | 18 | 22 | 24 | 18 | 16 |
| 18 | 18 | 15 | 18 | 22 | 18 | 12 | 23 | 13 | 22 | 15 |
| 19 | 21 | 14 | 24 | 18 | 19 | 21 | 18 | 16 | 14 | 17 |
| 20 | 13 | 15 | 18 | 18 | 14 | 15 | 20 | 25 | 26 | 18 |
| 21 | 22 | 16 | 21 | 18 | 17 | 16 | 18 | 24 | 12 | 21 |
| 22 | 19 | 16 | 19 | 22 | 19 | 17 | 19 | 17 | 17 | 23 |
| 23 | 23 | 20 | 17 | 22 | 20 | 16 | 20 | 16 | 17 | 18 |
| 24 | 8 | 15 | 24 | 21 | 24 | 19 | 21 | 16 | 16 | 22 |

```
Sub MATCHMAKING()

    Range("AP15:AY24").ClearContents              '前回の記録結果を削除する
    Dim m As Integer
    Dim n As Integer
    For m = 1 To 10                               'm を変数とし，10回繰り返す
        For n = 1 To 10                           'n を変数とし，10回繰り返す
            Cells(14 + m, 41 + n).Value = Range("AL11").Value   '「結果」欄の値をコピーして記録する
        Next m
    Next n
    Range("AY11").Activate                        'アクティブセルの位置を AY11 にする
End Sub
```

# 第3章　投資戦略の比較

Testing betting strategy performances to determine the best one

　投資戦略を分析・評価する方法には投資対象によって多種多様なものがあるが，本章ではカジノの攻略法と呼ばれているものを複数取り上げ，その有効性を確かめるシミュレーションを行うことにする．カジノの攻略法を投資戦略の例として取り上げる理由と，シミュレーションを通してその有効性を確かめる意義は，以下の通りである．

- カジノの攻略法には勝ったときと負けたときの賭け金の賭け方が明確であるため，戦略に関する複雑な議論を必要としない．また，カジノの攻略法に見られる賭けに挑む人の心理ないし性格は，投資行為一般に見られるものと相通じる所がある．
- どの攻略法が賭けに強いかは，シミュレーターを作り，同じ条件の下で各攻略法どおり実行した場合の結果を比較すればよい．そうすると，既存の攻略法の比較のみならず，各攻略法の長所・短所を考慮して作り上げた独自の攻略法の有効性を確かめることもできる．また，カジノの攻略法を対象にしたシミュレーター作りと有効性評価は，株式や先物に用いるルール・ベースの投資戦略の評価にも応用できる．

## 3.1 導入

「投資」は，利益を得る目的で不確実性を伴う対象に資金を投下する行為であるため，平たくいえば「賭け」である．賭けと言えば，ギャンブルを連想するかもしれないが，ビジネスもある面では賭け事の連続である．例えば，将来の需要を見込んで増産体制を構築したり，拠点確保のための出店を先駆けたり，あるいは経営資源の有効活用やリスク分散のために本業とかけ離れた事業に参入したりする．しかし，不確実性が伴う結果を読み間違えれば，経営を圧迫する大きな足かせとなったり，窮地に追い込まれて取った策が思い通りにいかず，苦しい経営にさらに拍車をかける痛手となったりすることがある．言わば，将来のために打つ'布石'も，切羽詰まって布く'背水の陣'も'賭け'であり，不確実性とリスクを覚悟して挑む点においてはギャンブルと変わりない．

ビジネスをギャンブルに喩えることは適切ではないかもしれない．しかし，企業は景気や業績が良いときには良いときなりに，悪いときには悪いときなりに，先が不透明なときでさえも，何かしらの賭けをしながら存続を図っていくものである．無論，何もしないのも'戦略の内'と言え，それでいい場合もある．しかし，激しい技術革新を背景に"turbulence（激動）"と"change（変化）"で代弁されるグローバル時代になってからは，何もしないリスクの方が高い．予想もしなかった所から競争相手が現れたり，成功をもたらした技術や製品のライフサイクルが予想より短くなったりするからである．そのため，一時の成功に甘んじることはできない．そればかりか，新たな変化を求めて次から次へと何かを仕掛けていかないと，激しい変化と競争の波に呑まれて市場からの淘汰を余儀なくされてしまうことが多い．言わば，嫌でもリスクを覚悟した賭けをせざるを得ない時代になっているとも言える．

一方，ビジネスにおける戦いは，一度の戦いで勝敗が決まるのではなく，複数回の勝敗の重なりで決着がつく場合が多い．無論，ただ一度の失敗が企業の存亡に関わる致命傷になることも，ひとつのヒット商品のお陰で起死回生を果たすこともある．しかし，大抵の場合は，大なり小なりの勝ち負けを繰り返してから，トップの座に上り詰めたり経営破綻に追い込まれたりする．したがって，運を除けば，前の賭けの結果を踏まえて次の賭けにどう挑んだかが，一連の賭け事の結果を解明するカギとなる．

中には苦しい選択を強いられる場面もある．不採算部門の回復を待って続投するか，それとも撤退するか，あるいは社運をかけた大きな賭けに出るか．同じことが株投資の場面においても起こり得る．景気回復を待ってジリ貧相場を凌ぐか，それとも損切りをするか，あるいは新しい銘柄に損失回復を狙った大きな賭けをするか．揺れる心の中は，'こうなるはずだ'という「思い込み」と'こうなってほしい'という「願い」が交差し，冷静な判断を妨げる．しかし，そのときの判断如何によって明暗が分かれるのは，ビジネスにおいても株投資においても変わらない．

それ故，ビジネスでは'成功事例を綴った本'がもてはやされ，株では'注目株'，ギャンブルでは'攻略法'と銘打ったものに人が群がるのであろう．前者の2つについてはさておき，後者のギャンブルについての例を挙げよう．

　ギャンブルの代表格であるカジノには，勝ったときと負けたときの賭け金の賭け方が異なる攻略法が数々存在する．例えば，一度勝ったら勝機を逃すまいと勝ち分まで上乗せしてガンガン攻めていくもの，負けたらさらに多くの資金を投じて損失の取り返しに夢中になるもの，あるいはリスクを恐れて，負けたら賭け金を下げ勝ったら上げるもの，賭け金の範囲を制限してちまちました勝負を繰り返すもの，等々――．それらは，まるで賭けに挑む人の心理ないし性格を投影しているかのように見えて，各攻略法の賭け方とまったく同じパターンの株投資をする投資家，同じ性格のビジネスリーダーを連想させる．そして，単にどちらの攻略法が有効かだけでなく，カジノの各攻略法を投資家やビジネスリーダーの思考様式ないし行動パターンに見立てて，それぞれの長所ならぬ短所を覗いてみたくもなる．これはあくまでも興味本位ではあるが――．

　以上のような観点から，本章ではカジノの攻略法として知られているものを投資戦略の一例として取り上げ，各攻略法どおり実行した場合の結果を比較することにする．投資話には憶測が付きものであるように，カジノの攻略法にも攻略法に相応しい根拠らしきものがなく，名ばかり独り歩きしているものが多い．そこでそれらの有効性を検証し，優劣をつける．そうすれば，使えるものと使えないものの区別ができ，また各攻略法の長所・短所を考慮して作り上げた独自の攻略法の有効性を確かめることもできる．これが本章のねらいであるが，シミュレーションを用いてカジノの攻略法の有効性を検証する作業は，株式や先物などに用いられているルール・ベースの投資戦略の評価にも応用できる．

## 3.2 課題

以下の7つの攻略法どおり実行した場合のシミュレーション結果を得て，各攻略法の勝率を求めること，これを本章の課題とする．

① **マーチンゲール法**（Martingale betting strategy）
  負けたら次の賭け金を2倍にし，勝ったら1単位に戻す．
② **逆マーチンゲール法**（Anti-Martingale betting strategy）
  勝ったら次の賭け金を2倍にし，負けたら1単位に戻す．
③ **グッドマン法**（Goodman betting strategy）
  1勝後は2単位，2連勝後は3単位，3連勝後は5単位，それ以上の連勝には5単位の賭け金を賭け続ける．負けたら1単位からやり直す．
④ **ダランベール法**（D'alembert betting strategy）
  勝ったら次の賭け金を1単位増やし，負けたら1単位減らす．
⑤ **テン・パーセント法**（Ten percent betting strategy）
  勝っても負けても，賭け金は手持ち資金の10%とする．
⑥ **ワン・ユニット法**（One unit betting strategy）
  勝ち負けに関わらず，常に1単位の資金を賭ける．
⑦ **ランダム法**（Random betting strategy）
  勝ち負けに関わらず，賭け金をランダムに賭ける．

### 3.2.1 攻略法の解説

上記の攻略法の説明の中に出てくる'1単位'とは，ゲームにおける最低賭け金（ミニマムベット）のことを意味し，便宜上'1単位＝1ドル'と仮定して説明することにする．

**(1) マーチンゲール法（Martingale）**

これは，負けたら賭け金を2倍にし，勝ったら1ドルに戻す方式である．つまり，1ドル賭けて負けたら次は2ドル，また負けたら次は4ドル，というふうに負け続ける度に賭け金を倍にしていく．したがって，次の表が示すように，最初の5回を連続して負けたら，それまでの損失額は累計31ドル（＝1+2+4+8+16）になる．そして，6回目に32ドル（＝16×2）を賭けて勝った

表3.1 マーチンゲール法の適用例

|  | 1回 | 2回 | 3回 | 4回 | 5回 | 6回 | 7回 | 8回 | 9回 | 10回 |
|---|---|---|---|---|---|---|---|---|---|---|
| 賭金 | 1 | 2 | 4 | 8 | 16 | 32 | 1 | 1 | 1 | 1 |
| 勝敗 | × | × | × | × | × | ○ | ○ | ○ | ○ | ○ |
| 損益 | −1 | −3 | −7 | −15 | −31 | 1 | 2 | 3 | 4 | 5 |

ら32ドルが手に入るので，それまでの損失額の31ドルを取り戻し，1ドルの儲けが出ることになる．これで分かるように，マーチンゲール法は「いくら運が悪くても根気よく賭け続けていけばいつかは勝つときがあるだろうから，そのときにはそれまでの損失を全部取り返せる」というものである．一方，勝ったら1ドルを賭けるので，勝ち続けるときには儲けが1ドルずつ増えていく．まとめると，「儲けは小さいが，負けても賭け続けていく限り，損失はいつか取り返すことができる戦略」ということになり，決して悪い話ではないように思われる．

しかし，この方式では連敗すると損失があっという間に膨らんでしまう欠点がある．例えば，10連敗したときの損失額は1,023ドル（＝1+2+4+8+16+32+64+128+256+512）にもなる．そのため，負け続けても持ち堪えるほどの資金がないと，勝つ前に破産してしまう可能性が高い．

以上のことを総合すると，マーチンゲール法は「負けたら損失の取り返しにすぐ熱くなる人の心理を反映している」と言えるし，「それといって儲けには執着しない金持ちの遊び方」とも言える．よって，次のようなあだ名を付けて他の攻略法と区別することにする——負けず嫌いのボンボン．

## (2) 逆マーチンゲール法（Anti-Martingale）

これは，マーチンゲール法の逆で，勝ったら賭け金を2倍にして，負けたら1ドルに戻す方式である．したがって，下の表が示すように，連勝する間は儲けがどんどん増えていく．そして，連勝した後に負けると，それまでの儲けを一気に失ってしまうが，損失は'−1'ドルに食い止めることができる．負け続けても損失は1ドルずつしか増えていかないので，マーチンゲール法のようにあっという間に損失額が膨れ上がることはない．これもまた興味をそそる話ではある．

表 3.2 逆マーチンゲール法の適用例

| | 1回 | 2回 | 3回 | 4回 | 5回 | 6回 | 7回 | 8回 | 9回 | 10回 |
|---|---|---|---|---|---|---|---|---|---|---|
| 賭金 | 1 | 2 | 4 | 8 | 16 | 32 | 1 | 1 | 1 | 1 |
| 勝敗 | ○ | ○ | ○ | ○ | ○ | × | × | × | × | × |
| 損益 | 1 | 3 | 7 | 15 | 31 | −1 | −2 | −3 | −4 | −5 |

性格的には，「勝ったら勝ち分まで上乗せして賭ける行け行けドンドンタイプ」，「負けたら意気消沈してちまちました賭けをやっていくタイプ」のように見える．よって，その一面を捉えて次のようなあだ名を付けることにする——行け行けドンドンの調子者．

## (3) グッドマン法（Goodman）

これは，連勝する間は賭け金を2, 3, 5, 5…と増やしていき，負けたら1ドルからやり直す方式である．つまり，一勝後は2ドル，二連勝後は3ドル，三連勝後は5ドルを賭け，それ以降は勝ち続けても賭け金を5ドルに限定する．

したがって，勝ち続けても逆マーチンゲール法ほどの大儲けは期待できないが，勝ち続けた後に負けた場合の損失は最大'5'ドルに抑えることができ，逆マーチンゲール法のように一気に儲けを失うことはない．次の表でそれを確認してほしい．

表 3.3 グッドマン法の適用例

|  | 1回 | 2回 | 3回 | 4回 | 5回 | 6回 | 7回 | 8回 | 9回 | 10回 |
|---|---|---|---|---|---|---|---|---|---|---|
| 賭金 | 1 | 2 | 3 | 5 | 5 | 5 | 1 | 2 | 3 | 5 |
| 勝敗 | ○ | ○ | ○ | ○ | ○ | × | ○ | ○ | ○ | × |
| 損益 | 1 | 3 | 6 | 11 | 16 | 11 | 12 | 14 | 17 | 12 |

性格的には,「勝ち続けても舞い上がらず上限を設定している分,やや賢い投資パターン」のように見えるが,「あの 2-3-5-5 の賭け方にはこれという根拠がなくただ賢そうに見せかけている」ようにも見える.よって,次のようなあだ名を付けておくことにする――恰好つけの気取屋.

### (4) ダランベール法 (D'Alembert)

これは,勝ったら賭け金を 1 ドル増やし,負けたら 1 ドル減らす方式である.誰でも思い付きそうな方法だが,18 世紀のフランスの数学者 Jean le Rond d'Alembert に因んだものであるといわれている.この方式を用いた例は以下の表に示すが,賭け金の変動幅を ±1 に抑えている点に注目すると,安全を優先する策のように見える.

表 3.4 ダランベール法の適用例

|  | 1回 | 2回 | 3回 | 4回 | 5回 | 6回 | 7回 | 8回 | 9回 | 10回 |
|---|---|---|---|---|---|---|---|---|---|---|
| 賭金 | 1 | 2 | 3 | 4 | 3 | 2 | 1 | 2 | 1 | 2 |
| 勝敗 | ○ | ○ | ○ | × | × | × | ○ | × | ○ | × |
| 損益 | 1 | 3 | 6 | 2 | −1 | −3 | −2 | −4 | −3 | −5 |

性格的には,「勝ち負けに動揺せずに長い目で見て投資する人の投資パターン」と言えそう.しかし,「良くいえばリスクを好まない堅実型,悪くいえば融通の利かない堅物」ともとれる.よって,次のようなあだ名を付けておくことにする――融通の利かない堅物.

### (5) テン・パーセント法 (Ten Percent)

これは,常に手持ち資金の 10%を賭ける方式で,勝ち負けの結果に応じて賭け金を上下させる点においてはダランベール法と同じである.違うのは両者の賭け金の大きさであり,その違いが結果にどう影響するかが気になる.下表は,初期資金を 20 ドルと設定し,勝敗のパターンはダランベール法の表 3.4 と同じものにした場合の結果を示している(小数点以下は四捨五入).10 回目の損益欄の値を比べる限りではテン・パーセント法の方が良さそうに見えるが(−5 対 −1),初期資金が変われば結果も変わるので,これだけで性急な判断はできない.

表 3.5 テン・パーセントの適用例

|  | 1回 | 2回 | 3回 | 4回 | 5回 | 6回 | 7回 | 8回 | 9回 | 10回 |
|---|---|---|---|---|---|---|---|---|---|---|
| 賭金 | 2 | 2 | 2 | 3 | 2 | 2 | 2 | 2 | 2 | 2 |
| 勝敗 | ○ | ○ | ○ | × | × | × | ○ | × | ○ | × |
| 結果 | 22 | 24 | 26 | 23 | 21 | 19 | 21 | 19 | 21 | 19 |
| 損益 | 2 | 4 | 6 | 3 | 1 | −1 | 1 | −1 | 1 | −1 |

常に手持ち資金の10%を賭けるということは、「資金に余裕があるときには賭け金を多くし、余裕のないときには少なくする」ことを意味する。この点に注目すると、変動幅を±1に制限しているダランベール法にはない「柔軟性を備えた策」とも言えそうである。また、「勝ち負けに動揺せずに賭け金を手持ち資金の10%に抑えている」点に注目すると、危なげのない「堅実派の投資パターン」とも言えそうである。よって、次のようなあだ名を付けておくことにする——柔軟性を備えた堅実派。

#### (6) ワン・ユニット法 (One Unit)

これは、勝ち負けに関わらず常に1ドルを賭ける方式である。しぶとい策とも言えるが、「気が小さくてリスクを取らない、肝っ玉の小さい人の投資パターン」とでも言えよう。よって、次のようなあだ名を付けておくことにする——気弱な小心者。

#### (7) ランダム法 (Random)

これは、文字通りランダムに賭ける方式である。これといった決まりのない気まぐれな賭け方をするので、結果は予想できない。まるで、「その場その場で衝動的に判断する人の投資パターン」のように見える。「良くいえば'運任せの策'、悪くいえば'気違いの振る舞い'」と言えよう。よって、次のようなあだ名を付けておくことにする——運任せの気まぐれ屋。

### 3.2.2 攻略法のまとめ

まず、前記の各攻略法を分類し、以下のようにまとめておこう。

- 損失回復を優先する策
    ① Martingale betting strategy　　…負けず嫌いのボンボン
- 利益追求を優先する策
    ② Anti-Martingale betting strategy　　…行け行けドンドンの調子者
    ③ Goodman betting strategy　　…恰好付けの気取屋
- 勝ち負けの波に合わせる策
    ④ D'Alembert betting strategy　　…融通の利かない堅物
    ⑤ Ten percent betting strategy　　…柔軟性を備えた現実派
- 無策の策
    ⑥ One unit betting strategy　　…気弱な小心者
    ⑦ Random betting strategy　　…運任せの気まぐれ屋

次は、前記の攻略法(6)と(7)について補足しよう。この2つは、カジノの攻略法として知られているものではなく、攻略法(1)〜(5)の有効性を評価する上で比較の基準とするために筆者が実験的に作ったものである。つまり、名だたる他5つの攻略法が「無策の策」とも言える⑥と⑦よりどれほど良い結果を出せるかを確かめるために導入したものである。

最後は，各攻略法の賭け方に対する著者の解釈についてである．一般に，客観的な根拠を提示していないものに対する評価は，直感的なものになりやすい．前節で書いた筆者の解釈はそのような例を示したものと理解してもらいたい．各攻略法の性格の一面に着目して付けたあだ名に対しも同じである．もしかすると，賭け金の賭け方のみ提示されたまま出回っている前記の攻略法に対して，読者諸氏も筆者と同じような解釈をしているかもしれない．そのような主観的な解釈に基づく価値判断（各攻略法の相対的優位性に関する事前予想）が如何なるものかは，後に行うシミュレーション結果で確かめることができる．それによって，「シミュレーションは直感的な評価に客観的な根拠を与えてくれるものである」という認識を強めることもできよう．

## 3.3 シミュレーションの準備

本節では，シミュレーションの方法と前提条件を決めておくことにする．

### 3.3.1 攻略法の比較方法

前記の7つの攻略法に優劣をつけるためには，「同じ条件」の下で「各攻略法どおり実行した場合に得られる結果」を比較する必要がある．したがって，7人のプレイヤーが「あるゲーム」に参加し，それぞれ「前記の7つの攻略法を用いる」状況を想定することにする．例えば，7人のプレイヤーがサイコロの出目が偶数か奇数かを当てる「丁半」のような賭け事に参加するとする．そして，全員同じ側（例えば，丁＝偶数）に賭ける．すると，勝ちか負けかの結果は全員同じであっても，各自の用いる攻略法のお金の賭け方によって損得に差がつく．その結果をもって各攻略法の優劣をつけることにする．

### 3.3.2 ゲームのルール

想定するゲームは例に挙げた「丁半」にする．ただし，サイコロの出目が偶数か奇数かを判別する面倒を避けるために，次のようなカードゲームに置き換えることにする．

(1) 1から6の数字が書かれている6枚のカードの中から1枚のカードをランダムに引く（これは1〜6の乱数で決めることにする）．そのカードの数字が「3」以下ならプレイヤー全員の勝ち（即ち，親の負け），「4」以上ならプレイヤー全員の負け（即ち，親の勝ち）とする．

(2) 1枚のカードを引いて勝ち負けを決まるのを1ラウンドとし，「100」ラウンドを1ゲームとする．

(3) 1ゲームに持ち込む資金はプレイヤー全員同額の「100」ドルとし，第1ラウンドにはテン・パーセント法とランダム法を用いるプレイヤー以外は全員「1」ドルを賭ける．途中で資金が底を突いた人はその時点でゲームが終了し，資金が残っている人はゲームを続けて最大100ラウンドまで賭けることができる．

(4) 1ゲーム（100ラウンド）が終わって次のゲームに参加するときに持ち込める資金は，前回のゲーム終了時の残金に関係なく，全員「100」ドルとする．つまり，すべてのプレイヤーは毎回100ドルを持ち込む．

(5) 1ゲーム（100ラウンド）終了時に手元に残った資金が初期資金の**100ドルより多い場合**を「勝ち」とし，100ドル以下の場合を「負け」とする．各プレイヤーの順位は，複数回のゲームにおける「**勝ち数**」（勝ったゲーム数：勝率）で決める．

補足だが，攻略法の中には賭け金の設定が連勝または連敗を前提にしたものがあり，そのような攻略法はある程度の回数の連勝・連敗があったときに力を発揮する．そのため，それを確かめられる充分な回数の例として，1ゲームを100ラウンドと設定したことを記しておく．

### 3.3.3 シミュレーションの前提条件

以下では，シミュレーターを作成する前に決めておく必要のある事項をまとめて示す．

**(1) ゲームの実行回数**

- 何回のゲーム結果をもって攻略法の優劣をつけるかについては，「十分安定したシミュレーションの結果をもって」が基本である．
- 今回は，1ゲーム分（100ラウンド）の結果を出す表（TABLE-1）と，それを繰り返して使って得る100ゲーム分の結果をまとめる表（TABLE-2）を作成する（次節の図3.1参照）．そして，100ゲーム分の結果で充分ではない場合は，100ゲーム分の結果を10セット集めた1,000ゲーム分の結果を検討する．それでも安定した結果が得られない場合は，ゲーム回数をさらに増やしていく．

**(2) 賭け金不足時の処理**

- マーチンゲール法の場合，2連敗した後の賭け金は4ドルになるが，残りの資金が3ドル以下の場合はどうするかである．3連敗した後の賭け金は8ドルになるが，残りの資金が7ドル以下の場合も同じである．
- そのようなときにその時点でゲームを終了させることも考えられる．しかし，残りの資金をすべて賭けて勝ったらゲームを続けることができる．よって，賭け金不足時は「残りの資金をすべて賭ける」ことにする．

**(3) テン・パーセント法における賭け金の計算**

- 賭け金の計算時に発生する小数は四捨五入する．そうすると，手持ちの資金が5～14ドルの場合の賭け金は'1'ドルとなる．手持ちの資金が4ドル以下のときは，上記(2)のルールを適用し，「残りの資金をすべて賭ける」ことにする．

**(4) ランダム法における範囲の設定**

- ランダム法における賭け金は，いくらランダムにと言っても，1～100ドルの間とするのは無理がある．よって，今回はその上限をグッドマン法の上限（5ドル）と同じくし，1～5ドルの範囲でランダムに賭けることにする．
- ただし，手持ちの資金が4ドル以下のときは，賭け金の最大値（5ドル）は設定できないので上記(2)の状況（賭け金不足）に該当すると見なし，「残りの資金をすべて賭ける」ことにする．

**(5) ダランベール法における注意点**

- ダランベール法において1ドル賭けて負けた場合，1ドル減らすと次のラウンドに賭けられなくなる．よって，その場合は1ドルを賭けることにする．

## 3.4　シミュレーターの完成図

これから作成するシミュレーターは，以下のようなものになる．TABLE-1 では 1 ゲーム（100 ラウンド）分の結果を出し，TABLE-2 では 1 ゲーム毎の結果を 100 回記録して集計を取る．

図 3.1　完成図

B C D E F G H I J K L M N O P Q R S T

**TABLE 1**　　1 Game

| 行 | | | MG | AM | GM | DB | TP | OU | RD |
|---|---|---|---|---|---|---|---|---|---|
| 8 | 資金 | | 100 | 100 | 100 | 100 | 100 | 100 | 100 |
| 9 | 残金 | | 147 | 50 | 109 | 53 | 60 | 100 | 93 |
| 11 | 基準 | 3 | ↑ | ↑ | ↑ | ↑ | ↑ | ↑ | ↑ |

| 行 | R | 判定 | MG 賭金 | MG 残額 | AM 賭金 | AM 残額 | GM 賭金 | GM 残額 | DB 賭金 | DB 残額 | TP 賭金 | TP 残額 | OU 賭金 | OU 残額 | RD 賭金 | RD 残額 |
|---|---|---|---|---|---|---|---|---|---|---|---|---|---|---|---|---|
| 15 | 1 | 4 | 1 | 99 | 1 | 99 | 1 | 99 | 1 | 99 | 10 | 90 | 1 | 99 | 5 | 95 |
| 16 | 2 | 4 | 2 | 97 | 1 | 98 | 1 | 98 | 1 | 98 | 9 | 81 | 1 | 98 | 1 | 94 |
| 17 | 3 | 2 | 4 | 101 | 1 | 99 | 1 | 99 | 1 | 99 | 8 | 89 | 1 | 99 | 4 | 98 |
| 18 | 4 | 5 | 1 | 100 | 2 | 97 | 2 | 97 | 2 | 97 | 9 | 80 | 1 | 98 | 4 | 94 |
| 19 | 5 | 2 | 2 | 102 | 1 | 98 | 1 | 98 | 1 | 98 | 8 | 88 | 1 | 99 | 3 | 97 |
| 20 | 6 | 2 | 1 | 103 | 2 | 100 | 2 | 100 | 2 | 100 | 9 | 97 | 1 | 100 | 4 | 101 |
| 21 | 7 | 2 | 1 | 104 | 4 | 104 | 3 | 103 | 3 | 103 | 10 | 107 | 1 | 101 | 5 | 106 |
| 22 | 8 | 1 | 1 | 105 | 8 | 112 | 5 | 108 | 4 | 107 | 11 | 118 | 1 | 102 | 1 | 107 |
| 23 | 9 | 1 | 1 | 106 | 16 | 128 | 5 | 113 | 5 | 112 | 12 | 130 | 1 | 103 | 5 | 112 |
| 24 | 10 | 5 | 1 | 105 | 32 | 96 | 5 | 108 | 6 | 106 | 13 | 117 | 1 | 102 | 1 | 111 |
| 25 | 11 | 5 | 2 | 103 | 1 | 95 | 1 | 107 | 5 | 101 | 12 | 105 | 1 | 101 | 3 | 108 |
| 26 | 12 | 4 | 4 | 99 | 1 | 94 | 1 | 106 | 4 | 97 | 11 | 94 | 1 | 100 | 3 | 105 |
| 27 | 13 | 1 | 8 | 107 | 1 | 95 | 1 | 107 | 3 | 100 | 9 | 103 | 1 | 101 | 1 | 106 |
| 28 | 14 | 3 | 1 | 108 | 2 | 97 | 2 | 109 | 4 | 104 | 10 | 113 | 1 | 102 | 5 | 111 |
| 29 | 15 | 6 | 1 | 107 | 4 | 93 | 3 | 106 | 5 | 99 | 11 | 102 | 1 | 101 | 3 | 108 |
| 30 | 16 | 4 | 2 | 105 | 1 | 92 | 1 | 105 | 4 | 95 | 10 | 92 | 1 | 100 | 2 | 106 |
| 31 | 17 | 5 | 4 | 101 | 1 | 91 | 1 | 104 | 3 | 92 | 9 | 83 | 1 | 99 | 4 | 102 |
| 32 | 18 | 1 | 8 | 109 | 1 | 92 | 1 | 105 | 2 | 94 | 8 | 91 | 1 | 100 | 2 | 104 |
| 33 | 19 | 6 | 1 | 108 | 2 | 90 | 2 | 103 | 3 | 91 | 9 | 82 | 1 | 99 | 2 | 102 |
| 34 | 20 | 1 | 2 | 110 | 1 | 91 | 1 | 104 | 2 | 93 | 8 | 90 | 1 | 100 | 5 | 107 |
| 35 | 21 | 1 | 1 | 111 | 2 | 93 | 2 | 106 | 3 | 96 | 9 | 99 | 1 | 101 | 5 | 112 |
| 36 | 22 | 3 | 1 | 112 | 4 | 97 | 3 | 109 | 4 | 100 | 10 | 109 | 1 | 102 | 4 | 116 |
| 37 | 23 | 1 | 1 | 113 | 8 | 105 | 5 | 114 | 5 | 105 | 11 | 120 | 1 | 103 | 3 | 119 |
| 38 | 24 | 4 | 1 | 112 | 16 | 89 | 5 | 109 | 6 | 99 | 12 | 108 | 1 | 102 | 1 | 118 |
| 39 | 25 | 2 | 2 | 114 | 1 | 90 | 1 | 110 | 5 | 104 | 11 | 119 | 1 | 103 | 2 | 120 |
| 40 | 26 | 6 | 1 | 113 | 2 | 88 | 2 | 108 | 6 | 98 | 12 | 107 | 1 | 102 | 2 | 118 |
| 41 | 27 | 6 | 2 | 111 | 1 | 87 | 1 | 107 | 5 | 93 | 11 | 96 | 1 | 101 | 4 | 114 |
| 42 | 28 | 4 | 4 | 107 | 1 | 86 | 1 | 106 | 4 | 89 | 10 | 86 | 1 | 100 | 3 | 111 |
| 43 | 29 | 1 | 8 | 115 | 1 | 87 | 1 | 107 | 3 | 92 | 9 | 95 | 1 | 101 | 5 | 116 |
| 44 | 30 | 6 | 1 | 114 | 2 | 85 | 2 | 105 | 4 | 88 | 10 | 85 | 1 | 100 | 3 | 113 |
| 45 | 31 | 6 | 2 | 112 | 1 | 84 | 1 | 104 | 3 | 85 | 9 | 76 | 1 | 99 | 3 | 110 |
| 46 | 32 | 1 | 4 | 116 | 1 | 85 | 1 | 105 | 2 | 87 | 8 | 84 | 1 | 100 | 4 | 114 |
| 47 | 33 | 4 | 1 | 115 | 2 | 83 | 2 | 103 | 3 | 84 | 8 | 76 | 1 | 99 | 3 | 111 |
| 48 | 34 | 1 | 2 | 117 | 1 | 84 | 1 | 104 | 2 | 86 | 8 | 84 | 1 | 100 | 2 | 113 |
| 49 | 35 | 3 | 1 | 118 | 2 | 86 | 2 | 106 | 3 | 89 | 8 | 92 | 1 | 101 | 1 | 114 |
| 50 | 36 | 2 | 1 | 119 | 4 | 90 | 3 | 109 | 4 | 93 | 9 | 101 | 1 | 102 | 3 | 117 |
| 51 | 37 | 4 | 1 | 118 | 8 | 82 | 5 | 104 | 5 | 88 | 10 | 91 | 1 | 101 | 5 | 112 |
| 52 | 38 | 3 | 2 | 120 | 1 | 83 | 1 | 105 | 4 | 92 | 9 | 100 | 1 | 102 | 5 | 117 |
| 53 | 39 | 2 | 1 | 121 | 2 | 85 | 2 | 107 | 5 | 97 | 10 | 110 | 1 | 103 | 4 | 121 |
| 54 | 40 | 3 | 1 | 122 | 4 | 89 | 3 | 110 | 6 | 103 | 11 | 121 | 1 | 104 | 3 | 124 |
| 55 | 41 | 1 | 1 | 123 | 8 | 97 | 5 | 115 | 7 | 110 | 12 | 133 | 1 | 105 | 5 | 129 |
| 56 | 42 | 2 | 1 | 124 | 16 | 113 | 5 | 120 | 8 | 118 | 13 | 146 | 1 | 106 | 3 | 132 |
| 57 | 43 | 4 | 1 | 123 | 32 | 81 | 5 | 115 | 9 | 109 | 15 | 131 | 1 | 105 | 1 | 131 |
| 58 | 44 | 3 | 2 | 125 | 1 | 82 | 1 | 116 | 8 | 117 | 13 | 144 | 1 | 106 | 3 | 134 |
| 59 | 45 | 2 | 1 | 126 | 2 | 84 | 2 | 118 | 9 | 126 | 14 | 158 | 1 | 107 | 4 | 138 |
| 60 | 46 | 4 | 1 | 125 | 4 | 80 | 3 | 115 | 10 | 116 | 16 | 142 | 1 | 106 | 3 | 135 |
| 61 | 47 | 4 | 2 | 123 | 1 | 79 | 1 | 114 | 9 | 107 | 14 | 128 | 1 | 105 | 2 | 133 |
| 62 | 48 | 5 | 4 | 119 | 1 | 78 | 1 | 113 | 8 | 99 | 13 | 115 | 1 | 104 | 1 | 132 |
| 63 | 49 | 5 | 8 | 111 | 1 | 77 | 1 | 112 | 7 | 92 | 12 | 103 | 1 | 103 | 4 | 128 |
| 64 | 50 | 3 | 16 | 127 | 1 | 78 | 1 | 113 | 6 | 98 | 10 | 113 | 1 | 104 | 2 | 130 |

X Y Z AA AB AC AD AE

**TABLE 2**　　100 Games

| | MG | AM | GM | DB | TP | OU | RD |
|---|---|---|---|---|---|---|---|
| 勝ち数 | 65 | 1 | 41 | 33 | 32 | 43 | 46 |
| 残金合計 | 9,695 | 5,278 | 9,914 | 10,065 | 9,599 | 9,948 | 9,771 |
| COPY | 147 | 50 | 109 | 53 | 60 | 100 | 93 |

| 100G | MG | AM | GM | DB | TP | OU | RD |
|---|---|---|---|---|---|---|---|
| 1 | 154 | 69 | 115 | 109 | 133 | 108 | 123 |
| 2 | 0 | 48 | 95 | 83 | 34 | 94 | 66 |
| 3 | 0 | 44 | 96 | 47 | 18 | 88 | 67 |
| 4 | 134 | 65 | 112 | 128 | 69 | 100 | 81 |
| 5 | 0 | 52 | 86 | 94 | 45 | 98 | 102 |
| 6 | 162 | 93 | 188 | 387 | 660 | 124 | 169 |
| 7 | 147 | 48 | 106 | 54 | 40 | 96 | 102 |
| 8 | 144 | 51 | 96 | 54 | 74 | 102 | 106 |
| 9 | 129 | 47 | 87 | 57 | 30 | 94 | 81 |
| 10 | 155 | 56 | 127 | 134 | 203 | 112 | 127 |
| 11 | 154 | 55 | 146 | 174 | 133 | 108 | 97 |
| 12 | 136 | 51 | 129 | 129 | 68 | 102 | 109 |
| 13 | 0 | 51 | 121 | 95 | 62 | 100 | 114 |
| 14 | 0 | 41 | 75 | 41 | 9 | 82 | 48 |
| 15 | 0 | 45 | 76 | 45 | 20 | 88 | 80 |
| 16 | 148 | 51 | 102 | 117 | 70 | 102 | 102 |
| 17 | 157 | 58 | 116 | 162 | 241 | 114 | 160 |
| 18 | 149 | 50 | 75 | 71 | 62 | 100 | 100 |
| 19 | 154 | 57 | 119 | 99 | 136 | 108 | 88 |
| 20 | 155 | 56 | 117 | 192 | 202 | 112 | 121 |
| 21 | 0 | 57 | 76 | 108 | 4 | 84 | 51 |
| 22 | 157 | 72 | 128 | 247 | 243 | 114 | 126 |
| 23 | 0 | 50 | 78 | 50 | 34 | 94 | 78 |
| 24 | 152 | 53 | 100 | 108 | 105 | 106 | 153 |
| 25 | 153 | 56 | 130 | 192 | 197 | 112 | 147 |
| 26 | 146 | 53 | 104 | 89 | 110 | 106 | 103 |
| 27 | 158 | 59 | 140 | 248 | 308 | 116 | 146 |
| 28 | 138 | 48 | 92 | 58 | 40 | 96 | 95 |
| 29 | 131 | 54 | 96 | 98 | 106 | 106 | 95 |
| 30 | 0 | 76 | 86 | 60 | 19 | 90 | 62 |
| 31 | 157 | 58 | 110 | 248 | 308 | 116 | 150 |
| 32 | 141 | 48 | 77 | 54 | 37 | 96 | 82 |
| 33 | 0 | 47 | 84 | 112 | 24 | 92 | 89 |
| 34 | 158 | 59 | 121 | 269 | 366 | 118 | 144 |
| 35 | 0 | 46 | 77 | 46 | 25 | 92 | 59 |
| 36 | 153 | 54 | 88 | 99 | 142 | 108 | 140 |
| 37 | 0 | 48 | 69 | 60 | 21 | 90 | 73 |
| 38 | 138 | 53 | 95 | 119 | 113 | 106 | 111 |
| 39 | 0 | 47 | 99 | 47 | 34 | 94 | 87 |
| 40 | 156 | 57 | 129 | 162 | 247 | 114 | 135 |
| 41 | 115 | 50 | 72 | 70 | 47 | 98 | 110 |
| 42 | 0 | 49 | 82 | 76 | 45 | 96 | 83 |
| 43 | 151 | 52 | 106 | 96 | 72 | 102 | 113 |
| 44 | 146 | 53 | 122 | 98 | 111 | 106 | 112 |
| 45 | 146 | 49 | 79 | 49 | 48 | 98 | 85 |
| 46 | 151 | 54 | 88 | 79 | 74 | 102 | 89 |
| 47 | 0 | 42 | 56 | 63 | 13 | 84 | 57 |
| 48 | 151 | 52 | 106 | 97 | 86 | 104 | 118 |
| 49 | 155 | 58 | 140 | 133 | 167 | 110 | 120 |
| 50 | 0 | 45 | 79 | 45 | 17 | 88 | 91 |

## 3.5 シミュレーターの作成

本節では，前節の完成図に示したシミュレーターの作成方法を説明する．

### 3.5.1 TABLE-1 の作成

TABLE-1 の役割は，1 ゲーム分（100 ラウンド）の結果を出すことである．TABLE-1 の作成方法は，「初期設定」に関する部分と「各攻略法の賭け金と残額の計算」に関する部分とに分けて説明する．

表 3.6 TABLE-1

| | | | MG | | AM | | GM | | DB | | TP | | OU | | RD | |
|---|---|---|---|---|---|---|---|---|---|---|---|---|---|---|---|---|
| | 資金 | | 100 | | 100 | | 100 | | 100 | | 100 | | 100 | | 100 | |
| | 残金 | | 147 | | 50 | | 109 | | 53 | | 60 | | 100 | | 93 | |
| | 基準 | 3 | ↑ | | ↑ | | ↑ | | ↑ | | ↑ | | ↑ | | ↑ | |
| R | 判定 | | 賭金 | 残額 | 賭金 | 残額 | 賭金 | 残額 | 賭金 | 残額 | 賭金 | 残額 | 賭金 | 残額 | 賭金 | 残額 |
| 1 | 4 | | 1 | 99 | 1 | 99 | 1 | 99 | 1 | 99 | 10 | 90 | 1 | 99 | 5 | 95 |
| 2 | 4 | | 2 | 97 | 1 | 98 | 1 | 98 | 1 | 98 | 9 | 81 | 1 | 98 | 1 | 94 |
| 3 | 2 | | 4 | 101 | 1 | 99 | 1 | 99 | 1 | 99 | 8 | 89 | 1 | 99 | 4 | 98 |
| 4 | 5 | | 1 | 100 | 2 | 97 | 2 | 97 | 2 | 97 | 9 | 80 | 1 | 98 | 4 | 94 |
| 5 | 2 | | 2 | 102 | 1 | 98 | 1 | 98 | 1 | 98 | 8 | 88 | 1 | 99 | 3 | 97 |
| 6 | 2 | | 1 | 103 | 2 | 100 | 2 | 100 | 2 | 100 | 9 | 97 | 1 | 100 | 4 | 101 |
| 7 | 2 | | 1 | 104 | 4 | 104 | 3 | 103 | 3 | 103 | 10 | 107 | 1 | 101 | 5 | 106 |
| 8 | 1 | | 1 | 105 | 8 | 112 | 5 | 108 | 4 | 107 | 11 | 118 | 1 | 102 | 1 | 107 |
| 9 | 1 | | 1 | 106 | 16 | 128 | 5 | 113 | 5 | 112 | 12 | 130 | 1 | 103 | 5 | 112 |
| 10 | 5 | | 1 | 105 | 32 | 96 | 1 | 108 | 6 | 106 | 13 | 117 | 1 | 102 | 1 | 111 |
| 11 | 5 | | 2 | 103 | 1 | 95 | 1 | 107 | 5 | 101 | 12 | 105 | 1 | 101 | 3 | 108 |
| 12 | 4 | | 4 | 99 | 1 | 94 | 1 | 106 | 4 | 97 | 11 | 94 | 1 | 100 | 3 | 105 |
| 13 | 1 | | 8 | 107 | 1 | 95 | 1 | 107 | 3 | 100 | 9 | 103 | 1 | 101 | 1 | 106 |
| 14 | 3 | | 1 | 108 | 2 | 97 | 2 | 109 | 4 | 104 | 10 | 113 | 1 | 102 | 5 | 111 |
| 15 | 6 | | 1 | 107 | 4 | 93 | 3 | 106 | 5 | 99 | 11 | 102 | 1 | 101 | 3 | 108 |
| 16 | 4 | | 2 | 105 | 1 | 92 | 1 | 105 | 4 | 95 | 10 | 92 | 1 | 100 | 2 | 106 |
| 17 | 5 | | 4 | 101 | 1 | 91 | 1 | 104 | 3 | 92 | 9 | 83 | 1 | 99 | 4 | 102 |
| 18 | 1 | | 8 | 109 | 1 | 92 | 1 | 105 | 2 | 94 | 8 | 91 | 1 | 100 | 2 | 104 |
| 19 | 6 | | 1 | 108 | 2 | 90 | 2 | 103 | 3 | 91 | 9 | 82 | 1 | 99 | 2 | 102 |
| 20 | 1 | | 2 | 110 | 1 | 91 | 1 | 104 | 2 | 93 | 8 | 90 | 1 | 100 | 5 | 107 |
| 21 | 1 | | 1 | 111 | 2 | 93 | 2 | 106 | 3 | 96 | 9 | 99 | 1 | 101 | 5 | 112 |
| 22 | 3 | | 1 | 112 | 4 | 97 | 3 | 109 | 4 | 100 | 10 | 109 | 1 | 102 | 4 | 116 |
| 23 | 1 | | 1 | 113 | 8 | 105 | 5 | 114 | 5 | 105 | 11 | 120 | 1 | 103 | 3 | 119 |

〔1〕 初期設定

① 資金  これは，各プレイヤーがゲームに持ち込む資金を設定する欄である．セル〔G8〕～〔S8〕に，3.3.2 節の（3）で決めたとおり，全員同額の 100 ドルと入力する．「資金」欄は左右 2 つのセルが統合されていることに留意されたい．

〔G8〕～〔S8〕= 100

② 攻略法の見出し　見出しには各攻略法の英文表記の頭文字を使うことにし，以下のように入力する．

〔G13〕＝MG　← Martingale
〔I13〕＝AM　← Anti-Martingale
〔K13〕＝GM　← Goodman
〔M13〕＝DB　← D'Alembert
〔O13〕＝TP　← Ten Percent
〔Q13〕＝OU　← One Unit
〔S13〕＝RD　← Random

③ 基準　今回のシミュレーションでは，1〜6の乱数を発生させ，「3以下」ならプレイヤー全員の「勝ち」，「4以上」ならプレイヤー全員の「負け」と判定することにしている．したがって，「勝ちの判定基準」とする値「3」を「基準」欄に入力しておく．そして，各ラウンドにおける勝ち負けは，この欄の値を参照して決めることにする．

〔E11〕＝3

〔2〕各攻略法の賭金と残額の計算

① R　これは，ラウンド数を表示する欄である．以下のセルに1〜100の通し番号をつける．

〔D15〕〜〔D114〕＝1〜100

② 判定　これは，各ラウンドの勝ち負けを判定し，表示するための欄である．まず，判定用の乱数（1〜6）を発生させるために，第1ラウンド目のセル〔E15〕に以下の式を入力し，同式を第100ラウンド目のセル〔E114〕までコピーする．

〔E15〕＝RANDBETWEEN(1,6)

判定は，「条件付き書式」という機能を使って，勝ちの場合は同欄のセルに色が付くように設定する（表3.6の判定欄参照）．しかし，この設定は，見分けをつけるためのものであるので，特にしなくても構わない（各ラウンドの勝ち負けの実質的な判定は，各攻略法の「賭金」を計算する欄で行う）．

③ 第1ラウンドの「賭金」の計算　まず，以下のセルに「1」を入力する．

〔G15〕＝1,　〔I15〕＝1,　〔K15〕＝1,　〔M15〕＝1,　〔Q15〕＝1

TP法の場合は，セル〔O15〕に次の式を入力する．

〔O15〕＝ROUND(O8＊0.1,0)

この式は，「セル'O8'に入っている初期資金に0.1をかけ，小数点以下は四捨五入した整数にして表示すること」を意味する．

RD法の場合は，セル〔S15〕に以下の式を入力し，「1～5」の乱数が出るようにする．

〔S15〕＝RANDBETWEEN(1,5)

④ 第1ラウンドの「残額」の計算　残額とは，各ラウンド終了時に手元に残る資金額を指す．まず，MG法の第1ラウンド目の残額欄に以下の式を入力する．

〔H15〕＝IF($E15<=$E11,G8+G15,G8-G15)　…MG法

この式は，「もし，セル'E15'の乱数がセル'E11'の判定基準値以下（勝ち）の場合は'G8'の初期資金に'G15'の賭金（儲け）を足した額を表示し，それ以外（負け）の場合は'G8'の初期資金から'G15'の賭金（損失）を引いた額を表示すること」を意味する．残額の計算方法は各攻略法に共通するものであるため，上式を他の攻略法の第1ラウンドの「残額」欄にコピーして以下のようにする．

〔J15〕　＝IF($E15<=$E11,I8+I15,I8-I15)　　…AM法
〔L15〕　＝IF($E15<=$E11,K8+K15,K8-K15)　…GM法
〔N15〕　＝IF($E15<=$E11,M8+M15,M8-M15)　…DB法
〔P15〕　＝IF($E15<=$E11,O8+O15,O8-O15)　…TP法
〔R15〕　＝IF($E15<=$E11,Q8+Q15,Q8-Q15)　…OU法
〔T15〕　＝IF($E15<=$E11,S8+S15,S8-S15)　…RD法

⑤ 第2ラウンド以降の「賭金」の計算　これは攻略法ごとに異なるため，攻略法別の計算式が要る．「賭金」の計算には「残額」欄の値が関係するが，混乱を避けるために，「残額」の求め方は次項⑥で説明することにする．

▼ MG法

〔G16〕＝IF(H15=0,0,IF(E15<=$E$11,1,IF(H15>=G15*2,G15*2,H15)))

この式は，「もし，前回の残額'H15'が'0'だったら賭ける資金がないので，'0'と表示する．それ以外の場合に，(a) 前回勝っていたら'1'ドルを賭け，(b) 前回負けていて，なお前回の残額'H15'が前回の賭金'G15'の2倍以上あるときには'G15*2'を賭ける．それ以外の場合は賭金が不足するときなので，前回の残額'H15'をすべて賭けること」を意味する．第2ラウンド以降100ラウンド目までは同式をコピーすればいい．

▼ AM法

〔I16〕＝IF(J15=0,0,IF(E15<=$E$11,I15*2,1))

この式は，「もし，前回の残額 'J15' が '0' だったら賭ける資金がないので，'0' と表示する．それ以外の場合に，(a) 前回勝っていたら前回の賭金の 2 倍である 'I15*2' を，(b) 前回負けていたら '1' ドルを賭けること」を意味する．第 2 ラウンド以降 100 ラウンド目までは同式をコピーすればいい．

### ▼ GM 法

この攻略法に関しては，1 勝，2 勝，3 勝のときを区別する必要があるので，第 2 ラウンドから第 4 ラウンドまで個別に設定する．

〔K16〕 ＝IF(L15=0,0,IF(E15<=$E$11,2,1))　　　　　　…第 2 ラウンド用

この式は，「もし，前回の残額 'L15' が '0' だったら賭ける資金がないので，'0' と表示する．それ以外の場合に，(a) 前回勝っていたら '2' ドルを，(b) 前回負けていたら '1' ドルを賭けること」を意味する．

〔K17〕 ＝IF(L16=0,0,IF(AND(E16<=$E$11,E15<=$E$11),3,　…第 3 ラウンド用
　　　　　IF(E16<=$E$11,2,1)))

この式は，「もし，前回の残額 'L16' が '0' だったら賭ける資金がないので，'0' と表示する．それ以外の場合に，(a) 前回も前々回も勝っていたら '3' ドルを，(b) 前回だけ勝っていたら '2' ドルを，(c) それ以外の場合には '1' ドルを賭けること」を意味する．

〔K18〕 ＝IF(L17=0,0,　　　　　　　　　　　　　　　　…第 4 ラウンド用
　　　　　IF(AND(E17<=$E$11,E16<=$E$11,E15<=$E$11),5,
　　　　　IF(AND(E17<=$E$11,E16<=$E$11),3,
　　　　　IF(E17<=$E$11,2,1))))

この式は，「もし，前回の残額 'L17' が '0' だったら賭ける資金がないので，'0' と表示する．それ以外の場合に，(a) 前回までに 3 連勝していたら '5' ドルを，(b) 2 連勝していたら '3' ドルを，(c) 前回だけ 1 勝していたら '2' ドルを賭ける．それ以外の場合には '1' ドルを賭けること」を意味する．第 4 ラウンド以降 100 ラウンド目までは同式をコピーすればいい．

### ▼ DB 法

〔M16〕 ＝IF(N15=0,0,IF(E15<=$E$11,M15+1,IF(M15=1,1,M15-1)))

この式は，「もし，前回の残額 'N15' が '0' だったら賭ける資金がないので，'0' と表示する．それ以外の場合に，(a) 前回勝っていたら前回の賭け金 'M15' に '1' を足した額を，(b) 前回負けていて，前回の賭金 'M15' が '1' だったら '1' ドルを賭ける．それ以外の場合は前回の賭金 'M15' から '1' を引いた額を賭けること」を意味する．第 2 ラウンド以降 100 ラウンド目までは同式をコピーすればいい．

▼ TP 法

〔O16〕 ＝IF(P15=0,0,IF(P15<=4,P5,ROUND(P15＊0.1,0)))

この式は，「もし，前回の残額 'P15' が '0' だったら賭ける資金がないので，'0' と表示する．それ以外の場合に，(a) 前回の残額 'P15' が '4' 以下だったら，残額 'P15' をすべて賭ける．(b) 前回の残額 'P15' が '4' より大きかったら 'P15' の 10%（小数点以下は四捨五入する）' を賭けること」を意味する．第 2 ラウンド以降 100 ラウンド目までは同式をコピーすればいい．

▼ OU 法

〔Q16〕 ＝IF(R15>0,1,0)

この式は，「もし，残額 'R15' が '0' より多くあったら勝っても負けても '1' ドルを賭け，それ以外の場合には賭金がないときなので '0' と表示すること」を意味する．第 2 ラウンド以降 100 ラウンド目までは同式をコピーすればいい．

▼ RD 法

〔S16〕 ＝IF(T15=0,0,IF(T15<=4,T15,RANDBETWEEN(1,5)))

この式は，「もし，前回の残額 'T15' が '0' だったら賭ける資金がないので，'0' と表示する．それ以外の場合に，(a) 前回の残額 'T15' が '4' 以下だったら残額 'T15' をすべて賭ける．(b) 前回の残額 'T15' が '4' より大きかったら '1〜5' の間の乱数を賭けること」を意味する．第 2 ラウンド以降 100 ラウンド目まで同式をコピーする．

⑥ 第 2 ラウンド以降の「残額」の計算　残額の計算方法はすべての攻略法において同じである．まず MG 法の第 2 ラウンド目の「残額」欄に次の式を入力する．式の意味は第 1 ラウンドの式と同じであるため，説明は省く．

〔H16〕 ＝IF($E16<=$E$11,H15+G16,H15-G16)　…MG 法

次は，上式を他の攻略法の第 2 ラウンド目の「残額」欄にコピーし，以下のようにする．そして，各攻略法の第 2 ラウンド目の「残額」欄の式をそれぞれ 100 ラウンド目までコピーする．

〔J16〕 ＝IF($E16<=$E$11,J15+I16,J15-I16)　…AM 法
〔L16〕 ＝IF($E16<=$E$11,L15+K16,L15-K16)　…GM 法
〔N16〕 ＝IF($E16<=$E$11,N15+M16,N15-M16)　…DB 法
〔P16〕 ＝IF($E16<=$E$11,P15+O16,P15-O16)　…TP 法
〔R16〕 ＝IF($E16<=$E$11,R15+Q16,R15-Q16)　…OU 法
〔T16〕 ＝IF($E16<=$E$11,T15+S16,T15-S16)　…RD 法

⑦ 残金　TABLE-1の先頭にある「残金」欄には，各プレイヤーの100ラウンド目の残額を1ゲームの結果として表示することにする．そのために，以下のようにリンクを張っておく．

〔G9〕＝H114，〔I9〕＝J114，…，〔S9〕＝T114

〔3〕ゲーム結果の更新

上記⑦の「残金」欄に表示される1ゲーム分の結果を更新するためには，「判定」欄の乱数を新しいものに変えなければならない．乱数はキーボード上の〔F9〕キーを押す度に更新されるので，新しい1ゲーム分の結果を得るには同キーを1回押せばいい．

## 3.5.2　TABLE-2の作成

TABLE-2の役割は，TABLE-1の「残金」欄に表示される1ゲーム分の結果を更新させて移すことを100回繰り返し，100ゲーム分の結果を集めることである．

そのために，まず100ゲーム分の結果を記録する場所をセル〔X8〕～〔AE114〕に確保し，右の表3.7と同じ形式の表を用意する．そして，セル〔X15〕以下にゲームの回数を表す1～100の通し番号をつけておく．

① COPY　これは，TABLE-1の「残金」欄に表示される1ゲーム分の結果をTABLE-2に移す際に「中継地」の役割を果たす欄である．中継地が必要な理由は，TABLE-1の「残金」欄はそれぞれ2つのセルが統合されていて，セル〔G9〕～〔S9〕にある値を丸ごとコピーしてTABLE-2のセル〔Y15〕～〔AE15〕に貼り付けると，コピー元とコピー先の範囲が違うため，コピー先の表の枠をはみ出してしまうからである．

表3.7　TABLE-2

| | V W | X | Y | Z | AA | AB | AC | AD | AE |
|---|---|---|---|---|---|---|---|---|---|
| | | TABLE 2 | | | 100 Games | | | | |
| 8 | | 勝ち数 | 65 | 1 | 41 | 33 | 32 | 43 | 46 |
| 9 | | 残金合計 | 9,695 | 5,278 | 9,914 | 10,065 | 9,599 | 9,948 | 9,771 |
| 11 | | COPY | 147 | 50 | 109 | 53 | 60 | 100 | 92 |
| 13 | | 100G | MG | AM | GM | DB | TP | OU | RD |
| 14 | | | | | | | | | |
| 15 | | 1 | 154 | 69 | 115 | 109 | 133 | 108 | 123 |
| 16 | | 2 | 0 | 48 | 95 | 83 | 34 | 94 | 66 |
| 17 | | 3 | 0 | 44 | 96 | 47 | 18 | 88 | 67 |
| 18 | | 4 | 134 | 65 | 112 | 128 | 69 | 100 | 81 |
| 19 | | 5 | 0 | 52 | 86 | 94 | 45 | 98 | 102 |
| 20 | | 6 | 162 | 93 | 188 | 387 | 660 | 124 | 169 |
| 21 | | 7 | 147 | 48 | 106 | 54 | 40 | 96 | 102 |
| 22 | | 8 | 144 | 51 | 96 | 54 | 74 | 102 | 106 |
| 23 | | 9 | 129 | 47 | 87 | 57 | 30 | 94 | 81 |
| 24 | | 10 | 155 | 56 | 127 | 134 | 203 | 112 | 127 |
| 25 | | 11 | 154 | 55 | 146 | 174 | 133 | 108 | 97 |
| 26 | | 12 | 136 | 51 | 129 | 129 | 68 | 102 | 109 |
| 27 | | 13 | 0 | 51 | 121 | 95 | 62 | 100 | 114 |
| 28 | | 14 | 0 | 41 | 75 | 41 | 9 | 82 | 48 |
| 29 | | 15 | 0 | 45 | 76 | 45 | 20 | 88 | 80 |
| 30 | | 16 | 148 | 51 | 102 | 117 | 70 | 102 | 102 |
| 31 | | 17 | 157 | 58 | 116 | 162 | 241 | 114 | 160 |
| 32 | | 18 | 149 | 50 | 75 | 71 | 62 | 100 | 100 |
| 33 | | 19 | 154 | 57 | 119 | 99 | 136 | 108 | 88 |
| 34 | | 20 | 155 | 56 | 117 | 192 | 202 | 112 | 121 |
| 35 | | 21 | 0 | 57 | 76 | 108 | 4 | 84 | 51 |
| 36 | | 22 | 157 | 72 | 128 | 247 | 243 | 114 | 126 |
| 37 | | 23 | 0 | 50 | 78 | 50 | 34 | 94 | 78 |
| 38 | | 24 | 152 | 53 | 100 | 108 | 105 | 106 | 153 |
| 39 | | 25 | 153 | 56 | 130 | 192 | 197 | 112 | 147 |
| 40 | | 26 | 146 | 53 | 104 | 89 | 110 | 106 | 103 |
| 41 | | 27 | 158 | 59 | 140 | 248 | 308 | 116 | 146 |
| 42 | | 28 | 138 | 48 | 92 | 58 | 40 | 96 | 95 |
| 43 | | 29 | 131 | 54 | 96 | 98 | 106 | 106 | 95 |
| 44 | | 30 | 0 | 76 | 86 | 60 | 19 | 90 | 62 |

その問題を解決するために，まずTABLE-1の「残金」欄のセルに表示される値をCOPY欄のセルに自動的に表示されるよう，以下のようにリンクを張っておく．その後はCOPY欄の値を丸ごとコピーしてTABLE-2のセル〔Y15〕〜〔AE15〕以下に移していくことを繰り返す．

〔Y11〕＝G9，〔Z11〕＝I9，…，〔AE11〕＝S9

〔参考〕シミュレーター上の結果は，キーボード上の〔F9〕キーを押す度に更新される．したがって，100ゲーム分の結果を記録するには，同キーを押してからCOPY欄に表示される新しいゲームの結果を丸ごとコピーし，TABLE-2に移す作業を100回繰り返す必要がある．それを手動で行ってもいいが，マクロを使えばその繰り返し作業を自動化することができる．しかし，マクロのプログラム内容に関する説明は本書の範囲外としているため，簡単な注釈を付けたプログラムを章末の付録に載せて，参考にしてもらうことにする．

② 勝ち数　100回分のゲーム結果をまとめる1つの指標として，「勝ち数」を計算してTABLE-2の先頭に表示することにする．勝ち数は，ゲーム終了時の残金が初期資金の100ドルを上回ったゲーム数を指す．つまり，「100回のゲームのうち儲かったゲーム数」である．求め方は，まずMG法の勝ち数を表示するセルに次の式を入力する．

〔Y8〕＝COUNTIF(Y15:Y114,">100")

この式は，「MG法の100回分のゲーム結果が表示される範囲‘Y15:Y114’から100ドルより大きい値が入っているセルの個数を数えて表示すること」を意味する．他の攻略法の場合も同じであるので，同式をセル〔Z8〕〜〔AE8〕にコピーする．

③ 残金合計　100回分のゲーム結果をまとめるもう1つの指標として，「残金合計」を計算してTABLE-2の先頭に表示することにする．残金合計は，1ゲーム終了時ごとの残金を合算したものを指す．すると，「毎回100ドルずつ計10,000ドル（100ゲーム分）をゲームに持ち込んだ結果として，手元に残ったお金の総額」がわかる．求め方は，まずMG法の残金合計を表示するセルに次の式を入力する．他の攻略法の場合も同じであるので，同式をセル〔Z9〕〜〔AE9〕にコピーする．

〔Y9〕＝SUM(Y15:Y114)

以上でシミュレーターの作成は完了する．これまで入力した式が正しいかどうかを今一度確認されたい．繰り返しになるが，TABLE-1のデータはキーボード上の〔F9〕キーを押す度に更新されるので，入力した式が正しいかは更新されるデータが正しいかでチェックすればよい．

## 3.6 シミュレーションの結果と分析

本節では，前節で作成したシミュレーターを用いて得た結果を提示し，各攻略法に優劣をつけることにする．

### 3.6.1 結果

表 3.8　シミュレーション結果（勝ち数：1,000 ゲーム分）

**TABLE 3**　1,000 ゲームの結果（勝ち数）

| 100×10 | MG | AM | GM | DB | TP | OU | RD |
|---|---|---|---|---|---|---|---|
| 1st | 68 | 1 | 49 | 35 | 35 | 50 | 51 |
| 2nd | 75 | 1 | 36 | 27 | 27 | 46 | 45 |
| 3rd | 65 | 3 | 46 | 35 | 32 | 47 | 48 |
| 4th | 74 | 0 | 49 | 38 | 36 | 53 | 57 |
| 5th | 58 | 1 | 37 | 27 | 24 | 40 | 43 |
| 6th | 65 | 1 | 50 | 37 | 32 | 54 | 58 |
| 7th | 66 | 4 | 38 | 30 | 30 | 43 | 48 |
| 8th | 69 | 0 | 44 | 30 | 34 | 48 | 52 |
| 9th | 72 | 3 | 57 | 41 | 39 | 55 | 52 |
| 10th | 69 | 0 | 42 | 26 | 27 | 46 | 52 |
| Total | 681 | 14 | 448 | 326 | 316 | 482 | 506 |

**TABLE 4**　勝ち数の順位

| MG | AM | GM | DB | TP | OU | RD |
|---|---|---|---|---|---|---|
| 1 | 7 | 4 | 5 | 5 | 3 | 2 |
| 1 | 7 | 4 | 5 | 5 | 2 | 3 |
| 1 | 7 | 4 | 5 | 6 | 3 | 2 |
| 1 | 7 | 4 | 5 | 6 | 3 | 2 |
| 1 | 7 | 4 | 5 | 6 | 3 | 2 |
| 1 | 7 | 4 | 5 | 6 | 3 | 2 |
| 1 | 7 | 4 | 5 | 5 | 3 | 2 |
| 1 | 7 | 4 | 6 | 5 | 3 | 2 |
| 1 | 7 | 2 | 5 | 6 | 3 | 4 |
| 1 | 7 | 4 | 6 | 5 | 3 | 2 |
| 1 | 7 | 4 | 5 | 6 | 3 | 2 |

　上表の左側にある TABLE-3 は，シミュレーター上の TABLE-2 の「勝ち数」欄に表示される 100 ゲーム分の結果を 10 セットまとめたものである．したがって，最下段の合計値（Total）は 1,000 ゲーム分の結果を表す．100 ゲーム単位の勝ち数（1st〜10th）を見てみると，各攻略法の値および攻略法間の値の差に大きなブレはない．右側にある TABLE-4 は，左側の TABLE-3 の勝ち数に順位をつけたものであるが，その順位もかなり安定している．したがって，これ以上実験回数を増やしても結果が大きく変わることはないように思われる．だが，同結果に対する検証のため，5,000 ゲーム分の結果を確かめることにする．

表 3.9　シミュレーション結果（勝ち数：5,000 ゲーム分）

**TABLE 3′**　5,000 ゲームの結果（勝ち数）

| 1000×5 | MG | AM | GM | DB | TP | OU | RD |
|---|---|---|---|---|---|---|---|
| 1st | 681 | 14 | 448 | 326 | 316 | 482 | 506 |
| 2nd | 652 | 13 | 476 | 328 | 318 | 466 | 486 |
| 3rd | 654 | 16 | 438 | 323 | 301 | 441 | 468 |
| 4th | 668 | 14 | 465 | 346 | 331 | 474 | 519 |
| 5th | 675 | 17 | 465 | 312 | 295 | 458 | 519 |
| Total | 3,330 | 74 | 2,292 | 1,635 | 1,561 | 2,321 | 2,498 |

**TABLE 4′**　勝ち数の順位

| MG | AM | GM | DB | TP | OU | RD |
|---|---|---|---|---|---|---|
| 1 | 7 | 4 | 5 | 6 | 3 | 2 |
| 1 | 7 | 3 | 5 | 6 | 4 | 2 |
| 1 | 7 | 4 | 5 | 6 | 3 | 2 |
| 1 | 7 | 4 | 5 | 6 | 3 | 2 |
| 1 | 7 | 4 | 6 | 5 | 3 | 2 |
| 1 | 7 | 4 | 5 | 6 | 3 | 2 |

　上表の TABLE-3′ と TABLE-4′ は，表 3.8 で示した TABLE-3 と TABLE-4 と同じ表を 5 セット用意し，各テーブルの最下段にある 1,000 ゲーム単位の結果を 5 個集めたものである．TABLE-4′ にある順位に大きなブレはなく，最下段にある計 5,000 ゲーム分の結果に対する順位は，表 3.8 の TABLE-4 に示した 1,000 ゲーム分の結果に対する順位と変わらない．

### 3.6.2 分析

以下では，前節で示したシミュレーション結果について分析することにする．

#### (1) 順位

「勝ち数」で見た各攻略法の順位は，前節で示したとおり，最上位はMG法，最下位は賭け方がMG法と正反対のAM法となっている．ここで，驚くのは，表3.8のTABLE-3にある100ゲーム単位のAM法の勝ち数が'5回未満'という結果である．さらに驚くのは，MG法を除いたすべての攻略法が単に比較の基準として導入したOU法とRD法よりも順位が低いことである．'無策の策'と名付けたOU法とRD法があれやこれやで作り上げた名だたる攻略法より勝ち数が多い．これは，客観的な根拠なしに進める議論の危うさを喚起してくれる結果とも言えよう．

#### (2) 勝率

前記の順位だけでは優劣の差の程度が分からないので，各攻略法の勝率を計算して比較してみることにする．表3.9のTABLE-3′の最下段にある値を用いて計算すると，MG法は5,000回のゲームのうち3,330回勝っているので，勝率は0.666（＝3,330÷5,000）となる．他の攻略法の勝率も同様に計算して表3.10に示す．また，勝率の差が一目で分かるように図3.2を付け加えておく．

表3.10 各攻略法の勝率（その1）

| 順位 | 1位 | 2位 | 3位 | 4位 | 5位 | 6位 | 7位 |
|---|---|---|---|---|---|---|---|
| 攻略法 | MG | RD | OU | GM | DB | TP | AM |
| 勝率 | 0.666 | 0.500 | 0.464 | 0.458 | 0.327 | 0.312 | 0.015 |

図3.2 各攻略法の勝率（その2）

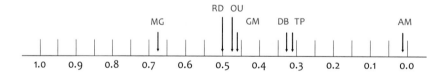

表3.10と図3.2から観察できる点をまとめると，以下のとおりである．

① トップ（MG法）とビリ（AM法）の勝率は約67％と約2％で，その差は約65％．
② 無策の策とも言えるRD法とOU法より勝率が高いのはMG法のみ．
③ 最もシンプルな賭け方をするOU法の勝率が複雑な賭け方をするGM法より若干上．
④ DB法とTP法は賭け金の上げ下げの幅は違っても勝率はほぼ同じ．
⑤ RD法とOU法の勝率は五分五分またはそれに近い．（注：乱数発生に偏りがなければOU法の勝率は0.5になるはずだが，結果は0.464となっている．その理由は，今回のシミュレーションでは残金が100ドルの場合は勝ち数に含めないことにしたからであり，含めると0.5に近づく．）

## (3) 残金

シミュレーター上の TABLE-2 にある「残金合計」欄の値を見ると，100 ゲームの結果として，どれ位の利益または損失を出したかが分かる．まず，前節で示した勝ち数（表3.8）の集計元であったシミュレーション結果からまとめた「残金集計」の結果を示す．

表 3.11　シミュレーション結果（残金：1,000 ゲーム分）

**TABLE 5**　　1,000 ゲームの結果（残金）

| 100×10 | MG | AM | GM | DB | TP | OU | RD |
|---|---|---|---|---|---|---|---|
| 1st | 10,073 | 5,404 | 10,045 | 10,433 | 11,415 | 10,114 | 10,266 |
| 2nd | 11,111 | 5,248 | 9,706 | 9,980 | 10,147 | 9,928 | 9,725 |
| 3rd | 9,825 | 5,794 | 10,006 | 10,328 | 10,160 | 10,014 | 9,996 |
| 4th | 11,012 | 5,180 | 9,956 | 10,289 | 11,068 | 10,074 | 10,224 |
| 5th | 8,743 | 5,170 | 9,716 | 9,441 | 9,073 | 9,904 | 9,771 |
| 6th | 10,047 | 6,305 | 10,314 | 11,227 | 12,621 | 10,176 | 10,602 |
| 7th | 9,806 | 5,544 | 9,929 | 9,872 | 9,713 | 9,978 | 9,789 |
| 8th | 10,563 | 5,312 | 10,138 | 9,942 | 10,640 | 10,018 | 10,018 |
| 9th | 10,887 | 5,543 | 10,373 | 11,646 | 13,269 | 10,180 | 10,458 |
| 10th | 10,288 | 5,202 | 9,925 | 8,852 | 8,696 | 9,928 | 9,946 |
| Total | 102,355 | 54,702 | 100,108 | 102,010 | 106,802 | 100,314 | 100,795 |

**TABLE 6**　　残金の順位

| MG | AM | GM | DB | TP | OU | RD |
|---|---|---|---|---|---|---|
| 5 | 7 | 6 | 2 | 1 | 4 | 3 |
| 1 | 7 | 6 | 3 | 2 | 4 | 5 |
| 6 | 7 | 4 | 1 | 2 | 3 | 5 |
| 2 | 7 | 6 | 3 | 1 | 5 | 4 |
| 6 | 7 | 3 | 4 | 5 | 1 | 2 |
| 6 | 7 | 3 | 2 | 1 | 5 | 3 |
| 4 | 7 | 2 | 3 | 6 | 1 | 5 |
| 2 | 7 | 3 | 6 | 1 | 4 | 4 |
| 3 | 7 | 5 | 2 | 1 | 6 | 4 |
| 1 | 7 | 4 | 5 | 6 | 3 | 2 |
| 2 | 7 | 6 | 3 | 1 | 5 | 4 |

上表の右側にある TABLE-6 を見ると，前節で示した勝ち数の結果と違い，100 ゲーム単位の順位が安定していない．これは 1,000 ゲーム単位の結果を 5 個まとめた下表でも同じである．

表 3.12　シミュレーション結果 A（残金：5,000 ゲーム分）

**TABLE 5′**　　5,000 ゲームの結果（残金）

| 1000×5 | MG | AM | GM | DB | TP | OU | RD |
|---|---|---|---|---|---|---|---|
| 1st | 102,355 | 54,702 | 100,108 | 102,010 | 106,802 | 100,314 | 100,795 |
| 2nd | 98,877 | 54,382 | 100,007 | 100,250 | 102,098 | 99,962 | 99,073 |
| 3rd | 97,980 | 54,869 | 98,635 | 98,116 | 96,273 | 99,594 | 98,650 |
| 4th | 101,025 | 56,525 | 100,875 | 105,378 | 113,190 | 100,464 | 101,614 |
| 5th | 101,038 | 57,408 | 100,465 | 100,037 | 97,760 | 100,132 | 101,059 |
| Total | 501,275 | 277,886 | 500,090 | 505,791 | 516,123 | 500,466 | 501,191 |

**TABLE 6′**　　残金の順位

| MG | AM | GM | DB | TP | OU | RD |
|---|---|---|---|---|---|---|
| 2 | 7 | 6 | 3 | 1 | 5 | 4 |
| 6 | 7 | 3 | 2 | 1 | 4 | 5 |
| 5 | 7 | 3 | 4 | 6 | 1 | 2 |
| 4 | 7 | 5 | 2 | 1 | 6 | 3 |
| 2 | 7 | 3 | 5 | 6 | 4 | 1 |
| 3 | 7 | 6 | 2 | 1 | 5 | 4 |

その理由は，残金の変動幅が大きい攻略法（例えば，TP 法）の結果によって他の攻略法の順位が変わるからである．これは，あと1ゲームの結果次第でそれまでの順位が大きく変わることがあり得ることを意味する．確認のため，新たな 5,000 ゲーム分の結果を示す．

表 3.13　シミュレーション結果 B（残金：5,000 ゲーム分）

**TABLE 5″**　　5,000 ゲームの結果（残金）

| 1000×5 | MG | AM | GM | DB | TP | OU | RD |
|---|---|---|---|---|---|---|---|
| 6th | 103,233 | 55,287 | 100,518 | 99,367 | 98,618 | 100,246 | 101,475 |
| 7th | 96,979 | 60,499 | 99,991 | 98,287 | 97,966 | 99,794 | 99,478 |
| 8th | 96,448 | 55,368 | 100,073 | 96,660 | 95,269 | 99,798 | 99,842 |
| 9th | 102,044 | 53,178 | 100,125 | 98,413 | 98,053 | 100,070 | 99,837 |
| 10th | 99,577 | 54,048 | 100,111 | 102,663 | 104,759 | 100,276 | 101,540 |
| Total | 498,281 | 278,380 | 500,818 | 495,390 | 494,665 | 500,184 | 502,172 |

**TABLE 6″**　　残金の順位

| MG | AM | GM | DB | TP | OU | RD |
|---|---|---|---|---|---|---|
| 1 | 7 | 3 | 5 | 6 | 4 | 2 |
| 6 | 7 | 1 | 4 | 5 | 2 | 3 |
| 5 | 7 | 1 | 4 | 6 | 3 | 2 |
| 1 | 7 | 2 | 5 | 6 | 3 | 4 |
| 6 | 7 | 5 | 2 | 1 | 4 | 3 |
| 4 | 7 | 2 | 5 | 6 | 3 | 1 |

上表の集計結果を見ても，残金合計の順位は流動性が高い．よって，残金合計（損得）の順位に基づく優劣の評価はしないことにする．その代わり，各攻略法の残金合計額の分布を調べ，変動幅の違い（大きさと特徴など）に注目してみることにする．変動幅の大きさ（バラツキ）を測る指標として「標準偏差」を用いるが，標準偏差の値だけでは全体の分布を把握しづらいため（下の表 3.14 参照），残金合計を区間別に集計した度数分布表（下の表 3.15）を合わせて示しておく．

表 3.14　各攻略法の残金合計の統計（100 ゲーム分）

|  | MG | AM | GM | DB | TP | OU | RD |
|---|---|---|---|---|---|---|---|
| 平　均 | 97 | 53 | 99 | 101 | 96 | 99 | 98 |
| 最大値 | 162 | 109 | 188 | 387 | 660 | 124 | 183 |
| 最小値 | 0 | 36 | 56 | 38 | 4 | 70 | 0 |
| 標準偏差 | 70.0 | 9.9 | 23.4 | 66.9 | 111.6 | 10.5 | 32.2 |

表 3.15　各攻略法の残金額の度数分布（100 ゲーム分）

| 残金区間 | MG | AM | GM | DB | TP | OU | RD |
|---|---|---|---|---|---|---|---|
| 0 - 25 | 33 | 0 | 0 | 0 | 23 | 0 | 1 |
| 26 - 50 | 1 | 47 | 0 | 19 | 26 | 0 | 5 |
| 51 - 75 | 0 | 50 | 14 | 29 | 13 | 1 | 16 |
| 76 - 100 | 1 | 2 | 45 | 19 | 6 | 56 | 32 |
| 101 - 125 | 3 | 1 | 28 | 9 | 6 | 43 | 29 |
| 126 - 150 | 30 | 0 | 11 | 8 | 7 | 0 | 12 |
| 151 - 175 | 32 | 0 | 1 | 5 | 5 | 0 | 4 |
| 176 - 200 | 0 | 0 | 1 | 3 | 2 | 0 | 1 |
| 201 - | 0 | 0 | 0 | 8 | 12 | 0 | 0 |
| 計 | 100 | 100 | 100 | 100 | 100 | 100 | 100 |

表 3.14 と表 3.15 は，3.5.2 節の表 3.7 に示した 100 ゲーム分の結果を元に作成したものである．紙面の制約上，100 ゲーム分のデータをすべて表示することはできなかったが，表 3.7 では 30 ゲーム分，3.4 節で示した完成図では 50 ゲーム分までのデータは確認できる．上にある表 3.14 と表 3.15 の内容を簡単にまとめると，以下の通りである．

① 表 3.14 の標準偏差の値に注目して区別すると，次のようになる――変動幅が大きいのは TP＞MG＞DB で，小さいのは AM＜OU＜GM＜RD の順である．

② 表 3.14 の MG 法に注目すると，MG 法の残金合計は 0 ドル～162 ドルに分布し，その平均は 97 ドルとなっている．しかし，それを表 3.15 で確認すると，100 回のゲームのうち 33 回は 0～25 ドルの区間，30 回は 126～150 ドルの区間，32 回は 151～175 ドルの区間に分布していることが分かる．因みに，元データ（紙面の制約上，掲載は割愛する）で確認すると，0～25 ドルの区間の 33 回の残金はすべて '0（＝破産）' となっている．以上のことをまとめると，次のようになる――MG 法を用いると，残金が 126～175 ドルの区間になる可能性は高いが（約 6 割），破産する可能性も高い（約 3 割）．この点が MG 法の残金（損得）を変動させる大きな原因である．

他の攻略法に関しても上記②同様の見方をすれば，勝率だけでは分からないことが見えてくる．それに関する言及は紙面の制約上省くことにする．その代わり，表 3.15 の結果をヒストグラムで表したものを示しておく．100 ゲーム分の結果に基づくものだが，各攻略法の得点可能領域（損得領域）を知ることができる．図中の縦の点線は，損得の境目である 100 ドルの位置を表す．

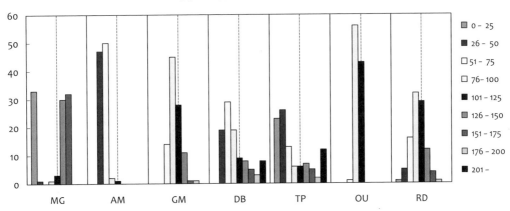

図 3.3　各攻略法の残金額の分布

(4) シミュレーション結果に基づく各攻略法の性格についての考察

各攻略法の内容の一面に着目して付けたあだ名は，3.1 節で断ったように，あくまでも興味本位のものである．しかし，そのあだ名に似たような投資行動ないし姿勢に対して今回のシミュレーション結果が示唆する点を汲み取ってみる価値はある．勝ち数（勝率）の順位による相対的な評価に加え，今後新しい攻略法（あるいは他の投資対象の戦略）を練る上で参考になる点について触れることにする．そのために，表 3.16 を先に示しておく．

表 3.16　各攻略法の性格と勝率順位

| 分　類 | 攻略法 | 順位 | 性　格 |
|---|---|---|---|
| 損失回復を優先する策 | MG | 1 | 負けず嫌いのボンボン |
| 利益追求を優先する策 | AM | 7 | 行け行けドンドンの調子者 |
|  | GM | 4 | 恰好付けの気取屋 |
| 勝ち負けの波に合わせる策 | DB | 5 | 融通の利かない堅物 |
|  | TP | 6 | 柔軟性を備えた堅実家 |
| 無策の策 | OU | 3 | 気弱な小心者 |
|  | RD | 2 | 運任せの気まぐれ屋 |

まず，「損失回復を優先する策」である MG 法（1 位）についてだが，この攻略法の問題点は，破産する可能性が非常に高いことである．勝ち数では 1 位であっても，残金が 100 ドル以下となる負けの場合には破産する危険性が高い（表 3.15 にある 35 回の負けのうち，32 回が破産）．そのため，破産と資金注入を繰り返したとしても，結果的に損することがあり得る（表 3.13 の TABLE 5″ の 5,000 ゲーム分の結果では損）．以上のことをまとめると，次のようになる——MG 法のような負け

ず嫌いな策では損失を取り戻す可能性もあるが，ヤケになると破産する危険性が高い．このことに気を付ける必要がある．

次は，「利益追求を優先する策」である AM 法（7 位）と GM 法（4 位）について触れよう．行け行けドンドンの AM 法と同じ調子者の GM 法の順位の差は，勝ったときの賭け金に上限を設けているか否かの一点に起因する．そして，その違いは残金合計においても大きな差を生み出す（表 3.13 にある残金合計では 278,380 : 500,818 = 1.0 : 1.8）．これらのことが示唆する点をまとめると，次のようになる——AM 法と GM 法のように勝つことばかり考えた策では，勝ち分を一気に逃がす危険性が高い．勝ったときに浮かれていい気になることを食い止める装置が必要である．

次は，「勝ち負けの波に合わせる策」である DB 法（5 位）と TP 法（6 位）について触れよう．両者は，賭け金の幅は異なるが，勝ち負けの結果に応じて賭け金を上下させる点は同じである．結果は，勝率も残金合計もほぼ同じ（表 3.10 の勝率は 0.327 : 0.312，表 3.13 の残金合計は 495,390 : 494,665）である．しかし，両者とも賭け金の上げ下げの結果が裏目に出るリスクを考慮しておらず，直前の勝ち負けの結果にすぐ反応してしまう策である．この点に関しては，直前の結果に動揺せず常に一定額を賭ける OU 法（3 位）の勝率（0.464）がむしろ高い点に注目する価値がある．以上のことをまとめると，次のようになる——取った策が裏目に出るリスクを最小化する策，また勝ち負けの結果に一喜一憂せずにある程度の状況変化を見据えた策を講ずる必要がある．

最後は RD 法（2 位）についてだが，勝ち負けに関わらず賭け金を気まぐれに決める攻略法が他の名高い攻略法を退ける結果を出したことには目を引かれる．次のような警鐘を鳴らすものとして受け止める価値がある——策を弄すれば策に溺れる．

## 3.7 まとめ

今回の課題は，カジノの攻略法として知られているものを取り上げ，その有効性を検証することであった．そのために，シミュレーションを通して，各攻略法どおり実行した場合に得られる結果を確かめた．本章で示したシミュレーション結果に基づく結論を要約すると，次の通りである——勝ち数（勝率）で 5 割を超えるものは MG 法のみで，残金合計（損得）では攻略法という名に相応しい結果は期待できない．

上で '攻略法という名に相応しい結果は期待できない' と書いたことに関しては，少し補足しておく．シミュレーション回数を増やしても残金合計の順位は安定しないことを理由に前節では触れなかったが，ここで敢えて"儲け"に目を向けてみることにする．次の表に示す 1 ゲーム当たりの平均（AVE）は，表 3.12 と表 3.13 にある 5,000 ゲーム分の残金合計を合わせた計 10,000 ゲーム分の残金合計（TOTAL）に対するものである．

表3.17　1ゲーム当りの平均残金と順位

| 5000×2 | MG | AM | GM | DB | TP | OU | RD | MG | AM | GM | DB | TP | OU | RD |
|---|---|---|---|---|---|---|---|---|---|---|---|---|---|---|
| TOTAL | 999,556 | 556,266 | 1,000,908 | 1,001,181 | 1,010,788 | 1,000,650 | 1,003,363 | 6 | 7 | 4 | 3 | 1 | 5 | 2 |
| AVE | 99.96 | 55.63 | 100.09 | 100.12 | 101.08 | 100.07 | 100.34 | 6 | 7 | 4 | 3 | 1 | 5 | 2 |

　この表の結果から言えることは，次の点である——残金合計が最も大きいTP法を例にとっても，儲けは1ゲーム当たり平均1ドル位で，その他はそれ以下である．

　無論，表3.11にある100ゲーム単位の結果では，平均約33ドル（TP法の9th欄の13,269参照）の儲けが得られる場合もある．しかし，上記の10,000回のシミュレーション結果に基づく結論を敢えて書くなら次のようになる——数多くゲームを繰り返せば大きく損するものもないが（AM法は除く），取り立てて言うほどの儲けが期待できるものもない．

　今回のシミュレーションは，これという根拠もなく攻略法と呼ばれているものに対して，'勝率'という客観的な基準による評価結果を示した点に意義がある．そして，勝率の数字だけに執着してはならないことを表す分析結果も合わせて示している．言うまでもないが，勝率は高くてもある程度の安定した儲けが期待できるものでなければ意味がない．そのような攻略法を探すなら，本章で取り上げた攻略法の内容を一部変えた変形型の攻略法，個々の攻略法の長所を複数組み合わせた複合型の攻略法をいろいろ試せばよい．ここでその例を挙げることは敢えてしないが，工夫次第では高い勝率に安定した儲けが期待できる攻略法を見つけることができる．

　最後に，今回のシミュレーションの意義をもうひとつ述べておく．シミュレーションを通して攻略法の有効性を確認する作業は，株や先物における投資戦略の検証にも有効である．カジノの攻略法を場当たり的な判断を避けるための「ルール・ベースの投資戦略」と見なせば，株や先物の投資においても同様のものがあって不思議ではない．実際，株や先物（FX，コモディティなど）の投資には「テクニカル分析」と呼ばれる，一種の攻略法とも言えるルール・ベースの手法がいろいろ用いられている．それらの手法における「売買タイミングを計る指標」に対する適正性を，本章で示したようなシミュレーションを通して確かめる．そうすれば，既存の分析手法の長所や短所に対する理解を深め，独自の指標を用いた分析手法の開発にも役立てることができる．参考までにだが，今は内外のヘッジファンドがルール・ベースの投資戦略をプログラム化し，数万分の1秒の早さで株式の取引を自動的に行う「超高速取引」の時代である．参考資料[3]によると，東証全体の売買代金のうち超高速取引とみられる取引の割合は，すでに4割を超えているという．

[補足]

　本章では各ラウンドの勝ち負けを決めるのに，1〜6の乱数を発生させ，「3」以下なら勝ち，「4」以上なら負けと判定している．勝率が五分五分のゲームにおける勝ち負けの判定は，1か2の2つの乱数でもできる．それにもかかわらず1〜6の乱数を使うことにしたのは，サイコロを用いたゲームを最初から想定したので，それに合わせるためであったことを記しておく．また，本章で取り上げた攻略法をカジノにある実際のゲーム（例えば，ルーレット，バカラ，ブラックジャックなど）に用いる例は，敢えて避けたことを記しておきたい（個々のゲームに関する説明が必要であり，また本章の狙いから逸脱するため）．だが，一例を挙げよう．

　ルーレットには，1〜36の数字の「偶数か奇数（Even/Odd）を当てる賭け」，「赤か黒（Red/Black）の数字の色を当てる賭け」，「19〜36か1〜18の数字（High/Low）を当てる賭け」などがある．そして，これらはすべて2倍配当（つまり，1ドルを賭けて勝ったら，賭け金1ドルと利益の1ドルが返される）であるが，これらの賭けの勝率は五分五分（50%）ではない．ヨーロピアンスタイルのルーレットでは「0」，アメリカンスタイルのルーレットでは「0」と「00」と書かれたセクションがあり，そこにボールが落ちたらディーラーの総取りとなる（ギャンブラーは「0」と「00」には賭けられない）．そのため，ギャンブラーにとってこれらの賭けの勝率は，18/37（ヨーロピアンスタイル，約48.6%）と18/38（アメリカンスタイル，約47.4%）である．したがって，このゲームの勝率を適用したシミュレーションを行う場合は，各ラウンドの勝ち負けを決めるのに，1〜37か1〜38の乱数を発生させる必要がある．

　ついでに，一点付け加えておく．上記の賭けに挑むギャンブラーの期待利益を計算すると，以下の通りである．見てわかるように，アメリカンスタイルよりヨーロピアンスタイルのルーレットの方が若干有利ではある．しかし，いずれも期待値はマイナスであることを覚えておいた方がよい．

$$(1\$ \times 18/37) - (1\$ \times 19/37) = -1/37 = -0.027，\text{即ち，マイナス} 2.7¢ \quad \cdots \text{ヨーロピアンスタイル}$$
$$(1\$ \times 18/38) - (1\$ \times 20/38) = -2/38 = -0.053，\text{即ち，マイナス} 5.3¢ \quad \cdots \text{アメリカンスタイル}$$

参考文献

[1] 戦略ゲームのはなし，大村平，日科技連，1996
[2] 確率・統計であばくギャンブルのカラクリ―「絶対もうかる必勝法」のウソ，谷岡一郎，講談社，2001
[3] 株取引超高速の時代―東証の4割存在感増す，朝日新聞14版6面，2014.9.6
[4] ギャンブラーの数学，水谷淳訳，日本評論社，2011
[5] What are the odds?, Mike Orkin, Barnes & Noble, 2000
[6] Probability guide to gambling, Catalin Barboianu, INFAROM, 2006
[7] The mathematics of games and gambling, Edward Packel, The mathematical association of America, 2006

## 付録Ⅰ：マーチンゲール法の期待値

ここでは，マーチンゲール法の期待値を求め，若干の考察を加えておく．

〔期待値〕

まず，「$n$回目まで負け続けた場合の損失」について考えよう．例えば，2回目まで負け続けた場合の損失は$1+2=3$（$=2^2-1$），3回目まで負けつづけた場合の損失は$1+2+4=7$（$=2^3-1$）となる．よって，$n$回目まで負け続けた場合の損失は次のように表せる．

$$2^n-1 \qquad (1)$$

次は，「$n$回目まで負け続ける確率」について考えよう．1回毎の勝率を$p$とすると，2回続けて負ける確率は，$(1-p)^2$であり，3回まで負け続ける確率は$(1-p)^3$である．よって，$n$回目まで負け続ける確率は以下のように表せる．

$$(1-p)^n \qquad (2)$$

また，「$n$回目で勝つ場合の利益」は次の通り．

$$1 \qquad (3)$$

そして，「$n$回目で勝つ確率」は次の通り．

$$1-(1-p)^n \qquad (4)$$

よって，式(3)と(4)による利益の期待値から式(1)と(2)による損失の期待値を引くと，次のようになる．

$$\begin{aligned}&1-(1-p)^n-(1-p)^n(2^n-1)\\&=1-(1-p)^n-2^n(1-p)^n+(1-p)^n\\&=1-2^n(1-p)^n\end{aligned} \qquad (5)$$

〔考察〕

式(5)よりわかることをまとめると，次のようになる．
- $p=0.5$の場合の期待値はゼロ，つまり，損も得もない．
- $p<0.5$の場合の期待値はマイナスになり，$n$が大きければ大きいほどマイナスはひどくなる．
- $p>0.5$の場合の期待値はプラスになり，$n$が大きければ大きいほど1に近づく．

# 付録Ⅱ：実験データ自動記録用マクロ

本文中の表3.8と表3.11に示したシミュレーション結果を自動記録するマクロは，以下の通りである．

| | V | W | X | Y | Z | AA | AB | AC | AD | AE | | AI | AJ | AK | AL | AM | AN | AO | AP |
|---|---|---|---|---|---|---|---|---|---|---|---|---|---|---|---|---|---|---|---|
| | 22 | 24 | 25 | 26 | 27 | 28 | 29 | 30 | 31 | | | 35 | 36 | 37 | 38 | 39 | 40 | 41 | 42 |

**TABLE 2** — 100 Games

| | | 勝ち数 | 69 | 0 | 42 | 26 | 27 | 46 | 52 |
|---|---|---|---|---|---|---|---|---|---|
| 8 | | | | | | | | | |
| 9 | | 残金合計 | 10,288 | 5,202 | 9,925 | 8,852 | 8,696 | 9,928 | 9,946 |
| 11 | | COPY | 145 | 60 | 146 | 291 | 463 | 120 | 170 |

| | 100G | MG | AM | GM | DB | TP | OU | RD |
|---|---|---|---|---|---|---|---|---|
| 15 | 1 | 35 | 51 | 96 | 65 | 61 | 100 | 93 |
| 16 | 2 | 129 | 44 | 99 | 44 | 18 | 88 | 82 |
| 17 | 3 | 146 | 49 | 94 | 49 | 49 | 98 | 115 |
| 18 | 4 | 159 | 66 | 150 | 230 | 361 | 118 | 146 |
| 19 | 5 | 0 | 49 | 107 | 50 | 49 | 98 | 110 |
| 20 | 6 | 128 | 54 | 120 | 129 | 76 | 102 | 111 |
| 21 | 7 | 0 | 44 | 75 | 59 | 17 | 88 | 52 |
| 22 | 8 | 0 | 44 | 89 | 44 | 13 | 86 | 57 |
| 23 | 9 | 149 | 50 | 82 | 77 | 47 | 98 | 70 |
| 24 | 10 | 0 | 53 | 84 | 52 | 26 | 92 | 82 |
| 25 | 11 | 0 | 41 | 56 | 41 | 9 | 82 | 38 |
| 26 | 12 | 152 | 53 | 93 | 89 | 112 | 106 | 121 |
| 27 | 13 | 0 | 48 | 90 | 50 | 34 | 94 | 105 |
| 28 | 14 | 140 | 47 | 106 | 68 | 32 | 94 | 75 |
| 29 | 15 | 155 | 62 | 115 | 146 | 167 | 110 | 122 |
| 30 | 16 | 0 | 45 | 109 | 45 | 18 | 88 | 75 |
| 31 | 17 | 0 | 60 | 136 | 173 | 108 | 106 | 105 |
| 32 | 18 | 156 | 57 | 105 | 147 | 200 | 112 | 126 |
| 33 | 19 | 156 | 57 | 132 | 134 | 199 | 112 | 140 |
| 34 | 20 | 152 | 67 | 126 | 118 | 88 | 104 | 103 |
| 35 | 21 | 147 | 50 | 74 | 75 | 34 | 94 | 64 |
| 36 | 22 | 137 | 52 | 92 | 73 | 88 | 104 | 120 |
| 37 | 23 | 157 | 58 | 144 | 194 | 303 | 116 | 143 |
| 38 | 24 | 145 | 48 | 92 | 48 | 22 | 90 | 24 |
| 39 | 25 | 152 | 55 | 106 | 80 | 87 | 104 | 81 |
| 40 | 26 | 149 | 50 | 85 | 64 | 50 | 98 | 100 |
| 41 | 27 | 0 | 35 | 52 | 35 | 0 | 70 | 6 |
| 42 | 28 | 147 | 55 | 117 | 107 | 97 | 104 | 127 |
| 43 | 29 | 144 | 45 | 76 | 48 | 22 | 90 | 60 |

**RESULTS**

**TABLE 3** — 1,000ゲームの結果（勝ち数）

| 100×10 | MG | AM | GM | DB | TP | OU | RD |
|---|---|---|---|---|---|---|---|
| 1st | 68 | 1 | 49 | 35 | 35 | 50 | 51 |
| 2nd | 75 | 1 | 36 | 27 | 27 | 46 | 45 |
| 3rd | 65 | 3 | 46 | 35 | 32 | 47 | 48 |
| 4th | 74 | 0 | 49 | 38 | 36 | 53 | 57 |
| 5th | 58 | 1 | 37 | 27 | 24 | 40 | 43 |
| 6th | 65 | 1 | 50 | 37 | 32 | 54 | 58 |
| 7th | 66 | 4 | 38 | 30 | 30 | 43 | 48 |
| 8th | 69 | 0 | 44 | 30 | 34 | 48 | 52 |
| 9th | 72 | 3 | 57 | 41 | 39 | 55 | 52 |
| 10th | 69 | 0 | 42 | 26 | 27 | 46 | 52 |
| Sum | 681 | 14 | 448 | 326 | 316 | 482 | 506 |

**TABLE 5** — 1,000ゲームの結果（残金合計）

| 100×10 | MG | AM | GM | DB | TP | OU | RD |
|---|---|---|---|---|---|---|---|
| 1st | 10,073 | 5,404 | 10,045 | 10,433 | 11,415 | 10,114 | 10,266 |
| 2nd | 11,111 | 5,248 | 9,706 | 9,980 | 10,147 | 9,928 | 9,725 |
| 3rd | 9,825 | 5,794 | 10,006 | 10,328 | 10,160 | 10,014 | 9,996 |
| 4th | 11,012 | 5,180 | 9,956 | 10,289 | 11,068 | 10,074 | 10,224 |
| 5th | 8,743 | 5,170 | 9,716 | 9,441 | 9,073 | 9,904 | 9,771 |
| 6th | 10,047 | 6,305 | 10,314 | 11,227 | 12,621 | 10,176 | 10,602 |
| 7th | 9,806 | 5,544 | 9,872 | 9,713 | 9,978 | 9,789 |
| 8th | 10,563 | 5,312 | 10,138 | 9,942 | 10,640 | 10,018 | 10,018 |
| 9th | 10,887 | 5,543 | 10,373 | 11,646 | 13,269 | 10,180 | 10,458 |
| 10th | 10,288 | 5,202 | 9,925 | 8,852 | 8,696 | 9,928 | 9,946 |
| Sum | 102,355 | 54,702 | 100,108 | 102,010 | 106,802 | 100,314 | 100,795 |

```vb
Sub CASINO ()
    Range("Y15:AE114,AJ15:AP24,AJ33:AP42").ClearContents
    Dim n As Integer
    For n = 1 To 10
        Dim m As Integer
        For m = 1 To 100                                '100 ゲーム分実行する
            Range("Y11:AE11").COPY                      '「COPY」欄の値をコピーする
            Cells(m + 14, 25).PasteSpecial Paste:=xlValues    '値のみを TABLE-2 に貼り付ける
        Next m
        Range("Y8:AE8").COPY                            '100 ゲーム分の「勝ち数」を
        Cells(14 + n, 36).PasteSpecial Paste:=xlValues  'TABLE-3 に 10 回記録する
        Range("Y9:AE9").COPY                            '100 ゲーム分の「残金合計」を
        Cells(32 + n, 36).PasteSpecial Paste:=xlValues  'TABLE-4 に 10 回記録する
    Next n
End Sub
```

# 第4章　自販機における釣銭の適正補充問題
How to decide the numbers of several kinds of coins to stock in vending machines

　自販機における釣銭の適正補充問題とは，釣銭切れを極力起こさない「補充枚数」と「補充間隔」を決める問題である．釣銭が切れれば売上を逃し，それを避けるために補充間隔を短くすれば手間と費用（人件費と運送費）がかかる．

　以前の自販機では釣銭が切れたら補充するまでその状態が続いていたが，今の自販機では利用者が投入した硬貨を自販機内のコインチューブに一定量まで貯めながら，払い出し用の釣銭として利用する仕組みになっている．しかし，今の自販機においても釣銭切れは起こり得る．利用者から調達する硬貨に偏りが生じると，返すおつりに必要な硬貨の種類と枚数が不足する事態が散発的に発生し得るからである．そのため，今の自販機においてもある程度の釣銭を予め補充しておく必要がある．

　ところが，その補充量を算定することは容易ではない．利用者の「お金の出し方」，「価格の異なる商品の選択」，「日々の利用者数」など，釣銭の需要を左右する要因はそれぞれランダムに決まり，それらの要因をすべて同時に考慮しながら適正補充枚数と適正補充間隔を割り出すことは難しいからである．

　本章では，シミュレーションを用いて，適正補充枚数と適正補充間隔の基準を作る例を示すことにする．

## 4.1 導入

日本自動販売機工業会の資料[1]によると，2015年12月末現在，日本における自販機及び自動サービス機の普及台数は"500万1,700台"であり，年間販売金額は"4兆8,811万円"である．詳しいことは同資料のデータを用いて作成した下表に示す．また，同資料によると，米国の2013年データに基づく普及台数は"645万9,000台"であり，これに含まれていない新聞自販機，乗車券自販機などを合わせると"1,000万台を超える"であろうという．ここで，両国の普及台数を人口（日本人口約1億2,800万，アメリカ人口約3億1千万）で割ってみると，日本は約26人に1台，米国は約31～48人に1台という計算になる．よって，人口当たりの普及台数という点では，日本が米国を凌駕している．

表 4.1　日本の自販機普及台数及び年間売上金額

| 機　　種 | 中　身　商　品 | 例販売台数(台) | 比率(%) | 年間販売金額(千円) | 比率(%) |
|---|---|---|---|---|---|
| 飲料自販機 | 清涼飲料 | 2,188,000 | 43.7 | 1,822,604,000 | 37.3 |
|  | 牛乳 | 161,000 | 3.2 | 134,113,000 | 2.7 |
|  | コーヒー・ココア(カップ式) | 174,000 | 3.5 | 143,202,000 | 2.9 |
|  | 酒・ビール | 25,700 | 0.5 | 33,410,000 | 0.7 |
| 食品自販機 | インスタント麺・冷凍食品・アイスクリーム・菓子他 | 69,400 | 1.4 | 54,132,000 | 1.1 |
| たばこ自販機 | たばこ | 212,400 | 4.2 | 255,602,800 | 5.2 |
| 券類自販機 | 乗車券 | 15,200 | 0.3 | 1,454,108,000 | 29.8 |
|  | 食券・入場券他 | 32,600 | 0.7 | 374,719,300 | 7.7 |
| 日用品雑貨自販機 | カード（プリペイド式） | 721,900 | 14.4 | 413,600,000 | 8.5 |
|  | その他（新聞，衛生用品，玩具他） | 139,000 | 2.8 | 53,372,100 | 1.1 |
| ▲ 自動販売機小計 |  | 3,739,200 | 74.8 | 4,738,863,200 | 97.1 |
| 自動サービス機 | 両替機 | 59,500 | 1.2 | — | — |
|  | 各種貸出機 | 17,000 | 0.3 | — | — |
|  | コインロッカー・精算機他 | 1,186,000 | 23.7 | 142,320,000 | 2.9 |
| ▲ 自動サービス機小計 |  | 1,262,500 | 25.2 | 142,320,000 | 2.9 |
| 合　　　　計 |  | 5,001,700 | 100.0 | 4,881,183,200 | 100.0 |

一方，日本の自販機には外国では見られない様々な工夫がなされている．近年は，カメラでとらえた利用者の顔画像から性別や年代を推定し，気温と時間に応じた「おすすめ商品」を表示する自販機まで登場している．しかし，先端技術を駆使した様々な機能を詰め込むことができても，商品と釣銭は人の手を借りて補充するしかない．

以前の機械式自販機では釣銭が切れたら釣銭を補充するまでその状態が続いていたが，今の電子式自販機では利用者が投入した硬貨を自販機内のコインチューブに一定量まで貯めながら，払い出し用の釣銭として利用する仕組みになっている．このことから，"売上金回収時にある程度の釣銭さえ補充しておけば，今の自販機では釣銭切れは滅多に起きない"と考えるかもしれない．

しかし，利用者のお金の出し方によって自販機内にストックされる硬貨に偏りが生じると，返すおつりに必要な硬貨の種類と枚数が不足する事態が発生し得る．むろん，そのような事態（釣銭切れ）は，その後の利用者が投入する硬貨によっていつか解消されるから，一時的な問題と見なすこともできる．けれども，一時的にしろ散発的な釣銭切れが発生すると，その分の売上を逃すことになる．現に，「つり銭切れ」ランプが点いている自販機に遭遇することがあるが，それは釣銭の補充管理が不十分であることを意味する．電子マネーが使える自販機も増えつつあるが，街中のすべての自販機における決済手段を電子マネーに限定しない限り，釣銭切れの問題は残る．

釣銭切れを極力起こさない金種別硬貨の「適正補充量と適正補充間隔」を求めるには，釣銭の需要要因（利用者のお金の出し方，価格の異なる商品選択，日々の利用者数）に対して供給要因（釣銭の補充量と補充間隔）がもたらす結果（釣銭切れの発生頻度）を分析する必要がある．そして，一定の補充量と補充間隔に対する結果が事前に予測できれば，それに合わせて補充量と補充間隔を決めることができる．

ところが，「利用者のお金の出し方」ひとつにしても，十数通りもあり，しかもそれがランダムに決まる．そのため，それだけでも釣銭切れの発生頻度を予測することは難しい．仮にお金の出し方別の割合を調べ，一定の人数に対応できる釣銭の補充量（金種別必要枚数）をなんとか割り出せたとしても，ランダムに決まる他の需要要因が釣銭切れの発生時点や頻度の予測にさらに困難をきたす．そこで，「補充量は多めに，補充間隔は早めに」と考えるようになるであろうが，それでは適正な管理を行うための問題解決にならない．そうなると，現実的には次の3つの案のどれかに手を打つことになるであろう．

(a) すべての自販機の金種別補充量を一定に定め，補充間隔は自販機ごとに調整する．
(b) すべての自販機の補充間隔を一定に定め，金種別補充量は自販機ごとに調整する．
(c) すべての自販機の金種別補充量と補充間隔を定めず，補充担当者の判断に委ねる．

しかし，(c)案はもちろんのこと，(a)案も(b)案も調整部分を人の判断に任せると，個々人の判断に結果（釣銭切れの発生頻度）が左右され，管理にムラが生じてしまう．問題はそれだけではない．経営陣が釣銭切れによる売上逃がしを問題視すると，補充担当者は必要以上に現場を巡回することになり，無駄な経費（運送費）が発生する．

いずれにせよ，無駄な運送費の発生と逃がす売上を抑止するためには，個々の自販機の利用状況に合わせた補充量と補充間隔を求める何らかのシステムが要る．本章では，上記(c)案の下で運送費削減の必要性に迫られている会社を事例に取りあげる．そして，シミュレーションを用いて，釣銭の適正補充量と適正補充間隔の基準を作る例を示すことにする．

## 4.2 事例

　ヒマワリ・ビバレッジ社（仮称）は，自販機で清涼飲料などを販売する会社で，社員の多くは自販機を設置した場所を巡回する外回り社員（オペレーター）である．彼らのなかには採用時に提示された次のような条件に惹かれた人が多い．

- 自販機の管理はすべて任される．自分の都合で仕事のスケジュールを調整できる．
- 商品の売れ行きは自分の腕次第．売上げの結果はダイレクトに給与に反映される．

　外回り社員1人が担当する自販機は100台前後であり，3トン車に商品を積んで毎日40～50キロを走り回る．仕事内容は，売上金の回収と釣銭の補充，商品の在庫確認と補充，自販機内部の清掃と空き缶などの回収のほか，各自販機の商品の構成や日々の巡回ルートの決定にまで及ぶ．彼らが日々心掛けているのは次の3点である．

- 利用者の特性や変化を敏感に察知し，個々の自販機の商品構成を変えること．
- 天候や曜日に左右される売行きを考慮し，商品の売り切れが出ないようにすること．
- 個々の自販機の補充タイミングを計り，効率よく回れる日々の巡回ルートを決めること．

　以上から分かるように，同社は自販機の管理を外回り社員個々人の裁量とやる気に任せる，一種の「現場主義」を取っている．しかし，このような人任せの管理体制では，巡回の頻度やルートの決め方を含むあらゆる面で個人差が出て，全体最適がとれない．例えば，売上げが好調な自販機には頻繁に出向き，そうでもない自販機には出向く頻度を減らすべきだが，人によっては欠品の恐れのない自販機まで一通り巡回している．これは無駄な運送費がかさむことを意味する．この件に関して，経営陣は次のような見解と見直し指示を出している．

　「…利益が見込める場所の大半に自販機の設置を終えた．これからは新たな設置場所を探し回るよりも，設置済みの自販機の採算性を上げる必要がある．しかし，われわれは自販機管理にかかる運送費や人件費を個々の自販機単位で把握していない．これからは自販機1台ごとの収益管理を徹底する．個々の自販機の採算性を上げるのに，無駄な運送費は削減の余地がある．そのためには補充頻度の適正性を評価できる仕組みが要る．（以下省略）」

　これを受けて結成された社内プロジェクト・チームは，問題の実態把握と解決策を模索するために，外回り社員に対する聞き取り調査を行うことにした．調査内容のうち，釣銭の補充に関する部分だけをまとめると，以下の通りである．

① これまでは商品の売り切れ防止を優先し，釣銭切れのことは二の次にしてきた．それは，商品の売り切れタイミングは売上データからある程度は予測できるが，釣銭切れのタイミングはまったく予測できないからである．情報端末（ハンディターミナル）のPOSデータ

（売り上げ，売り切れ，釣銭切れのデータ）として，「釣銭切れ」の情報は取れる．しかし，お金の出し方や買う商品，日々の利用者数がランダムに決まるため，その情報はあっても特に役に立たない（釣銭切れの情報を活かす方法がわからない）．

② 釣銭切れを避けるためには，コインチューブの「最大補充可能枚数」まで補充しておけばよいが，満タン補充は犯罪による被害を抑止するという観点から禁じられている．そして，実際の補充量は会社が決めた一定の「補充金額」に制限されている．しかし，その金額の硬貨をどのように構成するかは，補充担当者に任されている．そのため，補充金額は同じであっても金種別補充枚数は担当者ごとに異なる．中には会社が決めた「補充金額」を超えたお金を補充したりする者もいる．釣銭切れは，会社が決めた一定の「補充金額」を補充した結果であるとも言えるのではないか．

③ 釣銭切れによる機会損失の実情は，事務サイドでは把握しておらず，現場サイドの補充担当者にしかわからない．

④ 商品の補充時に釣銭も一緒に補充している．釣銭の金種別補充枚数は自販機ごとの利用状況を考慮して決めているが，その決め方は経験と勘に頼るしかない．釣銭切れが気になると，次の商品補充時の前に現場に行ってチェックする．それにかかる運送費を無駄扱いすると，そのチェックすらできなくなる．

⑤ そもそも，自販機ごとの利用状況を分析し，金種別適正補充枚数と補充間隔を定める一応の基準があるべきである．それを作るのは事務サイドの仕事ではないか．

⑥ 商品の売り切れの影響は欠品商品の売上逃がしに限定されるが，釣銭切れは自販機内のすべての商品の売上に影響を及ぼす．個々の自販機の採算性を高めるためには，釣銭切れを事前に予測する何らかのシステムが必要である．

⑦ 最終的には，釣銭のみならず，最適な商品の補充量と巡回ルートまでが書かれた作業指示書を毎日現場サイドに渡してほしい．そうすれば，無駄な運送費は削減でき，補充作業の効率も上がる．

上記の意見の他に，多額の投資を要する案（自販機に無線通信機を付けて売り切れ商品と釣銭切れをリアルタイムに知らせるシステムを構築する）も出たが，それは同社にとって現実的な解法にならない．そこで，プロジェクト・チームは，⑥と⑦で言及された「予測システム」の構築と「作業指示書」作成を目指すことにした．そのために，まず釣銭の需要要因に対して供給要因がもたらす結果を分析する方法の検討に着手することにした．

## 4.3 課題

釣銭切れを極力起こさない金種別適正補充枚数と補充間隔の基準を作成すること，これを前記のプロジェクト・チームが取り組む最優先課題とする．そして，同課題に対して，シミュレーションを用いた解法（基準作りの方法と基準例）を示すことを本章の課題とする．シミュレーションを行う上で必要な情報は次節に示す．

## 4.4 シミュレーションの準備

本節では，前節の課題に対して行うシミュレーションの概略的な流れと前提条件について述べることにする．

### 4.4.1 シミュレーションの流れ

ここではシミュレーションの流れに関する大まかな説明をしておく．細かいことは次の4.4.2節で述べて後，4.4.3節で再度まとめる．

a. 自販機内（コインチューブ）に補充する「釣銭の金種別枚数」を任意に設定する．
b. 逐次現れる利用者が選ぶ「商品」と「お金の出し方」は乱数で決める．
c. 「おつり」を計算し，自販機内に保有する「釣銭在庫」から払い出せるかを判断する．
d. おつりを払い出した後の「金種別釣銭在庫枚数」情報を更新・維持する．
e. シミュレーションの結果として，釣銭切れの「発生件数」と「発生時点」を調べる．次節で説明する「大量払い」に関しても同じ情報を調べ，釣銭の金種別適正補充枚数の判断材料とする．
f. 上記の結果を参考にし，「釣銭の金種別補充枚数」をいろいろ変えた場合のシミュレーション結果を調べる．そして，釣銭切れを極力起こさない「金種別補充枚数と発注間隔」の基準を定める．

### 4.4.2 シミュレーションの前提条件

「金種別補充枚数と補充間隔の基準」を作る上で，最初から利用状況の異なるすべての自販機を対象にすることは得策ではない．ここではひとつの「モデルケース」を取り上げ，基準作りの例を示し，利用状況の異なる他の自販機への応用ができるようにする．モデルケースをシミュレーションの対象にする上での前提条件は，以下に示す．

(1) 商品の価格と種類
- ［120］円と［150］円の2種類の価格の商品が多種類入っている自販機をモデルケースとする．120円の商品を「商品1」，150円の商品を「商品2」と称する．
- 利用者が購入する商品は乱数で決めるが，商品1と商品2をそれぞれ［1/2］の確率で選択すると仮定する．

(2) お金の出し方とその割合
- 利用者のお金の出し方は，商品1と商品2ともに，［13］通りを想定する（次の表4.2参照）．
- お金の出し方は乱数で決めるが，その割合は商品1商品2ともに以下の通りであるとする．これは，お金の出し方が下記の割合になるように乱数を生成する必要があることを意味する．

お金の出し方 1〜4：[70]％，お金の出し方 5〜8：[25]％，お金の出し方 9〜13：[5]％

表 4.2 お金の出し方とおつり

| お金の出し方（商品1） | | | おつり | お金の出し方（商品2） | | | おつり |
|---|---|---|---|---|---|---|---|
| 番号 | 金額 | 内訳 | | 番号 | 金額 | 内訳 | |
| 1 | 120 | 100+10×2 | 0 | 1 | 150 | 100+10×5 | 0 |
| 2 | 120 | 50×2+10×2 | 0 | 2 | 150 | 50×2+10×5 | 0 |
| 3 | 150 | 100+50×1 | 30 | 3 | 150 | 100+50×1 | 0 |
| 4 | 150 | 50×3 | 30 | 4 | 150 | 50×3 | 0 |
| 5 | 200 | 100×2 | 80 | 5 | 200 | 100×2 | 50 |
| 6 | 500 | 500×1 | 380 | 6 | 500 | 500×1 | 350 |
| 7 | 520 | 500+10×2 | 400 | 7 | 550 | 500+10×5 | 400 |
| 8 | 550 | 500+50×1 | 430 | 8 | 550 | 500+50×1 | 400 |
| 9 | 120 | 50×1+10×7 | 0 | 9 | 150 | 50×1+10×10 | 0 |
| 10 | 120 | 10×12 | 0 | 10 | 150 | 10×15 | 0 |
| 11 | 1000 | 1000×1 | 880 | 11 | 1000 | 1000×1 | 850 |
| 12 | 1020 | 1000+10×2 | 900 | 12 | 1050 | 1000+10×5 | 900 |
| 13 | 1050 | 1000+50×1 | 930 | 13 | 1050 | 1000+50×1 | 900 |

- 利用者のお金の出し方が上記の割合になるようにするため，以下のような方法をとることにする（同方法によって実現される割合に関しては，付録Iで補足説明をする）．
  a. RANDBETWEEN 関数を用いて，例えば 100 人に 1〜100 の乱数を生成して与える．
  b. 与えられた乱数が 1〜70 の範囲内のものであるならば，RANDBETWEEN(1, 4) 関数を用いて金の出し方が 1〜4 の間のものになるようにする．同様に，与えられた乱数が 71〜95 と 96〜100 の間のものであるならば，RANDBETWEEN(5, 8) と RANDBETWEEN(9, 13) 関数を用いて，それぞれお金の出し方が 5〜8，9〜13 の間のものになるようにする．

(3) おつりの払い出し方

- おつりは，硬貨の枚数が「最少」になるようにして払い出すのが基本である．例えば 1,000 円札で 120 円の商品を購入する場合，880 円のおつりは以下のようになるようにする．

  「500 円玉×1＋100 円玉×3＋50 円玉×1＋10 円玉×3＝計 8 枚」

  500 円玉がないときには，100 円玉 8 枚＋50 円玉 1 枚＋10 円玉 3 枚＝計 12 枚が次の候補となる（以下同様）．したがって，「最少枚数」での払い出しの可否をチェックし，「可」の場合は最少枚数で払い出す．「否」の場合は，'高額の硬貨の不足枚数' 分の金額を 'その次の額の硬貨で支払うのに必要な枚数' を計算するロジックが要る．
- 便宜上，「最少枚数」で払い出すおつりを「返すべきおつり」，それ以外の枚数で払い出すおつりを「返せるおつり」と区別することにする．
- 「最少枚数」での払い出しを優先するために，お金の出し方別に，「返すべきおつり」の金種別必要枚数情報を前もって用意しておき，おつりの計算時にその情報を参照するようにする．

また，その情報は表 4.2 の横に付け加え，情報を一括管理する（後に示す表 4.3 の「支払」欄参照）．

### (4) 釣銭切れを判断するタイミングと釣銭切れに伴う処理

- 例えば，自販機内に 10 円玉の釣銭が 2 枚しか残っていないとき，150 円か 200 円を出す人は 120 円の商品を買うことができない．この場合，10 円玉の「つり銭切れ」ランプを購入金の投入前に点けても投入後に点けても（あるいは 120 円の商品の選択ボタンのランプを消す），当該の取引ができないことには変わりない．このことは，10 円玉の釣銭が 0 枚のときでも同じである．

- したがって，今回のシミュレーションでは，利用者のお金の出し方に対するおつりを満額返せないことが判明した時点で（お金を投入した後），「つり銭切れ」と判断し，当該の取引は中止させる．取引中止とは，利用者が投入したお金を返却する（自販機内の釣銭在庫に加算しない）処理が必要であることを意味する．

### (5) 大量の硬貨でおつりを払い出す問題への対処

- 自販機ではおつりが大量の硬貨で払い出されることがある（これを「大量払い」と称することにする）．例えば，1,000 円札で 120 円の商品を買う場合，880 円のおつりが「100 円玉 7 枚＋10 円玉 18 枚」になることも起こり得る（実際，そのような目に遭った人の投書をインターネット上で見かけられる）．そのようなことが起こると，利用者に不満を持たせるだけでなく，釣銭不足を加速化する原因にもなる．両方を避けるために，「つり銭切れ」や「お札中止」ランプを点灯させ，当該の取引を中止させることも考えられる．しかし，それは，極力そのような事態を避けられる釣銭の補充方法を講じた後に検討する問題とする．

- 参考までにだが，自販機には「金種別釣銭払い出し可能枚数（最大値）」に制限がある（例えば，10 円玉の場合，45 枚とか，10 枚＋投入枚数とか）．しかし，機種によって異なる制限枚数に対応するシミュレーターを作ることになると，議論が発散する．そのため，今回は機種によって異なる制限枚数は考慮せず，返せるおつりがある限り，取引は成立させる．そして，「大量払い」を極力避けられる金種別補充枚数と補充間隔を求める．そうすると，結果的に機種による制限枚数の違いまでを事前に考慮する意味がなくなる．

- 上記のような考え方に基づき，今回は 3 種の硬貨のうちどれでも次に記す枚数以上におつりが払い出される場合を「大量払い」とし，その発生件数を極力抑える補充枚数と補充間隔を求めることにする．

100 円玉：[8]枚，50 円玉：[7]枚，10 円玉：[10]枚

### (6) 適正補充枚数と適正補充間隔の判断基準

- 金種別適正補充枚数および適正補充間隔は，「釣銭切れ」と「大量払い」の発生件数を判断材料にして決める．そのために，シミュレーターには「釣銭切れ」と「大量払い」の発生件数を調べる欄を設ける．

(7) 商品購入金の処理

- 利用者が商品購入時に投入した硬貨を払い出し用の釣銭として利用する仕組みを作るために，シミュレーターでは次のような処理を行うことにする．
  a. 購入金は投入された時点でその金種と枚数を判別し，自販機内の「釣銭在庫」に加算する．そして，返せるおつりがある場合は，おつりを払い出す．
  b. 投入された硬貨を釣銭在庫に加えてもおつりが足りない場合は，当該の利用者への販売はできないため，加算しておいた硬貨を利用者に返却する（前記(4)参照のこと）．
  c. おつりが発生しない場合は，投入された硬貨を釣銭在庫に加算したままにする．

(8) 投入された硬貨の種類と枚数の判別

- 投入された硬貨の「種類」と「枚数」は，お金の出し方別に決まっている．そのため，それに関する情報は前もって用意しておき，釣銭在庫に加算するときに参照するようにする．その情報は前の表 4.2 の横に付け加え（後に示す表 4.3 の「入金」欄参照），前記(3)で言及した返すべきおつりの最少枚数に関する情報と一括管理する．

(9) 金種別最大補充枚数

- 自販機内のコインチューブに補充できる金種別最大枚数は，機種によって若干の違いはあるが，今回は以下の通りであるとする．

  500 円玉：[70]枚，100 円玉：[80]枚，50 円玉：[80]枚，10 円玉：[90]枚

- 上記の最大補充枚数を超えた分（コインチューブに入りきらない分）は，自販機内の金庫（回収箱）に格納されるとする．したがって，自販機内の釣銭在庫が上記の最大補充枚数に達した後に入ってくる購入金の硬貨は「釣銭在庫」に加算しない．

(10) 金種別補充枚数の初期値

- シミュレーターを作る上で，金種別補充枚数の初期値は以下のように設定する．この設定値はあくまでもシミュレーターを完成させるまでのテスト用である．後に設定値を変えれば，シミュレーション結果も変わるようにする．

  500 円玉：[5]枚，100 円玉：[5]枚，50 円玉：[5]枚，10 円玉：[5]枚

(11) 1 日の利用者数とシミュレーション期間

- 補充間隔は「長くても 3 日を越さない」ことを条件とする．したがって，一度に最大 3 日分のシミュレーションができるシミュレーターを作る．
- 1 日の利用者数（売上本数）は自販機ごとに異なる．事例の会社では，1 日の利用者が平均 30 人程度の自販機が多く，そのような自販機への必要以上の訪問回数（補充頻度）を問題視している．因みに，1 日平均 50 本以上の売上がある自販機をよく売れているものと見なしている．中には 1 日 100 本前後の売上がある自販機も若干ある．

- 以上のようなことから，今回は1日の利用者数が平均30人である自販機をモデルケースとする．平均30人の利用者をより現実的に再現するためには，30人に若干のブレ幅（±α）を乱数で決めて持たせる方法が考えられる．しかし，そのような方法を取ったシミュレーション結果を平均すると，30人（$30\pm\alpha\fallingdotseq30$）を想定した結果に近づくことが予想できる．したがって，今回のシミュレーションでは1日の利用者数を30人と固定することにする．

1日利用者数：[30]人

- 1日の利用者数を30人とし，90人を対象にしたシミュレーションを行うと，シミュレーション期間は3日分となる．よって，今回は90人の利用者を対象にしたシミュレーションを行うことにする．ただし，1日100本前後の売上がある自販機への拡張可能性も考慮し，100人まで対応できるシミュレーターを作る．

シミュレーション期間：[3]日，同期間中の利用者数：[90]人

- 1日利用者数を30人とし，90人の利用者を想定して得たシミュレーション結果に対しては，次のような解釈もできる．
    a．1日の利用者数を45人と想定するケースにおける2日分のシミュレーション結果
    b．1日の利用者数を60人と想定するケースにおける1.5日分のシミュレーション結果
    c．1日の利用者数を90人と想定するケースにおける1日分のシミュレーション結果

(12) 商品の売り切れ可能性について

- 1日の利用者数を30人と想定することは，1日の売上本数を30本と想定することを意味する（90人まで想定する場合は90本）．この程度の本数なら，商品が売り切れる可能性はないとする．売れ筋商品は，自販機内に複数列補充することによって，売り切れの可能性を無くすことができるとする．

(13) その他

- 前記(5)と(9)でも触れたが，自販機内の釣銭管理に関する条件は機種と設定によって異なる．それらの条件に対する対応は，基準作り後に個別に対応すべき問題であるとする．

## 4.4.3 シミュレーターの構成要素とデザイン

シミュレーターは，以下で記す機能を持つ要素（モジュール）で構成する．また，各要素は，シミュレーションの流れと情報の集約性を考慮し，下図のように配置する．

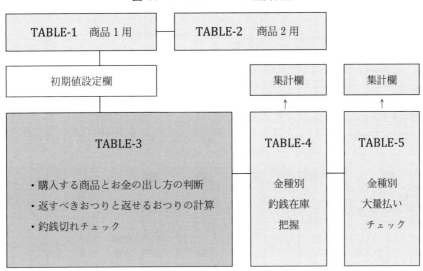

図 4.1 シミュレーターの概要設計

① **TABLE-1** 商品1を購入する人に返す「おつり」と「最少枚数で払い出す釣銭の金種別枚数」，そして「投入された硬貨の金種別枚数」に関する情報をお金の出し方別にまとめておく．そして，同情報を参照して，「おつり」の計算と「釣銭在庫」に加算する金種別枚数の計算ができるようにする．

② **TABLE-2** 商品2に関してもTABLE-1と同じ情報をまとめておく．

③ **初期値設定欄** シミュレーション期間中の「利用者数」，釣銭の金種別「最大補充可能枚数」と「実際補充枚数」を設定する．

④ **TABLE-3** 利用者が購入する「商品」と「お金の出し方」を判断する．次は，おつりを最少枚数で払い出すのに必要な金種別枚数（返すべきおつり）情報をTABLE-1とTABLE-2から参照する．そして，保有する「釣銭在庫」から返すべきおつりまたは返せるおつりを計算して払い出す．釣銭在庫が不足し，おつりを返すことができないときには，「つり銭切れ」のサインを出す．そして，その発生件数をチェックする．また，TABLE-1とTABLE-2からお金の出し方別に「投入された硬貨の種類と枚数」情報を得て，次のTABLE-4の釣銭在庫に加算する．

⑤ **TABLE-4** 現在保有する「釣銭在庫（金種別枚数）」に関する情報を維持・管理し，TABLE-3で行うおつりの計算に提供する．また，金種別に「釣銭が底を突く」件数に関する情報を収集し，釣銭在庫の推移を調べる上での参考用データにする．

⑥ **TABLE-5** 金種別の「大量払い」発生件数に関する情報を収集する．

## 4.5 シミュレーターの完成図

これから作成するシミュレーターの説明のため，完成図を先に示しておく．

図 4.2 完成図

B C D E F G H I J K L M N O P Q R S T U V W X Y Z AA AB AC AD AE

**TABLE 1**

| | 出し方 | | | おつり | 支払 (ToPay) | | | | 入金 (InPut) | | | | 割合 | |
|---|---|---|---|---|---|---|---|---|---|---|---|---|---|---|
| 7 | 番号 | 金額 | 内訳 | | - 500 | - 100 | - 50 | - 10 | + 500 | + 100 | + 50 | + 10 | | |
| 9 | 1 | 120 | 100+10×2 | 0 | | | | | | 1 | | 2 | | |
| 10 | 2 | 120 | 50×2+10×2 | 0 | | | | | | | 2 | 2 | | |
| 11 | 3 | 150 | 100+50×1 | 30 | | | | 3 | | 1 | 1 | | 70 % | |
| 12 | 4 | 150 | 50×3 | 30 | | | | 3 | | | 3 | | | 63 |
| 13 | 5 | 200 | 100×2 | 80 | | | 1 | 3 | | 2 | | | | |
| 14 | 6 | 500 | 500×1 | 380 | | 3 | 1 | 3 | 1 | | | | | |
| 15 | 7 | 520 | 500+10×2 | 400 | | 4 | | | 1 | | | 2 | 25 % | |
| 16 | 8 | 550 | 500+50×1 | 430 | | 4 | | 3 | 1 | | 1 | | | 85 |
| 17 | 9 | 120 | 50×1+10×7 | 0 | | | | | | | 1 | 7 | | |
| 18 | 10 | 120 | 10×12 | 0 | | | | | | | | 12 | | |
| 19 | 11 | 1000 | 1000×1 | 880 | 1 | 3 | 1 | 3 | | | | | 5 % | |
| 20 | 12 | 1020 | 1000+20 | 900 | 1 | 4 | | | | | | 2 | | |
| 21 | 13 | 1050 | 1000+50×1 | 930 | 1 | 4 | | 3 | | | 1 | | | 90 |

**TABLE 2**

| 出し方 | | | おつり | 支払 (ToPay) | | | | 入金 (InPut) | | | |
|---|---|---|---|---|---|---|---|---|---|---|---|
| 番号 | 金額 | 内訳 | | - 500 | - 100 | - 50 | - 10 | + 500 | + 100 | + 50 | + 10 |
| 1 | 150 | 100+10×5 | 0 | | | | | | 1 | | 5 |
| 2 | 150 | 50×2+10×5 | 0 | | | | | | | 2 | 5 |
| 3 | 150 | 100+50×1 | 0 | | | | | | 1 | 1 | |
| 4 | 150 | 50×3 | 0 | | | | | | | 3 | |
| 5 | 200 | 100×2 | 50 | | | 1 | | | 2 | | |
| 6 | 500 | 500×1 | 350 | | 3 | 1 | | 1 | | | |
| 7 | 550 | 500+10×5 | 400 | | 4 | | | 1 | | | 5 |
| 8 | 550 | 500+50×1 | 400 | | 4 | | | 1 | | 1 | |
| 9 | 150 | 50×1+10×10 | 0 | | | | | | | 1 | 10 |
| 10 | 150 | 10×15 | 0 | | | | | | | | 15 |
| 11 | 1000 | 1000×1 | 850 | 1 | 3 | 1 | | | | | |
| 12 | 1050 | 1000+10×5 | 900 | 1 | 4 | | | | | | 5 |
| 13 | 1050 | 1000+50×1 | 900 | 1 | 4 | | | | | 1 | |

COIN

| | | | | | | | | | | | | | | | |
|---|---|---|---|---|---|---|---|---|---|---|---|---|---|---|---|
| 26 | 初期 | 客数 | 最大補充枚数 | 70 | 最大補充枚数 | 80 | 最大補充枚数 | 80 | 最大補充枚数 | 90 | 件数 | 8 | - | 26 | 2 | 3 |
| 27 | 設定 | 90 | 実際補充枚数 | 5 | 実際補充枚数 | 5 | 実際補充枚数 | 5 | 実際補充枚数 | 5 | 初回 | 2 | - | 7 | 12 | 41 |

| | | | |
|---|---|---|---|
| 件数 | - | 3 | 1 |
| 初回 | - | 12 | 15 |

↑ ↑ ↑ ↑ ↑ ↑ ↑ ↑ ↑

**TABLE 3**

| | 客番 | 商品 | 乱数 | 出し方 | おつり | 【A】 500 円玉 ToPay - 500 | InPut + 500 | Payable 支払可 | 【B】 100 円玉 ToPay - 100 | InPut + 100 | Payable 支払可 | 【C】 50 円玉 ToPay - 50 | InPut + 50 | Payable 支払可 | 【D】 10 円玉 ToPay - 10 | InPut + 10 | Payable 支払可 | 合計 | 釣銭切れ |
|---|---|---|---|---|---|---|---|---|---|---|---|---|---|---|---|---|---|---|---|
| 34 | 00 | · | | · | · | · | · | · | · | · | · | · | · | · | · | · | · | · | · |
| 35 | 01 | 1 | 69 | 8 | 430 | 0 | 1 | 0 | 4 | 0 | 4 | 0 | 1 | 0 | 3 | 0 | 3 | 430 | |
| 36 | 02 | 1 | 49 | 3 | 30 | 0 | 0 | 0 | 0 | 1 | 0 | 0 | 1 | 0 | 3 | 0 | 2 | 20 | × |
| 37 | 03 | 2 | 56 | 3 | 0 | 0 | 0 | 0 | 0 | 1 | 0 | 0 | 1 | 0 | 0 | 0 | 0 | 0 | |
| 38 | 04 | 1 | 70 | 5 | 80 | 0 | 0 | 0 | 0 | 2 | 0 | 1 | 0 | 1 | 3 | 0 | 2 | 70 | × |
| 39 | 05 | 2 | 14 | 2 | 0 | 0 | 0 | 0 | 0 | 0 | 0 | 0 | 2 | 0 | 0 | 5 | 0 | 0 | |
| 40 | 06 | 2 | 51 | 1 | 0 | 0 | 0 | 0 | 0 | 1 | 0 | 0 | 0 | 0 | 0 | 5 | 0 | 0 | |
| 41 | 07 | 2 | 77 | 6 | 350 | 0 | 1 | 0 | 3 | 0 | 3 | 1 | 0 | 1 | 0 | 0 | 0 | 350 | |
| 42 | 08 | 1 | 58 | 1 | 0 | 0 | 0 | 0 | 0 | 1 | 0 | 0 | 0 | 0 | 0 | 2 | 0 | 0 | |
| 43 | 09 | 1 | 26 | 4 | 30 | 0 | 0 | 0 | 0 | 0 | 0 | 0 | 3 | 0 | 3 | 0 | 3 | 30 | |
| 44 | 10 | 1 | 68 | 7 | 400 | 0 | 1 | 0 | 4 | 0 | 1 | 6 | 0 | 6 | 0 | 2 | 0 | 400 | |
| 45 | 11 | 1 | 21 | 2 | 0 | 0 | 0 | 0 | 0 | 0 | 0 | 0 | 2 | 0 | 0 | 2 | 0 | 0 | |
| 46 | 12 | 1 | 66 | 8 | 430 | 0 | 1 | 0 | 4 | 0 | 0 | 8 | 1 | 8 | 3 | 0 | 3 | 430 | |
| 47 | 13 | 2 | 62 | 4 | 0 | 0 | 0 | 0 | 0 | 0 | 0 | 0 | 3 | 0 | 0 | 0 | 0 | 0 | |
| 48 | 14 | 1 | 10 | 4 | 30 | 0 | 0 | 0 | 0 | 0 | 0 | 0 | 3 | 0 | 3 | 0 | 3 | 30 | |
| 49 | 15 | 2 | 75 | 7 | 400 | 0 | 1 | 0 | 4 | 0 | 0 | 8 | 0 | 6 | 10 | 5 | 10 | 400 | |
| 50 | 16 | 2 | 45 | 3 | 0 | 0 | 0 | 0 | 0 | 1 | 0 | 0 | 1 | 0 | 0 | 0 | 0 | 0 | |
| 51 | 17 | 2 | 76 | 6 | 350 | 0 | 1 | 0 | 3 | 0 | 1 | 5 | 0 | 1 | 20 | 0 | 4 | 190 | × |
| 52 | 18 | 2 | 64 | 7 | 400 | 0 | 1 | 0 | 4 | 0 | 1 | 6 | 0 | 1 | 25 | 5 | 9 | 240 | × |
| 53 | 19 | 2 | 85 | 7 | 400 | 0 | 1 | 0 | 4 | 0 | 1 | 6 | 0 | 1 | 25 | 5 | 9 | 240 | × |
| 54 | 20 | 2 | 7 | 4 | 0 | 0 | 0 | 0 | 0 | 0 | 0 | 0 | 3 | 0 | 0 | 0 | 0 | 0 | |
| 55 | 21 | 1 | 66 | 6 | 380 | 0 | 1 | 0 | 3 | 0 | 1 | 5 | 0 | 4 | 8 | 0 | 4 | 340 | × |
| 56 | 22 | 1 | 62 | 2 | 0 | 0 | 0 | 0 | 0 | 0 | 0 | 0 | 2 | 0 | 0 | 2 | 0 | 0 | |
| 57 | 23 | 2 | 8 | 1 | 0 | 0 | 0 | 0 | 0 | 1 | 0 | 0 | 0 | 0 | 0 | 5 | 0 | 0 | |
| 58 | 24 | 2 | 66 | 5 | 50 | 0 | 0 | 0 | 0 | 2 | 0 | 1 | 0 | 1 | 0 | 0 | 0 | 50 | |
| 59 | 25 | 1 | 71 | 8 | 430 | 0 | 1 | 0 | 4 | 0 | 4 | 0 | 1 | 0 | 3 | 0 | 3 | 430 | |
| 60 | 26 | 2 | 46 | 4 | 0 | 0 | 0 | 0 | 0 | 0 | 0 | 0 | 3 | 0 | 0 | 0 | 0 | 0 | |
| 61 | 27 | 2 | 72 | 5 | 50 | 0 | 0 | 0 | 0 | 2 | 0 | 1 | 0 | 1 | 0 | 0 | 0 | 50 | |
| 62 | 28 | 1 | 60 | 2 | 0 | 0 | 0 | 0 | 0 | 0 | 0 | 0 | 2 | 0 | 0 | 2 | 0 | 0 | |
| 63 | 29 | 1 | 38 | 3 | 30 | 0 | 0 | 0 | 0 | 1 | 0 | 0 | 1 | 0 | 3 | 0 | 3 | 30 | |
| 64 | 30 | 1 | 21 | 2 | 0 | 0 | 0 | 0 | 0 | 0 | 0 | 0 | 2 | 0 | 0 | 2 | 0 | 0 | |
| 65 | 31 | 1 | 21 | 4 | 30 | 0 | 0 | 0 | 0 | 0 | 0 | 0 | 3 | 0 | 3 | 0 | 3 | 30 | |
| 66 | 32 | 1 | 38 | 3 | 30 | 0 | 0 | 0 | 0 | 1 | 0 | 0 | 1 | 0 | 3 | 0 | 3 | 30 | |
| 67 | 33 | 2 | 84 | 5 | 50 | 0 | 0 | 0 | 0 | 2 | 0 | 1 | 0 | 1 | 0 | 0 | 0 | 50 | |
| 68 | 34 | 1 | 74 | 7 | 400 | 0 | 1 | 0 | 4 | 0 | 4 | 0 | 0 | 0 | 0 | 2 | 0 | 400 | |
| 69 | 35 | 2 | 22 | 2 | 0 | 0 | 0 | 0 | 0 | 0 | 0 | 0 | 2 | 0 | 0 | 5 | 0 | 0 | |
| 70 | 36 | 1 | 69 | 6 | 380 | 0 | 1 | 0 | 3 | 0 | 2 | 3 | 0 | 3 | 3 | 0 | 3 | 380 | |
| 71 | 37 | 1 | 28 | 4 | 30 | 0 | 0 | 0 | 0 | 0 | 0 | 0 | 3 | 0 | 3 | 0 | 3 | 30 | |
| 72 | 38 | 1 | 7 | 3 | 30 | 0 | 0 | 0 | 0 | 1 | 0 | 0 | 1 | 0 | 3 | 0 | 3 | 30 | |
| 73 | 39 | 2 | 20 | 1 | 0 | 0 | 0 | 0 | 0 | 1 | 0 | 0 | 0 | 0 | 0 | 5 | 0 | 0 | |
| 74 | 40 | 1 | 21 | 4 | 30 | 0 | 0 | 0 | 0 | 0 | 0 | 0 | 3 | 0 | 3 | 0 | 3 | 30 | |
| 75 | 41 | 1 | 72 | 6 | 380 | 0 | 1 | 0 | 3 | 0 | 2 | 3 | 0 | 3 | 3 | 0 | 3 | 380 | |
| 76 | 42 | 2 | 85 | 6 | 350 | 0 | 1 | 0 | 3 | 0 | 0 | 7 | 0 | 7 | 0 | 0 | 0 | 350 | |
| 77 | 43 | 1 | 30 | 4 | 30 | 0 | 0 | 0 | 0 | 0 | 0 | 0 | 3 | 0 | 3 | 0 | 0 | 0 | × |
| 78 | 44 | 1 | 7 | 1 | 0 | 0 | 0 | 0 | 0 | 1 | 0 | 0 | 0 | 0 | 0 | 2 | 0 | 0 | |
| 79 | 45 | 1 | 66 | 6 | 380 | 0 | 1 | 0 | 3 | 0 | 1 | 5 | 0 | 5 | 3 | 0 | 2 | 370 | × |
| 80 | 46 | 2 | 25 | 3 | 0 | 0 | 0 | 0 | 0 | 1 | 0 | 0 | 1 | 0 | 0 | 0 | 0 | 0 | |
| 81 | 47 | 1 | 14 | 1 | 0 | 0 | 0 | 0 | 0 | 1 | 0 | 0 | 0 | 0 | 0 | 2 | 0 | 0 | |
| 82 | 48 | 1 | 61 | 4 | 30 | 0 | 0 | 0 | 0 | 0 | 0 | 0 | 3 | 0 | 3 | 0 | 3 | 30 | |
| 83 | 49 | 2 | 68 | 7 | 400 | 0 | 1 | 0 | 4 | 0 | 3 | 2 | 0 | 2 | 0 | 5 | 0 | 400 | |
| 84 | 50 | 2 | 48 | 2 | 0 | 0 | 0 | 0 | 0 | 0 | 0 | 0 | 2 | 0 | 0 | 5 | 0 | 0 | |
| 85 | 51 | 1 | 7 | 3 | 30 | 0 | 0 | 0 | 0 | 1 | 0 | 0 | 1 | 0 | 3 | 0 | 3 | 30 | |
| 86 | 52 | 2 | 42 | 2 | 0 | 0 | 0 | 0 | 0 | 0 | 0 | 0 | 2 | 0 | 0 | 5 | 0 | 0 | |
| 87 | 53 | 1 | 86 | 10 | 0 | 0 | 0 | 0 | 0 | 0 | 0 | 0 | 0 | 0 | 0 | 12 | 0 | 0 | |
| 88 | 54 | 2 | 43 | 4 | 0 | 0 | 0 | 0 | 0 | 0 | 0 | 0 | 3 | 0 | 0 | 0 | 0 | 0 | |
| 89 | 55 | 1 | 87 | 11 | 880 | 1 | 0 | 1 | 3 | 0 | 1 | 5 | 0 | 5 | 3 | 0 | 3 | 880 | |
| 90 | 56 | 2 | 49 | 1 | 0 | 0 | 0 | 0 | 0 | 1 | 0 | 0 | 0 | 0 | 0 | 5 | 0 | 0 | |
| 91 | 57 | 2 | 46 | 3 | 0 | 0 | 0 | 0 | 0 | 1 | 0 | 0 | 1 | 0 | 0 | 0 | 0 | 0 | |
| 92 | 58 | 1 | 40 | 2 | 0 | 0 | 0 | 0 | 0 | 0 | 0 | 0 | 2 | 0 | 0 | 2 | 0 | 0 | |
| 93 | 59 | 2 | 12 | 2 | 0 | 0 | 0 | 0 | 0 | 0 | 0 | 0 | 2 | 0 | 0 | 5 | 0 | 0 | |
| 94 | 60 | 2 | 48 | 2 | 0 | 0 | 0 | 0 | 0 | 0 | 0 | 0 | 2 | 0 | 0 | 5 | 0 | 0 | |
| 95 | 61 | 2 | 26 | 4 | 0 | 0 | 0 | 0 | 0 | 0 | 0 | 0 | 3 | 0 | 0 | 0 | 0 | 0 | |
| 96 | 62 | 2 | 23 | 4 | 0 | 0 | 0 | 0 | 0 | 0 | 0 | 0 | 3 | 0 | 0 | 0 | 0 | 0 | |
| 97 | 63 | 1 | 61 | 4 | 30 | 0 | 0 | 0 | 0 | 0 | 0 | 0 | 3 | 0 | 3 | 0 | 3 | 30 | |
| 98 | 64 | 1 | 32 | 3 | 30 | 0 | 0 | 0 | 0 | 1 | 0 | 0 | 1 | 0 | 3 | 0 | 3 | 30 | |
| 99 | 65 | 2 | 69 | 8 | 400 | 0 | 1 | 0 | 4 | 0 | 3 | 2 | 1 | 2 | 0 | 0 | 0 | 400 | |

**TABLE 4**

| 釣銭在庫 | | | |
|---|---|---|---|
| 500 円 | 100 円 | 50 円 | 10 円 |
| 5 | 5 | 5 | 5 |
| 6 | 1 | 6 | 2 |
| 6 | 1 | 6 | 2 |
| 6 | 2 | 7 | 2 |
| 6 | 2 | 7 | 2 |
| 6 | 2 | 9 | 7 |
| 6 | 3 | 9 | 12 |
| 7 | 0 | 8 | 12 |
| 7 | 1 | 8 | 14 |
| 7 | 1 | 11 | 11 |
| 8 | 0 | 5 | 13 |
| 8 | 0 | 7 | 15 |
| 9 | 0 | 0 | 12 |
| 9 | 0 | 3 | 12 |
| 9 | 0 | 6 | 9 |
| 10 | 0 | 0 | 4 |
| 10 | 1 | 1 | 4 |
| 10 | 1 | 1 | 4 |
| 10 | 1 | 1 | 4 |
| 10 | 1 | 1 | 4 |
| 10 | 1 | 4 | 4 |
| 10 | 1 | 4 | 4 |
| 10 | 1 | 6 | 6 |
| 10 | 2 | 6 | 11 |
| 10 | 4 | 5 | 11 |
| 11 | 0 | 6 | 8 |
| 11 | 0 | 9 | 8 |
| 11 | 2 | 8 | 8 |
| 11 | 2 | 10 | 10 |
| 11 | 3 | 11 | 7 |
| 11 | 3 | 13 | 9 |
| 11 | 3 | 16 | 6 |
| 11 | 4 | 17 | 3 |
| 11 | 6 | 16 | 3 |
| 12 | 2 | 16 | 5 |
| 12 | 2 | 18 | 10 |
| 13 | 0 | 15 | 7 |
| 13 | 0 | 18 | 4 |
| 13 | 1 | 19 | 1 |
| 13 | 2 | 19 | 6 |
| 13 | 2 | 22 | 3 |
| 14 | 0 | 19 | 0 |
| 15 | 0 | 12 | 0 |
| 15 | 0 | 12 | 0 |
| 15 | 1 | 12 | 2 |
| 15 | 1 | 12 | 2 |
| 15 | 2 | 13 | 2 |
| 15 | 3 | 13 | 4 |
| 15 | 3 | 16 | 1 |
| 16 | 0 | 14 | 6 |
| 16 | 0 | 16 | 11 |
| 16 | 1 | 17 | 8 |
| 16 | 1 | 19 | 13 |
| 16 | 1 | 19 | 25 |
| 16 | 1 | 22 | 25 |
| 15 | 0 | 17 | 22 |
| 15 | 1 | 17 | 27 |
| 15 | 2 | 18 | 27 |
| 15 | 2 | 20 | 29 |
| 15 | 2 | 22 | 34 |
| 15 | 2 | 24 | 39 |
| 15 | 2 | 27 | 39 |
| 15 | 2 | 30 | 39 |
| 15 | 2 | 33 | 36 |
| 15 | 3 | 34 | 33 |
| 16 | 0 | 33 | 33 |

**TABLE 5**

| 大量払いチェック | | | |
|---|---|---|---|
| 金種 | 100 円 | 50 円 | 10 円 |
| 基準 | 8 | 7 | 10 |
| 01 | | | |
| 02 | | | |
| 03 | | | |
| 04 | | | |
| 05 | | | |
| 06 | | | |
| 07 | | | |
| 08 | | | |
| 09 | | | |
| 10 | | | |
| 11 | | | |
| 12 | | 1 | |
| 13 | | | |
| 14 | | | |
| 15 | | | 1 |
| 16 | | | |
| 17 | | | |
| 18 | | | |
| 19 | | | |
| 20 | | | |
| 21 | | | |
| 22 | | | |
| 23 | | | |
| 24 | | | |
| 25 | | | |
| 26 | | | |
| 27 | | | |
| 28 | | | |
| 29 | | | |
| 30 | | | |
| 31 | | | |
| 32 | | | |
| 33 | | | |
| 34 | | | |
| 35 | | | |
| 36 | | | |
| 37 | | | |
| 38 | | | |
| 39 | | | |
| 40 | | | |
| 41 | | | |
| 42 | | 1 | |
| 43 | | | |
| 44 | | | |
| 45 | | | |
| 46 | | | |
| 47 | | | |
| 48 | | | |
| 49 | | | |
| 50 | | | |
| 51 | | | |
| 52 | | | |
| 53 | | | |
| 54 | | | |
| 55 | | | |
| 56 | | | |
| 57 | | | |
| 58 | | | |
| 59 | | | |
| 60 | | | |
| 61 | | | |
| 62 | | | |
| 63 | | | |
| 64 | | | |
| 65 | | | |

## 4.6 シミュレーターの作成

以下では前節の完成例に示したシミュレーターの作成方法をテーブルごとに説明する．

### 4.6.1 TABLE-1 と TABLE-2 の作成

TABLE-1 と TABLE-2 には，お金の出し方別の「おつり」，「最少枚数で払い出す釣銭の金種別枚数」，「投入されたお金の金種別枚数」に関する情報をまとめておく——下表の「おつり」，「支払（ToPay）」，「入金（InPut）」欄参照．そして，次に作る TABLE-3 における処理に同情報を提供する．TABLE-1 は単価 120 円の「商品 1」用，TABLE-2 は単価 150 円の「商品 2」用である．テーブルそのものの作成方法は説明を要しないため，表のみ示す．

表 4.3 TABLE-1 と TABLE-2

**TABLE 1**

| | B | C | D | E | F | G | H | I | J | K | L | M | N | O |
|---|---|---|---|---|---|---|---|---|---|---|---|---|---|---|
| | | | 出し方 | | | おつり | 支払（ToPay） | | | | 入金（InPut） | | | |
| | | 番号 | 金額 | 内訳 | | | -500 | -100 | -50 | -10 | +500 | +100 | +50 | +10 |
| 7 | | | | | | | | | | | | | | |
| 8 | | | | | | | | | | | | | | |
| 9 | | 1 | 120 | 100+10×2 | | 0 | | | | | | 1 | | 2 |
| 10 | | 2 | 120 | 50×2+10×2 | | 0 | | | | | | | 2 | 2 |
| 11 | | 3 | 150 | 100+50×1 | | 30 | | | 3 | | | 1 | 1 | |
| 12 | | 4 | 150 | 50×3 | | 30 | | | 3 | | | | 3 | |
| 13 | | 5 | 200 | 100×2 | | 80 | | 1 | 3 | | 2 | | | |
| 14 | | 6 | 500 | 500×1 | | 380 | | 3 | 1 | 3 | 1 | | | |
| 15 | | 7 | 520 | 500+10×2 | | 400 | | 4 | | | 1 | | | 2 |
| 16 | | 8 | 550 | 500+50×1 | | 430 | | 4 | | 3 | 1 | | 1 | |
| 17 | | 9 | 120 | 50×1+10×7 | | 0 | | | | | | | 1 | 7 |
| 18 | | 10 | 120 | 10×12 | | 0 | | | | | | | | 12 |
| 19 | | 11 | 1000 | 1000×1 | | 880 | 1 | 3 | 1 | 3 | | | | |
| 20 | | 12 | 1020 | 1000+20 | | 900 | 1 | 4 | | | | | | 2 |
| 21 | | 13 | 1050 | 1000+50×1 | | 930 | 1 | 4 | | 3 | | | 1 | |

**TABLE 2**

| | R | S | T | U | V | W | X | Y | Z | AA | AB | AC | AD | AE |
|---|---|---|---|---|---|---|---|---|---|---|---|---|---|---|
| | | | 出し方 | | | おつり | 支払（ToPay） | | | | 入金（InPut） | | | |
| | | 番号 | 金額 | 内訳 | | | -500 | -100 | -50 | -10 | +500 | +100 | +50 | +10 |
| 7 | | | | | | | | | | | | | | |
| 8 | | | | | | | | | | | | | | |
| 9 | | 1 | 150 | 100+10×5 | | 0 | | | | | | 1 | | 5 |
| 10 | | 2 | 150 | 50×2+10×5 | | 0 | | | | | | | 2 | 5 |
| 11 | | 3 | 150 | 100+50×1 | | 0 | | | | | | 1 | 1 | |
| 12 | | 4 | 150 | 50×3 | | 0 | | | | | | | 3 | |
| 13 | | 5 | 200 | 100×2 | | 50 | | | 1 | | 2 | | | |
| 14 | | 6 | 500 | 500×1 | | 350 | | 3 | 1 | | 1 | | | |
| 15 | | 7 | 550 | 500+10×5 | | 400 | | 4 | | | 1 | | | 5 |
| 16 | | 8 | 550 | 500+50×1 | | 400 | | 4 | | | 1 | | 1 | |
| 17 | | 9 | 150 | 50×1+10×10 | | 0 | | | | | | | 1 | 10 |
| 18 | | 10 | 150 | 10×15 | | 0 | | | | | | | | 15 |
| 19 | | 11 | 1000 | 1000×1 | | 850 | 1 | 3 | 1 | | | | | |
| 20 | | 12 | 1050 | 1000+10×5 | | 900 | 1 | 4 | | | | | | 5 |
| 21 | | 13 | 1050 | 1000+50×1 | | 900 | 1 | 4 | | | | | 1 | |

## 4.6.2 TABLE-3 の作成

TABLE-3 の役割は，逐次現れる利用者のランダムな「商品選び」と「お金の出し方」に対し，おつりを返すことを疑似的に再現すること，そして「釣銭切れの発生件数」を調べることである．そのプロセスを次の 5 つのステップに分けて行うことにする——〔1〕初期値設定，〔2〕購入する商品とお金の出し方の判別，〔3〕返すべきおつりと返せるおつりの金種別枚数の計算，〔4〕返せるおつりの合計額の計算，〔5〕釣銭切れの判断と発生件数の集計.

TABLE-3 の大きさは，4.4.2 節の (11) で言及したように，100 人まで対応できるものにする．ただし，各項目の計算式は客番 01 から 100 まで同じであるので，計算式の説明は客番 01 についてのみ行うことにする．客番 100 までの式は客番 01 に対するすべての項目のセルの計算式をコピーすればいい．因みに，TABLE-3 で行うおつりの計算には，TABLE-4 にある「釣銭在庫」の情報を必要とする．したがって，客番 100 までの計算式のコピーは，TABLE-4 の作成が終わった時点で一括して行った方が効率がよい.

表 4.4　TABLE-3

| 行 | B | C | D | E | F | G | H | I | J | K | L | M | N | O | P | Q | R | S | T | U |
|---|---|---|---|---|---|---|---|---|---|---|---|---|---|---|---|---|---|---|---|---|
| 26 | | 初期 | | 客数 | | | 最大補充枚数 | | 70 | 最大補充枚数 | | 80 | 最大補充枚数 | | 80 | 最大補充枚数 | | 90 | 件数 | 8 |
| 27 | | 設定 | | 90 | | | 実際補充枚数 | | 5 | 実際補充枚数 | | 5 | 実際補充枚数 | | 5 | 実際補充枚数 | | 5 | 初回 | 2 |

**TABLE 3**

| 行 | 客番 | 商品 | 乱数 | 出し方 | おつり | 【A】500円玉 ToPay -500 | InPut +500 | Payable 支払可 | 【B】100円玉 ToPay -100 | InPut +100 | Payable 支払可 | 【C】50円玉 ToPay -50 | InPut +50 | Payable 支払可 | 【D】10円玉 ToPay -10 | InPut +10 | Payable 支払可 | 合計 | 釣銭切れ |
|---|---|---|---|---|---|---|---|---|---|---|---|---|---|---|---|---|---|---|---|
| 31 | | | | | | 【A】 | 500円玉 | | 【B】 | 100円玉 | | 【C】 | 50円玉 | | 【D】 | 10円玉 | | | |
| 32 | 客番 | 商品 | 乱数 | 出し方 | おつり | ToPay | InPut | Payable | ToPay | InPut | Payable | ToPay | InPut | Payable | ToPay | InPut | Payable | 合計 | 釣銭切れ |
| 33 | | | | | | -500 | +500 | 支払可 | -100 | +100 | 支払可 | -50 | +50 | 支払可 | -10 | +10 | 支払可 | | |
| 34 | 00 | · | · | · | · | · | · | · | · | · | · | · | · | · | · | · | · | · | · |
| 35 | 01 | 1 | 69 | 8 | 430 | 0 | 1 | 0 | 4 | 0 | 4 | 0 | 1 | 0 | 3 | 0 | 3 | 430 | |
| 36 | 02 | 1 | 49 | 3 | 30 | 0 | 0 | 0 | 0 | 1 | 0 | 0 | 0 | 0 | 3 | 0 | 2 | 20 | × |
| 37 | 03 | 2 | 56 | 3 | 0 | 0 | 0 | 0 | 0 | 0 | 0 | 0 | 1 | 0 | 0 | 1 | 0 | 0 | |
| 38 | 04 | 1 | 70 | 5 | 80 | 0 | 0 | 0 | 0 | 2 | 0 | 1 | 0 | 1 | 3 | 0 | 2 | 70 | × |
| 39 | 05 | 2 | 14 | 2 | 0 | 0 | 0 | 0 | 0 | 0 | 0 | 0 | 2 | 0 | 5 | 0 | 0 | 0 | |
| 40 | 06 | 2 | 51 | 1 | 0 | 0 | 0 | 0 | 0 | 1 | 0 | 0 | 0 | 0 | 5 | 0 | 0 | 0 | |
| 41 | 07 | 2 | 77 | 6 | 350 | 0 | 1 | 0 | 3 | 0 | 3 | 1 | 0 | 1 | 0 | 0 | 0 | 350 | |
| 42 | 08 | 1 | 58 | 1 | 0 | 0 | 0 | 0 | 0 | 1 | 0 | 0 | 0 | 0 | 0 | 2 | 0 | 0 | |
| 43 | 09 | 1 | 26 | 4 | 30 | 0 | 0 | 0 | 0 | 0 | 0 | 0 | 3 | 0 | 3 | 0 | 3 | 30 | |
| 44 | 10 | 1 | 68 | 7 | 400 | 0 | 1 | 0 | 4 | 0 | 1 | 6 | 0 | 6 | 0 | 2 | 0 | 400 | |
| 45 | 11 | 1 | 21 | 2 | 0 | 0 | 0 | 0 | 0 | 0 | 0 | 0 | 2 | 0 | 0 | 2 | 0 | 0 | |
| 46 | 12 | 1 | 66 | 8 | 430 | 0 | 1 | 0 | 4 | 0 | 4 | 8 | 1 | 8 | 3 | 0 | 3 | 430 | |
| 47 | 13 | 2 | 62 | 4 | 0 | 0 | 0 | 0 | 0 | 0 | 0 | 0 | 3 | 0 | 0 | 0 | 0 | 0 | |
| 48 | 14 | 1 | 10 | 4 | 30 | 0 | 0 | 0 | 0 | 0 | 0 | 0 | 3 | 0 | 3 | 0 | 3 | 30 | |
| 49 | 15 | 2 | 75 | 7 | 400 | 0 | 1 | 0 | 4 | 0 | 0 | 8 | 0 | 6 | 10 | 5 | 10 | 400 | |
| 50 | 16 | 2 | 45 | 3 | 0 | 0 | 0 | 0 | 0 | 0 | 0 | 0 | 1 | 0 | 0 | 0 | 0 | 0 | |
| 51 | 17 | 2 | 76 | 6 | 350 | 0 | 1 | 0 | 3 | 0 | 1 | 5 | 0 | 1 | 20 | 0 | 4 | 190 | × |
| 52 | 18 | 2 | 64 | 7 | 400 | 0 | 1 | 0 | 4 | 0 | 1 | 6 | 0 | 1 | 25 | 5 | 9 | 240 | × |
| 53 | 19 | 2 | 85 | 7 | 400 | 0 | 1 | 0 | 4 | 0 | 1 | 6 | 0 | 1 | 25 | 5 | 9 | 240 | × |
| 54 | 20 | 2 | 7 | 4 | 0 | 0 | 0 | 0 | 0 | 0 | 0 | 0 | 3 | 0 | 0 | 0 | 0 | 0 | |
| 55 | 21 | 1 | 66 | 6 | 380 | 0 | 1 | 0 | 3 | 0 | 1 | 5 | 0 | 4 | 8 | 0 | 4 | 340 | × |
| 56 | 22 | 1 | 62 | 2 | 0 | 0 | 0 | 0 | 0 | 0 | 0 | 0 | 2 | 0 | 0 | 2 | 0 | 0 | |
| 57 | 23 | 2 | 8 | 1 | 0 | 0 | 0 | 0 | 0 | 1 | 0 | 0 | 0 | 0 | 0 | 5 | 0 | 0 | |
| 58 | 24 | 2 | 66 | 5 | 50 | 0 | 0 | 0 | 0 | 2 | 0 | 1 | 0 | 1 | 0 | 0 | 0 | 50 | |
| 59 | 25 | 1 | 71 | 8 | 430 | 0 | 1 | 0 | 4 | 0 | 4 | 0 | 1 | 0 | 3 | 0 | 3 | 430 | |
| 60 | 26 | 2 | 46 | 4 | 0 | 0 | 0 | 0 | 0 | 0 | 0 | 0 | 3 | 0 | 0 | 0 | 0 | 0 | |
| 61 | 27 | 2 | 72 | 5 | 50 | 0 | 0 | 0 | 0 | 2 | 0 | 1 | 0 | 1 | 0 | 0 | 0 | 50 | |
| 62 | 28 | 1 | 60 | 2 | 0 | 0 | 0 | 0 | 0 | 0 | 0 | 0 | 2 | 0 | 0 | 2 | 0 | 0 | |
| 63 | 29 | 1 | 38 | 3 | 30 | 0 | 0 | 0 | 0 | 1 | 0 | 0 | 1 | 0 | 3 | 0 | 3 | 30 | |
| 64 | 30 | 1 | 21 | 2 | 0 | 0 | 0 | 0 | 0 | 0 | 0 | 0 | 2 | 0 | 0 | 2 | 0 | 0 | |

〔1〕 初期値設定

① 客数　これは，シミュレーション期間中に訪れる利用者の想定人数を入力する欄である．今回は，4.4.2節の(11)で言及したように，90人（3日分）と想定した場合のシミュレーションを行うことにするので，以下のセルに「90」と入力する．

　　〔E27〕＝90

② 最大補充枚数　これは，自販機に補充できる釣銭の金種別最大枚数を指す．4.4.2節の(9)で言及した枚数を以下のように設定する．

　　〔J26〕＝70, 〔M26〕＝80, 〔P26〕＝80, 〔S26〕＝90

③ 実際補充枚数　これは，適正補充枚数を模索するために，実験的に入力する補充枚数のことである．4.4.2節の(10)で言及した枚数（テスト用の枚数）を以下のように設定する．

　　〔J27〕＝5, 〔M27〕＝5, 〔P27〕＝5, 〔S27〕＝5

〔2〕 購入する商品とお金の出し方の判別（C列〜G列）

① 客番　これは，利用者を識別する番号である．今回は最大100人まで対応できるようにするので，以下のセルに1〜100の通し番号をつける．

　　〔C35〕〜〔C134〕＝1〜100

② 商品　これは，利用者が購入する商品を乱数で決めて表示するための欄である．

　　〔D35〕＝IF(C35>$E$27,"",　　　　…(a)
　　　　　　RANDBETWEEN(1,2))　　　…(b)

　この式は，「もし，(a) セル'C35'の客番が客数欄に設定した人数'$E$27'より大きい場合には'空白'にし，(b) それ以外の場合は'1'か'2'の乱数を与え，客が購入する商品として表示すること」を意味する．

　※ 追記　上記条件式(a)は，客数欄に設定した人数分の情報だけを表示し，シートの見た目をすっきりさせるための工夫である．そのため，同条件式は以下のすべての項目の計算式の先頭にも入れておく必要がある．同条件式を以下では「（前略）」と記し，説明は省く．

③ 乱数　これは，お金の出し方を決める際に用いるものである．乱数は，前記①の「客数」欄に入力した人数に連動して決まるよう，以下のように設定する．これによって，今回は1〜90の乱数が発生することになる．

〔E35〕 =IF(C35>$E$27,"",RANDBETWEEN(1,$E$27))

④ 出し方　これは，利用者のお金の出し方を表示する欄である．お金の出し方は 4.4.2 節 (2)で記した割合で決まるよう，以下の式を入力する．

〔F35〕 =IF(C35>$E$27,"",
　　　　IF(E35<=63,RANDBETWEEN(1,4),　　　　　　　…(a)
　　　　IF(AND(E35>=64,E35<=85),RANDBETWEEN(5,8),　…(b)
　　　　RANDBETWEEN(9,13))))　　　　　　　　　　　…(c)

この式は，「(前略)．もし，(a) セル 'E35' の乱数が 63 以下ならば，お金の出し方は 1～4 の乱数で決める．(b) セル 'E35' の乱数が 64～85 の範囲内のものであるならば，お金の出し方は 5～8 の乱数で決める．(c) それ以外の場合は，9～13 の乱数で決めて表示すること」を意味する．

⑤ おつり　これは，おつりの金額を表示させる欄である．商品 1 を選んだときには TABLE-1 から，商品 2 を選んだときには TABLE-2 から，お金の出し方に対するおつりの金額情報を取ってくるようにする．

〔G35〕 =IF(C35>$E$27,"",
　　　　IF(D35=1,VLOOKUP(F35,$C$9:$O$21,5),VLOOKUP(F35,$S$9:$AE$21,5)))

この式は，「(前略)．もし，客が購入する商品 'D35' が '1' ならば，TABLE-1 の左から '5' 番目の列にある「おつり」を参照し，お金の出し方 'F35' に対するおつりの金額を表示すること．それ以外の場合は ('セル D35' が '2')，TABLE-2 を参照して同情報を表示すること」を意味する．

〔3〕 **返すべきおつりと返せるおつりの硬貨別枚数の計算** (H 列〜S 列)

　　繰り返しになるが，最少枚数での払い出し方をするおつりが「返すべきおつり」，それ以外の枚数で払い出されるおつりが「返せるおつり」である．前者は「ToPay」，後者は「Payable」という項目に分けて扱うことにする．なお，おつりは，必要枚数を金種別に計算しなければならないので，500 円玉から 100 円玉，50 円玉，10 円玉の順に計算していく．

A. **500 円玉用** (H 列〜J 列)

① ToPay　これは，客が購入する商品とお金の出し方を判別し，おつりのうち 500 円玉で返すべき枚数を表示する欄である．

〔H35〕 =IF(C35>$E$27,"",
　　　　IF(D35=1,VLOOKUP(F35,$C$9:$O$21,6),VLOOKUP(F35,$S$9:$AE$21,6)))

この式は，「(前略)．もし，客が購入する商品 'D35' が '1' ならば，TABLE-1 の左から '6' 番目にある ToPay 列の '−500' 欄の値を参照し，お金の出し方 'F35' に対するおつりのうち 500 円玉で返すべき枚数を表示する．それ以外の場合は（'セル D35' が '2'），TABLE-2 にある同情報を参照して表示すること」を意味する．

② InPut　これは，客のお金の出し方に 500 円玉が含まれているかを判別し，その枚数を表示する欄である．

〔I35〕＝IF(C35>$E$27,"",
　　　　IF(D35=1,VLOOKUP(F35,$C$9:$O$21,10),VLOOKUP(F35,$S$9:$AE$21,10)))

この式は，「(前略)．もし，客が購入する商品 'D35' が '1' ならば，TABLE-1 の左から '10' 番目にある InPut 列の '＋500' 欄の値を参照し，お金の出し方 'F35' によって補充される 500 円玉の枚数を表示する．それ以外の場合は（'セル D35' が '2'），TABLE-2 にある同情報を参照して表示すること」を意味する．

③ Payable　これは，おつりのうち 500 円玉で返せる枚数を表示する欄である．

〔J35〕＝IF(C35>$E$27,"",
　　　　IF(AND(H35=1,W34>=1),1,0))

この式は，「(前略)．もし，セル 'H35' に 500 円玉で返すべきおつりが '1' 枚あって，現在保有している 500 円玉の釣銭在庫 'W34' が '1' 枚以上であるならば，'1' と表示する．それ以外の場合は，おつりを 500 円玉で返す必要がないか 500 円玉の釣銭在庫がないときであるので，'0' と表示すること」を意味する．

**B．100 円玉用** (K 列～M 列)

① ToPay　これは，おつりうち 100 円玉で返すべき枚数を表示する欄である．

〔K35〕＝IF(C35>$E$27,"",
　　　　IF(AND(D35=1,J35<H35),5+VLOOKUP(F35,$C$9:$O$21,7),　…(a)
　　　　IF(AND(D35=1,J35>=H35),VLOOKUP(F35,$C$9:$O$21,7),
　　　　IF(AND(D35=2,J35<H35),5+VLOOKUP(F35,$S$9:$AE$21,7),　…(b)
　　　　VLOOKUP(F35,$S$9:$AE$21,7)))))

この式は，「(前略)．もし，(a) 客が購入する商品 'D35' が '1' であって，おつりを 500 円玉で返すことができない状況 'J35<H35' なら，100 円玉 '5' 枚に，お金の出し方 'F35' に対して 100 円玉で返すべき枚数（TABLE-1 の左から '7' 番目にある ToPay 列の '−100' 欄の値）を加えた枚数を表示する．もし，500 円玉で返すことができる状況 'J35>=H35' なら，100 円玉で返すべき枚数のみを表示する．(b) 商品 '2' を選んだ場合は，上記同様のことをチェック（TABLE-2 を参照）し，100 円玉で返す必要がある枚数を表示すること」

を意味する．

② InPut　これは，客のお金の出し方に100円玉が含まれているかを判別し，その枚数を表示する欄である．

〔L35〕= IF(C35>$E$27,"",
　　　　IF(D35=1,VLOOKUP(F35,$C$9:$O$21,11),VLOOKUP(F35,$S$9:$AE$21,11)))

この式は，「(前略)．もし，客が購入する商品'D35'が'1'ならば，TABLE-1の左から'11'番目にあるInPut列の'＋100'の欄の値を参照し，お金の出し方'F35'によって補充される100円玉の枚数を表示する．それ以外の場合は('セルD35'が'2')，TABLE-2にある同情報を参照して表示すること」を意味する．

③ Payable　これは，おつりのうち，100円玉で返せる枚数を表示する欄である．

〔M35〕= IF(C35>$E$27,"",
　　　　IF(AND(K35>0,X34+L35>=K35),K35,　　　…(a)
　　　　IF(AND(K35>0,X34+L35<K35),X34+L35,0)))　…(b)

この式は，「(前略)．もし，(a) セル'K35'に100円玉で返すべきおつりがあって，それを保有している100円玉の釣銭在庫'X34'と投入された100円玉の枚数'L35'を足した数'X34+L35'で返せる状況'X34+L35>=K35'であるならば，セル'K35'の枚数を表示する．(b) もし，'X34+L35'の枚数が返すべき枚数'K35'より少ない状況'X34+L35<K35'であるならば，100円玉で返せる枚数として'X34+L35'を表示する．それ以外のときは'0'と表示すること」を意味する．

### C. 50円玉用（N列～P列）

50円玉用の計算式は100円玉用と同様であるので，説明は省き，式のみを示す．

① ToPay

〔N35〕= IF(C35>$E$27,"",
　　　　IF(AND(D35=1,M35<K35),(K35-M35)＊2+VLOOKUP(F35,$C$9:$O$21,8),
　　　　IF(AND(D35=1,M35>=K35),VLOOKUP(F35,$C$9:$O$21,8),
　　　　IF(AND(D35=2,M35<K35),(K35-M35)＊2+VLOOKUP(F35,$S$9:$AE$21,8),
　　　　VLOOKUP(F35,$S$9:$AE$21,8)))))

② InPut

〔O35〕= IF(C35>$E$27,"",
　　　　IF(D35=1,VLOOKUP(F35,$C$9:$O$21,12),VLOOKUP(F35,$S$9:$AE$21,12)))

③ [Payable]

〔P35〕 =IF(C35>$E$27,"",
　　　　　IF(AND(N35>0,Y34+O35>=N35),N35,
　　　　　IF(AND(N35>0,Y34+O35<N35),Y34+O35,0)))

D. 10円玉用 （Q列～S列）

10円玉用の計算式も100円玉用と同様であるので，説明は省き，式のみを示す．

① [ToPay]

〔Q35〕 =IF(C35>$E$27,"",
　　　　　IF(AND(D35=1,P35<N35),(N35-P35)＊5+VLOOKUP(F35,$C$9:$O$21,9),
　　　　　IF(AND(D35=1,P35>=N35),VLOOKUP(F35,$C$9:$O$21,9),
　　　　　IF(AND(D35=2,P35<N35),(N35-P35)＊5+VLOOKUP(F35,$S$9:$AE$21,9),
　　　　　VLOOKUP(F35,$S$9:$AE$21,9)))))

② [InPut]

〔R35〕 =IF(C35>$E$27,"",
　　　　　IF(D35=1,VLOOKUP(F35,$C$9:$O$21,13),VLOOKUP(F35,$S$9:$AE$21,13)))

③ [Payable]

〔S35〕 =IF(C35>$E$27,"",
　　　　　IF(AND(Q35>0,Z34+R35>=Q35),Q35,
　　　　　IF(AND(Q35>0,Z34+R35<Q35),Z34+R35,0)))

〔4〕 返せるおつりの合計額の計算 （T列）

返せるおつりの合計額は，各種硬貨の「Payable」欄の枚数に各種硬貨の額面金額を掛け合わせたものとなる．よって，以下の式を用いてその額を計算し，「合計」欄に表示する．

〔T35〕 =IF(C35>$E$27,"",(J35＊500)+(M35＊100)+(P35＊50)+(S35＊10))

〔5〕 釣銭切れの判断と発生件数の集計 （U列）

釣り銭切れは，G列の「おつり」欄にある値（返さなければならないおつり）よりT列の「合計」欄にある値（返せるおつり）が小さいときに発生する．その場合は，「釣銭切れ」欄に '×' 印のサインを出す．そのための式は以下の通りである．

〔U35〕 =IF(C35>$E$27,"",IF(G35>T35,"×",""))

〔集計〕 次は，釣銭切れが発生する件数と，最初に発生した時点を調べ，TABLE-3 の右上にある「件数」と「初回」欄に表示することにする．そのための式は以下の通りである．

▶〔件数〕 釣銭切れの発生件数
〔U26〕 ＝IF(COUNTIF(U35:U134,"×")=0,"-",COUNTIF(U35:U134,"×"))

この式は，「もし，セル 'U35:U134' の範囲内に '×' 印が '0' 件であるならば '-' を表示し，それ以外の場合には同範囲のある '×' 印の数を数えて表示すること」を意味する．

▶〔初回〕 釣銭切れの最初発生時点
〔U27〕 ＝IF(COUNTIF(U35:U134,"×")>0,MATCH("×",U35:U134,FALSE),"-")

この式は，「もし，セル 'U35:U134' の範囲内に '×' 印が '0' 件より多い場合は，最初の '×' 印が同範囲の先頭から数えて何番目のセルにあるかを表示する．それ以外の場合は，"-" を表示すること」を意味する．

※ 確認　前記式の入力が完了したら（客番 '1' の利用者に対する式を入力した段階），各種式の計算結果を確かめる．表 4.4 にある TABLE-3 の客番 '1' の利用者に対する計算結果をまとめると，以下のようになっている．

- 購入する商品：1（120 円）
- お金の出し方：8（550 円＝500＋50×1）
- おつり：**430**
- 500 円玉の InPut：1
- 100 円玉の ToPay：4，Payable：**4**
- 50 円玉の InPut：1
- 10 円玉の ToPay：3，Payable：**3**
- 合計：**430**

ついでに，同表にある客番 '2' のシミュレーション結果をみると，30 円のおつりを返さなければならないが，10 円玉の釣銭は 2 個しかないため，'×' 印の釣銭切れサインが付いている．

## 4.6.3　TABLE-4 の作成

TABLE-4 の役割は，現在保有している「釣銭在庫」の金種別枚数情報を確保し，TABLE-3 の「Payable」欄で行うおつりの計算に提供することである．

〔初期在庫〕 初期在庫とは，TABLE-3 の上段に入力したテスト用の「実際補充枚数」の値を指す．それを，便宜上，TABLE-4 の先頭にも表示しておくことにする．そのために，以下のようにする．

〔W34〕＝J27，〔X34〕＝M27〔Y34〕＝P27，〔Z34〕＝S27

表 4.5　TABLE-4

| V | W | X | Y | Z |
|---|---|---|---|---|
| 26 | - | 26 | 2 | 3 |
| 27 | - | 7 | 12 | 41 |
|  | ↑ | ↑ | ↑ | ↑ |

〔金種別釣銭在庫〕　釣銭在庫を計算する際には次の点に留意する必要がある――(1) 釣銭切れ欄に'×'印が付いた場合には釣銭不足により当該の利用者への販売はできない．そのため，釣銭在庫は直前の利用者との取引終了後の状況に戻す．(2) 最大補充枚数に達した後に入ってくる利用者の投入硬貨は，4.4.2 節の(9)で言及したように，金庫（回収箱）に格納される．そのため，釣銭在庫には加算しない．

以下では金種別釣銭在庫の計算方法について説明するが，500円玉についてのみ説明する．他の硬貨に関しては，同じ説明の繰り返しになるので，計算式のみを示す．

**TABLE 4**

|  | 釣銭在庫 | | | |
|---|---|---|---|---|
|  | 500円 | 100円 | 50円 | 10円 |
| 34 | 5 | 5 | 5 | 5 |
| 35 | 6 | 1 | 6 | 2 |
| 36 | 6 | 1 | 6 | 2 |
| 37 | 6 | 2 | 7 | 2 |
| 38 | 6 | 2 | 7 | 2 |
| 39 | 6 | 2 | 9 | 7 |
| 40 | 6 | 3 | 9 | 12 |
| 41 | 7 | 0 | 8 | 12 |
| 42 | 7 | 1 | 8 | 14 |
| 43 | 7 | 1 | 11 | 11 |
| 44 | 8 | 0 | 5 | 13 |
| 45 | 8 | 0 | 7 | 15 |
| 46 | 9 | 0 | 0 | 12 |
| 47 | 9 | 0 | 3 | 12 |
| 48 | 9 | 0 | 6 | 9 |
| 49 | 10 | 0 | 0 | 4 |
| 50 | 10 | 1 | 1 | 4 |
| 51 | 10 | 1 | 1 | 4 |
| 52 | 10 | 1 | 1 | 4 |
| 53 | 10 | 1 | 1 | 4 |
| 54 | 10 | 1 | 4 | 4 |
| 55 | 10 | 1 | 4 | 4 |
| 56 | 10 | 1 | 6 | 6 |
| 57 | 10 | 2 | 6 | 11 |
| 58 | 10 | 4 | 5 | 11 |
| 59 | 11 | 0 | 6 | 8 |
| 60 | 11 | 0 | 9 | 8 |
| 61 | 11 | 2 | 8 | 8 |
| 62 | 11 | 2 | 10 | 10 |
| 63 | 11 | 3 | 11 | 7 |
| 64 | 11 | 3 | 13 | 9 |

① 500円

〔W35〕＝IF(\$C35>\$E\$27,"",IF(\$U35="×",W34,　　…(a)
　　　　　IF(J35>0,W34+I35-J35,　　　　　　　　…(b)
　　　　　IF(W34+I35>\$J\$26,\$J\$26,W34+I35))))　…(c)

この式は，「（前略）もし，(a) 釣銭切れ欄 '\$U35' に '×' 印がついているならば，直前の在庫 'W34' に戻す．(b) '×' 印がついてない場合，セル 'J35' に 500円玉で返せるおつりが '0' 枚以上あるならば（注：返せるおつりがあるということは 500円玉でおつりを返す必要があることを前提にしている．500円玉の Payable 欄の計算式参照），'W34+I35-J35（直前の釣銭在庫＋投入された枚数－返す枚数）'を表示する．(c) 500円玉のおつりを返す必要がない場合，'W34+I35（直前の釣銭在庫＋投入された枚数）'が最大補充枚数 '\$J\$26' を超えたら，最大補充枚数 '\$J\$26' を表示し，越えなかったら 'W34+I35（直前の釣銭在庫＋投入された枚数）'を現在保有する釣銭在庫の枚数として表示すること」を意味する．

右上の表 4.5 の TABLE-4 に色が付いている所（例えば，行番号 36 と 38）は，TABLE-3 の「釣銭切れ」欄に '×' 印のサインがついているため，直前の在庫枚数に戻していることを表している．色付けは「条件付き書式」で設定すればできるが，その説明は省く．

② 100円

〔X35〕＝IF(\$C35>\$E\$27,"",IF(\$U35="×",X34,
　　　　　IF(M35>0,X34+L35-M35,IF(X34+L35>\$M\$26,\$M\$26,X34+L35))))

③ 50円

〔Y35〕　=IF($C35>$E$27,"",IF($U35="×",Y34,
　　　　　IF(P35>0,Y34+O35-P35,IF(Y34+O35>$P$26,$P$26,Y34+O35))))

④ 10円

〔Z35〕　=IF($C35>$E$27,"",IF($U35="×",Z34,
　　　　　IF(S35>0,Z34+R35-S35,IF(Z34+R35>$S$26,$S$26,Z34+R35))))

〔集計〕　次は，「釣銭在庫」が切れる「件数」と最初に切れる「時点」を金種別に調べ，TABLE-4 の上段に表示する．そのための計算式は TABLE-3 の右上にある「件数」と「初回」欄の式と同じ型式であるため，説明を省き，計算式のみを示す．

表 4.5 に示されている結果では，100 円玉が切れたのは 26 回，最初に切れたのは 7 人目の利用者のとき，となっている．50 円玉と 10 円玉の結果に対しても同様の見方をすればいい．

▶〔件数〕　金種別釣銭在庫切れの発生件数

〔W26〕　=IF(COUNTIF(W35:W134,0)=0,"-",COUNTIF(W35:W134,0))
〔X26〕　=IF(COUNTIF(X35:X134,0)=0,"-",COUNTIF(X35:X134,0))
〔Y26〕　=IF(COUNTIF(Y35:Y134,0)=0,"-",COUNTIF(Y35:Y134,0))
〔Z26〕　=IF(COUNTIF(Z35:Z134,0)=0,"-",COUNTIF(Z35:Z134,0))

▶〔初回〕　金種別釣銭在庫切れの最初発生時点

〔W27〕　=IF(COUNTIF(W35:W134,0)>0,MATCH(0,W35:W134,FALSE),"-")
〔X27〕　=IF(COUNTIF(X35:X134,0)>0,MATCH(0,X35:X134,FALSE),"-")
〔Y27〕　=IF(COUNTIF(Y35:Y134,0)>0,MATCH(0,Y35:Y134,FALSE),"-")
〔Z27〕　=IF(COUNTIF(Z35:Z134,0)>0,MATCH(0,Z35:Z134,FALSE),"-")

### 4.6.4　TABLE-5 の作成

TABLE-5 の役割は，おつりの硬貨が大量に払い出される「大量払い」の発生件数をチェックすることである．

〔判断基準〕　大量払いの判断は 4.4.2 節の(5)で言及した枚数を基準とするので，その枚数を以下のセルに入力しておく．

〔AC34〕＝8，〔AD34〕＝7，〔AE34〕＝10

〔硬貨別大量払い〕　大量払い例をチェックするための式は 100 円玉用についてのみ説明する．50 円玉と 10 円玉用の計算式は，100 円玉用と同じ形式であるため，式のみを示す．

① 100 円

　〔AC35〕＝IF(AB35>$E$27,"",
　　　　　　　IF(AND(U35<>"×",M35>=$AC$34),1,""))

この式は，「(前略)．もし，釣銭切れのサイン欄 'U35' に '×' 印がついてなく，100 円玉の Payable 欄 'M35' の枚数が基準枚数 '$AC$34' を超えた場合には，大量払いの印として '1' と表示すること．それ以外の場合は '空白' にすること」を意味する．

② 50 円

　〔AD35〕＝IF(AB35>$E$27,"",
　　　　　　　IF(AND(U35<>"×",P35>=$AD$34),1,""))

③ 10 円

　〔AE35〕＝IF(AB35>$E$27,"",
　　　　　　　IF(AND(U35<>"×",S35>=$AE$34),1,""))

〔集計〕 TABLE-5 の上段にも，TABLE-4 の上段にある集計欄と同じ情報を集計する．集計方法は TABLE-4 の集計欄と同じであるので，ここでは計算式のみを示す．

表 4.6 に示されている結果では，50 円が 7 枚以上払い出されるケース（大量払い）が 3 回，最初に発生したのは 12 人目の利用者のとき，となっている．10 円玉の結果に対しても同様の見方をすればいい．

表 4.6　TABLE-5

| | AA | AB | AC | AD | AE |
|---|---|---|---|---|---|
| 26 | | 件数 | - | 3 | 1 |
| 27 | | 初回 | - | 12 | 15 |

**TABLE 5**

| | AB | AC | AD | AE |
|---|---|---|---|---|
| 31 | | 大量払いチェック | | |
| 32 | | | | |
| 33 | 金種 | 100円 | 50円 | 10円 |
| 34 | 基準 | 8 | 7 | 10 |
| 35 | 01 | | | |
| 36 | 02 | | | |
| 37 | 03 | | | |
| 38 | 04 | | | |
| 39 | 05 | | | |
| 40 | 06 | | | |
| 41 | 07 | | | |
| 42 | 08 | | | |
| 43 | 09 | | | |
| 44 | 10 | | | |
| 45 | 11 | | | |
| 46 | 12 | | 1 | |
| 47 | 13 | | | |
| 48 | 14 | | | |
| 49 | 15 | | | 1 |
| 50 | 16 | | | |
| 51 | 17 | | | |
| 52 | 18 | | | |
| 53 | 19 | | | |
| 54 | 20 | | | |
| 55 | 21 | | | |
| 56 | 22 | | | |
| 57 | 23 | | | |
| 58 | 24 | | | |
| 59 | 25 | | | |
| 60 | 26 | | | |
| 61 | 27 | | | |
| 62 | 28 | | | |
| 63 | 29 | | | |
| 64 | 30 | | | |

▶〔件数〕硬貨別大量払い発生件数

　〔AC26〕＝IF(SUM(AC35:AC134)=0,"-",SUM(AC35:AC134))
　〔AD26〕＝IF(SUM(AD35:AD134)=0,"-",SUM(AD35:AD134))
　〔AE26〕＝IF(SUM(AE35:AE134)=0,"-",SUM(AE35:AE134))

▶〔初回〕硬貨別大量払い最初発生時点

　〔AC27〕＝IF(COUNTIF(AC35:AC134,1)>0,MATCH(1,AC35:AC134,FALSE),"-")
　〔AD27〕＝IF(COUNTIF(AD35:AD134,1)>0,MATCH(1,AD35:AD134,FALSE),"-")
　〔AE27〕＝IF(COUNTIF(AE35:AE134,1)>0,MATCH(1,AE35:AE134,FALSE),"-")

## 4.7 シミュレーションの結果と分析

本節では，前節で作成したシミュレーターを用いて得たシミュレーション結果を提示する．そして，その結果を分析しながら，課題の基準を作る．

### 4.7.1 集計表の作成

シミュレーション結果を100回分まとめる方法について，先に説明する．

〔1〕 シミュレーター上の集計欄の結果

表4.7に示したのは，前節で作成したシミュレーター上（TABLE-3, TABLE-4, TABLE-5の上段）にある集計欄の結果である．因みに，同結果は各種硬貨の補充枚数を5枚ずつ設定した場合の例である．また，1日の利用者数を30人と想定して得た90人までの結果であるため，3日置きに補充を行う（補充間隔を72時間にする）場合の「補充1回分」の結果に相当する．

表4.7 シミュレーター上の集計欄（3日置きの補充1回分）

| S | T | U | V | W | X | Y | Z | AA | AB | AC | AD | AE |
|---|---|---|---|---|---|---|---|---|---|---|---|---|
| 26 | 件数 | 8 | | - | 26 | 2 | 3 | | 件数 | - | 3 | 1 |
| 27 | 初回 | 2 | | - | 7 | 12 | 41 | | 初回 | - | 12 | 15 |

TABLE 3 : 10円玉 Payable 支払可 / 合計 / 釣銭切れ
TABLE 4 : 釣銭在庫 500円 / 100円 / 50円 / 10円
TABLE 5 : 大量払いチェック 金種 / 100円 / 50円 / 10円

〔2〕 複数回のシミュレーション結果の集計方法

新しいシミュレーション結果を得るためには，キーボード上の〔F9〕キーを押せばいい．同キーを押す度に，シミュレーター上の乱数は更新され，乱数とかかわりのあるすべての計算式の結果も新しくなる．複数回のシミュレーション結果を集めるには，以下のような集計表を作る必要がある．

表4.8 シミュレーション結果の集計表（3日置きの補充100回分）

**TABLE 3a**

| 釣銭切れ（初回） | |
|---|---|
| min | 2 |
| max | 86 |
| ave | 15 |

| 補充 | 初回 |
|---|---|
| 1 | 2 |
| 2 | - |
| 3 | - |
| 4 | 3 |
| 5 | 3 |

**TABLE 3b**

| 釣銭切れ（件数） | | |
|---|---|---|
| 遭遇人数（件数合計） | | 発生回数 |
| 166 | | 51 |

| 補充 | 件数 |
|---|---|
| 1 | 8 |
| 2 | - |
| 3 | - |
| 4 | 1 |
| 5 | 4 |

**TABLE 5a**

| 大量払い（初回） | | | |
|---|---|---|---|
| | 100円 | 50円 | 10円 |
| min | 0 | 6 | 5 |
| max | | | |
| ave | 0 | 33 | 39 |

| 補充 | 100円 | 50円 | 10円 |
|---|---|---|---|
| 1 | - | 12 | 15 |
| 2 | | 17 | 69 |
| 3 | | 56 | - |
| 4 | | 55 | - |
| 5 | | 9 | 46 |

**TABLE 5b**

| 大量払い（件数） | | | | |
|---|---|---|---|---|
| | 100円 | 50円 | 10円 | 発生回数 |
| 遭遇人数（件数合計） | 0 | 330 | 59 | |
| | | 389 | | 95 |

| 補充 | 100円 | 50円 | 10円 | チェック |
|---|---|---|---|---|
| 1 | - | 3 | 1 | 1 |
| 2 | | 6 | 1 | 1 |
| 3 | | 2 | - | 1 |
| 4 | | 4 | | 1 |
| 5 | | 3 | 2 | 1 |

表 4.8 の TABLE-3a と TABLE-3b はシミュレーター上の TABLE-3 の右上にある釣銭切れの「初回」欄と「件数」欄の値を記録したもの，TABLE-5a と TABLE-5b はシミュレーター上の TABLE-5 の真上にある大量払いの「初回」欄と「件数」欄の値を記録したものである．そして，表 4.8 の各テーブルの上段にあるのは，100 回分の結果のまとめであり（まとめ方については後述する），各テーブルの下段に示してあるのは，5 回分までの結果例である（紙面の制約上）．同集計表の「補充」欄（1〜100）に 100 回分の結果を記録する作業は，以下の方法を取れば効率よくできる．

① 「補充」欄 '1' に，シミュレーター上の TABLE-3 と TABLE-5 の集計欄（「初回」と「件数」）の結果が自動表示されるよう，リンクを張っておく．
② キーボード上の〔F9〕キーを押して，新しいシミュレーション結果を表示させる．
③ 「補充」欄 '1' に表示される各テーブルの値を丸ごとコピーし，下の補充欄に値のみを貼り付ける．
④ 上記②と③を繰り返し，補充欄 '100' までシミュレーション結果を記録する．

※ **参考** 上記はマウスを使ってコピー・アンド・ペースト（copy and paste）を繰り返す方法であるが，同繰り返し作業はマクロを用いて自動化することもできる．図 4.2（4.5 節）の TABLE-5 の右上には「COIN」というタグのついたボタンがある．このボタンには上記の転記作業を 100 回繰り返すマクロが登録されている．同ボタンを 1 回押す度に新しい 100 回分のシミュレーション結果が自動的に表 4.8 の集計表に記録される．参考までに，マクロの内容を章末の付録に載せておく．

〔3〕 100 回分のシミュレーション結果のまとめ

100 回分のシミュレーション結果は，表 4.8（集計表）の各テーブルの上段にまとめられている．そのまとめ方について，表 4.8 にある結果をもって説明することにする．

▶ 釣銭切れ関連

まず，**TABLE-3a**（釣銭切れ・初回）の結果に注目すると，この 100 回分の実験結果では，釣銭切れが最初に発生したのは平均 '15' 人目の利用者のときであり，最も早いのは '2' 人目（つまり 1 日目），最も遅いのは '86' 人目（つまり 3 日目）の利用者のとき，となっている．

次は，**TABLE-3b**（釣銭切れ・件数）の結果についてだが，同テーブルの下段にある「件数」欄の値の合計を取ると，釣銭切れに遭遇した人数が分かるので，その合計を「遭遇人数」欄に表示している．また，同「件数」欄にある値の数を数えると（発生した場合を '1' と数える），補充を 100 回行う間に釣銭切れが発生した補充回数が分かるので，それを「発生回数」欄に表示している．結果は次の通りである――3 日置きの補充を 100 回行う間に，釣銭切れに遭遇した人数は '166' 人，釣銭切れが発生した回数は補充 100 回のうち '51' 回（確率 51%）．

▶ 大量払い関連

まず，**TABLE-5a**（大量払い・初回）の結果に注目すると，50 円玉による大量払いが最初に発

生したのは平均 '33' 人目（最も早いのは '6' 人目），10 円玉による大量払いが最初に発生したのは平均 '39' 人目（最も早いのは '5' 人目）の利用者のとき，となっている．

次は，TABLE-5b（大量払い・件数）の結果についてだが，同テーブルの下段に表示されている硬貨別大量払い件数の合計を取ると，大量払いに遭遇した人数が分かるので，その合計を「遭遇人数」欄に表示している．また，100 円玉，50 円玉，10 円玉のいずれかによって大量払いが発生したときを '1' と数える（チェック欄に記入）と，補充を 100 回行う間に大量払いが発生した補充回数が分かるので，チェック欄の合計を「発生回数」欄に表示している．結果は次の通りである——3 日置きの補充を 100 回行なっている間に，50 円玉による大量払いに遭遇した人数は '330' 人，10 円玉での大量払いに遭遇した人数は '59' 人，計 '389' 人．また，大量払いが発生した回数は補充 100 回のうち '95' 回（確率 95%）．

次節では，表 4.8 の TABLE-3b と TABLE-5b の上段に集約される 100 回分の結果を 10 セット集めた結果（補充 1,000 回分）を示し，100 回分毎の平均に注目することにする．ただし，以下で表 4.8 の TABLE-3a と TABLE-5a の結果（釣銭切れと大量払いの「初回」に関する結果）についての言及は，紙面の制約上，省く．

### 4.7.2 結果と分析

本節では，釣銭の初期設定枚数を変えた場合（シナリオ）のシミュレーション結果を分析する．

〔1〕 シナリオとシミュレーション結果

各種硬貨の初期設定枚数を次のように設定した場合——500 円玉 **1** 枚，100 玉 **16** 枚，50 円玉 **16** 枚，10 円玉 **16** 枚——から検討することにする．このような補充枚数の設定を以下では 1-16-16-16 と表記することにする．

■シナリオ A（1-16-16-16）

表 4.9　シナリオ A のシミュレーション結果

| 100×10 | 釣銭切れ | | 大量払い | | 内訳 | | |
|---|---|---|---|---|---|---|---|
| | 発生件数 | 遭遇人数 | 発生件数 | 遭遇人数 | 100 円 | 50 円 | 10 円 |
| 1st | 7 | 11 | 83 | 261 | 5 | 245 | 11 |
| 2nd | 10 | 30 | 73 | 239 | 8 | 224 | 7 |
| 3rd | 6 | 6 | 74 | 234 | 4 | 224 | 6 |
| 4th | 8 | 25 | 79 | 258 | 3 | 243 | 12 |
| 5th | 6 | 10 | 76 | 274 | 2 | 255 | 17 |
| 6th | 10 | 25 | 71 | 244 | 3 | 231 | 10 |
| 7th | 9 | 16 | 75 | 262 | 2 | 240 | 20 |
| 8th | 7 | 22 | 82 | 288 | 4 | 270 | 14 |
| 9th | 4 | 10 | 71 | 269 | 5 | 256 | 8 |
| 10th | 5 | 10 | 74 | 283 | 3 | 257 | 23 |
| 平均 | 7.2 | 16.5 | 75.8 | 261.2 | 3.9 | 244.5 | 12.8 |

表4.9の最下段にある「平均」欄に注目して結果を整理すると，次のようになる．

① **釣銭切れ発生確率**：3日置きの補充を100回行うことを10回繰り返した場合，釣銭切れは補充100回当たり平均7.2回発生．よって，補充1回当たり釣銭切れ発生確率は**7.2%**．
② **釣銭切れ遭遇確率**：3日置きの補充を100回行うことを10回繰り返した場合，釣銭切れに遭遇するのは補充100回当たり平均16.5人．よって，補充1回当たり釣銭切れに遭遇する人数は平均0.165人，1人当たり釣銭切れに遭遇する確率は約**0.2%**（＝0.165÷90）．
③ **大量払い発生確率**：3日置きの補充を100回行うことを10回繰り返した場合，大量払いは補充100回当たり平均75.8回発生．よって，補充1回当たり大量払い発生確率は**75.8%**．
④ **大量払い遭遇確率**：3日置きの補充を100回行うことを10回繰り返した場合，大量払いに遭遇するのは補充100回当たり平均261.2人．よって，補充1回当たり大量払い遭遇人数は平均2.612人，1人当たり大量払いに遭遇する確率は約**2.9%**（＝2.612÷90）．

結果的に，このシナリオでは補充1回当たりの釣銭切れ発生確率がテスト用（4.7.1節の結果）の51%から**7.2%**まで下がっている．しかし，大量払い発生確率はテスト用の95%から少し下がった**75.8%**に留まり，まだ改善の余地がある．ここで，表4.9にある大量払いの「内訳」欄の平均値に注目すると，50円玉による大量払いが最も多く，100円玉と10円玉による大量払いも発生している．10円玉の大量払いは50円玉の不足，50円玉の大量払いは100円玉の不足，100円玉の大量払いは500円玉の不足が原因である．したがって，次は500円玉を4枚（+3），100円玉を30枚（+14），50円玉を20枚（+4）に増やした4-30-20-16のシナリオを試すことにする．

### ■ シナリオB（4-30-20-16）

表4.10 シナリオBのシミュレーション結果

| 100×10 | 釣銭切れ | | 大量払い | | | | |
|---|---|---|---|---|---|---|---|
| | 発生件数 | 遭遇人数 | 発生件数 | 遭遇人数 | 内訳 | | |
| | | | | | 100円 | 50円 | 10円 |
| 1st | 2 | 2 | 51 | 153 | 0 | 151 | 2 |
| 2nd | 4 | 8 | 37 | 107 | 0 | 105 | 2 |
| 3rd | 6 | 11 | 37 | 114 | 0 | 112 | 2 |
| 4th | 3 | 9 | 41 | 109 | 0 | 109 | 0 |
| 5th | 5 | 17 | 45 | 145 | 1 | 140 | 4 |
| 6th | 3 | 22 | 36 | 116 | 0 | 114 | 2 |
| 7th | 7 | 12 | 32 | 92 | 0 | 91 | 1 |
| 8th | 5 | 16 | 34 | 110 | 0 | 110 | 0 |
| 9th | 8 | 12 | 37 | 109 | 1 | 105 | 3 |
| 10th | 5 | 13 | 41 | 148 | 0 | 145 | 3 |
| 平均 | 4.8 | 12.2 | 39.1 | 120.3 | 0.2 | 118.2 | 1.9 |

このシナリオの結果を見ると，補充1回当たりの釣銭切れ発生確率は前回の7.2%から**4.8%**，大量払い発生確率は前回の75.8%から**39.1%**に下がっている．50円玉による大量払いに遭遇する人数も前回の244.5人から**118.2**人に下がっている．しかし，大量払い発生確率39.1%はまだ

改善の余地がある．ここで，100円玉による大量払いはほとんど発生しないことに注目し，500円玉を3枚（-1），50円玉による大量払いを減らすために100玉を60枚（+30），釣銭切れの発生件数を減らすために10円玉を30枚（+14）にした3-60-16-30のシナリオを次に試すことにする．

■ シナリオC（3-60-16-30）

表 4.11 シナリオCのシミュレーション結果

| 100×10 | 釣銭切れ | | 大量払い | | | | |
| --- | --- | --- | --- | --- | --- | --- | --- |
| | 発生件数 | 遭遇人数 | 発生件数 | 遭遇人数 | 内訳 | | |
| | | | | | 100円 | 50円 | 10円 |
| 1st | 0 | 0 | 1 | 3 | 0 | 3 | 0 |
| 2nd | 0 | 0 | 3 | 3 | 0 | 3 | 0 |
| 3rd | 1 | 1 | 6 | 7 | 0 | 7 | 0 |
| 4th | 0 | 0 | 1 | 1 | 0 | 1 | 0 |
| 5th | 1 | 5 | 5 | 6 | 1 | 5 | 0 |
| 6th | 0 | 0 | 4 | 4 | 0 | 4 | 0 |
| 7th | 0 | 0 | 4 | 7 | 0 | 7 | 0 |
| 8th | 1 | 2 | 2 | 3 | 0 | 3 | 0 |
| 9th | 0 | 0 | 3 | 4 | 0 | 4 | 0 |
| 10th | 0 | 0 | 4 | 7 | 0 | 7 | 0 |
| 平均 | 0.3 | 0.8 | 3.3 | 4.5 | 0.1 | 4.4 | 0.0 |

このシナリオの結果を見ると，補充1回当たりの釣銭切れ発生確率は前回の4.8%から**0.3%**，大量払い発生確率は前回の39.1%から**3.3%**に下がっている．釣銭切れと大量払いに遭遇する人数は，3日置きの補充を100回繰り返す間にそれぞれ平均**0.8**人と**4.5**人に過ぎない．以上のような結果を見込めるのであれば，このシナリオは4.4.2節で言及したモデルケースに対する基準になり得る．

〔2〕 基準

シナリオCのシミュレーション結果に基づいた基準を提示すると，以下のようになる．

- モデルケース：1日の利用者数を30人と想定する自販機
- 適正補充枚数：3-60-16-30（補充金額 8,600 円 = 1,500 + 6,000 + 800 + 300）
- 適正補充間隔：3日
- 期待可能効果：前記シナリオCの結果参照
- 適用可能範囲：上記基準は，4.4.2節の(11)で述べたように，1日の利用者が異なる他のケースに適用することもできる．例えば，補充枚数を上記「適正補充枚数」と同じくし，1日の利用者が45人のケースでは補充間隔を2日（=90÷45）置きにする．同様に，1日の利用者が60人のケースでは補充間隔を1.5日（=90÷60）置き，1日の利用者が90人のケースでは補充間隔を1日（=90÷90）置きにする．

〔3〕 その他

シミュレーション結果を見て次に試すシナリオを検討する際に，参考になるのがシミュレーター上の TABLE-4 の結果である．同テーブルのデータを以下のようなグラフに表すように設定しておくと，釣銭在庫の推移を観察することができる．

図 4.3　釣銭在庫の推移

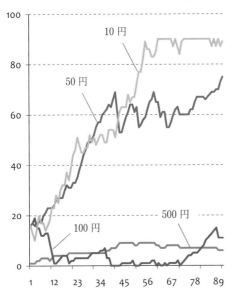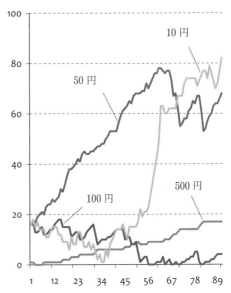

図 4.3 に示したのは，前記のシナリオ B（4-30-20-16）のシミュレーション結果の例である．2つの例に過ぎないが，左のグラフでは 100 円玉の切れが目立つ．右のグラフには 10 円玉が切れそうな場面がある．両グラフを見て 50 円玉が切れそうなことはない．同じパターンのグラフを多く観察してから，シナリオ B の金種別補充枚数を調整したのがシナリオ C であることを記しておく．このように，釣銭在庫の推移（グラフ）をシミュレーションの結果（データ）に加えて考察すれば，検討中のシナリオをどのように変えるかの判断に役立つ．

## 4.8　まとめ

前節で示した基準は一例に過ぎないが，そのような基準を用いることによって得られる効果を考えると，その必要性は高い．得られる効果を挙げてみると，以下の通りである．

a. 利用者にとっては，釣銭切れと大量払いによる不便・不満の解消
b. 補充担当者にとっては，釣銭の補充作業の効率化による負担軽減
c. 会社にとっては，補充間隔の適正化による無駄な運送費の削減

最後に，紙面の制約上，取りあげることができなかったことについて触れておくことにする．

1. 本章で示した基準はあくまでも基準作りの例を示したものである．そのため，モデルケースに対するより良い基準（金種別補充枚数の組合せ）は他にもあり得る．参考までにだが，事例の会社でこれまで定めていた補充金額（社外秘扱い）は，例として示した基準の補充金額（8,600円）より小さい．実務上，補充金額を小さくする必要がある場合は，その金額の金種別釣銭枚数を設定したシミュレーション結果を分析し，新たな基準を設ければいい．

2. 基準作りの前提条件（1日の利用者数，商品選択の割合，お金の出し方の割合など）にある程度の含み（変動幅）を持たせた方がより現実的ではある．それを考慮する場合には，前提条件の変動によってシミュレーション結果がどれくらい変わるのか，どの程度の変動幅までなら検討中の基準で対応できるかを確かめる「感度分析」を行う．そして，その対応範囲（変動幅）も提示すればいい．

3. 本章では基準づくりのため，120円と150円の商品選択確率を五分五分に設定してある．よく売れる商品とそうでもない商品の差は，商品を選ぶ割合を決める乱数に反映すればいい．お金の出し方の割合に関しても同じである．

4. 商品価格を2種類以上にしたり，1日の利用者数を100人以上にしたりする場合は，本章で作成したシミュレーターを拡張すればいい．後者の場合は，SUBチューブのことを考慮しなければならない可能性もある．SUBチューブとは，10円玉か100円玉の釣銭を余分に入れておく予備のコインチューブのことで，釣銭の需要が大きいときに釣銭切れを防ぐために使う．

5. 自販機内の釣銭は，「コインメック」と呼ばれる機械的な部分の設定と「主制御」と呼ばれるプログラム部分によって制御される．そして，その両方による釣銭管理はメーカーと機種，ユーザーの設定によって異なってくる．そのような個々の自販機の異なる条件に関する調整は個別対応を要する問題とし，本章では基準作り後に検討することにしている．紙面の制約上，これ以上触れることはできないが，そのような調整は読者にとって必要に応じて行う発展課題とする．

### 参考文献

[1] 自販機普及台数及び年間自販金額—2015年版，日本自動販売機工業会
[2] デジタルサイネージ自動販売機「JX34」，横田義剛 他，富士電機技報，vol. 85, no. 5, 2012
[3] 自動販売機−世界に誇る普及と技術，黒崎貴，日本食糧新聞社，2012
[4] Excelで学ぶ経営科学入門シリーズIV シミュレーション，荒木勉・栗原和夫，実教出版，2000
[5] 技術マニュアル・富士電機コインメカニズム FJVT451，富士電機リテイルシステム株式会社，2010

## 付録 I：乱数による事象発生の比率の決め方について

本章では，90人の利用者のお金の出し方がモデルケースの割合——出し方1〜4：[70]％，出し方5〜8：[25]％，出し方9〜13：[5]％——になるようにするため，以下のような方法を取っている．

a. RANDBETWEEN(1, 90) 関数を用いて，90人に1〜90の乱数を生成して与える．
b. 与えられた乱数が1〜63の間のものであるなら，RANDBETWEEN(1, 4) 関数を用いて金の出し方が1〜4の間のものになるようにする．同様に，与えられた乱数が64〜85と86〜90の間のものであるなら，RANDBETWEEN(5, 8) と RANDBETWEEN(9, 13) 関数を用いて，お金の出し方がそれぞれ5〜8，9〜13の間のものになるようにする．

しかし，上記の方法 'a' で生成する90個の乱数は，必ずしもモデルケースの割合——1〜63が63個（63÷90=70％），64〜85が22個（22÷90≒25％），86〜90が5個（5÷90≒5％）——のようにはならない．表4.12 に示したように，同じ数字や欠けている数字があったりして，それぞれ60個，26個，4個になることもあり得る．そうすると，狙い通りの実験にならないことになるが，同方法による実験を多数回行えばその平均はモデルケースの割合に近づく．表4.13 には，表4.12 にある90個の乱数100セット分毎の結果を5つ並べてある．最下段にある「平均」欄に注目すると，例の3つの範囲に属する乱数がそれぞれ平均63.4個，21.5個，5.1個となっている．表中の±2σは，平均を中心とした標準偏差2倍分の左右の幅を計算したもので，データの約95％が入る範囲の下限と上限を表す．それに注目すると，例の3つの範囲に属する乱数が生成される個数の幅は，それぞれ約54〜72個，約13〜30個，約1〜10個と見積もれる．

むろん，例の3つの範囲に属する90個（1〜90）の乱数の個数がモデルケースの割合と一致するようにする方法はある．その方法を取らずに上記のようなブレ幅をもつ乱数生成方法を取ったのは，その方がより現実に即しているからである．

表4.12　90個の乱数の範囲別個数（一例）

|   | 1 | 2 | 3 | 4 | 5 | 6 | 7 | 8 | 9 | 10 | 範囲 | 基準個数 | 乱数個数 |
|---|---|---|---|---|---|---|---|---|---|---|---|---|---|
| 1 | 55 | 88 | 18 | 15 | 64 | 18 | 79 | 67 | 68 | 14 | 1〜63 | 63 | 60 |
| 2 | 67 | 56 | 85 | 37 | 50 | 82 | 57 | 2 | 31 | 3 | | | |
| 3 | 73 | 12 | 63 | 13 | 80 | 86 | 85 | 54 | 46 | 56 | | | |
| 4 | 45 | 45 | 87 | 67 | 17 | 34 | 67 | 23 | 54 | 6 | 64〜85 | 22 | 26 |
| 5 | 17 | 56 | 67 | 43 | 62 | 36 | 56 | 75 | 84 | 19 | | | |
| 6 | 78 | 37 | 70 | 81 | 58 | 48 | 34 | 33 | 74 | 74 | | | |
| 7 | 10 | 82 | 5 | 25 | 52 | 49 | 3 | 19 | 44 | 49 | 86〜90 | 5 | 4 |
| 8 | 5 | 73 | 42 | 52 | 84 | 41 | 12 | 27 | 41 | 16 | | | |
| 9 | 77 | 88 | 16 | 17 | 58 | 69 | 43 | 14 | 19 | 67 | | | |

表4.13　90個の乱数100セット分毎の結果（範囲別平均個数）

| 100×5 | 1〜63 | | | | 64〜85 | | | | 86〜90 | | | |
|---|---|---|---|---|---|---|---|---|---|---|---|---|
| | 平均 | 標準偏差 | −2σ | +2σ | 平均 | 標準偏差 | −2σ | +2σ | 平均 | 標準偏差 | −2σ | +2σ |
| 1st | 63.2 | 4.49 | 54.3 | 72.2 | 21.5 | 3.95 | 13.6 | 29.4 | 5.2 | 2.35 | 0.5 | 9.9 |
| 2nd | 63.6 | 4.45 | 54.7 | 72.5 | 21.4 | 4.10 | 13.2 | 29.6 | 4.9 | 2.08 | 0.8 | 9.1 |
| 3rd | 63.3 | 4.58 | 54.1 | 72.5 | 21.8 | 4.54 | 12.7 | 30.9 | 4.9 | 2.19 | 0.5 | 9.3 |
| 4th | 63.4 | 4.66 | 54.1 | 72.8 | 21.3 | 4.08 | 13.1 | 29.4 | 5.3 | 2.43 | 0.4 | 10.2 |
| 5th | 63.3 | 4.48 | 54.3 | 72.2 | 21.5 | 4.20 | 13.1 | 29.8 | 5.3 | 2.17 | 0.9 | 9.6 |
| 平均 | 63.4 | 4.53 | 54.3 | 72.4 | 21.5 | 4.17 | 13.1 | 29.8 | 5.1 | 2.24 | 0.6 | 9.6 |

## 付録II：実験データ自動記録用マクロ

本文中の表 4.8 に 100 回分の実験結果を自動記録するマクロ（プログラム）を載せておく．

| | AH | AI 35 | AJ 36 | AK 37 | AL 38 | AM 39 | AN 40 | AO 41 | AP 42 | AQ 43 | AR 44 | AS 45 | AT 46 | AU 47 | AV 48 | AW 49 | AX 50 | AY 51 | AZ 52 | BA 53 |
|---|---|---|---|---|---|---|---|---|---|---|---|---|---|---|---|---|---|---|---|---|
| | | **TABLE 3a** | | | | **TABLE 3b** | | | | **TABLE 5a** | | | | | | **TABLE 5b** | | | | |
| 29 | | 釣銭切れ（初回） | | | | 釣銭切れ（件数） | | | | 大量払い（初回） | | | | | | 大量払い（件数） | | | | |
| 30 | | min | 2 | | | 遭遇人数 | 発生 | | | | 100円 | 50円 | 10円 | | | | 100円 | 50円 | 10円 | 発生 |
| 31 | | max | 86 | | | （件数合計） | 回数 | | | min | 0 | 6 | 5 | | | 遭遇人数 | 0 | 330 | 59 | 回数 |
| 32 | | ave | 15 | | | 166 | 51 | | | ave | 0 | 33 | 39 | | | （件数合計） | | 389 | | 95 |
| 34 | | 補充 | 初回 | | | 補充 | 件数 | | | 補充 | 100円 | 50円 | 10円 | | | 補充 | 100円 | 50円 | 10円 | チェック |
| 35 | | 1 | 2 | | | 1 | 8 | | | 1 | - | 12 | 15 | | | 1 | - | 3 | 1 | 1 |
| 36 | | 2 | - | | | 2 | - | | | 2 | - | 17 | 69 | | | 2 | - | 6 | 1 | 1 |
| 37 | | 3 | - | | | 3 | - | | | 3 | - | 56 | - | | | 3 | - | 2 | - | 1 |
| 38 | | 4 | 3 | | | 4 | 1 | | | 4 | - | 55 | - | | | 4 | - | 4 | - | 1 |
| 39 | | 5 | 3 | | | 5 | 4 | | | 5 | - | 9 | 46 | | | 5 | - | 4 | 2 | 1 |

```vb
Sub COIN()
'[1] 変数宣言
    Dim i As Integer                                            '変数（転記回数）
'[2] 初期化（前回の転記結果消去）
    Range(Cells(34 + 1, 35 + 1), Cells(34 + 100, 35 + 1)).ClearContents   'TABLE-3a
    Range(Cells(34 + 1, 39 + 1), Cells(34 + 100, 39 + 1)).ClearContents   'TABLE-3b
    Range(Cells(34 + 1, 43 + 1), Cells(34 + 100, 43 + 3)).ClearContents   'TABLE-5a
    Range(Cells(34 + 1, 49 + 1), Cells(34 + 100, 49 + 3)).ClearContents   'TABLE-5b
'[3] 転記の際に計算結果の更新を防止
    Application.Calculation = xlCalculationManual               '計算方法を「手動」に変更
'[4] 転記
    For i = 1 To 100
        Calculate
        Cells(34 + i, 35 + 1).Value = Range("U27").Value        '釣銭切れ（初回）
        Cells(34 + i, 39 + 1).Value = Range("U26").Value        '釣銭切れ（件数）
        Range("AC27:AE27").Copy
        Cells(34 + i, 43 + 1).PasteSpecial xlValues             '大量払い（初回）
        Range("AC26:AE26").Copy
        Cells(34 + i, 49 + 1).PasteSpecial xlValues             '大量払い（件数）
    Next i
'[5] 後処理
    Application.Calculation = xlCalculationAutomatic            '計算方法を「自動」に変更
    Application.CutCopyMode = False
    Range ("A 1").Activate
End Sub
```

# 第5章　在庫管理方式の比較
Determining the best method of inventory management

　売れ残るリスクを取るか，売り逃すリスクを取るか——これが在庫管理における究極の選択問題であるかのように捉えられる場合がよくある．売れ残ることを避けて在庫を減らすと売り逃すリスクがあり，逆に売り逃すことを避けて在庫を増やすと売れ残るリスクがあるからである．しかし，両方のリスクを最小にすることが在庫管理の基本である．そのため，製造業では生産在庫，流通業では流通在庫を管理する独自のシステムを開発し，両方のリスクの最小化を図っている．けれども，小売業の場合はまだ基本的な在庫管理ができていないところが少なくない．

　一方，在庫管理関連書物には必ずと言っていいほど，本章で取り上げる2つの在庫管理方式における理論解（発注量や発注時点の最適値）を求める公式が載っている．しかし，在庫管理に悩む実務家がその公式を使って理論解を求めても，解の値だけでは日々変動する需要に対する在庫の減り具合や品切れの発生の度合を「目に見える形で把握する」ことはできない．シミュレーターがあれば，需要や在庫量を決定づけるパラメーター（発注量，発注時点，納期）の変化による在庫の推移を観察することができる．また，公式を使わずに近似解（理論解に近い解）を探すことも，理論解を用いることができない現場の事情に合わせた解を求めることもできる．

　本章では，在庫管理の2大発注方式のうちどちらの方式を採るかを検討している会社の問題を例にし，シミュレーターを作ることにする．在庫管理に関する専門的な知識がなくても理解できるよう，各発注方式に関する基本的な考え方を分かり易く解説する．そして，本章で作成するシミュレーターを雛型にして実務に応用する際に役立つよう，シミュレーション結果に対する分析例も示す．章末の付録には理論解を算出する公式に関する解説を載せ，シミュレーションを通して見つけた実験解（近似解）との比較もできるようにする．

## 5.1 導入

### ■ 在庫管理の基本問題

在庫が不足し品切れを起こすと，製品を作る工場では生産に支障をきたし，商品を売る商店では売上を取り損なう問題が生じる．逆に在庫が多過ぎると，工場においても商店においても売れ残りが生じ，収益を圧迫する要因となる．それを避けようと抱える在庫を少なめにすると，品切れを起こすリスクが高くなるので，堂々巡りである．すると，「品切れと売れ残りを避けるためには，材料または商品を，いつ，どれだけ仕入れればよいか」が問題となる．即ち，発注する'時期'と"量"を決めることが在庫管理の基本問題となる．

しかし，日々変動する需要に対して発注する"時期"と"量"を両方同時に検討するのは，容易なことではない．そこで考えられるのは，"量"と"時期"のどちらかを先に決めておいて，片方は状況（手持ちの在庫量と変動する需要など）に合わせて決める方法である．即ち，「発注する"量"を先に決めておいて，発注する時期は状況に合わせる」，あるいは「発注する"時期"を先に決めておいて，発注する量は状況に合わせる」ことである．前者は「定量発注方式」，後者は「定期発注方式」と呼ばれる在庫管理の代表的な発注方式である．それについて以下で少し詳しく説明することにする．

### ■ 定量発注方式と定期発注方式

「定量発注方式」は，いつになるか分からないが"手持ちの在庫がある量（これを発注点と呼ぶ）まで減ってきとき"に，"予め決めておいた量"を発注する方式である．そのため，手持ちの在庫量を確認する手間は少々かかるが，発注を行うときには決まった量を発注すればよいというメリットがある．

「定期発注方式」は，発注する"時期"を一定間隔に（定期的に）決めておいて，その時点に到達したら，"その時点から次の発注日に発注した品物が入荷する時点までの期間の需要を満たせる量"を発注する方式である．そのため，その期間の需要を推定する手間はかかるが，変動する需要に対して発注量を調整することができるというメリットがある．

したがって，「定量発注方式」は，年間を通して需要が比較的に安定しており，管理に手間をかける必要性が少ない品目の管理に適している，と言われている．他方の「定期発注方式」は，需要の変動が大きくて，発注時に発注量を調整する必要性のある品目の管理に適している，と言われている．しかし，どちらの方式を採用するかを決める際に考慮しなければならないことは，かかる手間や需要変動の度合い以外にもいろいろある．例えば，扱う品目の単価，発注から入荷までかかる時間，賞味期限や季節や流行などに左右される陳腐化の恐れ，等々．次のページに，それぞれの側面から「定量発注方式」と「定期発注方式」を比較した表を載せておく．一概には言えないが，どちらの方式を採用するかを決める際にひとつの目安にはなる．

表 5.1 定量発注方式と定期発注方式の比較

|  | 定量発注方式 | 定期発注方式 |
| --- | --- | --- |
| 発注量 | 一定 | 不定（毎回計算） |
| 発注時期 | 不定（発注点） | 一定 |
| 適用品目 | 非重点管理品目<br>・需要が安定しているもの<br>・安価なもの<br>・納期が短く安定しているもの<br>・陳腐化の恐れ・損失が少ないもの<br>・仕様変更が少ないもの | 重点管理を要する品目<br>・需要変動の大きいもの<br>・高価なもの<br>・納期が長く不安定なもの<br>・陳腐化の恐れ・損失が大きいもの<br>・仕様変更が多いもの |
| 需要予測 | 不要 | 必要 |
| 長所 | 比較的に手間がかからない | 需要変動に合わせた細かい管理が可能 |
| 短所 | 需要変動に弱い | 需要予測の手間がかかる |
| 注意点 | 発注量は過去の実績に基づいて決めるため，需要予測は必要としないが，発注点の定期的な見直しは必要 | 発注量は将来の需要を予測して決めるため，予測の精度に注意が必要 |

## ■ 選択の問題

さて，上表に書かれていることを参考にしてもどっちつかずの場合はどうしたらよいだろうか——．実務家の中には「分からない時には定期発注方式を採ったほうが安全だ」と決めつけている人がいる．しかし，発注量を決める上で必要な需要予測について聞くと，「それは経験と勘に頼っているのが現実だ」という声をよく耳にする．また，「どちらの方式を採るかは仕入先の都合に合わせて決まる場合が多い」という声もある．

いずれにしても，どちらの方式を採るかは，単に上表にあるような長所・短所だけで判断するのではなく，どちらの方式がより少ない在庫を持ちながら品切れの発生を抑えることができるかを数量的に比較してから決めた方がよい．この点に関して，仕入れや在庫管理の仕事に携わっている人に聞くと，次のような話がよく出てくる——うちにはそのような分析スキルを持っている者がいないから，結局，本部ないし上司から過剰在庫を減らせと言われたら仕入を減らし，品薄・品切れを叱られたら仕入を増やすことを繰り返すしかない．

## ■ シミュレーションを用いた解法

上記のような現状に鑑みて，本章では，少ない在庫を持ちながら品切れを抑える発注量と発注時期を，実験（シミュレーション）を通して（理論的な公式を使わず）求める方法を示すことにする．そのために，まず定量発注方式用と定期発注方式用のシミュレーターを作成する．そして，シミュレーターを用いて両発注方式におけるパラメーター（発注量と発注時期）の適正値を探す具体的な方法を示す．シミュレーターがあれば，「日々変動する需要に対して手持ちの在庫がどう変化し，品切れはどれぐらい発生するか」をすぐ目で確認することができる．公式を使わずにシミュレーターを用いることの意義はここにある．シミュレーターは，在庫管理にどちらの発注方式を導入するかを検討するある会社の問題を例にして作成していくことにする．

## 5.2 事例

ウチダ・ブライト（仮称）は，"省電力・長寿命・低発熱"を売りにするLED照明機器を仕入れて販売する会社である．LED照明機器にはいくつかのタイプがあるが，同社は天井やショーウィンドウなどに取り付けて直接・間接照明として使用されるラインタイプを主に取り扱っている．このタイプは一定の長さのLED棒の連結と取り付け施工を要するため，取引一件当たりの売上本数が数十本から数百本にもなる．ラインタイプ以外には，ポスターパネルのバックライトとして使用するパネルタイプがあり，化粧品売場やレストランなどで商品の宣伝・広告用として人気を集めている．人気の理由は，フィルムに写真やメッセージを印刷してパネルに装着するだけでディスプレイ効果を得ることができる手軽さと，電気代を大幅に節約できる経費削減効果にある．そこで，同社はパネルタイプの商品の販売にも乗り出すことにし，2ヶ月前に展示販売ショップを都内にオープンしたばかりである．しかし，パネルタイプの商品を取り扱うことになってから，これまで経験したことのない問題に直面している．それを以下で簡単にまとめることにする．

まず，商品の保管場所についてだが，パネルタイプの在庫は展示販売ショップに近い貸し倉庫に保管している．倉庫を借りている理由は，郊外にある自社の倉庫から都内の展示販売ショップに商品を移動するのに時間と手間がかかるからである．そのため，今はパネルタイプの仕入と在庫管理は展示販売ショップ単独で行えるようにしてある．しかし，都心の狭い貸し倉庫に保管できる量には限界があり，限られたスペースを有効活用する在庫管理が必要になってきている．

次は，商品の仕入と在庫の管理についてだが，主力のラインタイプは商談成立から施工までの間に必要な本数を調達する時間的な余裕があるため，在庫の維持にそれほど気を使う必要がない．他方で，パネルタイプはいろいろなサイズの商品を揃えておき，客が求めるサイズの商品を売り場ですぐ渡せるようにしておく必要がある．ところが，パネルタイプの商品を展示販売するショップで，在庫を切らして客を逃す事態が続出している．その原因は，客のニーズに素早く対応するために仕入と在庫の管理をショップ単独で行えるようにはしたものの，売れ行きに合わせた在庫管理と仕入管理ができていないことにある．その背景には，これまでラインタイプの仕入と在庫の管理に採ってきた「間に合わせ」のやり方から抜け切れていない，意識の問題があるのではないかと内部では判断している．実際，展示販売ショップの商品の仕入れは，従来のラインタイプ事業の販売を担当してきた店長の判断に左右されていて，仕入れの'時'と'量'にこれという基準がない．そのため，仕入れの判断を他の人が代わることもできず，また倉庫の半分以上のスペースを売れないサイズの商品が占めているのが現状である．

そこで，'貸し倉庫のスペースを増やして，在庫を多めに確保しておけばよいのではないか'という意見もある．この意見に対して，経営陣は次のような判断をしている――倉庫のスペースが在庫量を制限する要因になっていることは確かだが，だからといって，やたら増やすわけには

いかない．増やす必要があるなら，どれくらい必要なのか，納得できる判断材料を示さないと場当たり的な処置になってしまう．計画的な仕入管理ができれば，現在の倉庫スペースでも間に合うのではないか．それを考えると，やはり個人の判断に左右されない計画的な在庫管理ができる体制を作る必要がある——．

在庫管理方式に関しても内部でいろいろ議論してきたが，店長の下で仕入を担当する者は手間のかからない定量発注方式を，社長は価格と需要の変動に伴うリスクを考慮できる定期発注方式を推している．これをきっかけに初めて在庫管理の本を手にした若手社員は，本からは決め手となる判断材料を得ることができず，"どちらでもいいから先にひとつ実験的に導入してみて，駄目だったら変えればいいのではないか"と呟いている．さて，どちらの発注方式を採った方がよいのか——．

## 5.3 課題

前記の事例に見られるように，理屈だけの議論で事が先へ進まない時には，それぞれの発注方式を導入した場合の在庫の推移を観察できるシミュレーションを行い，その結果（需要変動による品切れ発生数など）をたたき台にして議論を進めた方がよい．導入前に導入後の結果を観察することができるのがシミュレーションである．若手社員が言ったような「やってみて駄目だったら」という試行錯誤はできれば避けたいものである．

よって，事例の会社の事情に合わせた定量発注方式用と定期発注方式用のシミュレーターを作ること，そして，両発注方式を導入した場合のシミュレーション結果を比較し，'どちらの発注方式を採った方がよいか' という問いに対する客観的な判断材料を示すこと，これを本章の課題とする．

ただし，両発注方式におけるパラメーター（発注量，発注時期）の適正値は，理論解を使わず，作成したシミュレーターを用いて探すことを条件とする．そして，公式を使って理論解を導かなくても，理論解またはそれに近い近似解を求められることを示すことにする．

## 5.4 シミュレーションの準備

本節では,前記の課題に対して行うシミュレーションの概略的な流れとシミュレーターを作成する上での前提条件についてまとめることにする.

### 5.4.1 シミュレーションの目的

今回のシミュレーションの目的は,どちらの発注方式がより少ない在庫を持ちながら品切れの発生を抑えることができるかを示すことである.

### 5.4.2 シミュレーションの流れ

シミュレーションの流れを簡単にまとめると,次のようになる.
a. 定量発注方式用のシミュレーターを作り,パラメーターの適正値を探す.
b. 定期発注方式用のシミュレーターを作り,パラメーターの適正値を探す.
c. 探し求めたパラメーターの適正値を両発注方式のシミュレーターに設定する.
d. 同じ需要変動に対する両発注方式のシミュレーション結果(品切れ発生回数など)を比較する.

### 5.4.3 シミュレーションの前提条件

シミュレーターを作る上で先に決めておくべき前提条件を以下に示す.

#### (1) 将来の需要の推定

事例の会社は展示販売ショップをオープンしたばかりなので,これからの需要は過去の短い期間の販売データに基づいて推定するしかない.これは,将来(これからしばらくの間)の需要を過去2ヶ月間の需要に準ずるものと見なし,具体的には,過去の販売データに基づいた需要の分布(平均と標準偏差)を調べ,それと同じ分布の需要を将来に適用することを意味する.

そのために,まず需要は正規分布に従うと仮定し,分布の形を決める1日の販売数の「平均」と「標準偏差」を過去のデータから求める.そして,その平均と標準偏差を用いた正規乱数(正規分布する乱数)をコンピュータに発生させ,将来の日々の需要の値として与える.正規乱数を作る方法には「ボックス・ミューラー法(Box-Muller transform)」というものもあるが,今回は作り方が簡単なExcelのNORMINV関数を使用することにする.この関数の使い方に関しては,5.6.1節で説明する.

#### (2) シミュレーション期間

シミュレーションの期間は,将来の需要を推定する上で必要な過去の販売データがまだ十分ではないため,取りあえず先4ヶ月間とする.これは,作成するシミュレーターのサイズを120(=

4×30) 日分にすることを意味する．

### (3) 定量発注方式における発注量の計算

定量発注方式では，手持ちの在庫がある量（これを '発注点' と呼ぶ）まで下がってきたときに予め決めておいた量（発注量）を発注するから，「発注点」と「発注量」をパラメーターとして入力する欄を設ける必要がある（次節の図5.1参照）．そして，シミュレーターを作成する段階では任意の値を入力しておき，完成したシミュレーターを利用して同パラメーターの適正値を探すことにする．

### (4) 定期発注方式における発注量の計算

定期発注方式では，予め決めておいた発注時点に到達したら，次の発注時点までの期間（これを '発注間隔' と呼ぶ）の需要と発注した品物が入荷するまでの期間（これを 'リードタイム' と呼ぶ）の需要を満たせる量を予測して発注量を決める．ただし，発注時点で保有する在庫があれば，その分は引かなければならないので，発注量は次のようになる．

▶ 発注量＝発注間隔とリードタイムを合わせた期間の予測需要量－発注時点の保有在庫量

本来は上記式に「発注済未入荷量」の分を引かなければならないが，今回の事例においてはリードタイムが短いので（後で示すが，5日），それを考慮する必要はないとする．また，今回のようにシミュレーション期間が比較的に短い（先4ヶ月間）場合は，「発注間隔とリードタイムを合わせた期間の需要量」が大きく変動するようなことはないと見なせる．そうすると，毎回「発注間隔とリードタイムを合わせた期間の需要量」を計算する必要がない（一度計算したものを繰り返して使える）ので，それを「基本発注量」と称して上記式を書き換えると，次のようになる．

▶ 発注量＝基本発注量－発注時点の保有在庫量

よって，シミュレーターには「発注間隔」と「基本発注量」をパラメーターとして入力する欄を設ける（次節の図5.1参照）．そして，シミュレーターを作成する段階では任意の値を入力し，完成したシミュレーターを利用して同パラメーターの適正値を探すことにする．

### (5) リードタイムの設定

リードタイムは発注した品物が入荷する日を算定するのに必要である．また将来変更される可能性もある．そのため，リードタイムはパラメーターとして扱い，入力する欄を設ける（次節の図5.1参照）．

### (6) 在庫量の把握時点

各日の在庫量は，「各日の営業終了時点の量」であるとする．

### (7) 発注日と発注タイミング

定量発注方式における発注日は，いつになるか分からないが，手持ちの在庫が「発注点を割り

込んだ日」になる．発注タイミングに関しては，日々の在庫量を把握する時点を営業終了時としたため，それに合わせて「営業終了時」とする．他方の定期発注方式における発注日は，予め決めておいた日である．そのため，発注は発注日の日中に行うことができる．けれども，日中か営業終了時かの区別がリードタイムに及ぼす影響はないとする．そうすると，発注タイミングは，定量発注方式と同じく「営業終了時」に統一することができる（そのようにする）．

シミュレーター上で発注日の判断を自動化するためには，日々の在庫が発注点を割り込んだかどうかをチェックする（定量発注方式の場合）判別式，前回の発注日からの日数を計算する（定期発注方式の場合）判別式が必要となる．また，発注日には発注済みのサインが必要となるが，今回は「発注量」の数字を発注済みのサインとして表示することにする．

### (8) 入荷日の判断と入荷量の在庫への加算時点

まず，リードタイムの数え方について触れよう．リードタイムが5日だとすると，今日（例えば月曜日）発注した品物は，明日（火曜日）を1日目とカウントし，5日目（土曜日）に入荷するとする．ただし，入荷された品物は，入荷日に検品を行い，翌日の6日目（日曜日）の営業開始時に在庫量に加算することにする．そうすると，6日目の営業終了時の在庫量は，入荷分を加算した在庫量から当日の販売量を引いたものとなる．

なお，入荷日には「入検」という文字を入荷・検品のサインとして表示することにする（次節の図5.1参照）．その表示を自動化するためには，発注済みのサイン（発注量）が出た日からリードタイムの日数を数える式を入力する必要がある．

### (9) 初期在庫

シミュレーションの第1日目に保有していると想定する在庫量は，前記(3)の「発注量（定量発注方式の場合）」と前記(4)の「基本発注量（定期発注方式の場合）」欄に設定したものを使うことにする．

### (10) モデルケース

事例の会社が取り扱っているパネルタイプには，規格サイズの商品（A1～A4，B1～B4）と規格外サイズ（特注）の商品があって，それぞれの売れ行きに差がある．そのため，最終的には商品別の在庫管理が必要となる．しかし，ひとつの商品を対象にしたシミュレーターがあれば，パラメーターを変えるだけで他の商品用のシミュレーターとしても利用することができる．したがって，本章ではひとつの商品をモデルケースとしたシミュレーターを作成することにする．モデルケースとして取り上げる商品の過去2ヶ月間の販売データから求めた統計量は，以下の通りである．

平均（1日当りの平均販売数）：5.36，　標準偏差：3.58，　リードタイム：5日

また，貸し倉庫に保管できるモデルケースの商品は，以下で示す枚数が限度であるとする．

最大保管枚数：150

ただし，20枚までは店頭在庫として保管することができる．よって，発注量は，店頭と倉庫の最大保管枚数を合わせた170枚が限度となる．

発注量の最大枚数：170

### 5.4.4 シミュレーターの構成要素とデザイン

シミュレーターは3つのテーブル（モジール）で構成する．TABLE-1では乱数を発生させて各日のランダムな需要量の値として設定し，TABLE-2とTABLE-3では定量発注方式と定期発注方式による在庫量の推移を記録する．各テーブルは，見易さとシミュレーション期間の拡張可能性などを考慮し，縦に配置する．各テーブルにおけるI/O（Input & Output）データの簡単な例を以下の図5.1に示しておく．

- TABLE-1：乱数の生成と日々の需要量の設定
- TABLE-2：定量発注方式用シミュレーター
- TABLE-3：定期発注方式用シミュレーター

図5.1 シミュレーターの概要設計図

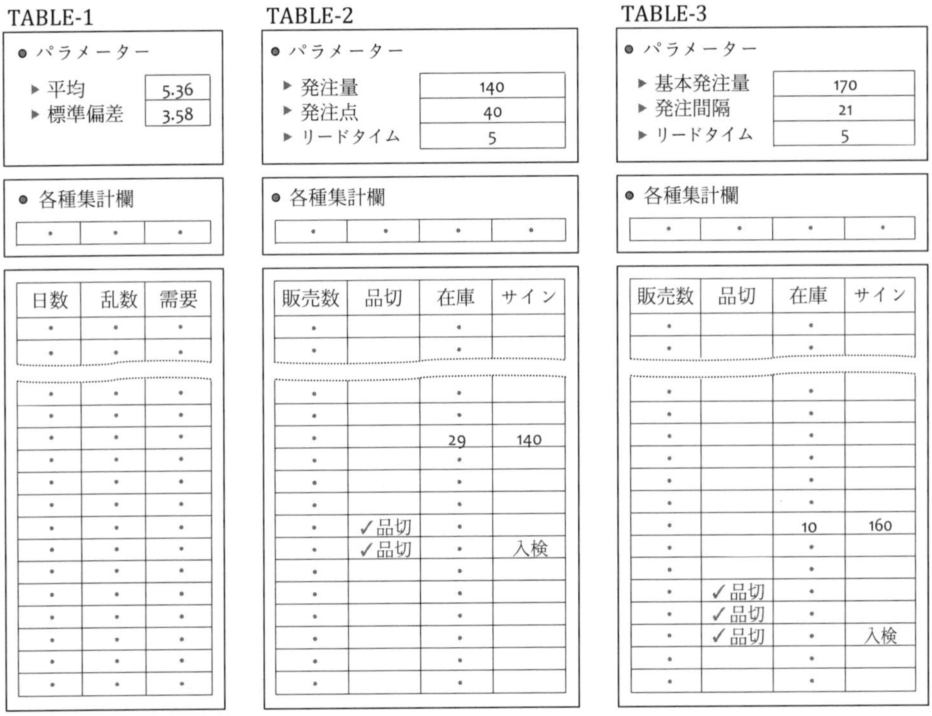

## 5.5 シミュレーターの完成図

これから作成するシミュレーターは以下のようなものになる．

図 5.2 完成図

### TABLE-1

| | 実績 | 乱数 |
|---|---|---|
| 平均 | 5.36 | 5.55 |
| 標準偏差 | 3.58 | 3.46 |

| 需要合計 |
|---|
| 666 |

| 日数 | 乱数 | 需要 |
|---|---|---|
| 1 | 10.6 | 11 |
| 2 | 10.1 | 10 |
| 3 | 6.2 | 6 |
| 4 | 6.9 | 7 |
| 5 | 1.9 | 2 |
| 6 | 8.0 | 8 |
| 7 | 8.0 | 8 |
| 8 | 5.8 | 6 |
| 9 | 8.7 | 9 |
| 10 | 3.1 | 3 |
| 11 | 10.9 | 11 |
| 12 | 1.2 | 1 |
| 13 | 6.1 | 6 |
| 14 | 11.8 | 12 |
| 15 | 10.7 | 11 |
| 16 | 12.7 | 13 |
| 17 | 9.7 | 10 |
| 18 | -0.3 | 0 |
| 19 | 11.0 | 11 |
| 20 | 8.5 | 9 |
| 21 | 6.1 | 6 |
| 22 | 7.5 | 8 |
| 23 | 7.7 | 8 |
| 24 | 10.6 | 11 |
| 25 | 4.5 | 4 |
| 26 | 3.0 | 3 |
| 27 | 6.6 | 7 |
| 28 | 9.3 | 9 |
| 29 | 2.2 | 2 |
| 30 | 4.3 | 4 |
| 31 | 2.7 | 3 |
| 32 | 10.1 | 10 |
| 33 | 4.3 | 4 |
| 34 | 9.0 | 9 |
| 35 | 3.6 | 4 |
| 36 | 6.9 | 7 |
| 37 | 10.3 | 10 |
| 38 | 2.7 | 3 |
| 39 | 4.0 | 4 |
| 40 | 3.0 | 3 |
| 41 | 1.1 | 1 |
| 42 | 3.9 | 4 |
| 43 | 3.2 | 3 |
| 44 | 4.5 | 5 |
| 45 | 13.7 | 14 |
| 46 | 10.1 | 10 |
| 47 | 5.3 | 5 |
| 48 | 4.2 | 4 |
| 49 | 5.3 | 5 |
| 50 | 3.2 | 3 |
| 51 | 8.2 | 8 |
| 52 | 0.6 | 1 |
| 53 | 2.4 | 2 |
| 54 | 3.1 | 3 |
| 55 | 10.5 | 11 |
| 56 | 1.6 | 2 |
| 57 | 1.2 | 1 |
| 58 | 2.0 | 2 |

### TABLE-2 定量

| | 発注量 | 140 |
|---|---|---|
| | 発注点 | 40 |
| | リードタイム | 5 |

| 販売数計 | 品切数計 | 品切日計 | 平均在庫 | 発注回数 |
|---|---|---|---|---|
| 652 | -14 | 2 | 78 | 4 |

| 販売数 | 品切数 | 品切日 | 在庫 | サイン |
|---|---|---|---|---|
| - | - | | 140 | - |
| 11 | | | 129 | |
| 10 | | | 119 | |
| 6 | | | 113 | |
| 7 | | | 106 | |
| 2 | | | 104 | |
| 8 | | | 96 | |
| 8 | | | 88 | |
| 6 | | | 82 | |
| 9 | | | 73 | |
| 3 | | | 70 | |
| 11 | | | 59 | |
| 1 | | | 58 | |
| 6 | | | 52 | |
| 12 | | | 40 | |
| 11 | | | 29 | 140 |
| 13 | | | 16 | |
| 10 | | | 6 | |
| 0 | | | 6 | |
| 6 | -5 | 品切 | 0 | |
| 0 | -9 | 品切 | 0 | 入検 |
| 6 | | | 134 | |
| 8 | | | 126 | |
| 8 | | | 118 | |
| 11 | | | 107 | |
| 4 | | | 103 | |
| 3 | | | 100 | |
| 7 | | | 93 | |
| 9 | | | 84 | |
| 2 | | | 82 | |
| 4 | | | 78 | |
| 3 | | | 75 | |
| 10 | | | 65 | |
| 4 | | | 61 | |
| 9 | | | 52 | |
| 4 | | | 48 | |
| 7 | | | 41 | |
| 10 | | | 31 | 140 |
| 3 | | | 28 | |
| 4 | | | 24 | |
| 3 | | | 21 | |
| 1 | | | 20 | |
| 4 | | | 16 | 入検 |
| 3 | | | 153 | |
| 5 | | | 148 | |
| 14 | | | 134 | |
| 10 | | | 124 | |
| 5 | | | 119 | |
| 4 | | | 115 | |
| 5 | | | 110 | |
| 3 | | | 107 | |
| 8 | | | 99 | |
| 1 | | | 98 | |
| 2 | | | 96 | |
| 3 | | | 93 | |
| 11 | | | 82 | |
| 2 | | | 80 | |
| 1 | | | 79 | |
| 2 | | | 77 | |

### TABLE-3 定期

| | 基本発注量 | 170 |
|---|---|---|
| | 発注間隔 | 21 |
| | リードタイム | 5 |

| 販売数計 | 品切数計 | 品切日計 | 平均在庫 | 発注回数 |
|---|---|---|---|---|
| 642 | -24 | 4 | 89 | 5 |

| 販売数 | 品切数 | 品切日 | 在庫 | サイン |
|---|---|---|---|---|
| - | - | | 170 | - |
| 11 | | | 159 | |
| 10 | | | 149 | |
| 6 | | | 143 | |
| 7 | | | 136 | |
| 2 | | | 134 | |
| 8 | | | 126 | |
| 8 | | | 118 | |
| 6 | | | 112 | |
| 9 | | | 103 | |
| 3 | | | 100 | |
| 11 | | | 89 | |
| 1 | | | 88 | |
| 6 | | | 82 | |
| 12 | | | 70 | |
| 11 | | | 59 | |
| 13 | | | 46 | |
| 10 | | | 36 | |
| 0 | | | 36 | |
| 11 | | | 25 | |
| 9 | | | 16 | |
| 6 | | | 10 | 160 |
| 8 | | | 2 | |
| 2 | -6 | 品切 | 0 | |
| 0 | -11 | 品切 | 0 | |
| 0 | -4 | 品切 | 0 | |
| 0 | -3 | 品切 | 0 | 入検 |
| 7 | | | 153 | |
| 9 | | | 144 | |
| 2 | | | 142 | |
| 4 | | | 138 | |
| 3 | | | 135 | |
| 10 | | | 125 | |
| 4 | | | 121 | |
| 9 | | | 112 | |
| 4 | | | 108 | |
| 7 | | | 101 | |
| 10 | | | 91 | |
| 3 | | | 88 | |
| 4 | | | 84 | |
| 3 | | | 81 | |
| 1 | | | 80 | |
| 4 | | | 76 | 94 |
| 3 | | | 73 | |
| 5 | | | 68 | |
| 14 | | | 54 | |
| 10 | | | 44 | |
| 5 | | | 39 | 入検 |
| 4 | | | 129 | |
| 5 | | | 124 | |
| 3 | | | 121 | |
| 8 | | | 113 | |
| 1 | | | 112 | |
| 2 | | | 110 | |
| 3 | | | 107 | |
| 11 | | | 96 | |
| 2 | | | 94 | |
| 1 | | | 93 | |
| 2 | | | 91 | |

## 5.6 シミュレーターの作成

以下では前節の完成例にある各テーブルの作成方法を説明する．

### 5.6.1 TABLE-1 の作成

TABLE-1 の役割は，乱数を発生させて各日の需要量を設定することである．

① パラメーター　これは，過去の需要の分布を再現するのに必要な，過去の販売データから求めた1日当りの平均販売数と標準偏差を入力する欄である．前の 5.4.3 節の(10)で示したモデルケースの値を以下のセルに入力する．

〔E7〕＝5.36　…平均

〔E8〕＝3.58　…標準偏差

② 日数　シミュレーション期間は先4ヶ月間としたので，120日分の日数を表す通し番号を以下のセルに入力する．

〔D15〕〜〔D134〕＝1〜120

③ 乱数　前の 5.4.3 節の(1)で言及した正規乱数を発生させるために以下の式を入力する．

〔E15〕〜〔E134〕
　　＝NORMINV(RAND(),$E$7,$E$8)

NORMINV(確率，平均，標準偏差)は，正規分布の累積分布関数の逆関数の値（分布の左端からの面積に相当する下値確率の値：例えば，下位30％に位置するテストの点数）を返す関数である．過去の販売データから求めた'平均'と'標準偏差'を入力し，'確率'のところに'RAND()'関数を入れると，過去の需要の分布に準ずる需要量をランダムに作り出すことができる．

④ 需要　前記の「乱数」欄の値を需要量として設定するためには，「乱数」欄の値を'整数'にし，負の値になる場合は'0'と見なす処理が要る．そのため，1日目の需要量を表示させるセル〔F15〕に以下の式を入力する．

〔F15〕＝IF(E15<0,0,ROUND(E15,0))

表 5.2　TABLE-1

**TABLE-1**

| | 実績 | 乱数 |
|---|---|---|
| 平均 | 5.36 | 5.55 |
| 標準偏差 | 3.58 | 3.46 |

| 需要合計 |
|---|
| 666 |

| 日数 | 乱数 | 需要 |
|---|---|---|
| 1 | 10.6 | 11 |
| 2 | 10.1 | 10 |
| 3 | 6.2 | 6 |
| 4 | 6.9 | 7 |
| 5 | 1.9 | 2 |
| 6 | 8.0 | 8 |
| 7 | 8.0 | 8 |
| 8 | 5.8 | 6 |
| 9 | 8.7 | 9 |
| 10 | 3.1 | 3 |
| 11 | 10.9 | 11 |
| 12 | 1.2 | 1 |
| 13 | 6.1 | 6 |
| 14 | 11.8 | 12 |
| 15 | 10.7 | 11 |
| 16 | 12.7 | 13 |
| 17 | 9.7 | 10 |
| 18 | -0.3 | 0 |
| 19 | 11.0 | 11 |
| 20 | 8.5 | 9 |
| 21 | 6.1 | 6 |
| 22 | 7.5 | 8 |
| 23 | 7.7 | 8 |
| 24 | 10.6 | 11 |
| 25 | 4.5 | 4 |
| 26 | 3.0 | 3 |
| 27 | 6.6 | 7 |
| 28 | 9.3 | 9 |
| 29 | 2.2 | 2 |
| 30 | 4.3 | 4 |
| 31 | 2.7 | 3 |
| 32 | 10.1 | 10 |
| 33 | 4.3 | 4 |
| 34 | 9.0 | 9 |
| 35 | 3.6 | 4 |
| 36 | 6.9 | 7 |
| 37 | 10.3 | 10 |

この式は,「もし,セル'E15'の乱数欄の値が負であれば'0'を表示し,それ以外の場合にはセル'E15'の値の小数点以下を'四捨五入した整数'にして表示すること」を意味する.同式を2日目以降120日目のセル〔F134〕までコピーする.

⑤ 乱数の平均と標準偏差　これは,乱数を用いて生成する需要量が過去のデータに見られる需要分布をどの程度反映しているかを観察するためのものである.（注：単純比較のため,過去のデータの標準偏差と同じ計算方法であるSTDEVP関数を使うことにする）

〔F7〕＝AVERAGE(F15:F134)　…平均
〔F8〕＝STDEVP(F15:F134)　…標準偏差

⑥ 需要合計　これは,シミュレーション期間全体の需要量を合算するためのものである.セル〔D11〕に以下の式を入力し,セル〔D11〕,〔E11〕,〔F11〕は統合しておく.

〔D11〕＝SUM(F15:F134)

### 5.6.2　TABLE-2の作成

TABLE-2の役割は,定量発注方式を導入した場合の在庫量の推移を記録することである.

① パラメーター　定量発注方式におけるパラメーターは,発注量,発注点,リードタイムの3つである.「発注量」と「発注点」は現段階では暫定的な値として以下のように入力しておく.「リードタイム」はモデルケースの値（5日）を入力しておく.

〔N6〕＝140　…発注量
〔N7〕＝40　…発注点
〔N8〕＝5　…リードタイム

② 初期在庫　これは,1日目に保有していると想定する在庫量のことで,前の5.4.3節の(9)で述べたように,セル〔N6〕に入力した「発注量」を使うことにする.

〔M14〕＝N6

③ 販売数　1日目の販売数を表示するセル〔J15〕に以下の式を入力し,同式を2日目以降120日目のセル〔J134〕までコピーする.

〔J15〕＝IF(N14="入検",$F15,　　…(a)
　　　　IF($F15<=M14,$F15,M14))　…(b)

この式に含まれている"入検"は，"入荷・検品済み"を意味する入荷日のサイン（表5.3の「サイン」欄に出ている"入検"を指す）である．同サインを出す日の決め方（探し方）に関しては以下の⑦で再度触れることにする．また，5.4.3節の(8)で述べたように，入荷分は入検サインが出た日の翌日の営業開始時の在庫量に加算することにする．よって，前式は，

「(a) もし，前日のサイン欄 'N14' に '入検' サインが出ていたら，前日の入荷分で今日の需要に応えることができるので今日の需要量 'F15' を今日の販売数として表示すること．(b) 前日に '入検' サインが出ていない場合，今日の需要量 'F15' が前日の在庫量 'M14' 以下であるときには 'F15' を今日の販売数として表示し，逆のときには前日の在庫分しか販売できないので 'M14' を今日の販売数として表示すること」を意味する．

④ 品切数　品切れは，需要より販売数（在庫量）が少なかった場合に生じる．1日目の品切数を表示するセル〔K15〕に以下の式を入力し，同式を120日目のセル〔K134〕までコピーする．

〔K15〕＝IF(F15=J15,"",J15-F15)

この式は，「もし，今日の需要量 'F15' と今日の販売数 'J15' が等しければ，品切れは発生していないので '空白' にすること．それ以外の場合は需要を満たせなかった数 'J15－F15' を表示すること」を意味する．

表5.3　TABLE-2

| | 定量 | | 発注量 | 140 |
|---|---|---|---|---|
| | | | 発注点 | 40 |
| | | | リードタイム | 5 |

| 販売数計 | 品切数計 | 品切日計 | 平均在庫 | 発注回数 |
|---|---|---|---|---|
| 652 | -14 | 2 | 78 | 4 |

| | 販売数 | 品切数 | 品切日 | 在庫 | サイン |
|---|---|---|---|---|---|
| 14 | - | - | | 140 | - |
| 15 | 11 | | | 129 | |
| 16 | 10 | | | 119 | |
| 17 | 6 | | | 113 | |
| 18 | 7 | | | 106 | |
| 19 | 2 | | | 104 | |
| 20 | 8 | | | 96 | |
| 21 | 8 | | | 88 | |
| 22 | 6 | | | 82 | |
| 23 | 9 | | | 73 | |
| 24 | 3 | | | 70 | |
| 25 | 11 | | | 59 | |
| 26 | 1 | | | 58 | |
| 27 | 6 | | | 52 | |
| 28 | 12 | | | 40 | |
| 29 | 11 | | | 29 | 140 |
| 30 | 13 | | | 16 | |
| 31 | 10 | | | 6 | |
| 32 | 0 | | | 6 | |
| 33 | 6 | -5 | 品切 | 0 | |
| 34 | 0 | -9 | 品切 | 0 | 入検 |
| 35 | 6 | | | 134 | |
| 36 | 8 | | | 126 | |
| 37 | 8 | | | 118 | |
| 38 | 11 | | | 107 | |
| 39 | 4 | | | 103 | |
| 40 | 3 | | | 100 | |
| 41 | 7 | | | 93 | |
| 42 | 9 | | | 84 | |
| 43 | 2 | | | 82 | |
| 44 | 4 | | | 78 | |
| 45 | 3 | | | 75 | |
| 46 | 10 | | | 65 | |
| 47 | 4 | | | 61 | |
| 48 | 9 | | | 52 | |
| 49 | 4 | | | 48 | |
| 50 | 7 | | | 41 | |
| 51 | 10 | | | 31 | 140 |
| 52 | 3 | | | 28 | |
| 53 | 4 | | | 24 | |
| 54 | 3 | | | 21 | |
| 55 | 1 | | | 20 | |
| 56 | 4 | | | 16 | 入検 |
| 57 | 3 | | | 153 | |
| 58 | 5 | | | 148 | |

⑤ 品切日　これは品切れを起こした日数を数えるための欄で，品切れを起こした日には「品切」というサインを出す．1日目のセル〔L15〕に以下の式を入力し，同式を2日目以降120日目のセル〔L134〕までコピーする．

〔L15〕＝IF(K15<0,"品切","")

この式は,「品切数を表示するセル'K15'の値が負であれば,'品切'というサインを出し,それ以外の場合は'空白'にすること」を意味する.表5.3にはセル〔L33〕と〔L34〕に「品切」サインが出ている.

⑥ 在庫　在庫欄に表示するのは,5.4.3節の(6)で述べたように,各日の営業終了時点の在庫量とする.ただし,前日に入荷があった場合にはその入荷分(発注量)を今日の営業開始時点の在庫に加算しておく必要がある.1日目の在庫量を表示するセル〔M15〕に以下の式を入力し,同式を2日目以降120日目のセル〔M134〕までコピーする.

〔M15〕＝IF(N14="入検",M14+$N$6-J15,M14-J15)

この式は,「もし,前日のサイン欄'N14'に'入検'サインが出ているときには,'前日在庫M14＋発注量$N$6－今日の販売数J15'を表示し,入検サインが出ていないときには'前日在庫M14－今日の販売数J15'を表示すること」を意味する.

⑦ サイン　前記の5.4.3節の(7)と(8)で述べたように,発注日には「発注量」の数字を,入荷日には「入検」という文字をサインとして出すことにする.発注日と入荷日を自動的に見つけるためには,各日の在庫が発注点を割り込んだかどうか,リードタイムの日数分まで遡った日に発注が行なわれたかどうかをチェックする必要がある.1日目のセル〔N15〕に以下の式を入力し,同式を2日目以降120日目のセル〔N134〕までコピーする.

〔N15〕＝IF(D14<$N$8,"",　　　　　　　　　　　…(a)
　　　　IF(AND(M14>=$N$7,M15<$N$7),$N$6,　　…(b)
　　　　IF(OFFSET(N15,-$N$8,0,1,1)=$N$6,"入検","")))　…(c)

この式は,「(a) もし,'日数D14＜リードタイム$N$8'であれば'空白'にすること.(b) もし,'前日在庫M14≧発注点$N$7'であると同時に'今日の在庫M15＜発注点$N$7'であれば,今日の在庫が発注点を割り込んだことを意味するので,今日の営業終了時に発注が行われたサインとして発注量'$N$6'を表示する.(c) もし,今日'N15'からリードタイム分の日数分'$N$8'まで遡った日に発注済みのサインとして発注量'$N$6'が表示されていれば,今日その発注量は入荷され検品が行なわれるサインとして"入検"という文字を表示すること」を意味する.表5.3のセル〔N29〕と〔N34〕に発注サインと入荷サインが出ている.

⑧ 各種集計　シミュレーションの結果として,「販売数計」,「品切数計」,「品切日計」,「1日平均在庫(平均在庫と略す)」,「発注回数」を計算し,TABLE-2の先頭にある集計欄にまとめて表示することにする.各欄には以下の式を入力する.

〔J11〕 =SUM(J15:J134) …販売数計
〔K11〕 =SUM(K15:K134) …品切数計
〔L11〕 =COUNTIF(L15:L134,"品切") …品切日計
〔M11〕 =AVERAGE(M15:M134) …平均在庫
〔N11〕 =COUNTIF(N15:N134,">0") …発注回数

## 5.6.3 TABLE-3 の作成

TABLE-3 の役割は，定期発注方式を導入した場合の在庫の推移を記録することである．

① パラメーター　定期発注方式におけるパラメーターは，基本発注量，発注間隔，リードタイムの3つである．「基本発注量」と「発注間隔」は，現段階では暫定的な値として以下のように入力しておく．「リードタイム」はモデルケースの値（5日）を入力しておく．

〔V6〕 =170 …基本発注量
〔V7〕 =21 …発注間隔
〔V8〕 =5 …リードタイム

② 初期在庫　これは，1日目に保有していると想定する在庫量のことで，前の 5.4.3 節の(9)で述べたように，セル〔V6〕に入力した「基本発注量」を使うことにする．

〔U14〕 =V6

③ 販売数　販売数の計算方法は定量発注方式のそれと同じである．1日目の販売数を表示するセル〔R15〕に以下の式を入力し，同式を 120 日目のセル〔R134〕までコピーする．

〔R15〕 =IF(V14="入検",$F15,IF($F15<=U14,$F15,U14))

④ 品切数　品切数の計算方法も定量発注方式のそれと同じである．1日目の品切数を表示するセル〔S15〕に以下の式を入力し，同式を 120 日目のセル〔S134〕までコピーする．

〔S15〕 =IF($F15=R15,"",R15-$F15)

⑤ 品切日　品切日数の計算方法も定量発注方式のそれと同じなので，1日目の品切日を表示するセル〔T15〕に以下の式を入力し，同式を 120 日目のセル〔T134〕までコピーする．

〔T15〕 =IF(S15<0,"品切","")

⑥ 在庫　在庫欄には各日の営業終了時点の在庫量を表示するが，前日に入荷があった場合には，その入荷分（発注量）を今日の在庫に加算しておく必要がある．また，定期発注方式では毎回発注量が異なるので，発注量を毎回計算する必要がある．1日目の在庫量を表すセ

ル〔U15〕に以下の式を入力し，同式を120日目のセル〔U134〕までコピーする．

〔U15〕＝IF(V14="入検",
　　　　U14+OFFSET(V14,-$V$8,0,1,1)-R15,
　　　　U14-R15)

この式は，「もし，前日のサイン欄'V14'に'入検'サインが出ていたら，'前日の在庫U14＋前日V14からリードタイム分の日数分$V$8を遡った日に発注した発注量－今日の販売数R15'を表示すること．もし，入検サインが出ていなかったら'前日の在庫U14－今日の販売数R15'を表示すること」を意味する．

⑦ サイン　サイン欄には，定量発注方式の場合と同じく，発注日には「発注量」の数字を，入荷日には「入検」というサインを出すことにする．

定期発注方式における発注日は，発注間隔により定期的に決まる．その日を自動的に見つけるためには，発注間隔の倍数に当たる日数の日を探せばよい．そうして見つけた発注日には，5.4.3節(4)で述べたように，「基本発注量」から「発注時点の在庫量」を引いた値を「発注量」として表示する．

入荷日に関しては，定量発注方式の場合と同じく，今日を起点にしてリードタイムの日数分遡った日に発注サイン（発注量）が出ているかをチェックし，サインがあれば「入検」というサインを出す．1日目のセル〔V15〕に以下の式を入力し，同式を2日目以降120日目のセル〔V134〕までコピーする．

〔V15〕＝IF(D15<$V$7,"",　　　　　　　　　　…(a)
　　　　IF(MOD(D15,$V$7)=0,$V$6-U15,　　　…(b)
　　　　IF(MOD(D15,$V$7)=$V$8,"入検","")))　…(c)

表5.4　TABLE-3

### TABLE-3

| | P | R | S | T | U | V |
|---|---|---|---|---|---|---|
| 6 | | 定期 | | 基本発注量 | | 170 |
| 7 | | | | 発注間隔 | | 21 |
| 8 | | | | リードタイム | | 5 |
| 9 | | | | | | |
| 10 | | 販売数計 | 品切数計 | 品切日計 | 平均在庫 | 発注回数 |
| 11 | | 642 | -24 | 4 | 89 | 5 |
| 12 | | | | | | |
| 13 | | 販売数 | 品切数 | 品切日 | 在庫 | サイン |
| 14 | | | | | 170 | - |
| 15 | | 11 | | | 159 | |
| 16 | | 10 | | | 149 | |
| 17 | | 6 | | | 143 | |
| 18 | | 7 | | | 136 | |
| 19 | | 2 | | | 134 | |
| 20 | | 8 | | | 126 | |
| 21 | | 8 | | | 118 | |
| 22 | | 6 | | | 112 | |
| 23 | | 9 | | | 103 | |
| 24 | | 3 | | | 100 | |
| 25 | | 11 | | | 89 | |
| 26 | | 1 | | | 88 | |
| 27 | | 6 | | | 82 | |
| 28 | | 12 | | | 70 | |
| 29 | | 11 | | | 59 | |
| 30 | | 13 | | | 46 | |
| 31 | | 10 | | | 36 | |
| 32 | | 0 | | | 36 | |
| 33 | | 11 | | | 25 | |
| 34 | | 9 | | | 16 | |
| 35 | | 6 | | | 10 | 160 |
| 36 | | 8 | | | 2 | |
| 37 | | 2 | -6 | 品切 | 0 | |
| 38 | | 0 | -11 | 品切 | 0 | |
| 39 | | 0 | -4 | 品切 | 0 | |
| 40 | | 0 | -3 | 品切 | 0 | 入検 |
| 41 | | 7 | | | 153 | |
| 42 | | 9 | | | 144 | |
| 43 | | 2 | | | 142 | |
| 44 | | 4 | | | 138 | |
| 45 | | 3 | | | 135 | |
| 46 | | 10 | | | 125 | |
| 47 | | 4 | | | 121 | |
| 48 | | 9 | | | 112 | |
| 49 | | 4 | | | 108 | |
| 50 | | 7 | | | 101 | |
| 51 | | 10 | | | 91 | |
| 52 | | 3 | | | 88 | |
| 53 | | 4 | | | 84 | |
| 54 | | 3 | | | 81 | |
| 55 | | 1 | | | 80 | |
| 56 | | 4 | | | 76 | 94 |
| 57 | | 3 | | | 73 | |
| 58 | | 5 | | | 68 | |

この式は,「(a) もし,'日数 D15<発注間隔 $V$7' であれば '空白' にすること.(b) もし,'日数 D15 を発注間隔 $V$7 で割った余り＝0' であれば発注間隔の倍数に当たる日数の日なので,発注日のサインとして '基本発注量 $V$6－今日の在庫量 U15' を表示すること.(c) もし,'日数 D15 を発注間隔 $V$7 で割った余り＝リードタイムの日数 $V$8' であれば,発注を行ってから5日目の入荷日に当たるので,入荷日のサインとして "入検" という文字を表示すること」を意味する.表5.4のセル〔V35〕と〔V40〕に発注サインと入荷サインが出ている.

⑧ 各種集計　定量発注方式の場合と同じく,「販売数計」,「品切数計」,「品切日計」,「1日平均在庫（平均在庫と略す）」,「発注回数」を計算し,TABLE-3 の先頭に集計欄にまとめて表示することにする.各欄には以下の式を入力する.

〔R11〕　＝SUM(R15:R134)　　　…販売数計
〔S11〕　＝SUM(S15:S134)　　　…品切数計
〔T11〕　＝COUNTIF(T15:T134,"品切")　…品切日計
〔U11〕　＝AVERAGE(U15:U134)　…平均在庫
〔V11〕　＝COUNTIF(V15:V134,">0")　…発注回数

以上で,シミュレーターの作成は完了する.シミュレーションの結果はキーボード上の〔F9〕キーを押す度に更新される.したがって,新しいシミュレーションの結果を確認するときには同キーを一度押せばよい.

## 5.7　シミュレーションの結果と分析

前節で作成したシミュレーターには暫定的なパラメーターが設定されている．そのため，まだシミュレーション結果を比較することができない．パラメーター（発注点と発注量）の値は在庫管理の本に書いてある公式を使えば理論解を得ることができるが，冒頭でも触れたように，現場の事情により理論解を用いることができなかったり，需要や仕入をめぐる状況の変化により使用中のパラメーターを見直す必要が生じる場合もある．その場合には，適正なパラメーターを探す必要があるが，本節ではシミュレーションを通してそれを探す例を示す．そして，パラメーターの適正値が決まったら，両発注方式における在庫量の推移を調べるシミュレーションを行う．そして，その結果を比較してどちらの発注方式を採択するかを決めることにする．

### 5.7.1　パラメーターの適正値の模索

"シミュレーションを通してパラメーターの適正値を探す" とは，パラメーターの値を変えて結果を確かめていく作業を繰り返すことを意味する．しかし，やみくもにパラメーターの値を変えていくようでは，手間がかかるだけでなく適正値を見落とす可能性もある．効率よく探すためには，計画を立てて検討する必要がある．以下でその手順を示す．

〔1〕　定量発注方式における「発注点」と「発注量」の適正値

まず，「発注点」と「発注量」の決定に関係する要件（リードタイムや保管可能枚数など）を考慮し，検討範囲を設定する．次は，両者の検討範囲を掛け合わせることで出来る個々の組合せを「検討案」とする．後は，各検討案のシミュレーション結果（品切日数など）を比べながら適正値を探す．

**A.　発注点の候補値の模索**

発注点を決める際にまず考慮しなければならないのは，「発注したものが入荷するまでの期間（リードタイム）の需要」である．手持ちの在庫量が同期間の需要を満たせるだけ残っているときに発注しないと，品切れを起こすからである．

問題は，「リードタイムの需要をどう見積もるか」である．仮にリードタイムの需要を1日の平均需要量ベースで見積もるとしたら，5.4.3節のモデルケースの場合は発注点が **27** 枚（≒5.36×5）となる．しかし，これは1日の「平均」需要量をベースにしたものであるため，品切れを起こすリスクを含んでいる．ここで，そのリスクを減らすために発注点を少し高めに設定する．例えば，1日の平均需要量を5個として大体3日分の平均需要に相当する量（15=5×3）を余分に足す．そうすると，発注点は **42** 枚（=27+15）となり，4日分に相当する量（20=5×4）を足すと，**47** 枚（=27+20）が発注点となる．しかし，安全策として余分に足す量が多過ぎると，かえって日々抱える在庫量が増えるので，上記の2つの値を発注点の候補値として挙げることにする．

発注点：42, 47

### B. 発注量の候補値の模索

発注量を決める際に考慮しなければならないのは，「1回当たりの発注量と発注回数」である．発注量を少なめにすると発注回数が増えて発注にかかる手間が増えるし，逆に発注量を多めにすると発注回数は減るが抱える在庫量が多くなってしまう．

上記のことを考慮し，仮に大体2週間（14日）の平均需要に相当する量を発注するとしたら，発注量は <u>75</u> 枚（≒5.36×14）となる．もし，発注量を先3週間（21日）分にするとしたら <u>113</u> 枚（≒5.36×21）となり，先4週間（28日）分にするとしたら <u>150</u> 枚（≒5.36×28）となる．ここで，候補値の範囲を75枚から10枚刻みで170枚まで検討することにすると，発注量の候補値は以下の通りになる．そして，上で取り上げた3つの候補値に近い値には下線を引き，判断の目安点とする．因みに，170枚まで検討するのは，5.4.3節(10)で言及した発注量の限度に合わせるためである．

発注量：<u>75</u>, 85, 95, 105, <u>115</u>, 125, 135, <u>145</u>, 155, 165, 170

### C. 適正値の範囲設定と適正値の検討

前記の発注点と発注量の候補値を以下の表5.5のようにまとめると，両者の組合せによる検討案が決まる．後は，各検討案の値（発注点と発注量）をシミュレーターのパラメーター欄に入力し，シミュレーションを行う．そして，「品切数」と「1日平均在庫数」が小さい案を良い案とし，下表にある例のようにチェックマークを入れる．そうすると，「発注点」に対する発注量の適正値の範囲に見当をつけることができる．

表5.5 チェックリスト（定量発注方式用）

| | | 発注量 | | | | | | | | | |
|---|---|---|---|---|---|---|---|---|---|---|---|
| | | 75 | 85 | 95 | 105 | 115 | 125 | 135 | 145 | 155 | 165 | 170 |
| 発注点 | 42 | | | | | | | ✓ | ✓ | | | |
| | 47 | | | ✓ | ✓ | | | | | | | |

上表の結果を例にしてまとめると，次のようになる．
- 発注点を42枚にする場合の発注量の適正値は，135から145辺り
- 発注点を47枚にする場合の発注量の適正値は，95から105辺り

次は，必要に応じて，発注点と発注量の範囲をさらに細分化した案について検討していく．そうすれば，より良い案に辿り着くことができる．

### 〔2〕 定期発注方式における「発注間隔」と「基本発注量」の適正値

定期発注方式の場合も前記同様の方法を用いればいい．

### A．発注間隔の候補値の模索

発注間隔に関しては 5.4.3 節のモデルケースの説明では言及していないが，以下のように，2 週間，3 週間毎の特定曜日に発注することを想定することにする．

発注間隔：14 日（2 週間毎），21 日（3 週間毎）

発注間隔を 2 週間毎から想定するのは，前記の定量発注方式における発注量も '大体 2 週間（14 日）の平均需要に相当する量' と想定したことに合わせておくため，とする．

### B．基本発注量の候補値の模索

基本発注量を決める際に考慮しなければならないのは，「発注間隔とリードタイムを合わせた期間の需要を満たせる量」にすることである．そのため，発注を 14 日毎に行うことにする場合の基本発注量は，リードタイムを合わせた 19 日間（＝14＋5）の需要を満たせる量にする必要がある．

ここで，同期間の需要を 1 日の平均需要量ベースで見積もることにすると，基本発注量は <u>102</u> 個（≒5.36×19）となる．しかし，これも 1 日の「平均」需要量をベースにしたものであるため，品切れを起こすリスクを含んでいる．そのリスクを減らすために，前記の定量発注方式の場合と同じく，発注量を少し高めに設定することにする．例えば，1 日の平均需要量を 5 枚として 3 日分に相当する 15 枚（15＝5×3）を上乗せするとしたら，基本発注量は <u>117</u> 枚（＝102＋15）となる．これに更に 10 枚を上乗せすると，<u>127</u> 枚（＝117＋10）となる．発注間隔を 21 日にする場合にも上記同様に考え，26 日間（＝21＋5）の平均需要量 140 枚（≒5.36×26）に安全策として上記同様の 15 枚と 25 枚を上乗せすると，<u>155</u> 個と <u>165</u> 個が基本発注量となる．

次は，上記の候補値を参考にし，120 枚（117 枚を切れのよい数字 120 枚とする）から 5 枚刻みで 170 枚まで検討することにする．そうすると，基本発注量の候補値は以下の通りになる．そして，上で取り上げた 4 つの候補値に近い値に下線を引き，判断の目安点とする．

基本発注量：<u>120</u>, 125, 130, 135, 140, 145, 145, 150, <u>160</u>, <u>165</u>, 170

### C．検討案の範囲設定と適正値の検討

発注間隔と基本発注量の候補値が決まったら，以下の表 5.6 のようにまとめる．後は，両者の組合せによる各検討案に対するシミュレーションを行う．そして，前記の定量発注方式の場合と同様に，結果の良い案のマスにチェックマークを入れ，「発注間隔」に対する基本発注量の適正値の範囲に見当をつける．

表 5.6　チェックリスト（定期発注方式用）

| | | 基本発注量 | | | | | | | | | |
|---|---|---|---|---|---|---|---|---|---|---|---|
| | | 120 | 125 | 130 | 135 | 140 | 145 | 150 | 155 | 160 | 165 | 170 |
| 発注間隔 | 14 | | ✓ | ✓ | ✓ | | | | | | | |
| | 21 | | | | | | | | | | ✓ | ✓ |

上表の結果を例にしてまとめると，次のようになる．
- 発注間隔を14日にする場合の基本発注量の適正値は，125から135辺り
- 発注間隔を21日にする場合の基本発注量の適正値は，165から170辺り

〔3〕 比較検討案の選定

両発注方式のパラメーターの適正値に関する検討が済んだら，両発注方式のシミュレーション結果を細かく比較するための案を選ぶ．本章では以下の2案を比較に値する検討案の一例（最優先検討案）として挙げることにする．

▶ 定量発注方式：発注点〔42〕，発注量〔135〕
▶ 定期発注方式：発注間隔〔21〕，基本発注量〔170〕

上記2案を選んだ理由は，以下の通りであるとする．
a. 発注・検品にかかる手間を考えると，頻繁な発注を強いる案は避けたい．その意味においては，3週間毎（21日）に一度の発注で済む上記の定期発注方式の案が望ましい．
b. 定期発注方式の発注間隔を3週間毎にすると，シミュレーション期間（120日）の発注回数は5回と決まる．すると，比較する定量発注方式の案の発注回数もほぼ同じであるものがよい．上記の定量発注方式の案では，シミュレーション期間の発注回数が4～5回である（これは前記〔1〕の 'C' の段階で行うシミュレーションで確認できる事項である）．

### 5.7.2 シミュレーションの結果と分析

以下では，パラメーターを前記の最優先検討案の値に設定した場合のシミュレーション結果と，その結果に対する分析例を示すことにする．

まず，シミュレーション期間の在庫の推移について触れよう．シミュレーター上にある各発注方式の「在庫」欄（M列とU列）のデータを用いて以下のようなグラフにすると，在庫の推移を視覚的に表すことができる．

図5.3 在庫の推移

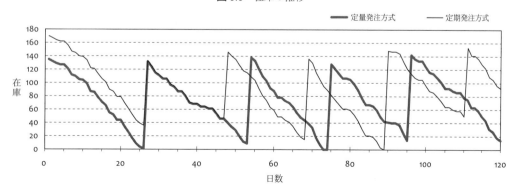

図5.3の例を見ると，定量発注方式では第3回目の入荷直前の2日間，定期発注方式でも第4回目の入荷直前の1日間に品切れが発生していることがわかる．これは1回のシミュレーション結果を表したものであるが，キーボード上の〔F9〕キーを押して新しいシミュレーション結果を同グラフに表示することを繰り返せば，様々なパターンの在庫の推移を観察することができる．複数回のシミュレーション結果のデータを以下に示す．

表5.7 シミュレーション結果（20回分）

| 実験番号 | 需要合計 | 定量発注方式 | | | | | 定期発注方式 | | | | |
|---|---|---|---|---|---|---|---|---|---|---|---|
| | | 販売数計 | 品切数計 | 品切日計 | 平均在庫 | 発注回数 | 販売数計 | 品切数計 | 品切日計 | 平均在庫 | 発注回数 |
| 1 | 633 | 633 | 0 | 0 | 78 | 4 | 633 | 0 | 0 | 94 | 5 |
| 2 | 690 | 690 | 0 | 0 | 79 | 5 | 681 | -9 | 1 | 84 | 5 |
| 3 | 656 | 656 | 0 | 0 | 78 | 5 | 656 | 0 | 0 | 87 | 5 |
| 4 | 648 | 641 | -7 | 2 | 77 | 5 | 648 | 0 | 0 | 89 | 5 |
| 5 | 611 | 611 | 0 | 0 | 80 | 4 | 611 | 0 | 0 | 91 | 5 |
| 6 | 582 | 582 | 0 | 0 | 83 | 4 | 582 | 0 | 0 | 96 | 5 |
| 7 | 691 | 675 | -16 | 2 | 75 | 5 | 691 | 0 | 0 | 86 | 5 |
| 8 | 650 | 645 | -5 | 1 | 77 | 5 | 650 | 0 | 0 | 89 | 5 |
| 9 | 689 | 683 | -6 | 1 | 75 | 5 | 689 | 0 | 0 | 87 | 5 |
| 10 | 662 | 662 | 0 | 0 | 73 | 5 | 662 | 0 | 0 | 87 | 5 |
| 11 | 664 | 652 | -12 | 2 | 74 | 5 | 664 | 0 | 0 | 86 | 5 |
| 12 | 639 | 639 | 0 | 0 | 77 | 5 | 638 | -1 | 1 | 91 | 5 |
| 13 | 630 | 630 | 0 | 0 | 77 | 4 | 630 | 0 | 0 | 93 | 5 |
| 14 | 653 | 653 | 0 | 0 | 78 | 5 | 653 | 0 | 0 | 90 | 5 |
| 15 | 611 | 611 | 0 | 0 | 86 | 4 | 611 | 0 | 0 | 92 | 5 |
| 16 | 657 | 657 | 0 | 0 | 77 | 5 | 657 | 0 | 0 | 88 | 5 |
| 17 | 709 | 700 | -9 | 2 | 76 | 5 | 707 | -2 | 1 | 83 | 5 |
| 18 | 684 | 682 | -2 | 1 | 77 | 5 | 684 | 0 | 0 | 84 | 5 |
| 19 | 683 | 683 | 0 | 0 | 78 | 5 | 683 | 0 | 0 | 87 | 5 |
| 20 | 655 | 655 | 0 | 0 | 77 | 5 | 655 | 0 | 0 | 87 | 5 |
| 合計 | 13097 | 13040 | -57 | 11 | 1551 | 95 | 13085 | -12 | 3 | 1771 | 100 |
| 平均 | 654.9 | 652.0 | -2.9 | 0.6 | 77.6 | 4.8 | 654.3 | -0.6 | 0.2 | 88.6 | 5.0 |

表5.7にまとめたのは，シミュレーターのTABLE-1，TABLE-2，TABLE-3の先頭にある集計欄（需要合計，販売数計，品切数計，品切日計，平均在庫，発注回数）のデータである．同集計欄に表示されるのは1回分のシミュレーション結果であるが，表5.7にはキーボード上の〔F9〕キーを押して得た20回分のデータに実験番号を付けて並べてある．同表の最下段にある「平均」に注目して結果をまとめると，次のようになる．

- 結果1：発注点〔42〕発注量〔135〕の定量発注方式案では需要の **99.56%**（＝13,040÷13,097）を満たし，発注間隔〔21〕基本発注量〔170〕の定期発注方式案では需要の **99.90%**（＝13,085÷13,097）を満たすことができる．
- 結果2：「品切数計」と「品切日計」は，定期発注方式案の方が少ない．

無論，上記は20回分のシミュレーション結果に基づくものであるので，シミュレーション回数をさらに増やした場合にはどうなるかを確かめる必要がある．例として，表5.7同様の20回分毎の集計結果を5セット並べた，計100回分の結果の表を次のページに示す．

第 5 章 在庫管理方式の比較 | 127

**表 5.8** シミュレーション結果（計 100 回分）

| 20×5 | 総需要 | 定量発注方式 | | | | | 定期発注方式 | | | | |
|---|---|---|---|---|---|---|---|---|---|---|---|
| | | 販売数計 | 品切数計 | 品切日計 | 平均在庫 | 発注回数 | 販売数計 | 品切数計 | 品切日計 | 平均在庫 | 発注回数 |
| 1st | 13,097 | 13,040 | -57 | 11 | 1,551 | 95 | 13,085 | -12 | 3 | 1,771 | 100 |
| 2nd | 13,147 | 13,084 | -63 | 13 | 1,562 | 93 | 13,099 | -48 | 10 | 1,773 | 100 |
| 3rd | 13,286 | 13,240 | -46 | 15 | 1,522 | 98 | 13,245 | -41 | 5 | 1,746 | 100 |
| 4th | 13,119 | 13,094 | -25 | 7 | 1,564 | 96 | 13,096 | -23 | 6 | 1,761 | 100 |
| 5th | 13,248 | 13,238 | -10 | 3 | 1,540 | 98 | 13,214 | -34 | 7 | 1,736 | 100 |
| 平均1 | 13,179 | 13,139 | -40 | 10 | 1,548 | 96 | 13,148 | -32 | 6 | 1,758 | 100 |
| 平均2 | 659.0 | 657.0 | -2 | 0.5 | 77.4 | 4.8 | 657.4 | -2 | 0.3 | 87.9 | 5.0 |

　表 5.8 の下段にある「平均 1」欄の値は，20 回分毎の結果（1st～5th）に対する平均である．「平均 2」は，「平均 1」を 20 で割った，シミュレーション 1 回分の平均を表す．ここで，「平均 1」欄の「品切数計」を「品切日計」で割ってみると，定量発注方式案の場合は平均 4.0 枚（＝40÷10），定期発注方式案の場合は平均 5.3 枚（＝32÷6）となる．これは，品切発生時の品切数（品切発生日における平均品切枚数）は定期発注方式案の方が多いことを意味する．「3rd」欄にある定期発注方式案の品切数では平均 8.2 枚（＝41÷5）にも及ぶ．これは，定期発注方式案の品切数にバラツキが大きいことを意味する．よって，これをひとつの結果として追加することにする．

- 結果 3：「品切発生時の品切数」の平均とバラツキは，定期発注方式案の方が大きい．

　すると，実験回数をさらに増やした場合にも，上記の「結果 3」が（「結果 1」と「結果 2」を含めて）成立するかを確認する必要がある．例として，表 5.8 同様の 100 回毎の集計結果を 10 セット並べた，計 1,000 回分のシミュレーション結果を以下に示す．

**表 5.9** シミュレーション結果（計 1,000 回分）

| 100×10 | 総需要 | 定量発注方式 | | | | | 定期発注方式 | | | | |
|---|---|---|---|---|---|---|---|---|---|---|---|
| | | 販売数計 | 品切数計 | 品切日計 | 平均在庫 | 発注回数 | 販売数計 | 品切数計 | 品切日計 | 平均在庫 | 発注回数 |
| 1st | 65,168 | 65,031 | -137 | 40 | 7,767 | 467 | 64,959 | -209 | 36 | 8,899 | 500 |
| 2nd | 65,198 | 65,032 | -166 | 45 | 7,774 | 469 | 65,072 | -126 | 27 | 8,847 | 500 |
| 3rd | 65,809 | 65,576 | -233 | 54 | 7,707 | 472 | 65,563 | -246 | 44 | 8,767 | 500 |
| 4th | 65,900 | 65,754 | -146 | 36 | 7,746 | 477 | 65,693 | -207 | 40 | 8,792 | 500 |
| 5th | 65,594 | 65,399 | -195 | 48 | 7,749 | 474 | 65,342 | -252 | 49 | 8,835 | 500 |
| 6th | 64,975 | 64,764 | -211 | 57 | 7,742 | 465 | 64,713 | -262 | 53 | 8,903 | 500 |
| 7th | 65,544 | 65,360 | -184 | 48 | 7,728 | 477 | 65,386 | -158 | 36 | 8,829 | 500 |
| 8th | 65,796 | 65,631 | -165 | 45 | 7,766 | 472 | 65,641 | -155 | 34 | 8,819 | 500 |
| 9th | 65,344 | 65,164 | -180 | 50 | 7,758 | 469 | 65,066 | -278 | 53 | 8,905 | 500 |
| 10th | 66,109 | 65,928 | -181 | 49 | 7,744 | 476 | 65,897 | -212 | 44 | 8,752 | 500 |
| 平均1 | 65,544 | 65,364 | -180 | 47 | 7,748 | 472 | 65,333 | -211 | 42 | 8,835 | 500 |
| 平均2 | 655.44 | 653.64 | -1.80 | 0.47 | 77.48 | 4.72 | 653.33 | -2.11 | 0.42 | 88.35 | 5.00 |
| 標準偏差 | 366.2 | 366.5 | 28.7 | 6.2 | 20.2 | 4.2 | 374.5 | 50.8 | 8.6 | 55.0 | 0.0 |

　表 5.9 の最下段にある「標準偏差」とは，観測値の散らばり（バラツキ）の度合を表すものである（詳しいことは本書の第 1 章または第 8 章を参照すること）．上表の標準偏差は，便宜上，100 回分毎の結果（1st～10th）に対して求めた値であることを記しておく．それでは，上表の結果に基づき，前記の「結果 1」～「結果 3」が成立するかを順に確かめた結果を次のページの「結果 A」～「結果 C」に記す．

- 結果A：両発注方式案の需要を満たす割合は，**99.73%**（＝65,364÷65,544）と**99.68%**（＝65,333÷65,544）であり，前記の「結果1」とほとんど変わらない．
- 結果B：「品切日計」の平均は定期発注方式案の方が少ないが（**47<42**），「品切数計」の平均は定量発注方式案の方が少ない（**180<211**）．
- 結果C：品切発生時の品切数は，定量発注方式案が平均**3.8**枚（＝180÷47），定期発注方式案が平均**5.1**枚（＝211÷42）であり，定期発注方式案の方が多い．また，品切数と品切日数のバラツキ（標準偏差）も定期発注方式案の方が大きい（**28.7<50.8**，**6.2<8.6**）．

以上より，前記の「結果1」と「結果3」は成り立つことが確認できる．しかし，「結果B」は前記の「結果2」と一致しない．このように，シミュレーションでは，実験回数が少ないときに出した結論が実験回数をさらに増やすと成り立たない場合がある．むろん，表5.9には前記の「結果2」が成り立つ場合も含まれているが，平均的に見ると，上記の「結果B」のように修正せざるを得ない．

問題は，上記の修正の妥当性を確認するために，さらに実験回数を増やすか否かである．ここで，表5.9の「2nd」，「7th」，「8th」欄の結果を除く他の7つの欄の結果を見ると，「品切数」は定期発注方式案の方が多い．すると，その割合（3：7）からさらに実験回数を増やした場合の結果にある程度の予想がつく．しかし，シミュレーションでは十分安定した結果を確保する必要があるので，以下の表を示すことにする．

表5.10は，表5.9と同じ100回分毎の集計結果を50セット確保し，紙面を節約するため，10セット（計1,000回分）毎の集計結果を5つ並べたものである．同表から上記の「結果A」〜「結果C」が成り立つことが確認できる．よって，繰り返しになる説明は省き，結論に移ることにする．

**表5.10** シミュレーション結果（計5,000回分）

| 1000×5 | 総需要 | 定量発注方式 | | | | | 定期発注方式 | | | | |
|---|---|---|---|---|---|---|---|---|---|---|---|
| | | 販売数計 | 品切数計 | 品切日計 | 平均在庫 | 発注回数 | 販売数計 | 品切数計 | 品切日計 | 平均在庫 | 発注回数 |
| 1st | 655,437 | 653,639 | -1,798 | 472 | 77,480 | 4,718 | 653,332 | -2,105 | 416 | 88,347 | 5,000 |
| 2nd | 655,568 | 653,576 | -1,992 | 491 | 77,296 | 4,706 | 653,454 | -2,114 | 443 | 88,390 | 5,000 |
| 3rd | 655,216 | 653,567 | -1,649 | 445 | 77,542 | 4,715 | 653,553 | -1,663 | 375 | 88,557 | 5,000 |
| 4th | 653,646 | 651,970 | -1,676 | 433 | 77,443 | 4,698 | 651,945 | -1,701 | 367 | 88,644 | 5,000 |
| 5th | 656,587 | 654,630 | -1,957 | 473 | 77,279 | 4,719 | 654,644 | -1,943 | 395 | 88,300 | 5,000 |
| 平均1 | 65,529 | 65,348 | -181 | 46 | 7,741 | 471 | 65,339 | -191 | 40 | 8,845 | 500 |
| 平均2 | 655.29 | 653.48 | -1.81 | 0.46 | 77.41 | 4.71 | 653.39 | -1.91 | 0.40 | 88.45 | 5.00 |
| 標準偏差 | 366.0 | 361.6 | 34.6 | 6.9 | 27.3 | 4.9 | 352.5 | 49.9 | 9.2 | 52.1 | 0.0 |

## 5.8 まとめ

前節の「結果 A」〜「結果 C」と表 5.10 の結果に注目して結論を出すと，以下のようになる．

- 結論 1：今回比較した両発注方式の最優先検討案は，両方ともサービス率が約 99.7% 以上である——表 5.10 の結果では 99.72%（＝65,348÷65,529）と 99.71%（＝65,339÷65,529）．よって，通常 5% の品切率を許容する観点からすれば，どちらの発注方式の最優先検討案を選んでもサービス率には問題がない．
- 結論 2：少しでも抱える在庫が少ない方を優先するならば，定量発注方式の最優先検討案（発注点〔42〕発注量〔135〕）案を選ぶ——表 5.10 の結果「平均在庫」では 7,741＜8,845．しかし，定期発注方式の案に比べて品切れリスクが高い——表 5.10 の結果「品切日計」では 46＞40．僅かな違いではあるが，そのリスクを抑えるためには，発注点または発注量を少し高めるような調整が要る．
- 結論 3：少しでも品切れリスク少ない方を優先するならば，定期発注方式の最優先検討案（発注間隔〔21〕基本発注量〔170〕）を選ぶ——表 5.10 の結果「品切日計」では 46＞40．しかし，この案は定量発注方式の案より'品切発生時の品切数'が多い——表 5.10 の結果「品切数計」を「品切日計」で割ると，3.9 枚（＝181÷46）＜4.8 枚（＝191÷40）．僅かな違いではあるが，それを改善する策を検討するときに基本発注量を増やすことができないなら，発注間隔を少し短くするような調整が要る．

本章のまとめとして，「在庫管理におけるシミュレーションの有用性」について再度触れておく．シミュレーターがあれば次のようなことができる．

(a) 在庫量の推移を観察しながらパラメーターの変更による結果を予測することができる．
(b) 理論解の公式を使わずにパラメーターの近似解を探し求めることができる．
(c) 理論解を用いることができない現場の事情や需要などの状況変化に合わせたパラメーターの適正値を随時求めることもできる．

上記の(a)に関連していうと，上記の「結論 2」と「結論 3」で言及した，次のような調整・確認作業にもシミュレーションは有用である——定量発注方式の最優先検討案に対して，発注点または発注量をどの程度高めれば品切れリスクをどの程度下げることができるか．定期発注方式の最優先検討案に対して，発注間隔を短くして発注回数を 1 回増やした場合，品切発生時の品切数はどの程度抑えることができるか．

上記の(b)に関連しては，シミュレーションを用いて探し求めたパラメーターの値と公式を使って求めた理論解との比較ができるよう，理論解に関する解説を付録に載せておくことにする．そこで，理論的な知識の有用性についても触れる．

上記の(c)に関連しては，一点補足することがある．今回取り上げた事例では，新規事業を立

ち上げてまだ日が浅いため，過去2ヶ月間の販売データを用いて先4ヶ月間の需要分布を予測している．したがって，今後は同分布に対する見直しが必要になってくる．このように一度導入した発注方式のパラメーターに見直しが必要になるときにも，パラメーターの修正に伴う結果をすぐ確認できるシミュレーターがあれば，変動する需要への対処も素早くできる．

### 参考文献

[1] シミュレーション，佐藤文明・斎藤稔・石原進・渡邊尚，共立出版，2013
[2] Excelで学ぶ経営科学，多田実・大西正和・平川理恵子・長坂悦敬，オーム社，2003
[3] Excelで学ぶ経営科学入門シリーズⅣ シミュレーション，荒木勉・栗原和夫，実共出版，2000
[4] 在庫管理のはなし，柳沢滋，日科技連，1995
[5] 在庫管理入門，水野幸男，日科技連，1992

## 付録Ⅰ:「定量発注方式」と「定期発注方式」の理論解

### 1. 定量発注方式における発注点と発注量

定量発注方式では,在庫が「一定水準」まで減ってきたときに「一定量」を発注する.一定水準とは,発注品が入荷するまでにかかる期間(リードタイム)の需要を満たせる量を残している時を指し,「発注点」という.発注点の求め方は以下の通りである.

▶ 発注点=リードタイム期間中の平均需要量+安全在庫  (1)

※ 安全在庫=安全係数×$\sqrt{リードタイム}$×標準偏差  (2)

式(1)の「リードタイム期間中の平均需要量」とは,同期間中の需要を過去の実績データから求めた平均需要(例えば1日平均)をベースにして見積もった量を指す.しかし,平均需要ベースで見積もった量では品切れを起こす可能性がある.それを防ぐために余分に加える量を「安全在庫」と呼び,式(2)は統計学的な根拠に基づいている.「安全係数」とは,品切れが起こる確率をどこまで容認するかを示すもので,需要が正規分布に従うと仮定する場合,品切れ(欠品)確率を10%以下に抑えたいときは1.28,5%以下にしたいときは1.65,2.5%以下にしたいときは1.95,1%以下にしたいときは2.33に設定する.本章のモデルケースに1.65の安全係数を適用して発注点を求めると,以下のようになる.

▶ 発注点=$(5 \times 5.36)+(1.65 \times \sqrt{5} \times 3.58)=40.01 ≒ 40$  (3)

一方,定量発注方式における発注量は,EOQ(Economic Order Quantity:経済的発注量)公式と呼ばれるもので求める.「経済的」というのは,この公式で求めた発注量が在庫管理にかかる費用(=発注費用+在庫維持費用)を最小にする量となるからである.本章のモデルケースにおける1回当たりの発注費用を500円,1枚当たりの年間在庫維持費用を100円とし,EOQを求めると,以下のようになる.

▶ 発注量(EOQ)=$\sqrt{\dfrac{2 \times 年間需要量 \times 1回当たりの発注費用}{1個当たりの年間在庫維持費用}}$  (4)

=$\sqrt{\dfrac{2 \times (5.36 \times 365) \times 500}{100}}=139.87 ≒ 140$

### 2. 定期発注方式における発注間隔と発注量

定期発注方式における発注間隔は,発注元と発注先の都合によって決まるのが普通であるが,次の式(5)を用いて求めたものが一応の目安となる.同式を用いて本章のモデルケースにおける発注間隔を求めると,次のようになる.

▶ 発注間隔=$\dfrac{経済的発注量}{1日当たりの平均需要量}=\dfrac{140}{5.36}=26.12 ≒ 26$ 日  (5)

参考までにだが，経済的発注量（EOQ）の近辺にある値では在庫管理費用がそれほど大きく変わらない．この性質を利用し，発注間隔の計算に用いる経済的発注量はある程度加減してもよい．だが，前記の 26 日を一応の解とし，話を進めることにする．定期発注方式における発注量を求める式は，以下の通りである．

> ▶ 発注量＝{発注間隔とリードタイムにおける平均需要量＋安全在庫}
>     －発注時点の在庫量－発注済未入荷量          (6)

本章のモデルケースの分析では，上記の {発注間隔とリードタイムにおける平均需要量＋安全在庫} 部分を「基本発注量」と称し，毎回同じ値を使うことにしている．そして，リードタイムが長いときに起こり得る「発注済未入荷量」は，本章の事例では発生しないと仮定している．したがって，「基本発注量」は次のようになる．

> ▶ 基本発注量＝{発注間隔とリードタイムにおける平均需要量＋安全在庫}          (7)
> $= (26+5) \times 5.36 + 1.65 \times \sqrt{(26+5) \times 3.58} = 199.05 ≒ 199$

## 3. 実験解と理論解の比較

最後に，実験解（empirical solution）と理論解（theoretical solution）を比較しながら実験解に対する理論的な考察を加えることにする．

### 3.1 定量発注方式の理論解——発注点〔40〕，発注量〔140〕

本文の中でシミュレーションを用いて得たパラメーターの適正値（発注点 42 と発注量 135）は，公式を使って求めた理論解に近い．ここで，前式(3)に用いる安全係数を 1.95 にすると，発注点は次のようになる．

$$理論的な発注点 = (5 \times 5.36) + (1.95 \times \sqrt{5} \times 3.58) = 42.41$$

したがって，理論的な知識を使えば，シミュレーションを用いて得た解に対して次のような解釈ができる——シミュレーションを用いて得た発注点は，品切れ可能性（欠品率）を 2.5% 想定したものに近く，発注量は在庫管理費用を最小にする経済的発注量に近い．

次は，本文 5.7.3 節の「結論 2」にある検討課題——品切れリスク（品切日数）をもっと抑えるには発注点または発注量を高めるような調整が要る——について触れよう．例えば，発注点を〔45〕に調整する案について検討することにした場合，前式(3)にある安全係数をどこまで上げたら右辺の値が 45 になるかを確かめてみる．結果は，以下で示したように，調整案の発注点は安全係数を 2.33 に変えた値にほぼ等しい．

$$調整案の発注点 = (5 \times 5.36) + (2.33 \times \sqrt{5} \times 3.58) = 45.45$$

これより，次のような説明ができる——品切れリスクを抑えるために発注点を〔45〕に変えた調整案は，安全係数を 1% の欠品率を想定する値（2.33）に引き上げたものにほぼ等しい．この

ように，理論的な知識を合わせ持つと，シミュレーション結果の解釈や予測に役立つ．

### 3.2　定期発注方式の理論解——発注間隔〔26〕，基本発注量〔199〕

標記の理論解は前式(5)と(7)を用いた場合の解であるが，この基本発注量から発注時点の在庫量を引いた値（実際発注量）が170（5.4.3節(10)で言及した発注量の限度）を超えることになると，受け入れることができない．そのため，発注間隔を本文の中で取り上げた最優先検討案の21日に合わせることにし，式(7)の基本発注量を求め直すと，次のようになる．

$$基本発注量 = (21+5) \times 5.36 + \sqrt{(21+5)} \times 3.58 = 169.48$$

すると，この解はシミュレーションを用いて探し求めた最優先検討案のパラメーターの適正値（発注間隔21日，基本発注量170枚）とほぼ一致する．

次は，本文5.7.3節の「結論3」にある検討課題——品切発生時の品切数を下げるために発注間隔を少し短くするような調整が要る——について触れよう．仮に，発注間隔を〔21〕日から〔18〕日に調整する案Aを基準とし，さらに安全係数を2.5%の欠品率を想定する値(1.99)に引き上げる案B，安全係数を1%の欠品率を想定する値(2.33)に引き上げる案Cを検討することにしよう．そして，前式(7)を用いて各案の基本発注量を求めると，以下のようになる．したがって，以下の値を調整の目安にすればよい．

$$調整案Aの基本発注量 = (18+5) \times 5.36 + 1.65 \times \sqrt{(18+5)} \times 3.58 = 151.61$$
$$調整案Bの基本発注量 = (18+5) \times 5.36 + 1.95 \times \sqrt{(18+5)} \times 3.58 = 156.76$$
$$調整案Cの基本発注量 = (18+5) \times 5.36 + 2.33 \times \sqrt{(18+5)} \times 3.58 = 163.28$$

## 付録Ⅱ：実験データ自動記録用マクロ

本文中の表5.7は，20回分の実験結果を自動的に記録するマクロを利用して作成したものである．参考までに，シミュレーション・シート上の同表の位置とマクロの内容を示しておく．

| Y | Z | AA | AG | AH | AI | AJ | AK | AO | AP | AQ | AR | AS |
|---|---|---|---|---|---|---|---|---|---|---|---|---|
| 25 | 26 | 27 | 33 | 34 | 35 | 36 | 37 | 41 | 42 | 43 | 44 | 45 |
| 32 | 実験番号 | 総需要 | 定量発注方式 | | | | | 定期発注方式 | | | | |
| 33 | | | 販売合計 | 品切数計 | 品切日計 | 平均在庫 | 発注回数 | 販売合計 | 品切数計 | 品切日計 | 平均在庫 | 発注回数 |
| 34 | 1 | 633 | 633 | 0 | 0 | 83 | 4 | 633 | 0 | 0 | 91 | 5 |
| 35 | 2 | 673 | 659 | -14 | 3 | 75 | 4 | 673 | 0 | 0 | 88 | 5 |
| 36 | 3 | 615 | 615 | 0 | 0 | 77 | 4 | 615 | 0 | 0 | 94 | 5 |
| 37 | 4 | 644 | 644 | 0 | 0 | 80 | 4 | 641 | -3 | 1 | 88 | 5 |
| 38 | 5 | 668 | 662 | -6 | 2 | 79 | 5 | 668 | 0 | 0 | 86 | 5 |
| 39 | 6 | 618 | 613 | -5 | 1 | 79 | 4 | 612 | -6 | 2 | 91 | 5 |
| 40 | 7 | 673 | 664 | -9 | 2 | 74 | 5 | 672 | -1 | 1 | 85 | 5 |
| 41 | 8 | 668 | 668 | 0 | 0 | 79 | 5 | 668 | 0 | 0 | 87 | 5 |
| 42 | 9 | 600 | 600 | 0 | 0 | 80 | 4 | 600 | 0 | 0 | 91 | 5 |
| 43 | 10 | 675 | 675 | 0 | 0 | 77 | 5 | 675 | 0 | 0 | 87 | 5 |
| 44 | 11 | 672 | 672 | 0 | 0 | 76 | 5 | 671 | -1 | 1 | 86 | 5 |
| 45 | 12 | 659 | 654 | -5 | 1 | 79 | 4 | 659 | 0 | 0 | 90 | 5 |
| 46 | 13 | 587 | 587 | 0 | 0 | 80 | 4 | 587 | 0 | 0 | 97 | 5 |
| 47 | 14 | 691 | 691 | 0 | 0 | 76 | 5 | 691 | 0 | 0 | 81 | 5 |
| 48 | 15 | 631 | 631 | 0 | 0 | 85 | 4 | 631 | 0 | 0 | 91 | 5 |
| 49 | 16 | 647 | 647 | 0 | 0 | 79 | 4 | 647 | 0 | 0 | 89 | 5 |
| 50 | 17 | 601 | 601 | 0 | 0 | 82 | 4 | 601 | 0 | 0 | 93 | 5 |
| 51 | 18 | 650 | 650 | 0 | 0 | 81 | 4 | 650 | 0 | 0 | 89 | 5 |
| 52 | 19 | 659 | 659 | 0 | 0 | 78 | 4 | 659 | 0 | 0 | 89 | 5 |
| 53 | 20 | 607 | 607 | 0 | 0 | 85 | 4 | 607 | 0 | 0 | 95 | 5 |

```
Sub INVENTORY()

'[1] 変数宣言
    Dim i As Integer

'[2] 転記の際に計算結果の更新を防止
    Application.Calculation = xlCalculationManual      '計算方法を「手動」に変更

'[3] 転記
    For i = 1 To 20
        Calculate
        Cells(33 + i, 27).Value = Range("D11").Value   'TABLE-1 の需要合計をコピー
        Range("J11:N11").Copy                          'TABLE-2 の集計欄のデータをコピー
        Cells(33 + i, 28).PasteSpecial xlValues
        Range("R11:V11").Copy                          'TABLE-3 の集計欄のデータをコピー
        Cells(33 + i, 33).PasteSpecial xlValues
    Next i

'[4] 後処理
    Application.Calculation = xlCalculationAutomatic   '計算方法を「自動」に変更
    Application.CutCopyMode = False
    Range("X33").Activate

End Sub
```

# 第6章　TOCと工程管理

How to estimate the results of the step-by-step approaches of the TOC

　小説風のビジネス書『The Goal：ザ・ゴール』によって広く知られるようになったTOC（Theory Of Constraints：制約条件理論）——．端的に言えば，「全体最適化を図る生産管理手法」であり，次のような考え方に基づいている——システムの中で最も弱い部分がシステム全体のパフォーマンスを決める制約条件となるため，システム全体のパフォーマンス向上には制約条件の改善が不可欠である．

　小説では，長引く採算悪化を理由に本社から工場閉鎖を告げられた工場長が恩師のアドバイスを受けながら工場を建て直していく話が書かれており，その再建プロセスは上記の考え方に基づく5つの手順に沿って進められている．そして，その手順を真似て成果を上げる工場が続出したため，TOCはアメリカの生産管理やサプライチェーン・マネジメントに多大な影響を与えた，と言われている．

　しかし，複数の要素が有機的につながっているシステムの中で，ある要素へのテコ入れがシステム全体に及ぼす影響を測るのは容易ではない．そのため，TOCによる改善手順は，ひとつの制約条件に対する改善策の実施結果を見届けてから次の手順に移行することの繰り返しになっている．だが，シミュレーションを通して，改善策のシステム全体へ及ぼす影響を事前に測れば，改善策を実施した後に策を練り直す無駄な試行錯誤は避けることができる．また，個々の改善策の実行結果を待たずに複数の改善策を同時に推進することによってプロジェクト期間を短縮することもできる．それを示すために，本章ではTOCを導入して在庫削減・残業廃止に成功した事例を取り上げる．そして，同事例のプロジェクトチームが実施した改善策の試行錯誤的な結果と，事後的ではあるが同改善策に対するシミュレーション結果を比較することにする．

## 6.1 導入

■ ライン生産方式の弱点

　生産ラインを構成する各々の工程にあらかじめ作業を割り付けておき，順に加工を進めていく方式——これを「ライン生産方式」という．ベルトコンベアなどによる「流れ作業」をイメージすればよい．分業の利点を活かした単一製品の大量生産に用いられることが多いが，分業を進めるほど仕掛在庫（部品や半製品などの工程間在庫）が増え，完成までの時間が長くなる側面がある．最大の弱点は，ライン上のひとつの工程の不具合が全工程に影響を与えてしまうことである．これについて少し詳しく述べることにする．

　ライン生産方式は，全体が一連の流れ作業になっているため，何らかの理由によってある工程の作業に遅れが出ると，その後の工程の作業も連鎖的に遅れてしまう．そうなると，後ろの工程にはアイドルタイム（生産施設が稼働せずに労働力が空費されている時間）が生じ，有する資源を遊ばせることになる．また，不具合が生じた工程には直前の工程から流れてくる仕掛品が溜まり，ボトルネック状態になる．そうなると，全体の生産能力がボトルネック化した工程の低い生産能力によって決まり，生産計画は狂ってしまう．

　簡単な例を挙げよう．右の図にある工程①で100個加工して次の工程②に流したとしよう．そして，何らかの理由によって工程②で50個しか加工できなくなったら，工程③で加工できるのはその数に制約され，50個以上の完成品を出すことはできない．

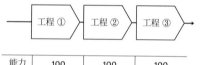

　上記のことは，ある工程のアウトプットがその次の工程のインプットになっているからである．言い換えると，ある工程のアウトプットがその前にある工程のアウトプットに依存することから生じる，構造的な問題である．したがって，何らかの理由によって作業の流れを遅らせるボトルネックが発生したら，なるべく早くそれを解消する対策を取らなければならない．

　ボトルネックを作るのは，機械の故障や作業員の怪我のような突発的な要因に限らない．生産現場の事故の原因調査や品質管理によく使われる「4M」の観点からボトルネックを作る要因を分類すると，次のようになる——(1) Man：作業員の不注意や習熟度の違いのような人的な要因，(2) Machine：設備の老化や機械ごとに異なる加工速度のような設備的な要因，(3) Media：作業員と設備の不適切な配置のような作業環境的な要因，(4) Management：非効率的な工程管理や無理な受注体制のような管理的な要因．

　これらの諸要因が単独あるいは相互に関連し合ってムリ・ムダ・ムラをきたすところに大小のボトルネックが発生すると，各工程の生産性はばらつき，計画通りの生産ができなくなる．本来

ならば，各工程にかかる作業負荷はなるべく均等になるように工程を設計・管理する「ラインバランシング」を徹底すべきである．しかし，複数の要因が関連し合って発生するボトルネックに対して場当たり的な対応を繰り返していたり，隠れている要因に気付かなかったりすると，ライン全体のバランスは崩れていく．そして，その影響がP・Q・C・D・S・M（Productivity・Quality・Cost・Delivery・Safety・Morale：生産性・品質・コスト・納期・安全・モラル）のあちこちに現れたら，どこから先に手をつければよいか分からなくなったりする．そういうときに役立つ問題解決の手法のひとつとしてTOCを挙げることができる．

■ TOCの概要

TOC（制約条件理論）の提唱者はエリヤフ・ゴールドラット氏（Ellyahu M.Goldratt：イスラエル人の物理学者）である．彼は，小説風の著書『ザ・ゴール』の中で，システムの中で最も弱い部分（ボトルネック）をシステム全体のパフォーマンスを決定する'制約条件'と見なし，システム全体のパフォーマンスを向上するための5段階の手順（five steps of focusing，日本語訳は「継続的改善の5つの手順」）を提示している．その内容は以下の通りである．

① 制約条件を見つける．
② 制約条件を活用する方法を決める．
③ 制約条件以外のすべてを上記の決定に従わせる．
④ 制約条件の能力を高める．
⑤ 制約条件が解消されたら，最初に戻る．

後に詳しく説明するが，上記の改善プログラムは次の2つの考え方に基づいている．
a. 制約条件となる工程の能力以上のアウトプットは作れない．よって，制約条件工程の能力の向上だけでアウトプットは増やせる．
b. 非制約条件工程の能力を高めてもアウトプットは増えない．よって，非制約条件工程の能力は制約条件工程の能力を上げるのに合わせなければならない．

ところが，小説『ザ・ゴール』はTOCについての体系的な解説になっていない．そのため，同小説を読んでも各ステップで具体的に何をしなければないないのか分かり難い面がある．はじめてTOCに接する読者のために，上記の手順について詳しく説明をしておくことにする．

① **生産能力（例えば，1時間当たりの生産量，1個当たりの加工時間）の最も低いボトルネックの工程を見つける．**

制約条件となる工程は，仕掛品がいつも滞留してしまう工程，現場監督が最も意識的に管理している工程，日々の負荷状況に大きな波のある工程である可能性が高い．

② **制約条件となるボトルネック工程の生産能力を引き上げる．**

全体の生産量は制約条件（ボトルネック）となる工程の能力に制約されるため，生産量を

上げるためには，制約条件となる工程の能力を最大限引き出すことが先決課題となる．ボトルネック工程といえども，様々な要因で本来持っている能力を使い切っていない場合が多い．この段階では，隠れた生産能力を余すことなく使い切る策を講じる．例えば，作業手順やレイアウトの変更による作業効率のアップ，作業担当者の変更や休み時間の移動のような勤務体制の見直しによる稼働率のアップを図る．

③　すべてを制約条件のペースに合わせる．

制約条件となる工程の能力を引き上げたら，制約条件となる工程に余計な負担がかからないようにする．そのために他の工程では何をすればよいか，どのようにモノを流せばよいか，全体最適化を図る視点から考え，非制約条件工程の生産能力を制約条件となっている工程に合わせる．例えば，制約条件工程に余計な負担をかける不良品を流さないようにしたり，制約条件工程を通さなくてもよいものは非制約工程に回したりして，制約条件工程の負担を減らす．そして，以下のようなことができる「ドラム・バッファー・ロープ（DBR）体制」を構築する．

- Drum ：制約条件工程のペースを他の工程に知らせて歩調を合わせるようにする．
- Buffer：制約条件工程より前にある工程で発生するトラブルに制約条件工程が巻き込まれないよう，制約条件工程の前には余裕分の仕掛在庫をおく．
- Rope ：先頭工程が過剰稼働して必要以上のモノを流さないよう，先頭工程への資材投入ペースを制約条件工程の生産スピードに合わせる．

④　制約条件の能力を更に高める．

DBR体制を構築しても当の工程が制約条件のままであれば，ここではじめて投資（例えば，新たな装置・設備の導入，人の採用・増員など）を伴う改善に取り組み，制約条件のパフォーマンスを高める．それによって制約条件工程の能力を引き出せば，当の工程は制約条件ではなくなり，他の工程が新たな制約条件の候補となる．

⑤　新たな制約条件を見つける．

次は①へ戻って新たな制約条件を見つける．

以上のようにして，制約条件の解消を繰り返していけば，無駄な在庫を減らしながらシステム全体の生産性を向上させることが期待できる，というのがTOCである．ここで，「TOCは継続的な改善（on going improvement）手法である」ことを示すもう一つの側面について述べよう．TOCでは制約条件を次の3つの種類に分類している——(a) 物理的制約：人・装置・設備の能力不足に起因するもの，(b) 方針的制約：社内の規定・制度や組織構造などマネジメントの仕組みに起因するもの，(c) 市場制約：市場の需要不足などに起因するもの．したがって，制約条件の発見と解決は，「物理的制約」から始まって「市場制約」にまで及ぶ．

## ■ TOCとシミュレーション

　TOCの「継続的改善の5つの手順」は，ひとつのステップで取った改善策の結果を見届けてから次のステップへ移る，ステップ・バイ・ステップのプログラムである．そのため，改善策の結果を予測すること（例えば，シミュレーション）に関する言及はない．しかし，TOCの改善プログラムを実行するうえでシミュレーションが必要かつ有効な場面が多い．その例を前記の改善プログラムの段階（ステップ②～④）別に挙げてみよう．

- 作業手順の変更による作業効率のアップ，休み時間の移動や作業員の変更など勤務体制の見直しによる稼働率アップは，どれほど期待できるか．制約条件における負荷の一部を非制約条件に負担させたり外部に委託したりすることによる生産性アップと在庫削減効果は，どれほど期待できるか．（ステップ②）
- DBR体制を構築するに当たって，「先頭工程へ投入する資材量」と「制約条件工程の前におくバッファー量」はどの程度にすべきか．また，それがシステム全体に及ぼす影響（生産スピード及び生産量など）は如何ほどか．（ステップ③）
- 新たな投資を行うことによって制約条件の能力を高めようとするとき，費用対効果に最も優れた案はどれか．（ステップ④）

　上記のようなことを検討する際に，システム全体の動きを観察できるシミュレーターがあれば，どこをどう変えたらどの程度の効果が得られるかについて，見通しを立てることができる．これは，「全体最適化」を目指すTOCの改善プログラムを実行するうえで，シミュレーションが意思決定の有効なツールになり得ることを意味する．これを示すために，本章ではTOCを導入して在庫削減と残業廃止に成功した事例をひとつ紹介し，事後的ではあるが，同事例において取られた改善策の結果を予測するシミュレーションを行う．そして，事前にシミュレーションによる予測ができていたならば，同事例のプロジェクトチームが経験した試行錯誤は避けることができ，より短期間で成果を上げることができたことを示す．

## 6.2 事例

エクステック社（仮称，ETと略す）は，様々な形のアルミニウム材（板，丸棒，丸管，角材など）を生産する会社で，アルミ管同士を接合する継手（つぎて：joint）の製作に関しては業界トップクラスの技術を保有している．しかし，昨今の激しい価額競争に悩まされたあげく，価格に敏感な「素材」から付加価値の高い「製品」へと事業内容の一部を転換する軌道修正に着手してきている．その流れのなかで新規需要を開拓するために設立した工場が，今回の話の舞台である．

同工場では，特注品や試作品のような小口注文に対応する小ロット受注生産も行っているが，自社製の継手と独自の技術を活かした医療機器の生産・販売をメインにしている．売れ筋製品には，高度な加工処理を施した高級型の「製品X」と，標準型の「製品Y」がある．

ところが，これらの製品の製作には機械では処理できず手作業を要する部分が多い．そのため，各工程の時間当りの加工量は一定ではない．その変動幅を縮めるためにいろいろな工夫をしてきたが，これまでの工夫は自工程の生産性の追求を優先した「部分最適的な改善」であった．それに無理な受注体制も加わり，全工程のバランス（ラインバランシング）が乱れ，工場全体で多くの仕掛在庫を抱える結果を招いていた．そして，1日8時間の作業が終わった時点で各工程に残留する仕掛品の処理に，残業を強いていた．これは，仕掛在庫を多く抱える仕組みに対する根本的な見直しは後回しにしたまま，「その日の仕掛品はその日に完成させる」という方針のみを作業員に押しつけた結果でもあった．そこで同社は，「仕掛在庫を削減し，残業を無くす」ことを改善目標として掲げ，TOCを導入することにした．

以上がET社のTOCプロジェクトを立ち上げた背景と目的であるが，同プロジェクトの内容は本書用に縮小・再編して以下で紹介することにする（注：在庫削減の対象にする製品は前記の「製品X」と「製品Y」に限定し，同製品の生産に必要な工程数も減らしておく）．

### 6.2.1 プロジェクトの推進

ET社のTOCプロジェクトは，「製品X」の生産における制約条件の解消部分「ステージI」と，「製品Y」の生産における制約条件の解消部分「ステージII」に分かれている．同社のプロジェクトチームが行った改善内容は，前述の「継続的な改善のための5つの手順」に沿った形で記述することにする．

#### ▼ STAGE I：製品Xの生産における制約条件の解消

(1) 制約条件を見つける

制約条件となる工程を見つけるためには，工程の流れと各工程の処理能力を把握する必要がある．まず，上で説明した2種類の製品を生産する流れについて，図6.1を用いて説明しよう．製

品 X は，ライン A（工程 A1, A2）とライン B（工程 B1, B2）で加工した部品（それぞれ 1 個ずつ）をライン K1 で組み立てて完成する．製品 Y は，ライン B（工程 B1, B2）とライン C（工程 C1, C2）で加工した部品（それぞれ 1 個ずつ）をライン K2 で組み立てて完成する．見てわかる通り，製品 X と Y の組立に用いられる共通の部品をライン B で加工して供給する仕組みとなっている．図中に記されている時間は，「加工品 1 個当たりの加工時間（標準時間）」である．

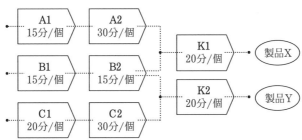

**図 6.1** 生産工程の流れ

各工程の処理能力を表す「加工品 1 個当たりの加工時間」が最も多くかかっているのは，工程 A2 と工程 C2 である．しかし，この「1 個当たりの加工時間」は一応の目安として定めた標準加工時間であり，冒頭に言及した変動幅に関する情報は含まれていない．

そこで，現場へ行って実際の変動幅（1 時間で加工できる最小・最大の数）を調べると，右の表 6.1 の通りであった．この表を見る限り，工程 A2 と工程 C2 の加工能力には差がないように見えるが，調査の結果，工程 A2 のほうがトラブル（やり直し作業）の回数が多く，全工程の中で仕掛在庫を最も多く抱えていることが分かった．そのため，工程 A2 をシステム全体の制約条件と見なし，プロジェクトを進めることにした．

**表 6.1** 各工程の処理能力

| A1 標準時間 15 分 | A2 標準時間 30 分 | | |
|---|---|---|---|
| 変動幅 | 変動幅 | | |
| Min 3 | Max 4 | Min 1 | Max 2 |

| K1 標準時間 20 分 |
|---|
| 変動幅 |
| Min 2 | Max 3 |

| B1 標準時間 15 分 | B2 標準時間 15 分 |
|---|---|
| 変動幅 | 変動幅 |
| Min 3 | Max 4 | Min 3 | Max 4 |

| K2 標準時間 20 分 |
|---|
| 変動幅 |
| Min 2 | Max 3 |

| C1 標準時間 20 分 | C2 標準時間 30 分 |
|---|---|
| 変動幅 | 変動幅 |
| Min 2 | Max 3 | Min 1 | Max 2 |

**(2) 制約条件を徹底活用する**

制約条件となる工程が決まれば，次はその工程の生産能力を最大限引き出す方策を検討する．そのために，制約条件工程 A2 の具体的な作業内容について調査することにした．

調査には，作業内容別の所要時間の割合を調べて改善の余地を検討する「ワーク・サンプリング（work sampling）」という手法を用いることにした．設備の稼働状況に関しては，材料待ち，加工，段取り停止，故障などにかかる時間の割合を調べた．作業員の作業内容に関しては，手待ち，材料セット，機械操作，やり直し加工，工具の運搬，測定，記入，歩行，清掃，保全などに

かかる時間の割合を調べた．その結果，作業ルールの見直しと徹底によって，やり直し加工にかかっていた時間の短縮が可能であることがわかった．そして，次のような改善策①を実施することにした．

☞ **改善策①**：制約条件工程 A2 の処理能力を最大限引き出す．

- 工程 A2 における加工時間（標準時間）をこれまでの 30 分から 20 分に短縮し，1 時間当たりの加工量を 1～2 個から 2～3 個に増やす．

(3) 非制約条件を制約条件に合わせる

改善策①の実施によって工程 A2 の処理能力が高まり，同工程に溜まる仕掛在庫を半減することができた．しかし，まだ同工程には仕掛在庫が全工程の中で最も多く溜まる状況が続いていた．その原因は，「機械」による加工が多い「工程 A1」と熟練工の「手作業」による加工が多い「工程 A2」の処理能力の違いにあった．また，A1 と A2 の両工程作業におけるトラブル（機械の不具合や加工ミスなど）に備えるために，先頭工程 A1 への資材投入量を多めに設定していたことも問題点であった．そのため，下記の改善策②を実施し，工程 A2 へ流す量を減らすことにした．

☞ **改善策②**：先頭工程 A1 への資材投入量と同工程における加工量を調整する．

- 工程 A1 に投入する 1 日分の資材量を一定量（25 個）に減らす．
- 1 日 8 時間の作業のうち，工程 A1 の 7 時間目と 8 時間目における加工対象はそれまでの仕掛品に限定する．例えば，6 時間目の作業終了時に仕掛品が 3 個ある場合，7 時間目に 3 個加工できたらそこでその日の作業を終え，7 時間目に 2 個加工できたら 8 時間目に残りの 1 個を加工して作業を終える．

しかし，上記策の実施によって工程 A2 へ流す量は少し減らすことができたが，期待したほどの効果は得られなかった．そのため，前工程 A1 の処理能力自体を落とす次の改善策③を追加実施することになった．この試行錯誤は，改善策②の実施が次工程 A2 のみならずその先の他の工程へ及ぼす影響を数量的に分析せず，恐らくこうなるであろうという当て推量の下で事を進めた結果であった．

☞ **改善策③**：工程 A1 の処理スピードを落とす．

- 工程 A1 の処理能力（1 時間当たり 3～4 個）を 1 時間当たり 1～3 個に落とす．

上記策の実施によって，工程 A2 に溜まる仕掛在庫は大幅（ほとんどゼロ）に削減することができ，また後ろの組立ライン K1 に溜まる在庫を減らす効果も得られた．そして，製品 X の生産に関わる 3 つの工程（A1-A2-K1）における残業をすべて無くす可能性も見えてきた．

しかし，「工程 A1 の作業時間に発生する遊び（設備や作業者に手の空く時間）をどう活用するか」という問題が浮上した．この問題は，改善策②と③を通して TOC の DBR（ドラム・バッファー・

ロープ) 体制を構築したために発生するものであった．同問題に対して，プロジェクトチームは次のような二段構えの対策を取ることにした．

- 手の空く遊びの時間を設備の整備・点検と品質チェックなど，事前に防ぐことのできる生産のゆらぎを抑える仕事に活用する．
- 一人の作業員が他の工程の作業も担当できるようにするクロストレーニング体制を作る．

以上が，製品 X の生産における制約条件であった工程 A2 を中心とした改善内容である．次は，製品 Y の生産における制約条件である工程 C2 についてである．

▼ STAGE II：製品 Y の生産における制約条件の解消

製品 Y の生産に関わる各工程の状況は，製品 X のそれと大きく変わらない．したがって，製品 X の制約条件の解消のために実施した，前回の改善策と同じ策を取ることにした．以下では実施した改善策の内容のみを示し，得られた効果については次節でまとめて触れることにする．

☞ 改善策④：制約条件工程 C2 の処理能力を最大限引き出す．

- 工程 C2 における加工時間（標準時間）を，これまでの 30 分から 20 分に短縮し，1 時間当たりの加工量を 1〜2 個から 1〜3 個に増やす．

☞ 改善策⑤：先頭工程 C1 への投入量と同工程における加工量を調整する．

- 工程 C1 に投入する 1 日分の資材量を一定量（20 個）に減らす．
- 1 日 8 時間の作業時間のうち，工程 C2 の 7 時間目と 8 時間目の加工量はそれまでの仕掛品に限定する．例えば，6 時間目の作業終了時に仕掛品が 3 個ある場合，7 時間目に 3 個加工できたらそこでその日の作業を終え，7 時間目に 2 個加工できたら 8 時間目に残りの 1 個を加工して作業を終える．

☞ 改善策⑥：工程 C1 の処理スピードを落とす．

- 工程 C1 の処理能力（1 時間当たり 2〜3 個）を 1 時間当たり 1〜2 個に落とす．

## 6.2.2 プロジェクトの成果

本節では前節で説明したプロジェクトの成果をまとめることにする．

### (1) 在庫削減

在庫削減効果を測るために，1 日 8 時間の作業が終了した時点で各工程に残る仕掛在庫量を記録した．図 6.2 には，プロジェクト終了後約 1 ヶ月間観察した結果の 1 日平均値が示されている．

図中の「改善前」はTOCを導入する前,「改善後1」は改善策①~③を推進した後,「改善後2」は改善策④~⑥を推進した後の結果を表す.「改善後2」の結果に記してある値に注目すると,各工程に残る仕掛在庫量は1日平均2個以下のレベルにまで削減できていることがわかる.

図6.2 工程別在庫量の変化

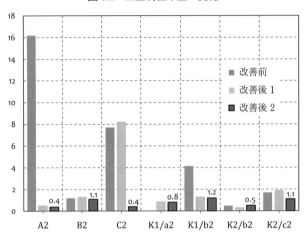

図中の'a2'は工程A2から送られた仕掛品,'b2'は工程B2から送られた仕掛品,'c2'は工程C2から送られた仕掛品を表す.したがって,「K1/a2」と「K1/b2」は,組立工程K1に残った仕掛品a2と仕掛品b2の数,「K2/b2」と「K2/c2」は組立工程K2に残った仕掛品b2と仕掛品c2の数を表す.

### (2) 残業廃止

各工程に残る仕掛在庫を上記のレベル(1日平均2個以下)にまで削減することができたので,残業は原則全面廃止と決めた.そして,各工程に残る仕掛在庫はライン停止などの有事に備えた予備(バッファー)として取り扱うことにした.そのため,残業はバッファー量の調整が必要なときにのみ例外的に認めることにした.

### (3) 生産スピード向上

週間目標生産量は,製品Xが〔73〕台,製品Yが〔50〕台としていた.これに対して,改善前の週間生産量は,製品Xが平均〔60〕台,製品Yが平均〔52〕台であった.そのため,目標生産量に足りない分は残業をして生産していた.

改善後は,製品Xを平均〔75〕台,製品Yは平均〔52〕台を残業なしで安定的に生産できるようになった.また,週間目標生産量を若干上回る生産量を商品バッファーとして確保し,飛び込み需要に対応する余裕まで持てるようになった.

## (4) スループット向上

次は，TOCで強調するスループット（throughput：粗利＝売値－材料費）の向上について触れよう．便宜上，計算単位はドルにしておく．

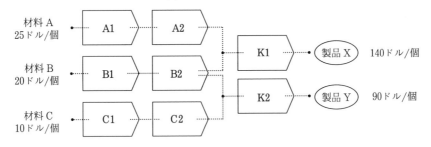

図6.3 材料費と売値

- **製品1台当りのスループット** 製品Xを1台販売することで得られるスループットは，売値から材料AとBの材料費を引いて，95ドル（＝140－25－20）．製品Yを1台販売することで得られるスループットは，60ドル（＝90－20－10）．

$$\text{製品 X：\$95} \quad \text{製品 Y：\$60}$$

- **改善前** 製品Xを週間60台販売することから得られるスループットは5,700ドル（＝95×60）．製品Yを週間52台販売することから得られるスループットは3,120ドル（＝60×52）．これから1週間当たりの固定費6,000ドルを引くと，1週間当たりのスループットは，2,820ドル．

$$\$5,700\ (=95\times60)+\$3,120\ (=60\times52)-\$6,000=\$2,820$$

- **改善後** 製品Xを週間75台販売することから得られるスループットは7,125ドル（＝95×75）．製品Yを週間52台販売することから得られるスループットは3,120ドル（＝60×52）．これから1週間当たりの固定費6,000ドルを引くと，1週間当たりのスループットは，4,245ドル．

$$\$7,125\ (=95\times75)+\$3,120\ (=60\times52)-\$6,000=\$4,245$$

- **改善効果** 改善後のスループットは改善前の1.5倍に向上．

$$\$4,245\div\$2,820\fallingdotseq1.51$$

## 6.3 課題

　ET社のプロジェクトチームは，TOCの継続的改善プログラムの手順に従い，ひとつの改善策の実行結果を見届けてから次のステップへ移ることを繰り返していた．そのため，ひとつの改善策が期待したほどの効果が出ないと，追加措置を取ったりする試行錯誤が必要であった．もし，シミュレーションを通して，ひとつの改善策の結果に対する見通しを事前に立てることができていたならば，そのような試行錯誤は避けることができたであろう．また，複数の改善策の同時進行の結果に対しても同じことができていたならば，プロジェクト期間を短縮することもできたであろう．

　以上のような観点から今回の課題は，ET社の生産プロセスをコンピュータ上に再現し，同社のプロジェクトチームが実施した改善策①〜⑥のシミュレーション結果（仕掛在庫と完成品の数の変化）を出す．そして，事後的ではあるが，そのシミュレーション結果と前節で示した試行錯誤的な結果と比較する．それによって，TOCの実践におけるシミュレーションの必要性と有効性を示すこと，これを本章の課題とする．

## 6.4 シミュレーションの準備

本節では，シミュレーター作成に必要な事項をまとめることにする．

### 6.4.1 シミュレーションの目的

シミュレーションの目的は，前節で述べたように，ET社のプロジェクトチームが実施した6つの改善策に対するシミュレーション結果を出し，6.2節で示した同社プロジェクト結果と比較することである．

### 6.4.2 シミュレーターの作り方

ここでは概略的な説明にし，より詳細な事項については次節6.4.3でまとめることにする．

**(1) 生産工程の再現**

シミュレーターは，全工程のモノの流れが一目でわかるよう，「生産工程の流れ」を表した6.2.1節の図6.1と同様の形で作成する．完成イメージは6.5節の図6.4に示す．

**(2) 各工程の処理能力の決め方と工程間のモノの流れの表し方**

各工程の処理能力を表す「1時間当たりの加工数」は，「加工数の変動幅が示す範囲内の乱数」で決める．例えば，変動幅（Min-Max）が3～4個である工程A1における1時間毎の加工数は，3と4がランダムに出るようにする．

各工程の加工数を1時間単位で示すことに合わせて，工程間のモノの流れも1時間単位で表示することにする．これは，1日8時間の作業におけるモノの流れ（流入量と流出量）を1時間単位でまとめる表を工程別に作る必要があることを意味する．次節にある完成図を参照されたい．

**(3) 改善策の反映方法**

ET社で実施された改善策の内容は，「工程の処理能力」と「先頭工程への資材投入量」を調整するものとなっている．よって，前者の「工程の処理能力」に関しては，加工数の変動幅を示す下限（Min）と上限（Max）を変数（パラメーター）とし，改善策の内容に合わせる．後者の「先頭工程への資材投入量」も変数とし，改善策の内容に合わせる．これは，シミュレーター上に同項目用の入力欄を設ける必要があることを意味する．

**(4) シミュレーションの結果**

シミュレーションの結果としては，1日8時間の作業が終わった時点における「完成品の数」と「各工程に残る仕掛在庫の数」を数えることにする．そして，複数日分のシミュレーション結果を集計して改善策の効果を評価する．

### 6.4.3 シミュレーションの前提条件

シミュレーターを作成するに当たって前提条件となる事項を以下で示す．

#### (1) シミュレーション期間

今回は1日分（8時間）のシミュレーターを作成することにする．そして，そのシミュレーターを繰り返して使うことによって20日分（これを分析に必要な日数分とする）のシミュレーション結果を確保することにする．

「1日8時間の作業状況を再現するシミュレーターを作成する」ということは，残業を想定しないことを意味する．その理由は，仕掛在庫の削減による残業廃止がプロジェクトの目標であり，プロジェクトの成果として残業はすでに原則廃止となっているからである．よって，シミュレーションでは，8時間目に残る各工程の仕掛在庫を改善策の実施によってどれほど減らすことができるかに注目することにする．

#### (2) 工程間の加工済み品の移動タイミング

自工程で加工を済ませたものは，便宜上，1時間毎にまとめて次の工程に流すとする．例えば，1時間目に加工したものは1時間目の作業終了時に次の工程に流し，次の工程の2時間目の始めには手を付けることができる，とする（2時間目以降同様）．

ただし，残業を想定しないことにしたので，前の工程の「8時間目の加工済み品」に次の工程で手を付けられるのは，翌日の朝になる．よって，最終工程（組立工程K1とK2）を除く各工程の8時間目の加工品は，翌日1時間目の始めには次の工程に搬入されている，とする．2日にまたがるこの処理を表計算シート上で実現するためには，次のような方法を取る必要がある——「当日の各工程（組立工程K1とK2は除く）の8時間目の加工済み品のデータ」は一旦保存しておいて，「翌日の次の工程の1時間目の始めに投入（反映）」することによってはじめて翌日の作業が開始（シミュレーションが実行）できるようにする．

上記の処理方法がイメージができるよう，少し具体的な説明を先にしておく．まず，次の表6.2のような表を作成する．ここで，工程A1とA2の8時間目の加工済み品を 'a1' と 'a2'，工程B1とB2のそれは 'b1' と 'b2'，工程C1とC2のそれは 'c1' と 'c2' と称する．そして，これらの品のデータ（当日の8時間目の加工済み品の数）を「待機用」欄に保存しておく．次は，同欄のデータを丸ごとコピーして「搬入用」欄に貼り付ける瞬間，同データが次の工程の1時間目の加工対象数になるようにする．より詳しいことは6.6.6節で説明する．

表6.2 当日分の翌日搬入処理テーブル

| 送り先 | A2 | B2 | C2 | K1 | | K2 | |
|---|---|---|---|---|---|---|---|
| 品物 | a1 | b1 | c1 | a2 | b2 | b2 | c2 |
| 待機用 | 3 | 4 | 3 | 1 | 2 | 1 | 1 |
| 搬入用 | | | | | | | |

### (3) 工程内の「作りかけの残留品」の処理

自工程の前の時間帯で加工を済ませることができなかった残留品は，その次の時間帯の加工対象になる．また，前の工程からの搬入分があれば，それも加工対象になる．よって，2時間目の加工対象となるものを例にすると，次のようになる（3時間目以降も以下同様）．

2時間目の加工対象
＝「1時間目終了時の自工程の残留分」＋「1時間目終了時の前工程からの搬入分」

ただし，「8時間目終了時の残留分」に関しては，翌日に持ち越すような処理をせずに「仕掛在庫」として数えるだけにする．その理由は次の通りである．ET社では全工程における8時間目終了時の残留分に関して，プロジェクト期間中も従来の方針に従い，すべて残業をして組立まで終わらせていた．そして，残業を通して作った完成品はプロジェクトの効果と切り離し，残業を強いる残留分の削減に注目することにしていた．そのため，6.2.2節の図6.2には「8時間目終了時の残留分（仕掛在庫）」の変化をプロジェクトの効果として示している．以上の事情を反映し，今回のシミュレーションでは残業を想定せず，全工程の「8時間目終了時の残留分」を仕掛在庫として数えるだけにする．

### (4) 先頭工程に対する現場事情の反映

加工ラインの先頭工程（A1, B1, C1）においては，8時間目の残留分（仕掛在庫）は発生しない（考慮する必要がない），とする．これは，プロジェクト実施直前から，作りかけの処理に強いられる残業を避けるために，先頭工程では1時間目から作業を調整し，残留分を生じさせないようにしていたからである．そのような調整を各ラインの先頭工程においてのみ行っていた背景には，次工程における仕掛在庫と残業の発生原因を先頭工程から流す過剰搬入分のせいにしていた事情がある．

### (5) 先頭工程への資材投入量

加工ラインの先頭工程（A1, B1, C1）の前には，その日に使う分の資材をおく資材置き場がある．そこに置く1日分の資材量は以下の通りであるとする．

ラインA：30個, ラインB：30個, ラインC：25個

### (6) 部品の配分

ラインBで加工した部品の組立ラインK1とK2への配分は，「配分率」で決めることにする．そして，配分率の初期値は五分五分と設定する．ただし，ラインBで加工した部品が偶数になる場合は，粗利（スループット）の大きい製品Xをつくる組立ラインK1への部品供給を多くする現場事情を反映することにする．例えば，ラインBで加工した部品が3個の場合には，2で割って四捨五入した2個を組立ラインK1へ配分し，組立ラインK2には残りの1個を配分する．

## 6.5 シミュレーターの完成図

これから作成するシミュレーターは，以下のようなイメージのものになる．

図 6.4 完成図

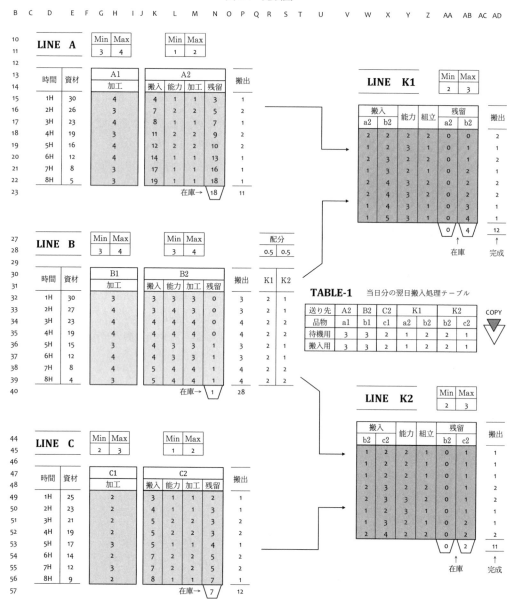

## 6.6 シミュレーターの作成

シミュレーターはプロジェクト実施前の状態を再現することにし，作成方法はライン別に説明していくことにする．

### 6.6.1 LINE-A の構築

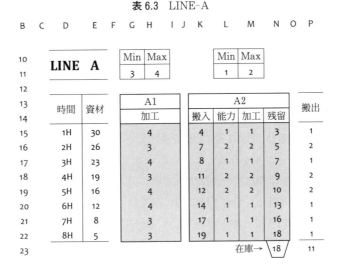

表6.3 LINE-A

▼ 工程 A1 の処理

① [パラメーター] 工程 A1 の 1 時間当たりの加工能力を表す「Min」と「Max」欄には，6.2.1 節にある表6.1を参照して以下のように入力する．

〔G11〕＝3, 〔H11〕＝4

② [加工量] 各時間帯の加工量は，「Min」と「Max」欄に入力した値を下限と上限とする乱数で決める．そして，6.4.3節(4)で言及した内容（先頭工程では毎時間作りかけを生じさせないように作業を調整していたこと）を反映するために，乱数をそのまま加工済み量とする．1時間目のセル〔H15〕に以下の式を入力し，同式を8時間目のセル〔H22〕までコピーする．

〔H15〕＝RANDBETWEEN($G$11,$H$11)

③ [資材投入量] 工程 A1 への1日分の資材投入量は，6.4.3節(5)で言及した，30個を初期値として入力する．2時間目の資材量は初期値の30個からセル〔H15〕にある1時間目の加工量を引いた量となる．1時間目と2時間目のセル〔E15〕と〔E16〕に以下の式を入力し，2時間目の式を8時間目のセル〔E22〕までコピーする．

〔E15〕＝30　　　　…1時間目の「資材」欄
〔E16〕＝E15-H15　…2時間目の「資材」欄

### ▼ 工程 A2 の処理

① パラメーター　工程 A2 の 1 時間当たりの加工能力を表すパラメーターは，6.2.1 節にある表 6.1 を参照して以下のように入力する．

〔L11〕＝1，〔M11〕＝2

② 搬入　搬入欄には，「前の工程 A1 からの搬入量」と「自工程の前の時間帯の残留量」を表示する．1 時間目と 2 時間目のセルに以下の式を入力する．

〔K15〕＝V36　　　…1時間目の「搬入」欄
〔K16〕＝H15+N15　…2時間目の「搬入」欄

1 時間目の搬入量は，前日の 8 時間目に前の工程 A1 で加工された 'V36' の値となる．セル〔V36〕の値は，6.4.3 節の(6)で説明した「当日分の翌日搬入処理テーブル」にあるが，まだそのテーブルを作成していないので，セル番地だけ入力しておく．同テーブル位置は前節の図 6.4 の完成図で確認できる．

2 時間目の搬入量は，当日 1 時間目に前工程 A1 で加工されて送られる 'H15' の値と，1 時間目に加工を済ませることができなかった自工程の残留分 'N15' の値を合わせたものとなる．2 時間目の式を 8 時間目のセル〔K22〕までコピーする．

③ 能力　能力欄には，各時間帯の加工能力を表示する．加工能力は「Min」と「Max」欄に入力した値を下限と上限とする乱数で決める．1 時間目用のセル〔L15〕に以下の式を入力し，同式を 8 時間目のセル〔L22〕までコピーする．

〔L15〕＝RANDBETWEEN($L$11,$M$11)

④ 加工　加工欄には，各時間帯における加工済み量を表示する．1 時間目用のセル〔M15〕に以下の式を入力する．

〔M15〕＝IF(L15<=K15,L15,K15)

この式は，「能力 'L15' が搬入量 'K15' 以下のときには，能力分の 'L15' を，それ以外のときには搬入欄にある分しか加工できないので搬入量 'K15' を加工量として表示すること」を意味する．この式を 8 時間目のセル〔M22〕までコピーする．

⑤ 残留　残留欄には，能力不足のため手つかずのまま工程内に残る量（＝搬入量－加工量）を表示する．1 時間目のセル〔N15〕に以下の式を入力し，同式を 8 時間目のセル〔N22〕までコピーする．

〔N15〕＝K15-M15

⑥ 在庫  8時間目の作業が終了した時点における残留量は仕掛在庫として別途表示し，注目することにする．

〔N23〕＝N22

⑦ 搬出  搬出欄には，各時間帯の加工済み量を別途表示し，モノの流れを目で把握しやすくする．搬出欄のセル〔P15〕〜〔P22〕に加工欄のセル〔M15〕〜〔M22〕をリンクさせ，同じ値が表示されるようにする．また，セル〔P23〕には1日の搬出量の合計値を求めておく．

〔P15〕＝M15, 〔P16〕＝M16, …, 〔P22〕＝M22
〔P23〕＝SUM(P15:P22)

### 6.6.2 LINE-B の構築

表 6.4　LINE-B

| | C | D | E | F G H | I J K | L | M | N | O P | Q | R | S |
|---|---|---|---|---|---|---|---|---|---|---|---|---|
| | | | | Min Max | | Min Max | | | | | 配分 | |
| 27 | LINE B | | | 3　4 | | 3　4 | | | | | 0.5 | 0.5 |
| 28 | | | | | | | | | | | | |
| 29 | | | | | | | | | | | | |
| 30 | 時間 | 資材 | | B1 加工 | 搬入 | B2 能力 | 加工 | 残留 | 搬出 | K1 | K2 | |
| 31 | | | | | | | | | | | | |
| 32 | 1H | 30 | | 3 | 3 | 3 | 3 | 0 | 3 | 2 | 1 | |
| 33 | 2H | 27 | | 4 | 3 | 4 | 3 | 0 | 3 | 2 | 1 | |
| 34 | 3H | 23 | | 4 | 4 | 4 | 4 | 0 | 4 | 2 | 2 | |
| 35 | 4H | 19 | | 4 | 4 | 4 | 4 | 0 | 4 | 2 | 2 | |
| 36 | 5H | 15 | | 3 | 4 | 3 | 3 | 1 | 3 | 2 | 1 | |
| 37 | 6H | 12 | | 4 | 4 | 3 | 3 | 1 | 3 | 2 | 1 | |
| 38 | 7H | 8 | | 4 | 5 | 4 | 4 | 1 | 4 | 2 | 2 | |
| 39 | 8H | 4 | | 3 | 5 | 4 | 4 | 1 | 4 | 2 | 2 | |
| 40 | | | | | | 在庫→ | | 1 | 28 | | | |

工程 B1 と工程 B2 の作り方は，前記の工程 A1 と工程 A2 と同じであるため，説明を省き，R 列と S 列に表示されている「配分」についてのみ触れることにする．

① 配分率の設定  工程 B2 で加工した部品を組立ラインK1とK2にどう配分するかは，6.4.3 節(6)で言及したように，配分率で決めることにし，初期値は五分五分と設定する．ラインK1への配分率を入力したらラインK2への配分率は自動的に表示されるよう，セル〔R28〕とセル〔S28〕には以下の式を入力する．

〔R28〕＝0.5 　…K1への配分率
〔S28〕＝1-R28 …K2への配分率

② ⌜配分量の決定⌝ 配分量は上記の配分率に従って自動的に決まるように，1時間目のセル〔R32〕とセル〔S32〕には以下の式を入力する．そして，同式を8時間目のセル〔R39〕と〔S39〕までコピーする．

〔R32〕＝ROUND(P32＊$R$28,0)　…K1への配分量
〔S32〕＝P32-R32　　　　　　　…K2への配分量

セル〔R32〕に入力する式は，「1時間目の搬出量'P32'に配分率'$R$28'を掛けて小数点以下の値を四捨五入した整数を表示すること」を意味する．この式を使うと，工程B2の各時間帯の搬出量が奇数の場合，K1への配分量が1単位多くなる．

### 6.6.3　LINE-Cの構築

工程C1とC2の作り方は，前記の工程A1とA2の作り方と同じなので，説明を省く．

表 6.5　LINE-C

| | B | C | D | E | F | G | H | I | J | K | L | M | N | O | P |
|---|---|---|---|---|---|---|---|---|---|---|---|---|---|---|---|
| 44 | | | LINE | | C | | Min | Max | | | Min | Max | | | |
| 45 | | | | | | | 2 | 3 | | | 1 | 2 | | | |
| 46 | | | | | | | | | | | | | | | |
| 47 | | | 時間 | 資材 | | C1 | | | C2 | | | | | | 搬出 |
| 48 | | | | | | 加工 | | | 搬入 | 能力 | 加工 | 残留 | | | |
| 49 | | | 1H | 25 | | 2 | | | 3 | 1 | 1 | 2 | | | 1 |
| 50 | | | 2H | 23 | | 2 | | | 4 | 1 | 1 | 3 | | | 1 |
| 51 | | | 3H | 21 | | 2 | | | 5 | 2 | 2 | 3 | | | 2 |
| 52 | | | 4H | 19 | | 2 | | | 5 | 2 | 2 | 3 | | | 2 |
| 53 | | | 5H | 17 | | 3 | | | 5 | 1 | 1 | 4 | | | 1 |
| 54 | | | 6H | 14 | | 2 | | | 7 | 2 | 2 | 5 | | | 2 |
| 55 | | | 7H | 12 | | 3 | | | 7 | 2 | 2 | 5 | | | 2 |
| 56 | | | 8H | 9 | | 2 | | | 8 | 1 | 1 | 7 | | | 1 |
| 57 | | | | | | | | | | | 在庫→ | 7 | | | 12 |

## 6.6.4 LINE-K1 の構築

表 6.6　LINE-K1

| | 搬入 | | 能力 | 組立 | 残留 | | 搬出 |
|---|---|---|---|---|---|---|---|
| | a2 | b2 | | | a2 | b2 | |
| | | | | Min 2 | Max 3 | | |
| 18 | 2 | 2 | 2 | 2 | 0 | 0 | 2 |
| 19 | 1 | 2 | 3 | 2 | 0 | 1 | 1 |
| 20 | 2 | 3 | 2 | 2 | 0 | 1 | 2 |
| 21 | 1 | 3 | 2 | 1 | 0 | 2 | 1 |
| 22 | 2 | 4 | 3 | 2 | 0 | 2 | 2 |
| 23 | 2 | 4 | 3 | 2 | 0 | 2 | 2 |
| 24 | 1 | 4 | 3 | 1 | 0 | 3 | 1 |
| 25 | 1 | 5 | 3 | 1 | 0 | 4 | 1 |
| 26 | | | | | 0 | 4 | 12 |

↑在庫　↑完成

① **パラメーター**　工程 K1 の組立能力を表すパラメーターの値は，表 6.1 を参照して以下のように入力する．

〔AA14〕＝2，〔AB14〕＝3

② **搬入**　搬入欄には，工程 A2 と工程 B2 から送られてくる加工済み品 'a2' と 'b2' の量を表示する．当日の 1 時間目の搬入量は，前日の 8 時間目に加工された量となるので，以下のように入力する．

〔W18〕＝Y36　…1 時間目の搬入欄「a2」
〔X18〕＝Z36　…1 時間目の搬入欄「b2」

セル〔Y36〕とセル〔Z36〕の値は，6.4.3 節の(6)で説明した「当日分の翌日搬入処理テーブル」にあるが，まだそのテーブルを作成していないので，セル番地だけ入力しておく．同テーブル位置は前節の図 6.4 の完成図で確認できる．

2 時間目の搬入欄「a2」に表示する搬入量は，1 時間目に前の工程 A2 で加工されて送られる量 'P15' と，自工程の 1 時間目に手をつけられなかった残留分 'AA18' を合わせた量となる．搬入欄「b2」に表示する搬入量は，1 時間目に前の工程 B2 で加工されて送られる 'R32' と，自工程の 1 時間目の残留分 'AB18' を合わせた量となる．2 時間目の搬入欄には以下の式を入力する．そして，同式を 8 時間目のセル〔W25〕と〔X25〕までコピーする．

〔W19〕＝P15+AA18 　…2時間目の搬入欄「a2」
〔X19〕＝R32+AB18 　…2時間目の搬入欄「b2」

③ 能力　能力欄には，各時間帯の組立能力を表示する．組立能力は「Min」と「Max」欄に入力した値を下限と上限とする乱数で決める．1時間目用のセル〔Y18〕に以下の式を入力し，同式を8時間目用のセル〔Y25〕までコピーする．

〔Y18〕＝RANDBETWEEN($AA$14,$AB$14)

④ 組立　組立欄には，搬入された加工済み品 'a2' と 'b2' を1個ずつ使用して組み立てた製品 X の量を表示する．1時間目のセル〔Z18〕に以下の式を入力する．

〔Z18〕＝IF(Y18<MIN(W18:X18),Y18,MIN(W18:X18))

これは，「もし，組立能力 'Y18' が加工済み品 a2 と b2 の最小値 'MIN(W18:X18)' より低い場合は能力分しか作れないので 'Y18' を表示し，それ以外の場合には 'MIN(W18:X18)' を表示すること」を意味する．この式を8時間目用のセル〔Z25〕までコピーする．

⑤ 残留　残留欄には，能力不足や数の不揃いによって使用できなかった a2 と b2 の量を表示する．1時間目のセル〔Y22〕に以下の式を入力し，同式を8時間目のセルまでコピーする．

〔AA18〕＝W18-Z18 　…1時間目の残留欄「a2」
〔AB18〕＝X18-Z18 　…1時間目の残留欄「b2」

⑥ 搬出　搬出欄には，各時間帯における完成品の量を別途表示し，モノの流れを目で把握しやすくする．搬出欄のセル〔AB22〕～〔AB29〕に組立欄のセル〔X22〕～〔X29〕をそれぞれリンクさせ，同じ値を表示させる．

〔AD18〕＝Z18,〔AD19〕＝Z19, …,〔AD25〕＝Z25

⑦ 完成　1日8時間の作業終了時点における完成品の数に注目するために，セル〔AD26〕に各時間帯の搬出量の合計値を表示する．

〔AB26〕＝SUM(AD18:AD25)

⑧ 在庫　1日8時間の作業終了時点における残留量は，仕掛在庫として別途表示し，注目することにする．

〔AA26〕＝AA25,〔AB26〕＝AB25

## 6.6.5　LINE-K2 の構築

組立ライン K2 の作り方は，前記の組立ライン K1 の作り方と同じなので，説明を省く．

表 6.7　LINE-K2

| | U | V | W | X | Y | Z | AA | AB | AC | AD |
|---|---|---|---|---|---|---|---|---|---|---|
| 40 | | | LINE | | K2 | | Min | Max | | |
| 41 | | | | | | | 2 | 3 | | |
| 42 | | | | | | | | | | |
| 43 | | | 搬入 | | 能力 | 組立 | 残留 | | | 搬出 |
| 44 | | | b2 | c2 | | | b2 | c2 | | |
| 45 | | | 1 | 2 | 2 | 1 | 0 | 1 | | 1 |
| 46 | | | 1 | 2 | 2 | 1 | 0 | 1 | | 1 |
| 47 | | | 1 | 2 | 2 | 1 | 0 | 1 | | 1 |
| 48 | | | 2 | 3 | 2 | 2 | 0 | 2 | | 2 |
| 49 | | | 2 | 3 | 3 | 2 | 0 | 2 | | 2 |
| 50 | | | 1 | 2 | 3 | 1 | 0 | 1 | | 1 |
| 51 | | | 1 | 3 | 2 | 1 | 0 | 2 | | 1 |
| 52 | | | 2 | 4 | 2 | 2 | 0 | 2 | | 2 |
| 53 | | | | | | | 0 | 2 | | 11 |
| | | | | | | | ↑ | | | ↑ |
| | | | | | | | 在庫 | | | 完成 |

## 6.6.6　TABLE-1 の作成

このテーブルは，6.4.3 節(2)で説明した「当日分の翌日搬入処理用」である．今回のシミュレーションでは残業を想定しないことにしたので，「当日の各工程の 8 時間目の加工済み品」を「翌日の次工程の 1 時間目の搬入分」として投入する処理が要る．その処理の手順を以下で示す．

表 6.8　TABLE-1

| | T | U | V | W | X | Y | Z | AA | AB | AC | AD |
|---|---|---|---|---|---|---|---|---|---|---|---|
| | | | **TABLE-1** | | 当日分の翌日搬入処理テーブル | | | | | | |
| 33 | | 送り先 | A2 | B2 | C2 | K1 | | K2 | | | COPY |
| 34 | | 品物 | a1 | b1 | c1 | a2 | b2 | b2 | c2 | | |
| 35 | | 待機用 | 3 | 3 | 2 | 1 | 2 | 2 | 1 | | |
| 36 | | 搬入用 | 3 | 3 | 2 | 1 | 2 | 2 | 1 | | |

① 待機用　まず，「待機用」欄に次のページで示すようなリンクを張って，「(当日の) 各工程の 8 時間目の加工済み品」の数のデータを集めておく．リンクを張って表示する同欄のデータは，「(翌日の) 次工程の 1 時間目の搬入分」として投入する動作 (同欄の値を「搬入用」欄にコピーする) を行わない限り，変わらない (反映されない)．

〔V35〕　＝H22　…工程 A1 の 8 時間目の加工済み量 'a1'
〔W35〕　＝H39　…工程 B1 の 8 時間目の加工済み量 'b1'
〔X35〕　＝H56　…工程 C1 の 8 時間目の加工済み量 'c1'
〔Y35〕　＝P22　…工程 A2 の 8 時間目の加工済み量 'a2'
〔Z35〕　＝R39　…工程 B2 の 8 時間目のライン K1 への配分量 'b2'
〔AA35〕＝S39　…工程 B2 の 8 時間目のライン K2 への配分量 'b2'
〔AB35〕＝P56　…工程 C2 の 8 時間目の加工済み量 'c2'

② 搬入用　次は，「待機用」欄のデータを丸ごとコピーし，値だけを「搬入欄」に貼り付ける．そうすると，その値が，「搬入用」欄のデータを参照する次工程の 1 時間目の「搬入」欄（以下にまとめたリンク先のセル）に，「前日分」として反映される．

- セル〔V36〕の a1 のリンク先　　…工程 A2 の 1 時間目の「搬入」欄のセル〔K 15〕
- セル〔W36〕の b1 のリンク先　　…工程 B2 の 1 時間目の「搬入」欄のセル〔K 32〕
- セル〔X36〕の c1 のリンク先　　…工程 C2 の 1 時間目の「搬入」欄のセル〔K 49〕
- セル〔Y36〕の a2 のリンク先　　…工程 K1 の 1 時間目の「搬入」欄のセル〔W18〕
- セル〔Z36〕の b2 のリンク先　　…工程 K1 の 1 時間目の「搬入」欄のセル〔X 18〕
- セル〔AA36〕の b2 のリンク先　…工程 K2 の 1 時間目の「搬入」欄のセル〔W45〕
- セル〔AB36〕の c2 のリンク先　…工程 K2 の 1 時間目の「搬入」欄のセル〔X 45〕

　因みに，「待機用」欄のデータを「搬入用」欄に貼り付ける瞬間，表計算シート上のすべての乱数は自動的に更新されるので，シミュレーターには前日の加工済み品を用いた当日のシミュレーション結果が表示される．それと同時に，「(当日の) 各工程の 8 時間目の加工済み品」のデータがリンクを張ってある「待機用」欄に表示され，翌日への投入を待つ状態になる．よって，上記のコピー・アンド・ペーストを繰り返せば，必要な日数分のシミュレーション結果を得ることができる．

③ COPY　TABLE-1 の右側にあるボタンは，上記②のコピー・アンド・ペーストを自動化するプログラムを登録したマクロボタンである．そのプログラムの内容は参考までに章末の付録に示しておく．このマクロボタンを使わず，手動で上記のコピー・アンド・ペーストを繰り返しても，シミュレーション結果を得ることはできる．

## 6.6.7 改善策の反映

　以下では，完成したシミュレーターに 6.2 節で示した改善策①～③の内容を反映する方法について触れておく．改善策④～⑥についても下記同様の方法で反映すればいい．

☞ **改善策①**：制約条件工程 A2 の処理能力を最大限引き出す．

- 工程 A2 における加工時間（標準時間）をこれまでの 30 分から 20 分に短縮し，1 時間当たりの加工量を 1～2 個から 2～3 個に増やす．

　　反映方法：工程 A2 の処理能力を表す「Min」と「Max」欄の値を '2' と '3' に変更する．
　　　　　　〔L11〕＝ 2，〔M11〕＝ 3

☞ **改善策②**：先頭工程 A1 への資材投入量と同工程における加工量を調整する．

- 工程 A1 に投入する 1 日分の資材量を一定量（25 個）に減らす．
- 1 日 8 時間の作業のうち，工程 A1 の 7 時間目と 8 時間目における加工対象はそれまでの仕掛品に限定する．例えば，6 時間目の作業終了時に仕掛品が 3 個ある場合，7 時間目に 3 個加工できたらそこでその日の作業を終え，7 時間目に 2 個加工できたら 8 時間目に残りの 1 個を加工して作業を終える．

　　反映方法：工程 A1 の 1 時間目の資材量を表示するセルの値を，初期値の '30' から '25' に変更する．
　　　　　　〔E15〕＝ 25
　　反映方法：工程 A1 の 7 時間目と 8 時間目の加工量を表示するセルに入っている式を次の式に変える．
　　　　　　〔H21〕＝ IF(E21<=0,0,IF(E21<=$H$11,E21,RANDBETWEEN($G$11,$H$11)))
　　　　　　〔H22〕＝ IF(E22<=0,0,IF(E22<=$H$11,E22,RANDBETWEEN($G$11,$H$11)))

☞ **改善策③**：工程 A1 の処理スピードを落とす．

- 工程 A1 の処理能力（1 時間当たり 3～4 個）を 1 時間当たり 1～3 個に落とす．

　　反映方法：工程 A1 の処理能力を表す「Min」と「Max」欄の値を '1' と '3' に変更する．
　　　　　　〔G11〕＝ 1，〔H11〕＝ 3

［補足］
　シミュレーション・シートに改善策①～⑥を順次反映してもよいが，そうすると，分析に必要な前の改善策のシミュレーション結果を別の所に取っておく必要がある．最初から完成したシミュレーション・シートをコピーし，「改善前」と「改善策①～⑥」用の計 7 枚にする．そして，例えば，改善策②用のシートには改善策①と改善策②を反映した結果を求める（他同様）．その方が，それぞれの改善策に対する複数回のシミュレーション結果を求めて比較するのに，都合がよい．

## 6.7 シミュレーションの結果と分析

本節では，前節で作成したシミュレーターを用いて，6.2節で示した改善策がもたらす結果を確かめる．そして，シミュレーション結果とプロジェクト結果を比較することにする．

### 6.7.1 集計表の作成

シミュレーション結果は，1日の作業終了時に各工程に残る「仕掛在庫（残留品）」と「完成品」の数である．それはシミュレーター上の次のセルに表示される．

- 〔N23〕：ラインAの工程A2における仕掛在庫
- 〔N40〕：ラインBの工程B2における仕掛在庫
- 〔N57〕：ラインCの工程C2における仕掛在庫

- 〔AA26〕：ラインK1における部品a2の仕掛在庫
- 〔AB26〕：ラインK1における部品b2の仕掛在庫

- 〔AA53〕：ラインK2における部品b2の仕掛在庫
- 〔AB53〕：ラインK2における部品c2の仕掛在庫

- 〔AD26〕：ラインK1における製品Xの完成品
- 〔AD53〕：ラインK2における製品Yの完成品

しかし，離れ小島になっている上記セルの値をひとつひとつ集めるのは手間がかかる．そのため，まず以下のような集計表を作成し，同表の「転記用」欄に上記のセル番地を入力しておく（リンクを張る）．そして，同欄の値を丸ごとコピーして1回目（1st）の欄以降に値だけを貼り付けることを繰り返す．そうすると，効率よく複数回のシミュレーション結果を集めることができる．表6.9の集計表にシミュレーション結果を記録する方法を再度まとめると，次のステップを毎回繰り返すことになる（章末の付録に，次のステップを20回繰り返す作業を自動化するマクロを掲載しておく）．

- ▶ STEP 1：TABLE-1の「待機用」欄のデータを丸ごとコピーし，同テーブルの「搬入用」欄に値だけを貼り付ける．
- ▶ STEP 2：集計表の「転記用」欄にあるデータを丸ごとコピーし，1回目（1st）の欄以降に値だけを貼り付ける．

表 6.9　集計表（20回分）

| 区分 | 工程 | | 転記用 | 1st | 2nd | 3rd | 4th | 5th | 6th | 7th | 8th | 9th | 10th | 11th | 12th | 13th | 14th | 15th | 16th | 17th | 18th | 19th | 20th |
|---|---|---|---|---|---|---|---|---|---|---|---|---|---|---|---|---|---|---|---|---|---|---|---|
| 仕掛在庫 | A2 | | =N23 | | | | | | | | | | | | | | | | | | | | |
| | B2 | | =N40 | | | | | | | | | | | | | | | | | | | | |
| | C2 | | =N57 | | | | | | | | | | | | | | | | | | | | |
| | K1 | a2 | =AA26 | | | | | | | | | | | | | | | | | | | | |
| | | b2 | =AB26 | | | | | | | | | | | | | | | | | | | | |
| | K2 | b2 | =AA53 | | | | | | | | | | | | | | | | | | | | |
| | | c2 | =AB53 | | | | | | | | | | | | | | | | | | | | |
| 完成 | K1 | X | =AD26 | | | | | | | | | | | | | | | | | | | | |
| | K2 | Y | =AD53 | | | | | | | | | | | | | | | | | | | | |

## 6.7.2 シミュレーションの結果と分析

シミュレーション結果は，〔1〕改善前，〔2〕改善策①，〔3〕改善策①～③，〔4〕改善策④～⑥に対するものを順に示すことにする．

### 〔1〕 改善前の状況に対するシミュレーション結果

まず，すべてのパラメーターの値をプロジェクト実施前の状況に合わせた場合（前節で作成したシミュレーター上のパラメーター設定のまま）のシミュレーション結果を示すことにする．これは，後に示す改善策に対するシミュレーション結果と比較するためであるが，作成したシミュレーターが現実をどれほど再現できるものなっているかを確認する意味もある．

表6.10 シミュレーション結果（改善前）

| 区分 | 工程 | | 平均 | 偏差 | 1st | 2nd | 3rd | 4th | 5th | 6th | 7th | 8th | 9th | 10th | 11th | 12th | 13th | 14th | 15th | 16th | 17th | 18th | 19th | 20th |
|---|---|---|---|---|---|---|---|---|---|---|---|---|---|---|---|---|---|---|---|---|---|---|---|---|
| 仕掛在庫 | A2 | | 15.9 | 2.3 | 15 | 18 | 17 | 14 | 18 | 14 | 15 | 11 | 20 | 15 | 19 | 15 | 14 | 15 | 17 | 18 | 14 | 19 | 15 | 14 |
| | B2 | | 1.1 | 1.3 | 0 | 0 | 0 | 0 | 0 | 1 | 0 | 0 | 0 | 3 | 1 | 2 | 1 | 4 | 1 | 1 | 0 | 1 | 0 | 2 |
| | C2 | | 7.8 | 2.3 | 8 | 8 | 6 | 13 | 6 | 5 | 8 | 9 | 9 | 9 | 7 | 7 | 4 | 7 | 11 | 7 | 8 | 7 | 12 | 5 |
| | K1 | a2 | 0.0 | 0.0 | 0 | 0 | 0 | 0 | 0 | 0 | 0 | 0 | 0 | 0 | 0 | 0 | 0 | 0 | 0 | 0 | 0 | 0 | 0 | 0 |
| | | b2 | 3.9 | 1.8 | 1 | 7 | 5 | 1 | 4 | 4 | 3 | 2 | 6 | 2 | 5 | 2 | 4 | 3 | 5 | 7 | 4 | 5 | 4 | 3 |
| | K2 | b2 | 0.1 | 0.3 | 0 | 0 | 0 | 0 | 0 | 0 | 0 | 0 | 1 | 0 | 0 | 0 | 0 | 0 | 0 | 0 | 0 | 1 | 0 | 0 |
| | | c2 | 1.7 | 1.6 | 0 | 0 | 3 | 1 | 2 | 2 | 4 | 0 | 0 | 3 | 3 | 3 | 1 | 1 | 0 | 0 | 4 | 0 | 0 | 5 |
| 完成 | K1 | X | 12.2 | 1.8 | 15 | 9 | 11 | 9 | 15 | 12 | 13 | 14 | 10 | 14 | 11 | 14 | 12 | 13 | 11 | 9 | 12 | 11 | 12 | 13 |
| | K2 | Y | 10.6 | 1.1 | 12 | 9 | 12 | 9 | 11 | 9 | 11 | 11 | 10 | 11 | 10 | 11 | 13 | 11 | 11 | 10 | 10 | 9 |
| 週間 | | X | 60.8 | 2.6 | 62 | | | | | 63 | | | | | 61 | | | | | 57 | | | | |
| | | Y | 53.0 | 1.6 | 53 | | | | | 51 | | | | | 55 | | | | | 53 | | | | |

上表の「平均」欄に注目すると，次のような推測ができる．

☞ 「仕掛在庫は，工程A2（1日平均約16個）と工程C2（1日平均約8個）に多く溜まる．また，工程K1では組立部品'a2'が足りず組立部品'b2'は余している．工程K2では，'b2'が足りず'c2'は余している．」

☞ 「週間（5日）平均生産量は，製品Xが平均約61台，製品Yは平均約53台である．」

仕掛在庫に関する上記の結果は6.2.2節の図6.2に示した改善前の状況と大差ない．また，週間生産量に関する結果は6.2.2節の(3)に記した改善前の週間生産量（約60台と約52台）とほぼ同じである．よって，シミュレーターの現実再現性は良いと見なし，同シミュレーターを使って改善策の効果を予測するシミュレーションを行うことにする．

しかし，上記の推測は20回分のシミュレーション結果に基づくものであるため，シミュレーション回数を増やした場合の結果を確認する必要がある．この点に関しては，後に100回分のシミュレーション結果をもって確認することにする．

ここで，2点付け加えておく．ひとつは，上表の「偏差」欄に示してあるのは，「標本標準偏差」である（注：標本標準偏差については付録で補足説明をするが，「STDEV」という関数を使って求め

る）．これは，シミュレーション結果の変動幅（バラツキの度合）を表すために求めてある．もうひとつは，これから示すシミュレーション結果は，改善前のシミュレーション結果と比較するために，表 6.10 と同じ 20 回分の結果とする．

〔2〕 改善策①のシミュレーション結果

表 6.11 シミュレーション結果（改善策①）

| 区分 | 工程 | | 平均 | 偏差 | 1st | 2nd | 3rd | 4th | 5th | 6th | 7th | 8th | 9th | 10th | 11th | 12th | 13th | 14th | 15th | 16th | 17th | 18th | 19th | 20th |
|---|---|---|---|---|---|---|---|---|---|---|---|---|---|---|---|---|---|---|---|---|---|---|---|---|
| 仕掛在庫 | A2 | | 8.2 | 1.7 | 9 | 9 | 6 | 11 | 5 | 6 | 7 | 10 | 11 | 6 | 7 | 10 | 8 | 8 | 7 | 8 | 9 | 8 | 9 | 9 |
| | B2 | | 1.1 | 1.2 | 3 | 4 | 1 | 0 | 1 | 0 | 0 | 0 | 0 | 1 | 2 | 0 | 0 | 3 | 1 | 2 | 1 | 2 | 1 | 0 |
| | C2 | | 9.0 | 2.1 | 12 | 10 | 10 | 11 | 9 | 9 | 12 | 4 | 8 | 10 | 12 | 9 | 7 | 8 | 9 | 10 | 6 | 9 | 8 | 6 |
| | K1 | a2 | 4.2 | 1.2 | 3 | 4 | 5 | 4 | 6 | 6 | 5 | 5 | 3 | 5 | 6 | 4 | 5 | 2 | 3 | 3 | 4 | 3 | 4 | 4 |
| | | b2 | 0.0 | 0.0 | 0 | 0 | 0 | 0 | 0 | 0 | 0 | 0 | 0 | 0 | 0 | 0 | 0 | 0 | 0 | 0 | 0 | 0 | 0 | 0 |
| | K2 | b2 | 0.5 | 1.1 | 0 | 0 | 2 | 1 | 0 | 0 | 4 | 0 | 0 | 0 | 2 | 0 | 1 | 0 | 0 | 0 | 0 | 0 | 0 | 0 |
| | | c2 | 1.3 | 1.5 | 0 | 0 | 0 | 0 | 0 | 2 | 0 | 2 | 1 | 2 | 0 | 0 | 0 | 4 | 2 | 2 | 1 | 2 | 4 | 4 |
| 完成 | K1 | X | 16.0 | 0.0 | 16 | 16 | 16 | 16 | 16 | 16 | 16 | 16 | 16 | 16 | 16 | 16 | 16 | 16 | 16 | 16 | 16 | 16 | 16 | 16 |
| | K2 | Y | 10.4 | 1.1 | 11 | 11 | 10 | 10 | 12 | 10 | 9 | 12 | 12 | 9 | 10 | 11 | 8 | 11 | 9 | 11 | 10 | 11 | 9 |
| 週間 | X | | 80.0 | 0.0 | 80 | | | | | 80 | | | | | 80 | | | | | 80 | | | | |
| | Y | | 51.8 | 1.7 | 54 | | | | | 52 | | | | | 51 | | | | | 50 | | | | |

上表の「平均」欄の値に注目すると，次のような予想を立てることができる．

☞「改善策①を実施したら，工程 A2 には 1 日平均 8.2 個の仕掛在庫が溜まり，改善前の 15.9 個の約半分になる効果が期待できる．」

☞「しかし，製品 X の週間平均生産量（80 台）は，週間目標生産量（73 台）を上回る過剰生産の結果を招く．また，組立工程 K1 には工程 A2 から流す組立部品 'a2' が 1 日平均 4.2 個も余る結果を招く．」

上記の過剰生産と過剰在庫の問題は，20 回分のシミュレーションの結果に基づくものである．後に，改善策①に対して行った 100 回分のシミュレーション結果（表 6.14 の結果は 80.0 と 3.9）を示すが，上記の結果と大きな違いはない．

ここで，このシミュレーションの意義について触れておく．上記のように，シミュレーションを通して改善策①がもたらす結果を事前に予測することができていたら，改善策①の予想効果をアピールすることができ，また過剰生産と過剰在庫の問題点に気付き，それを補う案を練り直すこともできたであろう．

〔3〕 改善策①〜③のシミュレーション結果

改善策①〜③は，製品 X の生産における制約条件の解消のために打ち出した一連の策である．改善策①〜③を順次導入した場合のシミュレーション結果は，次のページの表 6.12 が示す通りである．

表 6.12 シミュレーション結果（改善策①～③）

| 区分 | 工程 | | 平均 | 偏差 | 1st | 2nd | 3rd | 4th | 5th | 6th | 7th | 8th | 9th | 10th | 11th | 12th | 13th | 14th | 15th | 16th | 17th | 18th | 19th | 20th |
|---|---|---|---|---|---|---|---|---|---|---|---|---|---|---|---|---|---|---|---|---|---|---|---|---|
| 仕掛在庫 | A2 | | 0.4 | 0.7 | 1 | 0 | 0 | 0 | 0 | 0 | 2 | 0 | 0 | 0 | 2 | 0 | 2 | 0 | 0 | 0 | 0 | 0 | 0 | 0 |
| | B2 | | 1.3 | 1.2 | 1 | 0 | 2 | 2 | 0 | 1 | 3 | 4 | 1 | 1 | 0 | 2 | 0 | 3 | 1 | 2 | 0 | 1 | 0 | 2 |
| | C2 | | 8.4 | 1.2 | 9 | 9 | 10 | 11 | 7 | 9 | 8 | 6 | 8 | 9 | 7 | 8 | 9 | 9 | 7 | 8 | 10 | 7 | 8 | 9 |
| | K1 | a2 | 1.0 | 1.2 | 1 | 0 | 2 | 2 | 0 | 3 | 2 | 0 | 0 | 0 | 4 | 0 | 1 | 0 | 0 | 1 | 0 | 0 | 2 | 1 |
| | | b2 | 1.1 | 1.5 | 0 | 1 | 0 | 0 | 2 | 0 | 0 | 1 | 2 | 1 | 0 | 0 | 0 | 4 | 1 | 1 | 3 | 5 | 0 | 0 |
| | K2 | b2 | 0.2 | 0.4 | 0 | 0 | 0 | 0 | 0 | 1 | 0 | 0 | 0 | 0 | 0 | 0 | 0 | 0 | 0 | 0 | 0 | 0 | 1 | 0 |
| | | c2 | 1.6 | 1.5 | 2 | 2 | 0 | 2 | 0 | 1 | 1 | 4 | 5 | 3 | 3 | 0 | 0 | 0 | 3 | 1 | 1 | 1 | 0 | 2 |
| 完成 | K1 | X | 15.0 | 1.5 | 16 | 15 | 16 | 16 | 14 | 16 | 16 | 15 | 14 | 15 | 16 | 16 | 12 | 15 | 15 | 13 | 11 | 16 | 16 | |
| | K2 | Y | 10.4 | 0.8 | 10 | 10 | 10 | 10 | 9 | 11 | 11 | 12 | 11 | 9 | 10 | 11 | 10 | 10 | 11 | 10 | 10 | 12 | 10 | 11 |
| 週間 | | X | 74.8 | 2.6 | 77 | | | | | 76 | | | | | 75 | | | | | 71 | | | | |
| | | Y | 52.0 | 1.4 | 50 | | | | | 53 | | | | | 52 | | | | | 53 | | | | |

上表の「平均」欄の値に注目すると，次のような予想を立てることができる．

☞「改善策①～③を実施したら，工程 A2 の仕掛在庫は改善前の 1 日平均 15.9 個（表 6.10 の結果）から **0.4** 個まで減らす効果が期待できる．」

☞「製品 X の週間平均生産量は，改善前の平均約 61 台（表 6.10 の結果）から約 **75** 台まで増加し，週間目標生産量（73 台）を達成できる．」

〔4〕 改善策④～⑥のシミュレーション結果

改善策④～⑥は，製品 Y の生産における制約条件の解消のために打ち出した一連の策である．改善策①～③に加えて改善策④～⑥を順次導入した場合のシミュレーション結果は以下の通りである．

表 6.13 シミュレーション結果（改善策④～⑥）

| 区分 | 工程 | | 平均 | 偏差 | 1st | 2nd | 3rd | 4th | 5th | 6th | 7th | 8th | 9th | 10th | 11th | 12th | 13th | 14th | 15th | 16th | 17th | 18th | 19th | 20th |
|---|---|---|---|---|---|---|---|---|---|---|---|---|---|---|---|---|---|---|---|---|---|---|---|---|
| 仕掛在庫 | A2 | | 0.5 | 0.9 | 1 | 0 | 0 | 0 | 1 | 0 | 0 | 0 | 2 | 0 | 1 | 2 | 0 | 0 | 0 | 0 | 0 | 0 | 0 | 3 |
| | B2 | | 1.2 | 1.3 | 4 | 0 | 0 | 0 | 0 | 0 | 0 | 3 | 2 | 1 | 1 | 0 | 2 | 2 | 2 | 3 | 0 | 1 | 0 | 2 |
| | C2 | | 0.5 | 1.1 | 0 | 0 | 0 | 0 | 0 | 0 | 0 | 0 | 0 | 1 | 0 | 0 | 0 | 0 | 1 | 5 | 0 | 0 | 0 | 1 |
| | K1 | a2 | 0.9 | 1.3 | 4 | 0 | 2 | 0 | 0 | 0 | 0 | 1 | 2 | 3 | 1 | 0 | 0 | 3 | 0 | 1 | 0 | 1 | 4 | 0 |
| | | b2 | 1.1 | 1.4 | 0 | 0 | 0 | 0 | 1 | 4 | 3 | 0 | 1 | 2 | 0 | 0 | 3 | 1 | 0 | 1 | 0 | 1 | 4 | 0 |
| | K2 | b2 | 0.3 | 0.6 | 0 | 0 | 1 | 0 | 0 | 1 | 1 | 0 | 0 | 0 | 0 | 1 | 0 | 0 | 2 | 0 | 0 | 0 | | |
| | | c2 | 1.3 | 1.3 | 4 | 1 | 0 | 2 | 1 | 0 | 0 | 3 | 2 | 2 | 0 | 1 | 2 | 0 | 4 | 1 | 0 | 2 | 1 | 0 |
| 完成 | K1 | X | 14.9 | 1.6 | 16 | 16 | 16 | 15 | 12 | 13 | 16 | 15 | 14 | 16 | 16 | 16 | 11 | 15 | 16 | 15 | 16 | 15 | 12 | 16 |
| | K2 | Y | 10.7 | 1.0 | 9 | 10 | 11 | 12 | 12 | 12 | 10 | 10 | 9 | 12 | 11 | 10 | 11 | 11 | 10 | 10 | 11 | 10 | 12 | |
| 週間 | | X | 74.3 | 0.5 | 75 | | | | | 74 | | | | | 74 | | | | | 74 | | | | |
| | | Y | 53.3 | 0.5 | 54 | | | | | 53 | | | | | 53 | | | | | 53 | | | | |

上表の「平均」欄の値に注目すると，次のような予想を立てることができる．

☞「第一段の改善策①～③に加えて第二段の改善策④～⑥を実施したら，各工程に溜まる仕掛在庫は 1 日平均 **2** 個以下に抑えることができる．」

☞「製品 X と製品 Y の週間平均生産量（約 **74** 台，約 **53** 台）は週間目標生産量（73 台，50 台）を若干上回る．」

〔5〕 シミュレーション結果の検証

前に言及したように，20回分のシミュレーション結果に基づく前記〔1〕～〔4〕の分析内容はシミュレーション回数を増やした場合どうなるかを検証する必要がある．下の表6.14に示すのは，改善策①～⑥に対してそれぞれ100回（100日分）ずつ行ったシミュレーション結果である（上段は1日平均，下段は週間平均）．同表を見ると，これまで示した20回分（20日分）のシミュレーション結果と大きな違いはないことが確認できる．参考までにだが，200回までシミュレーション回数を増やしても結果はほとんど変わらないことを記しておく．

表6.14 シミュレーション結果（各100回）

| 区分 | 工程 | | 改善前 | 改善策① | 改善策② | 改善策③ | 改善策④ | 改善策⑤ | 改善策⑥ |
|---|---|---|---|---|---|---|---|---|---|
| 仕掛在庫 | A2 | | 16.0 | 8.2 | 6.9 | 0.4 | 0.5 | 0.3 | 0.3 |
| | B2 | | 1.1 | 1.2 | 1.3 | 1.3 | 1.1 | 1.3 | 1.2 |
| | C2 | | 7.9 | 8.2 | 7.7 | 8.1 | 4.1 | 4.4 | 0.4 |
| | K1 | a2 | 0.0 | 3.9 | 2.3 | 0.7 | 0.7 | 0.7 | 0.7 |
| | | b2 | 4.0 | 0.0 | 0.1 | 1.2 | 1.5 | 1.2 | 1.1 |
| | K2 | b2 | 0.4 | 0.2 | 0.2 | 0.2 | 0.0 | 0.0 | 0.3 |
| | | c2 | 1.4 | 1.5 | 1.6 | 1.6 | 5.0 | 4.5 | 1.2 |
| 完成 | K1 | X | 12.0 | 16.0 | 15.9 | 14.8 | 14.5 | 14.9 | 14.9 |
| | K2 | Y | 10.5 | 10.5 | 10.4 | 10.4 | 10.7 | 10.8 | 10.6 |
| 週間 | X | | 60.2 | 80.0 | 79.4 | 73.9 | 72.7 | 74.3 | 74.6 |
| | Y | | 52.6 | 52.7 | 52.2 | 51.9 | 53.5 | 53.8 | 52.8 |

### 6.7.3 結論

前の表6.13の結果に基づく予想から最終的な結論を出すと，次の2点に集約される．

- 結論1：改善策①～⑥を実施したら，各工程に溜まる仕掛在庫は1日平均2個以下のレベル（6.2.2節で示した残業廃止の基準）まで抑えることができる．よって，残業廃止は可能である．
- 結論2：製品Xと製品Yの週間平均生産量（約74台，約53台）は週間目標生産量（73台，50台）を若干上回る．よって，週間目標生産量は達成できる．

ここで，上記の結論は6.2.2節で書いたプロジェクトの成果とほぼ同じであることを確認してほしい．「現場で試行錯誤して得た結果とほぼ同じ結果を，事後的なシミュレーションを通して得られた」ということの意味に関しては，次節でまとめることにする．

## 6.8 まとめ

　本章の課題は，「ET 社の生産プロセスをコンピュータ上で再現し，同社のプロジェクトチームが講じた改善策に対するシミュレーション結果を出すこと．そして，同社のプロジェクトの成果と比較すること」であった．その狙いは，「TOC の継続的改善プログラムの実践におけるシミュレーションの必要性と有効性」を示すことであった．この点に関しては，前節の分析で触れたことを中心に再度まとめておくことにする．

- 改善策①のシミュレーション結果を例にして述べたように，シミュレーションを通して改善策がもたらす結果を事前に予測することができていたならば，改善策の効果を見積もることも問題点を補った案を練り直すこともできたであろう．
- 改善策②についても事前に同策のシミュレーション結果を検討していたならば，同改善策がほとんど効果なしで終わったために改善策③を追加実施するような試行錯誤は避けることができたであろう．
- 改善策①〜⑥のシミュレーション結果を最初から検討していたならば，個々の改善策の実行結果を待たずに複数の策を同時推進し，プロジェクト期間を短縮することもできたであろう．

　上記と関連し，TOC で強調する DBR（ドラム・バッファー・ロープ）体制の強化に必要なシステム要件について触れておこう．「バッファー」が有事に備える事前対策的な装置であるとすると，「ドラム」と「ロープ」は問題が発生したときに機能する事後的な対応装置である．これらの装置をきちんと機能させるためには「どこに，何が，どのような状態」にあるかをすべて把握できるシステムが必要になる．そのようなシステムがあれば，工程間で生産・在庫に関する情報を共有しながら，各種在庫（原材料，部品，半製品などの仕掛品，完成品など）のバッファー量の適正管理ができるし，問題の早期発見にも役立つ．また，工程 B2 から組立ライン K1 と K2 への部品の配分を決める「配分率」が両組立ラインの状況に連動して自動的に決まるようにすることもできる．しかし，問題発生時の対応には，「どこの，何を，どう」変えればどのような結果が得られるかを分析できる what-if 機能，つまり本章で示したようなシミュレーション機能を搭載したシステムが必要となる．

### 参考文献

[1] The GOAL ザ・ゴール，エリヤフ・ゴールドラット，ダイヤモンド社，2001
[2] 在庫ゼロ リードタイム半減 TOC プロジェクト，村上悟・石田忠由・井川伸治，中経出版，2002
[3] ゴールドラット博士のコストに縛られるな，エリヤフ・ゴールドラット，ダイヤモンド社，2005
[4] ケースで学ぶ TOC 思考プロセス，中井洋子ら・内山春幸・西村摩野訳，ダイヤモンド社，2004
[5] 統計解析のはなし，石村貞夫，東京図書，1991

## 付録Ⅰ：標準偏差と不偏標準偏差の違い（STDEVPとSTDEVの違い）

「分散」と「標準偏差」は，平均値の周りにデータが散らばっている度合いを表す統計量である．分散（variance）は，式(1)のように各データの値と平均値の差の2乗和をデータの数で割ったもので，標準偏差（standard deviation）は，式(2)のように分散の平方根をとったものである．

分散　　：$S^2 = \dfrac{1}{N}((x_1-\bar{x})^2+(x_2-\bar{x})^2+\cdots+(x_N-\bar{x})^2)$ (1)

標準偏差：$S = \sqrt{S^2}$ (2)

分散から標準偏差を求める理由は，平均値との差の2乗和をとる分散は値が大きくなり，平均値と比べるときに具合が悪いからである．一方，式(1)の分母を式(3)のように $n-1$ にしたものを不偏分散（unbiased variance）または標本分散（sample variance）という．そして，不偏分散の平方根をとったものを不偏標準偏差（unbiased standard deviation）または標本標準偏差（sample standard deviation）という．

$$S^2 = \dfrac{1}{n-1}((x_1-\bar{x})^2+(x_2-\bar{x})^2+\cdots+(x_n-\bar{x})^2) \tag{3}$$

さて，なぜ不偏分散を求めるのか——．その理由は，標本の分散を求める目的にある．標本調査で標本の平均と分散を求めるのは，それから母集団の平均と分散を推定するためである．そのとき，標本は母集団の一部に過ぎないので，標本のデータから求める分散に何らかの補正をかける必要がある．その補正方法が，$n$ ではなく $n-1$ で割ることである．したがって，不偏分散の'不偏'は'補正済み'という意味で捉えてもいい（統計学では，$n$ で割った標本の分散は母集団の分散に対する不偏推定量ではないことを理由に，不偏分散を用いる．詳しいことは第8章を参照されたい）．

それでは，なぜ $n-1$ で割るのか——．これについての説明には，「自由度」という概念を用いる必要があるが，自由度（degree of freedom）とは，「互いに独立な変数の数からそれら相互間に成り立つ関係式の数を引いたもの」を意味する．自由度という言葉を使えば，平均値はデータの総和を自由度 $n$ で割っていることになる．ところが，分散の場合は $n$ 個の式 $(x_1-\bar{x}),(x_2-\bar{x})$，$\cdots(x_n-\bar{x})$ の中に平均値 $\bar{x}$ が入っているため，$(x_1-\bar{x})+(x_2-\bar{x})+\cdots+(x_n-\bar{x})=0$ という関係式が1つ成り立つ．よって，自由度が1減って $n-1$ となる．

まとめると，式(1)の分散は計算対象が母集団のとき，式(2)の不偏分散は標本から母集団の分散を推定するときに使う，ということになる．因みに，標本の大きさ $n$ が十分大きければ，$n$ で割った分散と $n-1$ で割った不偏分散の差はほとんどなくなる．

最後に，母集団の全データを対象にした標準偏差を求めるエクセルの関数は「STDEVP」であって，標本から不偏標準偏差を求める関数は「STDEV」であることを記しておく．

## 付録Ⅱ：実験データ自動記録用マクロ

　本文中に掲載した表 6.10〜表 6.13 のデータは，20 回分のシミュレーション結果を自動的に記録するマクロを利用して得たものである．参考までに，シミュレーター上の集計表の位置とマクロの内容を以下に示しておく．

| | AI | AJ | AK | AL | AM | AN | AO | AP | AQ | AR | AS | AT | AU | AV | AW | AX | AY | AZ | BA | BB | BC | BD | BE | BF | BG | BH | BI |
|---|---|---|---|---|---|---|---|---|---|---|---|---|---|---|---|---|---|---|---|---|---|---|---|---|---|---|---|
| | 35 | 36 | 37 | 38 | 39 | 40 | 41 | 42 | 43 | 44 | 45 | 46 | 47 | 48 | 49 | 50 | 51 | 52 | 53 | 54 | 55 | 56 | 57 | 58 | 59 | 60 | 61 |
| 13 | | 区分 | | 工程 | | 平均/日 | 転記用 | 1st | 2nd | 3rd | 4th | 5th | 6th | 7th | 8th | 9th | 10th | 11th | 12th | 13th | 14th | 15th | 16th | 17th | 18th | 19th | 20th |
| 14 | | | | A2 | | 16.0 | 18 | 14 | 14 | 18 | 13 | 16 | 16 | 16 | 19 | 18 | 15 | 15 | 14 | 12 | 15 | 15 | 17 | 16 | 18 | 19 | 19 |
| 15 | | | | B2 | | 1.0 | 1 | 0 | 0 | 3 | 5 | 1 | 1 | 3 | 0 | 1 | 0 | 0 | 0 | 3 | 1 | 0 | 0 | 0 | 0 | 2 | 0 |
| 16 | | 仕掛在庫 | | C2 | | 8.6 | 7 | 7 | 12 | 9 | 10 | 8 | 9 | 11 | 8 | 9 | 7 | 6 | 12 | 7 | 8 | 11 | 10 | 7 | 2 | 9 | 10 |
| 17 | | | K1 | a2 | | 0.0 | 0 | 0 | 0 | 0 | 0 | 0 | 0 | 0 | 0 | 0 | 0 | 0 | 0 | 0 | 0 | 0 | 0 | 0 | 0 | 0 | 0 |
| 18 | | | | b2 | | 4.1 | 4 | 2 | 3 | 5 | 2 | 4 | 3 | 2 | 6 | 5 | 4 | 5 | 4 | 5 | 3 | 3 | 4 | 4 | 5 | 6 | 6 |
| 19 | | | K2 | b2 | | 0.2 | 0 | 0 | 0 | 0 | 0 | 0 | 1 | 1 | 0 | 0 | 0 | 0 | 0 | 0 | 1 | 0 | 0 | 0 | 1 | 0 | 0 |
| 20 | | | | c2 | | 1.3 | 2 | 0 | 2 | 3 | 3 | 2 | 0 | 0 | 1 | 3 | 1 | 2 | 0 | 1 | 0 | 0 | 0 | 1 | 4 | 0 | 2 |
| 21 | | 完成 | K1 | X | | 12.0 | 12 | 14 | 13 | 11 | 14 | 12 | 13 | 14 | 10 | 11 | 12 | 11 | 12 | 11 | 13 | 13 | 12 | 12 | 11 | 10 | 10 |
| 22 | | | K2 | Y | | 10.2 | 11 | 11 | 10 | 9 | 8 | 10 | 10 | 10 | 9 | 11 | 10 | 10 | 12 | 11 | 11 | 11 | 10 | 11 | 10 | 10 | 10 |

```
Sub COPY()

    Range("V35:AB35").Copy                          'TABLE-1 の「待機用」欄の値をコピーする
    Range("V36:AB36").PasteSpecial Paste:=xlValues  'TABLE-1 の「搬入用」欄に値を貼り付ける

End Sub
```

```
Sub TOC()

'[1] 初期化
    Range("AP14:BI22").ClearContents                '前回記録を削除する

'[2] 20 回分の実行と結果の転記
    Dim T As Integer                                '転記回数を変数 T とする
        Application.Calculation = xlCalculationManual
    For T = 1 To 20                                 '20 回繰り返す
        Calculate
        Call COPY
        Range("AO14:AO22").Copy                     '「転記用」欄の値をコピーする
        Cells(14, T + 41).PasteSpecial Paste:=xlValues  'コピーした値のみを貼り付ける
    Next T
        Application.Calculation = xlCalculationAutomatic

'[3] 後処理
    Application.CutCopyMode = False
    Range("AK13").Activate                          'アクティブセルの位置を AK13 にする

End Sub
```

# 第7章　適正ポイント還元率の決定

Deciding the proper rate of offering reward points to customers

　現金値引きの代わりに導入されているポイント還元サービス——還元率を上げることが集客力を上げる手段のひとつとして考えられている．しかし，単に他店他社の還元率に数字合わせをするような真似をしたり，安易に還元率の高さを競うような消耗戦に足を踏み込んだりすると，収益を圧迫する要因にもなる．そのため，還元率は事前に費用対効果を見極めたうえで決める必要がある．

　本章では，「還元率を引き上げて客数増加を狙う際に，どれくらいの引上げが適正か」を検討する問題を取り上げる．そして，還元率の引上げが収益に及ぼす影響を予測するシミュレーションを行い，その結果を分析することで還元率の適正性を判断する例を示す．

　そのためには，不特定多数の人が一定期間に渡ってポイントを貯めて使用していく様子をコンピュータ上で再現する必要がある．そして，購入する商品の選択やポイント使用の意思などの予測不可能な要素をランダムに決めながら，個人別のポイント情報を一定期間に渡って更新していく．これは，実際に使用されているポイント管理システムと基本的に同じ機能を持つシミュレーターを作成することを意味する．本章では，ひとつの事例を取り上げ，同事例における客数と商品数などをあるレベルに縮小した実験用シミュレーターを作成することにする．

## 7.1 導入

かつて長引く不況に対する需要喚起策として，競って導入されたポイント還元サービス——今は私達の日常生活の中で切っても切り離せないものとなっている．コンビニエンスストア，百貨店，飲食店，ドラッグストア，ガソリンスタンド，家電量販店等々，どこへ行ってもポイントカードを持参しているかを聞かれる．

ポイント還元サービスの狙いは，新規顧客の獲得と既存顧客の流出防止，すなわち顧客の「囲い込み」にある．そのために，付与するポイントを一時的に増やして来店を促したり，購入金額の多い顧客には高い還元率を適用したりする．その中で，最近はポイントの利用範囲を広げる次のようなネットワーク化が進んでいる——(1) ポイントの利用範囲を発行元に限定せず，他社の提携店でもポイントの交換・利用ができるようにする，言わば「外向きのネットワーク化」，(2) 自社の事業領域を拡大して会員のポイント利用範囲を自社店舗内で広げる，言わば「内向きのネットワーク化」．前者の例は「TSUTAYA」，後者の例は「ヨドバシカメラ」が挙げられる．以下では，本章の内容と関連のある後者の取り組みについて触れることにする．

ヨドバシカメラは，2013年2月から同社の通販サイト「ヨドバシ・ドット・コム」で書籍販売を本格的に開始した．そして，オンラインでの注文は全品送料無料で注文当日配送，それに購入額の3%をポイント還元し，オフラインの店舗でも使えるようにした．また，2013.5.16〜6.30に，同社のクレジット機能付きのポイントカードで書籍を購入すると，通常3%のポイント還元のところ，合計10%のポイントを還元するキャンペーンを実施した．合計10%の内訳は，[通常ポイント3%]＋[カード決済ポイント1%]＋[キャンペーンポイント6%] である．そして，同キャンペーン期間中に発生したポイントは集計して翌月の7月下旬に還元することにした．ネット通販最大手のアマゾン・ドット・コムに対抗し，自社のポイント会員数の増加と固定化を狙った策であることは容易に想像できる．ヨドバシカメラは，上記と同じ内容のキャンペーンを2014年4月にも実施した．

ここで注目したいのは，「なぜキャンペーンポイントを6%に設定したか」である．単純に通常の3%の倍にしたかったのかもしれないが，それならキャンペーンポイントを2%にして合計6%（＝3%＋1%＋2%）にする案も考えられたであろう．それとも，アマゾンに対抗するためにはどうしても「10%」という数字のインパクトが必要だと判断したのであろうか．その辺の事情は知り得ないが，おそらくキャンペーンポイントの適正値をめぐる色々な案を出し，各案に対する費用対効果を分析したうえで最終的に決めたのであろう．例えば，キャンペーンポイントをこう設定すれば，これくらいの収益が期待できるとか，あるいはこれくらいの効果が期待できるのでキャンペーンポイントをここまで設定しよう，等々——．本章では，上記に似た状況で，ポイント還元率の適正水準をシミュレーションを用いて探る例を示す．

## 7.2 事例

ビビ社（仮称，以下BB社と称する）は，健康補助食品，健康グッズ，美容サプリメントを販売する会社である．商品はすべて自然食材と品質にこだわったものを国内外から仕入れ，健康と美容に関心の高い客層をターゲットに販売している．そのため，商品の全般的な価格は同類のものを売っているドラッグストアに比べて高い．その代わり，商品の良さを店頭でアピールする対面・実演販売に力を入れている．ポイントサービスに関しては，商品と客層を差別化していることから有料会員制にし，全商品に5%の還元率を適用している．ところが，会員数は頭打ちになってから伸び悩む状態が続いている．そこで，打開策のひとつとして，初の「特別企画のキャンペーン」を実施することを検討している．その内容は以下の通りである．

### ▼ 企画案の内容

① 新規顧客の確保と既存会員の継続的な購買を誘導するために，通常より高い還元率を提供するキャンペーンを実験的に行う．

② キャンペーン期間は1ヶ月（30日）とし，キャンペーン期間中に発生したポイントの使用はキャンペーン期間中に限定する．同期間中の未使用ポイントに関してはキャンペーン終了後にクーポンを返すことにし，キャンペーン終了後の来店を誘発する．

③ ただし，クーポンは，未使用ポイント全額に対してではなく，100ポイント単位で発行することにする．例えば，未使用ポイントが100〜199の客にはクーポン1枚，200〜299の客に2枚を返す．また，クーポンは有効期限付きにして発行する．

④ 未使用ポイントを計算してクーポンを発行する都合上，会員にも非会員にもキャンペーン期間だけ使用できるポイントカードを無料で発行する．

### ▼ 決定事項および検討事項

① 問題は，「ポイント還元率」と「クーポン額」をどのレベルに設定するかである．

② 通常より高い還元率を提供すると，客数増に伴う売上増が期待できる．しかし，どれくらいの「人数」がキャンペーンに参加し，どれくらいの「売上増」が達成できるかはわからない．過去3ヶ月間に来店履歴のある会員の1ヶ月平均来店回数は約「3回」であり，1日平均来店者数は約「100」人である．キャンペーンによる新規および既存会員の集客効果として，1日の来店者数が通常100人の2〜3割増しになることを期待している．

③ 初の試みであるだけに，キャンペーン期間中の「ポイント使用率」がどれくらいになるかもわからない．既存会員のポイント使用率は2割程度であり，ポイントを貯めたがる人が多い．

④ 通常より高い「ポイント還元率」と「未使用ポイントに対するクーポン」の提供にはコストがかかる．そのコストはどれくらいになり，どれくらいの「売上」が達成されたときにペイできるかを見積もる必要がある．

⑤ 暫定案として，ポイント還元率は通常の2倍である「10%」とし，クーポンは1枚「100円」券とすることを考えている．同案の有効性に関する判断材料が必要である．

## 7.3　課題

"新規客の確保と既存会員の誘引のためにコストがかかるのは止むを得ない"と考え，安易にポイント還元率とクーポン額を決めてしまうと，後に重いコストだけが圧し掛かる結果を招くこともあり得る．キャンペーンの効果に関しても，"やってみないと分からない"と考えるようでは，単なる賭け（gamble）に過ぎず，結果に対してなるべく客観的な見通しを立てた上で行う戦略的な賭け（strategic bet）とは言えない．ここで'戦略'という言葉を使うのは大袈裟かもしれないが，戦略とは様々な状況を想定した仮説（scenario）に基づく一種の賭けである．したがって，「ポイント還元率」と「クーポン額」は，丼勘定で決めるのではなく，前節の検討事項に対する試算結果を踏まえた上で決めるべきである．これは，"コストは先行投資で，効果は後々に現れる"と考えている場合でも同じである．

以上のような観点から，BB社の「暫定案」がもたらすキャンペーン結果に対する見通しを立てること．具体的には，通常より上がることが予想される「客数」と「ポイント使用率」を組み合わせた様々な状況（シナリオ）を想定し，各々の状況に対するシミュレーション結果を出す．そして，同社の暫定案に対する有効性を判断する材料を示すこと．これを本章の課題とする．

参考までに，BB社の決定問題を構成する要素について述べておく．意思決定の主体がコントロールできる「政策的決定要素」は，「ポイント還元率」と「クーポン額」である．これに関しては，暫定案（通常の2倍の10％と1枚100円券）があるので，同案を中心に検討すればいい．次に，確定はできないがある程度の範囲は想定できる「不確定な要素」は，キャンペーンに訪れる「人数」と来店者の「ポイント使用率」である．これに関しては，想定ベースで考えるしかないので，現実的に妥当と思われる範囲を想定し，両者（人数とポイント使用率）の組合せによる複数の状況を設定する．そして，各々の状況（シナリオ）に対するシミュレーション結果を検討することにすればいい．一方，まったく予測することができない「予測不可能な要素」は，来店者の「購入する商品」と「ポイントの使用意思（使用ポイント額も含む）」である．これに関しては，乱数を用いてランダムに決まるようにすればいい．シミュレーター作成に関する詳細事項は次節で示す．

## 7.4 シミュレーションの準備

本節では，シミュレーター作成に必要な事項についてまとめることにする．

### 7.4.1 シミュレーションの目的

本章のねらいは，7.1 節で言及したように，シミュレーションを用いて，キャンペーン用の「ポイント還元率」と「クーポン額」の適正水準を決める例を示すことにある．その例として，7.2 節の暫定案（10%のポイント還元と 1 枚 100 円のクーポン発行）の有効性に関する判断材料を示すことを，今回のシミュレーションの目的とする．

### 7.4.2 有効性の判断材料

有効性の判断材料としては，以下の問いに対するシミュレーション結果を示すことにする．

a. ポイント還元率を通常の 5%から 10%に引き上げたら売上はどう変わるのか．
b. 通常より高い 10%の「ポイント還元率」を提供すると，「客数増」と「ポイント使用率の増加」が予想されるが，客数増とポイント使用率の増加が売上に及ぼす影響度は如何ほどか．
c. キャンペーン終了時に未使用ポイントはどれくらいであり，それに対して発行するクーポン券の総額はどれくらいになるのか．また，クーポン券配布対象者（キャンペーン終了後に来店が期待できる客数）はどれくらいになるのか．

### 7.4.3 シミュレーションの方法

標記の件については，以下の図にまとめた 7.3 節の内容と関連付けて要約しておく．

**図 7.1** シミュレーターの構成要素と集計項目

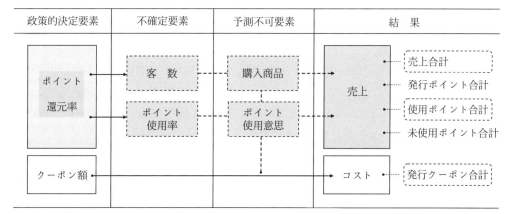

a. 政策的な決定要素である「ポイント還元率」と「クーポン額」は，暫定案どおりに設定する．
b. 不確定な要素である「客数」と「ポイント使用率」は，妥当と思われる範囲を想定し，その範囲の中の値を変えた各々の状況（シナリオ）に対するシミュレーション結果を検討する．
c. 予測不可能である来店者の「購入する商品」と「ポイント使用意思」は，乱数で決める．
d. シミュレーションの結果は，図7.1の右の欄にある項目別に集計する．
e. ポイント還元率を現状と同じく5%に設定した場合と暫定案の10%にした場合の結果を比較し，暫定案の有効性を評価する．

### 7.4.4 シミュレーションの前提条件

以下では，シミュレーターを作成する前に先に決めておく必要のある事項についてまとめる．

#### (1) キャンペーン期間

キャンペーン期間は7.2節の企画案のとおり，「30日（1ヶ月）」とする．これは，参加者の個人別ポイント情報を30日間管理（維持・更新）するシミュレーターを作成する必要があることを意味する．

#### (2) キャンペーン参加者数

どれくらいの人数がキャンペーンに参加するかに関しては，初の試みであるだけに想定ベースで検討するしかない．7.2節にある基本情報（1日平均来店者数約「100人」）をベースにして見積もると，キャンペーン期間中の来店者は延べ3,000人（＝100人×30日）となる．そして，同一人の複数来店回数（1ヶ月平均来店数約3回）を適用すると，1,000人（＝3000人÷3回）を母集団とすることになる．

しかし，1,000人の母集団から毎日100人をランダムに選んで行うシミュレーションを30日分繰り返すことにすると，そのために作成するシミュレーターの大きさ（規模）もさることながら，ポイント関連情報の計算量も膨大になる．そのため，本章では，上記想定試算（1,000人）の1/10の規模に相当する「100人」を母集団としたシミュレーションを行うことにする．これは，シミュレーター上に100人の参加者の欄を設ける必要があることを意味する．

#### (3) 1日の来店者数

1日の来店者数は，上記の母集団の規模縮小率を適用し，通常の100人の1/10に相当する「10人」を基本とする．そして，キャンペーンの集客効果を加味し，基本（10人）の1～5割増しに相当する11人～15人となる場合まで考慮する．すなわち，1日の来店者数について，6通り（10人～15人）のケースを想定することにする．

しかし，10人なら10人と，毎日同じ人数が来店すると想定することは現実的ではない．そのため，1日の来店者数にある程度の変動幅を加えることにする．具体的には，上記の想定人数（10人，11人，…，15人）を一応の目安（想定値）とし，実際の来店者数は「想定値±3」人の範囲でランダムに決まるようにする（注：その人数の来店者を100人の母集団からランダムに選ぶ）．つま

り，1 日の来店者数を 10 人と想定して 30 日分のシミュレーションを行うとき，1 日の来店者数は 7 人になったり，8 人になったり，13 人になったりする．そうすると，1 日の来店者数の想定値を「10 人」と設定する場合については次のような概算ができる．

- 1 日の来店者数：7～13 人（＝10 人±3 人），平均 10 人
- キャンペーン期間中の来店者数：延べ 210 人～390 人，平均 300 人（＝10 人×30 日）

参考までに，他の想定値に対する概算結果も表にまとめておく．

表 7.1 来店者関連の概算

| 1 日来店者 | | 延べ参加人数 | |
| --- | --- | --- | --- |
| 想定値（平均） | 変動幅 | 平均 | 変動幅 |
| 10 | 7 ～ 13 | 300 | 210 ～ 390 |
| 11 | 8 ～ 14 | 330 | 240 ～ 420 |
| 12 | 9 ～ 15 | 360 | 270 ～ 450 |
| 13 | 10 ～ 16 | 390 | 300 ～ 480 |
| 14 | 11 ～ 17 | 420 | 330 ～ 510 |
| 15 | 12 ～ 18 | 450 | 360 ～ 540 |

シミュレーター上では，1 日来店者数の「想定値」と「変動幅」を入力する欄を設け，想定値を 10 人，11 人，…，15 人と設定した場合のシミュレーション結果を出す．そして，1 日の来店者数が 1 割（1 人）ずつ増える場合の売上の変化に注目する．そして，それぞれの場合の売上の変化の平均をもって「来店者数の 1 割増しが売上へ及ぼす影響度」を調べることにする．

### （4） ポイント使用率

今回の企画ではポイント使用期限をキャンペーン期間中と定めているため，ポイントはなるべく使うことが予想される．その反面，未使用ポイントに対してはクーポンを発行することにしているため，ポイント使用を急がないことも考えられる．しかし，実際どうなるかは想定ベースで検討するしかない．よって，ポイント使用率は，通常「2 割」を基本とし，1 割刻みで最大「7 割」になる場合まで（計 6 通り）想定することにする．そして，ポイント使用率を 2 割，3 割，…，7 割と設定した場合のシミュレーション結果を出し，ポイント使用率が 1 割ずつ増える場合の売上の変化に注目する．そして，それぞれの場合の売上の変化の平均をもって「ポイント使用率の 1 割増しが売上に及ぼす影響度」を調べることにする．

### （5） ポイント使用者とポイント使用額

来店者の「ポイント使用意思」に関しては，「来店者数×ポイント使用率」で算出した人数（小数は四捨五入する）がポイント使用意思を示すと仮定する．例えば，1 日の来店者（想定値）を 10 人，ポイント使用率を 2 割と想定する場合，ポイント使用者は 7～13 人（想定値±3）の来店者のうち 1 人（＝7×0.2）～3 人（＝13×0.2）であるとする．

どの客がポイントを使用するかについては,「使えるポイントがある来店者の中からランダムに選ぶ」ことにする．ポイント保有者がいない場合はポイント使用者はなしとする．ポイント使用額に関しては，分析の都合上,「一度にすべての保有ポイントを使用する」ことを前提にする（ただし，保有するポイントが買入する商品価格より多い場合は，商品価格分のポイントを使用する）．

### (6) ポイント還元率

今回のシミュレーションでは,「すべての商品に同じ還元率を適用」することにする．また,「ポイントを支払の一部として使用する場合にも，ポイント使用分を引いた残りの支払金額に対して同じ還元率（暫定案の10%）を適用」することにする．そうすると，付与するポイントは「実支払額×ポイント還元率」で算出することになる（注：多くの電器量販店の場合，ポイント使用時の残りの現金支払額に対しては内部で決めた低いポイント還元率を適用するか，ポイントをつけない）．一方,「商品購入時に発生したポイントは次回以降の来店時に使用可能」とする．

### (7) 商品の種類と価格

今回のシミュレーションでは，キャンペーン参加者数の規模を縮小したことに合わせ，商品は「10種類の価格のもの」に限定した例を取り上げることにする．そして，商品1，商品2，…，商品10の価格は500円刻みで1,000円，1,500円，…，5,500円とする．ポイント計算に関係するのは商品の価格であって，商品の種類（品目）ではない．つまり，10種類の価格の商品が多数あると考えてもよい．

### (8) 購入商品の決定

来店者は「全員，商品を購入する」と仮定する．また，購入できるのは,「10種類の価格の商品の中からランダムに選んだ1種類の1品」とする．

### (9) クーポン発行の基準単位

クーポンに関しては，企画案同様,「100ポイント単位の未使用ポイントに対して100円券のクーポン1枚を発行する」ことにする．ただし,「クーポン発行の基準単位（100ポイント）」は，分析上の必要性を予め考慮し，シミュレーター上で任意の値を設定できるようにしておく．

### (10) 変数扱いする項目のまとめ

- ポイント還元率，ポイント使用率，クーポン発行基準単位
- 商品の価格と各商品へ適用するポイント還元率
- 1日の来店者の「想定値」と「変動幅」

### (11) 乱数で決める項目のまとめ

- 「想定値±変動幅」の1日の来店者
- 来店者が購入する商品
- ポイント使用者

## 7.4.5 ポイント計算の仕組み

今回作成するシミュレーターにおいて「エンジン（根幹）」となる部分は「ポイント計算」である．ポイントの計算仕組みとシミュレーター作りに関するガイドラインを先に示しておく．

ポイントの計算方法それ自体は簡単であるが，キャンペーン期間中（30日間）の来店者のポイント情報をどう管理するかはシミュレーターをどう作るかによる．今回は，「1枚の表計算シート上」に「1日分の買物状況を再現するシミュレーター」を作り，それをキャンペーン期間分繰り返して使用することにする．そうすると，シミュレーションに必要なポイント情報も同じシート上で一括管理した方が情報の一覧性がよい．これは，来店者が保有・使用・取得するポイントを1日単位で記録・更新する「日次処理」も同じシート上で行うことを意味する．ただし，日次処理を1枚のシート上で30回（30日分）繰り返すには，以下で示すような「循環参照」の問題を生じさせない工夫が要る．

図7.2 循環参照問題

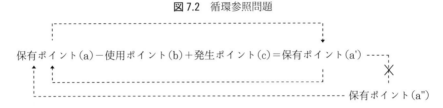

ポイント計算は，上の図に示したように，現在の保有ポイント'(a)'から商品購入時に使用したポイント'(b)'を引いたり，発生したポイント'(c)'を足したりして，最新の保有ポイント'(a')'が決まる．そして，次回の買物時には右辺の'(a')'を左辺の'(a)'に反映する必要がある．ここで，右辺の'(a')'を左辺の'(a)'が参照するようにリンクを張ると，互いの情報を参照し合うループを成してしまい，計算ができない．これが循環参照の問題である．解決方法は，右辺の'(a')'の値だけをどこかに保存しておいて，計算上のリンクを断ち切り，一旦保存しておいた図中の'(a")'を左辺の'(a)'が参照するようにすることである．具体的なポイント計算の方法と流れは，以下の図を用いて，再度説明することにする．

図7.3 ポイント計算の流れ

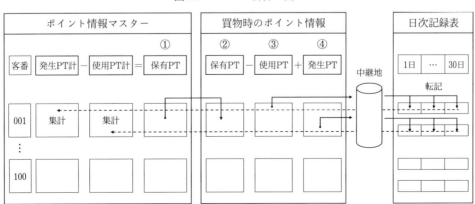

今回作成するシミュレーター上では，次のような作業を毎日繰り返すことにする．

・来店者が「使用したポイント」とその人に新たに「発生したポイント」情報（図中の③と④）を「中継地」にリンクを張って表示させる．そして，中継地にある値だけを「日次記録表」に転記する（ここでリンクを断ち切る）．

・次は，ポイント情報を一括管理する「ポイント情報マスター」を作り，常に日次記録表に転記しておいた情報（個人別使用ポイントと発生ポイント）を参照し，集計を取るようにしておく．そして，各人の「発生PT（ポイント）計」から「使用PT（ポイント）計」を引いた現在の「保有PT（ポイント）」情報（図中の①）を確保する．

・次は，同情報（図中の①）を必要とする来店者に提供する（図中の①を②が参照するようにする）．

上記のようにすれば，前記の循環参照の問題は回避でき，常に「現在保有するポイント情報」を確保することができる．以上のことは，30日分のシミュレーションを1枚のシート上で行おうとした場合に生じる問題とその解決方法である．無論，1日分のシミュレーション・シートを作成し，そのシートをキャンペーン期間分（30枚）コピーして使用するような作り方も考えられる．しかし，その場合は，前日のシートにあるポイント情報を翌日のシートが参照するような作りになってしまい，情報の一覧性が悪い（シート間の循環参照の問題も解決する必要がある）．そこで，情報の一覧性，情報管理の一元化を重視し，30日分のシミュレーション結果をすべて1枚のシート上に表示できるようにすることが，今回のシミュレーター作りのコンセプトである．

## 7.5 シミュレーターの完成図

これから作成するシミュレーターの完成図は，以下のようなものになる．

図 7.4 完成図

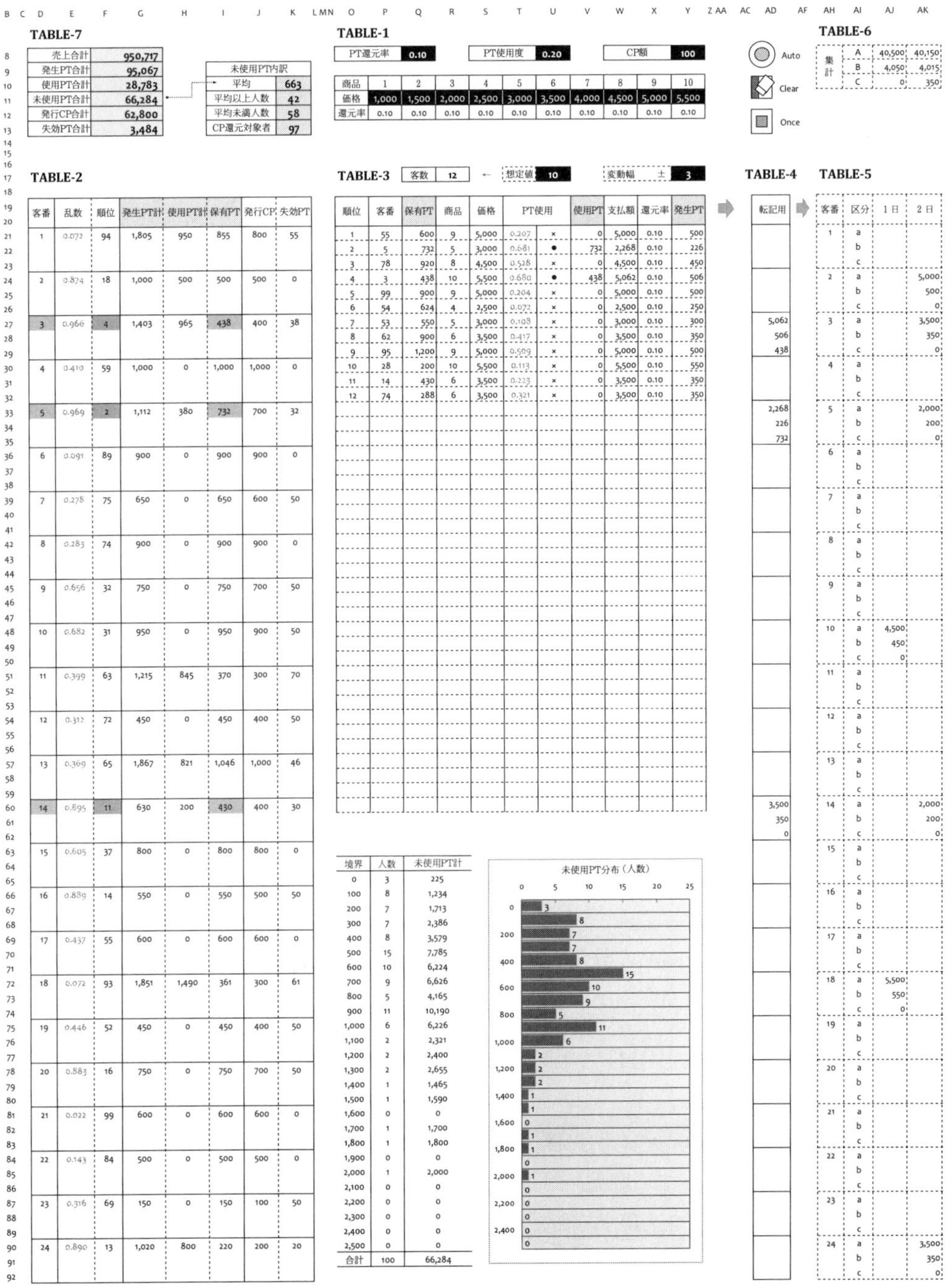

## 7.6 シミュレーターの作成

本節では，前節で示したシミュレーターの作成方法について説明する．

### 7.6.1 TABLE-1 の作成

TABLE-1 の役割は，シミュレーションに必要な各種変数の値を設定することである．

表 7.2　TABLE-1

| | M | N | O | P | Q | R | S | T | U | V | W | X | Y |
|---|---|---|---|---|---|---|---|---|---|---|---|---|---|
| | **TABLE-1** | | | | | | | | | | | | |
| 8 | | PT還元率 | | | 0.10 | | PT使用度 | | 0.20 | | CP額 | | 100 |
| 9 | | | | | | | | | | | | | |
| 10 | | 商品 | | 1 | 2 | 3 | 4 | 5 | 6 | 7 | 8 | 9 | 10 |
| 11 | | 価格 | | 1,000 | 1,500 | 2,000 | 2,500 | 3,000 | 3,500 | 4,000 | 4,500 | 5,000 | 5,500 |
| 12 | | 還元率 | | 0.10 | 0.10 | 0.10 | 0.10 | 0.10 | 0.10 | 0.10 | 0.10 | 0.10 | 0.10 |

① PT 還元率　これは，「ポイント還元率」を入力する欄である．キャンペーン期間中に提供するポイント還元率を 10% に設定する場合は以下のように入力する．

〔Q8〕＝0.10

② PT 使用率　これは，「ポイント使用率」を入力する欄である．通常の 2 割に設定する場合は以下のように入力する．

〔U8〕＝0.20

③ CP 額　これは，発行するクーポン 1 枚の額を入力する欄である．企画案通り，100 単位の未使用ポイントに対して「100 円」のクーポンを発行するとしたら，次のように入力する．

〔Y8〕＝100

④ 価格　これは，商品の販売価格を入力する欄である．7.4.4 節 (7) で言及した通り，10 種類の商品価格を 1,000 円から 500 円刻みで 5,500 円まで設定する．

〔P11〕＝1,000，〔Q11〕＝1,500，…，〔Y11〕＝5,500

⑤ 還元率　これは，ポイント還元率を商品別に設定する欄である．今回は 7.4.4 節 (6) で言及した通り，すべての商品に対して同率を適用するので，すでにセル〔Q8〕に入力してある「PT 還元率」を適用することにする．

〔P12〕＝$Q$8，〔Q12〕＝$Q$8，…，〔Y12〕＝$Q$8

## 7.6.2 TABLE-2 の作成

TABLE-2 の役割は，以下の通りである．
(1) 母集団から1日の来店者を選び出す順位を決めておく．
(2) 来店者のポイント情報を一括管理する（7.4.5節で言及したポイント情報マスター機能）．
(3) 未使用ポイントに対して発行するクーポンの合計額（個人別）を計算する．

表 7.3　TABLE-2

| 客番 | 乱数 | 順位 | 発生PT計 | 使用PT計 | 保有PT | 発行CP | 失効PT |
|---|---|---|---|---|---|---|---|
| 1 | 0.072 | 94 | 1,805 | 950 | 855 | 800 | 55 |
| 2 | 0.874 | 18 | 1,000 | 500 | 500 | 500 | 0 |
| 3 | 0.966 | 4 | 1,403 | 965 | 438 | 400 | 38 |
| 4 | 0.410 | 59 | 1,000 | 0 | 1,000 | 1,000 | 0 |
| 5 | 0.969 | 2 | 1,112 | 380 | 732 | 700 | 32 |

▼ 役割（1）関連事項

① 客番　キャンペーン参加者（母集団）は，7.4.4節(2)で言及した通り100人とし，固有番号をつけて識別することにする．客番は，表7.3に示してあるように3つのセルを1マスの形にしたところ（各マスの一番上のセル）につける．1人用に3つのセルを使う理由は，後に作るTABLE-4とTABLE-5で，個人別の買物情報（現金支払額，発生ポイント，使用ポイント）を3つのセルに記録する形式に合わせるためである．客番1〜100をセル〔D21〕〜セル〔D318〕につける．

〔D21〕＝1，〔D24〕＝2，…，〔D318〕＝100

② 乱数　この乱数は100人の中から1日の来店者をランダムに選び出すために使う．客番1〜100の乱数欄のセルに次のように入力する．この乱数を使った選び方は，次項③で説明する．

〔E21〕＝RAND()，〔E24〕＝RAND()，…，〔E318〕＝RAND()

③ 順位　1日の来店者をランダムに選び出す方法は，まず前項②の乱数に対して順位（ランク）をつけておく．そして，次の TABLE-3 で決める 1 日の来店者数分，乱数の順位が上位の人から選ぶ．例えば，1日の来店者数が 10 人の場合，乱数につけた順位が 1 位〜10 位の人を 1 日の来店者として選び出す．その順位を決めるために，客番 1 の人に以下の式を入力し，同式を客番 100 の人のセル〔E318〕までコピーする．

〔F21〕＝RANK(E21,$E$21:$E$318)

この式は，「'$E$21:$E$318' に表示されている 100 個の乱数の中で 'E21' に入力されている乱数のランク（大きい順）を表示すること」を意味する．

### ▼ 役割（2）関連事項

ポイント関連情報は常に最新情報を確保しておく必要があるため，1ヶ所でまとめて管理することにする．ただし，ここで求めるポイントの情報は後に作る TABLE-5（7.4.5 節で説明した日次記録表）の結果を参照するため，以下の項目④〜⑥の計算式を入力した段階では値が表示されないことに留意されたい．

④ 発生 PT 計　これは，買物時に発生したポイントの合計値（個人別）を表示する欄である．買物時に発生するポイントは，後に作る TABLE-3 で計算され TABLE-5 に転記される．よって，合計範囲を TABLE-5 にある 30 日分にしておくと，直近まで発行された個人別ポイントの合計値を得ることができる．客番 1 の人に対して求める式は以下の通りである．同式を客番 100 の人のセル〔G318〕までコピーする．

〔G21〕＝SUM(AJ22:BM22)

⑤ 使用 PT 計　これは，買物時に使用されたポイントの合計値（個人別）を表示する欄である．買物時に使用されたポイントも TABLE-3 で計算され TABLE-5 に転記される．よって，前項④と同様に，合計範囲を TABLE-5 にある 30 日分としておく．客番 1 の人に対して求める式は以下の通りである．同式を客番 100 の人のセル〔H318〕までコピーする．

〔H21〕＝SUM(AJ23:BM23)

⑥ 保有 PT　これは，個々人の客が現在保有しているポイントを表示する欄である．「現在保有しているポイント」は，前項④の値（発生 PT 計）から⑤の値（使用 PT 計）を引けばよい．客番 1 の人の現在保有しているポイントを求める式は以下の通りである．同式を客番 100 の人のセル〔I318〕までコピーする．

〔I21〕＝G21-H21

▼ 役割（3）関連事項

⑦ 発行CP　これは，キャンペーン終了時の保有PT（未使用ポイント）に対して発行するクーポンの合計額（個人別）を表示する欄である．客番1の人に発行するクーポンの合計額を求める式は以下の通りである．同式の中の'$Y$8'はTABLE-1の「CP額」の欄に入力したクーポン1枚の額である．同式を客番100の人のセル〔J31〕までコピーする．

〔J21〕＝ROUNDDOWN(I21/$Y$8,0)＊$Y$8

この式は，「客番1の保有PT 'I21' をクーポン発行基準単位 '$Y$8' で割った枚数（余りは切り捨てる）を求める．そして，同枚数に'$Y$8'を掛け，発行するクーポンの合計額を表示すること」を意味する．

⑧ 失効PT　これは，クーポン発行の対象にならない100未満の未使用ポイントを表示する欄である．客番1の人の失効PTを求める式は以下の通りである．同式を客番100の人のセル〔K318〕までコピーする．

〔K21〕＝I21-J21

### 7.6.3　TABLE-3の作成

TABLE-3の役割は，以下の通りである．
(1)　1日の来店者数を決めて，その人数分の人をTABLE-1（母集団）から選び出す．
(2)　選び出した人の買物情報（現金支払額，発生ポイント，使用ポイントなど）を表示する．

表7.4　TABLE-3

| | TABLE-3 | | 客数 | 12 | ← | 想定値 | 10 | | 変動幅 | ± | 3 |
|---|---|---|---|---|---|---|---|---|---|---|---|
| 順位 | 客番 | 保有PT | 商品 | 価格 | PT使用 | | 使用PT | 支払額 | 還元率 | 発生PT |
| 1 | 55 | 600 | 9 | 5,000 | 0.207 | × | 0 | 5,000 | 0.10 | 500 |
| 2 | 5 | 732 | 5 | 3,000 | 0.681 | ● | 732 | 2,268 | 0.10 | 226 |
| 3 | 78 | 920 | 8 | 4,500 | 0.528 | × | 0 | 4,500 | 0.10 | 450 |
| 4 | 3 | 438 | 10 | 5,500 | 0.680 | ● | 438 | 5,062 | 0.10 | 506 |
| 5 | 99 | 900 | 9 | 5,000 | 0.204 | × | 0 | 5,000 | 0.10 | 500 |
| 6 | 54 | 624 | 4 | 2,500 | 0.072 | × | 0 | 2,500 | 0.10 | 250 |
| 7 | 53 | 550 | 5 | 3,000 | 0.108 | × | 0 | 3,000 | 0.10 | 300 |
| 8 | 62 | 900 | 6 | 3,500 | 0.417 | × | 0 | 3,500 | 0.10 | 350 |
| 9 | 95 | 1,200 | 9 | 5,000 | 0.509 | × | 0 | 5,000 | 0.10 | 500 |
| 10 | 28 | 200 | 10 | 5,500 | 0.113 | × | 0 | 5,500 | 0.10 | 550 |
| 11 | 14 | 430 | 6 | 3,500 | 0.223 | × | 0 | 3,500 | 0.10 | 350 |
| 12 | 74 | 288 | 6 | 3,500 | 0.321 | × | 0 | 3,500 | 0.10 | 350 |

▼ 役割（1）関連事項

① 想定値　これは，7.4.4節(3)で述べた「1日の来店者数の想定値」を入力する欄である．例として以下のように入力しておく．

〔U17〕＝10

② 変動幅　これは，上記の「想定値」に加える変動幅を入力する欄である．変動幅は，7.4.4節(3)で述べたように，3人と入力しておく．

〔Y17〕＝3

③ 客数　これは，7.4.4節(3)で述べたように，前項の「想定値」に「変動幅」を加えた範囲で発生させた乱数を「1日の来店者数」として設定するための欄である．乱数発生用の式は以下の通りである．

〔R17〕＝RANDBETWEEN(U17-Y17,U17+Y17)

④ 順位　これは，「客数」欄に表示される人数に通し番号を付けておく欄である．「順位」と名付けたのは，上記③の「客数」欄に表示された人数をTABLE-2にある100人の母数団の中からランダムに選び出すときに，この欄の通し番号を選ぶ「順位」として使用するためである．詳しいことは次項⑤で説明する．また，通し番号は，表7.4の例のように，「客数」欄の人数分だけ自動的に表示されるようにする．そのために，まずセル〔O21〕に以下の式を入力する．

〔O21〕＝IF(R17>0,1,"")

この式は，「もし，セル'R17'の客数欄に'0'より大きい値が入力されているならば，'1'を表示する，それ以外の場合は"空白"にすること」を意味する．続けて，セル〔O22〕に以下の式を入力する．

〔O22〕＝IF(O21="","",IF(O21+1<=$R$17,O21+1,""))

この式は，「もし，セル'O21'が'空白'であれば'空白'にする．セル'O21'が'空白'ではなく，'O21+1<=$R$17'であれば'O21+1'を表示する．それ以外の場合は'空白'にすること」を意味する．この式をセル〔O60〕までコピーし，1日の来店者数は最大40人まで対応できるようにする．分析上必要であれば，後にコピー範囲をそれ以上拡大する．

⑤ 客番　これは，1日の来店者として選び出される人の固有番号（TABLE-2にある客番）を表示する欄である．来店者は，「TABLE-3のO列にある順位欄の数字」と「TABLE-2のF列にある順位欄の数字」が一致する人を選ぶ．そして，D列にあるその人の「客番」を表示させる．表7.4と表7.3に表示されている例をひとつ挙げると，「TABLE-3のO列に

ある順位欄の数字」が2位である人（客番5）と，「TABLE-2のF列にある順位欄の数字」が2位である人の客番（客番5）は一致している．

セル〔O21〕にある順位1位の人の客番をTABLE-2から探してセル〔P21〕に表示する式は，以下の通りである．同式をセル〔P70〕までコピーする．

〔P21〕＝IF(O21>$R$17,"",INDEX($D$21:$D$320,MATCH(O21,$F$21:$F$320,0)))

この式の前半の式は，「もし，'O21>$R$17' であれば '空白' にすること」を意味する．後半の式は，「セル 'O21' の数字と一致する順位をTABLE-2の順位欄 '$F$21:$F$320' から探す．そして，その順位の人の客番を '$D$21:$D$320' から探して表示すること」を意味する．

前半の空白処理用の判別式は以下の項目⑥〜⑫においても必要になるが，同じ説明の繰り返しになることを避けるため，'(前略)' と記すことにする．

### ▼ 役割（2）関連事項

⑥ 保有PT　来店者が決まったら，来店者が現在保有しているポイント情報をTABLE-2から探して表示する．順位1位の人の「保有PT」欄に以下の式を入力し，同式をセル〔Q60〕までコピーする．

〔Q21〕＝IF($O21>$R$17,"",VLOOKUP(P21,$D$21:$J$320,6,FALSE))

この式は，「(前略)．順位1位の人の客番 'P21' をTABLE-2の '$D$21:$I$320' から探して，その範囲の左から6番目の列（I列）にある同客番の人の保有PTを表示すること」を意味する．

⑦ 商品　これは，来店者が購入する商品の番号を表示する欄である．購入する商品は，7.4.4節(8)で述べたように，乱数（1〜10）を用いて決める．順位1位の人の商品欄には以下の式を入力し，同式をセル〔R60〕までコピーする．

〔R21〕＝IF($O21>$R$17,"",RANDBETWEEN(1,10))

⑧ 価格　これは，来店者が購入する商品の価格を表示する欄である．順位1位の人が購入する商品の価格欄には以下の式を入力し，同式をセル〔S60〕までコピーする．

〔S21〕＝IF($O21>$R$17,"",HLOOKUP(R21,$P$10:$Y$11,2,FALSE))

この式は，「(前略)．順位1位の人が選んだ商品 'R21' をTABLE-1の '$P$10:$Y$11' から探して，同範囲の上から2番目の行にある同商品の価格を表示すること」を意味する．

⑨ PT使用　これは，来店者のポイント使用意思を表示する欄である．ポイント使用意思は7.4.4節(5)で述べた要領で決める．そのために，T列とU列の2つの列を使用し，乱数に

による判定作業を行う．まず，乱数を作る T 列のセルに以下の式を入力し，同式をセル〔T60〕までコピーする．

〔T21〕= IF($O21>$R$17,"",IF(Q21=0,"--",RAND()))

この式は，「（前略）．もし，順位 1 位の人のポイント 'Q21' が '0' であれば，ポイント使用意思を問うまでもないので '--' と表示し，それ以外の場合は乱数を表示すること」を意味する．次は，ここで作った乱数を用いてポイント使用者と非使用者を判別し，印をつけることにする．そのための判別式は以下の通りである．同式をセル〔U60〕までコピーする．

〔U21〕= IF($O21>$R$17,"",IF(Q21=0,"--",
　　　　　IF(RANK(T21,$T$21:$T$60)<=ROUND($R$17*$U$8,0),"●","×")))

この式は，「（前略）．もし，順位 1 位の人の保有ポイント 'Q21' が '0' であれば，'--' と表示する．ポイントを持っている場合は，(a) 順位 1 位の人 'T21' に割り当てられた乱数のランク 'RANK(T21,$T$21:$T$60)' を調べる．(b) 客数欄 '$R$17' にある 1 日の来店者数に，PT 使用率欄の '$U$8' の値を掛けた値 'ROUND($R$17*$U$8,0)' を求める（小数点以下は四捨五入する）．そして，(a) の乱数のランクが (b) の値以下であれば，ポイント使用意思を表明した客と見なし "●" 印をつけ，それ以外の場合は "×" 印をつけること」を意味する．

表 7.4 には，客数が 12 人，PT 使用率が 0.2 と設定されているので，12×0.2＝2.4 から四捨五入した 2 人（T 列にある乱数のランクが上位 2 位の人）に "●" 印がついている．

⑩ 使用 PT　これは，ポイント使用者が使うポイント額を表示する欄である．使用するポイントは，7.4.4 節(5)で述べたように，保有するポイントすべてとする．順位 1 位の人の使用 PT 欄に以下の式を入力し，同式をセル〔V60〕までコピーする．

〔V21〕= IF($O21>$R$17,"",
　　　　　IF(AND(U21="●",Q21<S21),Q21,IF(AND(U21="●",Q21>=S21),S21,0)))

この式は，「（前略）．順位 1 位の人に "●" 印がついていて，また保有 PT 'Q21' が商品価格 'S21' 未満であれば，保有 PT 分しか使用できないので，保有 PT 'Q21' を使用 PT として表示する．もし，保有 PT が商品価格以上（Q21>=S21）であれば，商品価格分のポイントを使用することができるので，商品価格 'S21' を使用 PT として表示すること」を意味する．

⑪ 支払額　これは，商品価格から使用したポイントを除いた現金支払額を表示する欄である．セル〔W21〕に以下の式を入力し，同式をセル〔W60〕までコピーする．

〔W21〕= IF(O21>$R$17,"",S21-V21)

⑫ 還元率　これは，ポイント計算に適用する還元率を表示するための欄である．今回は，7.4.4節(6)で言及した通り，すべての商品に対して同じ率を適用するので，セル〔Q8〕に入力した「PT還元率」を一律的に適用する．セル〔X21〕に以下の式を入力し，同式をセル〔X60〕までコピーする．

〔X21〕＝IF($O21>$R$17,"",$Q$8)

⑬ 発生PT　これは，商品購入に発生するポイントを計算して表示する欄である．セル〔Y21〕に以下の式を入力し，同式をセル〔Y60〕までコピーする．

〔Y21〕＝IF(O21>$R$17,"",ROUNDDOWN(W21＊X21,0))

この式は，「(前略)．順位1位の人の現金支払額'W21'にポイント還元率'X21'を掛けた値を表示すること（小数点以下は切り捨てる）」を意味する．

## 7.6.4　TABLE-4の作成

TABLE-4は，TABLE-3で計算した情報の一部を一時的に格納し，後に作るTABLE-5の「日次記録表」に転記する「中継地」の役割を担う．

中継地の必要性については7.4.5節で述べてあるが，補足しておく．転記する必要がある情報は，来店者の「支払額」と「発生PT」と「使用PT」の3つであり，それぞれTABLE-3のW，Y，Vの離れた列にある．そのため，そこにある値を個別に移すことにすると，手間がかかる．また，TABLE-3では乱数を使用する関係上，1つのセルの値でもコピーして貼り付けると，その瞬間，乱数は自動的に更新され，乱数と関わりのある他のセルの計算値も同時に変わってしまう．そのため，まずTABLE-3にある来店者全員の上記3つの情報を1ヶ所（TABLE-4）に格納しておき，次はその値だけを丸ごとコピーしてTABLE-5にいっぺんに移すことにする．

表7.5には，客番3番と5番の客の情報（支払額，発生PT，使用PT）が縦一列に格納されている例が示されている．TABLE-3にある同情報のTABLE-4への格納は，リンクを張って自動的に表示されるようにする．そのために，TABLE-4の先頭にある客番1用の3つのセル範囲（AD21：AD23）に以下で示す3つの式を順に入力する．そして，その3つのセルの式を客番100用のセル範囲（AD318:AD320）までコピーすれば，TABLE-4は完成する．

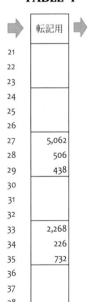

表7.5　TABLE-4

① 支払額

〔AD21〕＝IF(ISERROR(VLOOKUP(D21,$P$21:$P$60,1,FALSE)),"",
　　　　　　VLOOKUP(D21,$P$21:$W$60,8,FALSE))

　この式は，「もし，'D21' にある客番1の人をTABLE-3の客番列 '$P$21:$P$60' から探して，なかったら'空白'表示する．あったら，範囲 '$P$21:$W$60' の左から '8' 番目の列にあるその人の「支払額」を探して表示すること」を意味する．以下の「発生PT」と「使用PT」欄の式も同様の意味なので，その説明は省く．

② 発生PT

〔AD22〕＝IF(ISERROR(VLOOKUP(D21,$P$21:$P$60,1,FALSE)),"",
　　　　　　VLOOKUP(D21,$P$21:$Y$60,10,FALSE))

③ 使用PT

〔AD23〕＝IF(ISERROR(VLOOKUP(D21,$P$21:$P$60,1,FALSE)),"",
　　　　　　VLOOKUP(D21,$P$21:$V$60,7,FALSE))

　繰り返しになるが，TABLE-4 にある情報を丸ごとコピーし，その値だけを TABLE-5 の「日次記録表」に貼り付けると，乱数を使う TABLE-3 には新しい結果（翌日のシミュレーション結果と見なすもの）が自動的に表示されると同時に，TABLE-4 の情報も更新される．したがって，TABLE-4 の情報を丸ごとコピーして TABLE-5 に移す作業を 30 回繰り返せば 30 日分のデータを得ることができる．その手順については，次の TABLE-5 を作成した後，改めて言及する．

### 7.6.5　TABLE-5 の作成

　TABLE-5 の役割は，TABLE-4 を経由し，TABLE-3 で処理された1日分の買物情報を記録しておくことである．次のページに示す表 7.6 は TABLE-5 の一部であるが，キャンペーン参加者100人を対象にした30日分の情報を記録する必要がある．そのため，TABLE-5 の作成範囲はセル〔AH19〕～セル〔BM320〕となる．TABLE-5 の作成方法は，表 7.6 に示した形式の表のみを作っておけばいい．

　TABLE-4 の情報を TABLE-5 に移す方法は，下記の2段階の手順を繰り返すだけである．新しい30日分の結果を記録するときは，古いデータを削除した後，下記の手順を繰り返せばいい．

▶ 手順1：TABLE-4 の範囲（AD21：AD320）を丸ごとコピーする．
▶ 手順2：TABLE-5 の日付欄の下に，コピーした値だけを貼り付ける．

表 7.6　TABLE-5

| | | | AJ | AK | AL | AM | AN | AO | AP | AQ | AR | AS |
|---|---|---|---|---|---|---|---|---|---|---|---|---|
| AF AG | AH | AI | | | | | | | | | | |
| **TABLE-5** | | | a：支払額　b：発生PT　c：使用PT | | | | | | | | | |
| 19 20 | 客番 | 区分 | 1日 | 2日 | 3日 | 4日 | 5日 | 6日 | 7日 | 8日 | 9日 | 10日 |
| 21 | 1 | a | | | | | 5,000 | | | | | 4,500 |
| 22 | | b | | | | | 500 | | | | | 450 |
| 23 | | c | | | | | 0 | | | | | 500 |
| 24 | 2 | a | | 5,000 | | | | | | | | |
| 25 | | b | | 500 | | | | | | | | |
| 26 | | c | | 0 | | | | | | | | |
| 27 | 3 | a | | 3,500 | | | | | | | | |
| 28 | | b | | 350 | | | | | | | | |
| 29 | | c | | 0 | | | | | | | | |
| 30 | 4 | a | | | | | | 5,500 | | | | |
| 31 | | b | | | | | | 550 | | | | |
| 32 | | c | | | | | | 0 | | | | |
| 33 | 5 | a | | 2,000 | 1,800 | | | | | | | |
| 34 | | b | | 200 | 180 | | | | | | | |
| 35 | | c | | 0 | 200 | | | | | | | |

## 7.6.6　TABLE-6 の作成

TABLE-6 の役割は，TABLE-5 にある1日単位の「支払額」，「発生PT」，「使用PT」の合計値を計算することである．1日目の集計欄（AJ8：AJ10）に以下の3つの式を入力し，同式を30日目のセル（BM8：BM10）までコピーすれば，TABLE-6 は完成する．

表 7.7　TABLE-6

| | | | AJ | AK | AL | AM | AN | AO | AP | AQ | AR | AS |
|---|---|---|---|---|---|---|---|---|---|---|---|---|
| AF | AH | AI | | | | | | | | | | |
| **TABLE-6** | | | A：支払額合計　B：発生PT合計　C：使用PT合計 | | | | | | | | | |
| 8 | 集計 | A | 40,500 | 40,150 | 21,850 | 29,800 | 27,600 | 28,950 | 25,400 | 35,150 | 23,815 | 45,090 |
| 9 | | B | 4,050 | 4,015 | 2,185 | 2,980 | 2,760 | 2,895 | 2,540 | 3,515 | 2,381 | 4,509 |
| 10 | | C | 0 | 350 | 650 | 700 | 400 | 1,050 | 600 | 350 | 685 | 1,410 |

① A：支払額合計

〔AJ8〕　＝SUMIF($AI$21:$AI$320,"a",AJ$21:AJ$320)

この式は，「TABLE-5 の '区分' 欄の範囲 '$AI$21:$AI$320' から 'a' を探し，1日目の記録欄の範囲 'AJ$21:AJ$320' の 'a' の位置にある値の合計値を表示すること」を意味する．この式によって，AJ8＝AJ21＋AJ24＋…＋AJ318 と計算される．以下の項目の式の意味も同じであるので，その説明は省く．

② B：発生 PT 合計

〔AJ9〕　＝SUMIF($AI$21:$AI$320,"b",AJ$21:AJ$320)

③ C:使用 PT 合計

〔AJ20〕 =SUMIF($AI$21:$AI$320,"c",AJ$21:AJ$320)

## 7.6.7 TABLE-7 の作成

TABLE-7 の役割は，30 日分のシミュレーションの結果を集計することである．

表 7.8 TABLE-7

| | 売上合計 | 950,717 | | | |
|---|---|---|---|---|---|
| | 発生PT合計 | 95,067 | | 未使用PT内訳 | |
| | 使用PT合計 | 28,783 | | 平均 | 663 |
| | 未使用PT合計 | 66,284 | | 平均以上人数 | 42 |
| | 発行CP合計 | 62,800 | | 平均未満人数 | 58 |
| | 失効PT合計 | 3,484 | | CP還元対象者 | 97 |

① 売上合計　これは，来店者が商品購入時に支払った現金の合計である．TABLE-6 にある項目 A の「支払額合計」を集計すればいい．計算式は以下の通りである（TABLE-7 の F 列と G 列のセルは統合されているため，計算式を入力するセルは F 列の番地となる）．

〔F8〕 =SUM(AJ8:BM8)

② 発生 PT 合計　これは，TABLE-6 にある項目 B の「発生 PT 合計」を集計すればいい．

〔F9〕 =SUM(AJ9:BM9)

③ 使用 PT 合計　これは，TABLE-6 にある項目 C の「使用 PT 合計」を集計すればいい．

〔F10〕 =SUM(AJ10:BM10)

④ 未使用 PT 合計　これは，キャンペーン期間中に使用されずに残ったポイントの合計である．上記の「②発生 PT 合計」から「③使用 PT 合計」を引けば求めることができる．

〔F11〕 =F9-F10

⑤ 発行 CP 合計　これは，未使用ポイントに対して発行するクーポンの合計額で，TABLE-2 の J 列にある個人別「発行 CP」額を集計すれば求めることができる．

〔F12〕 =SUM(J21:J320)

⑥ 失効PT合計  これは，クーポン還元の対象にならない100ポイント未満のポイントの合計である．上記の「④未使用PT合計」から「⑤発行CP合計」を引けば求めることができる．

〔F13〕＝F11-F12

⑦ 未使用PT内訳  このタイトルの表の「平均」欄の値は，キャンペーン終了時の未使用ポイントが1人当たり平均何ポイントになるかを表す．「平均以上人数」と「平均未満人数」欄の値は，平均以上と平均未満の未使用ポイントを持つ人数を表す．また，「CP還元対象者」欄の値はクーポン還元の対象者数を表す．これらの情報はクーポン1枚の発行額を決める際に参考にするためのものである．各項目の計算式は以下の通りである．

- 平均　　　　　〔K10〕＝AVERAGE(I21:I320)
- 平均以上人数　〔K11〕＝COUNTIF($I$21:$I$320,">="&$K$10)
- 平均未満人数　〔K12〕＝COUNTIF($I$21:$I$320,"<"&$K$10)
- CP還元対象者　〔K13〕＝COUNTIF(J21:J320,">="&Y8)

## 7.6.8 未使用PT分布

7.5節で示した完成図の中のTABLE-3の下には，「未使用PT分布（人数）」と題した棒グラフがある．このグラフは，100ポイント間隔で区切った範囲に，未使用ポイントを持っている人が何人いるかを示している．前記のTABLE-7にある「未使用PT内訳」と合わせて，クーポン1枚の発行額を決める際に参考にするためのものである．グラフは，グラフの左側にある度数分布表があれば作成できるので，度数分布表の作り方だけを説明しておく．度数分布表とグラフは次のページに示す．

① 境界  100ポイント間隔で区切る境界値をセル〔O65〕〜〔O90〕に入力する．

② 人数  セル〔P65〕に以下の式を入力し，未使用ポイントが'0〜99'の範囲に属する人数を求める．そして，同式をセル〔P90〕までコピーする．

〔P65〕＝COUNTIF($I$21:$I$320,">="&O65)-COUNTIF($I$21:$I$320,">="&O66)

③ 未使用PT計  未使用ポイントが'0〜99'の範囲に属する人のポイントを足した合計値は以下の式で求める．同式を〔Q90〕までコピーする．

〔Q65〕＝SUMIF($I$21:$I$320,">="&O65,$I$21:$I$320)
　　　　- SUMIF($I$21:$I$320,">="&O66,$I$21:$I$320)

表 7.9 未使用ポイントの分布

| | 境界 | 人数 | 未使用PT計 |
|---|---|---|---|
| 65 | 0 | 3 | 225 |
| 66 | 100 | 8 | 1,234 |
| 67 | 200 | 7 | 1,713 |
| 68 | 300 | 7 | 2,386 |
| 69 | 400 | 8 | 3,579 |
| 70 | 500 | 15 | 7,785 |
| 71 | 600 | 10 | 6,224 |
| 72 | 700 | 9 | 6,626 |
| 73 | 800 | 5 | 4,165 |
| 74 | 900 | 11 | 10,190 |
| 75 | 1,000 | 6 | 6,226 |
| 76 | 1,100 | 2 | 2,321 |
| 77 | 1,200 | 2 | 2,400 |
| 78 | 1,300 | 2 | 2,655 |
| 79 | 1,400 | 1 | 1,465 |
| 80 | 1,500 | 1 | 1,590 |
| 81 | 1,600 | 0 | 0 |
| 82 | 1,700 | 1 | 1,700 |
| 83 | 1,800 | 1 | 1,800 |
| 84 | 1,900 | 0 | 0 |
| 85 | 2,000 | 1 | 2,000 |
| 86 | 2,100 | 0 | 0 |
| 87 | 2,200 | 0 | 0 |
| 88 | 2,300 | 0 | 0 |
| 89 | 2,400 | 0 | 0 |
| 90 | 2,500 | 0 | 0 |
| 91 | 合計 | 100 | 66,284 |

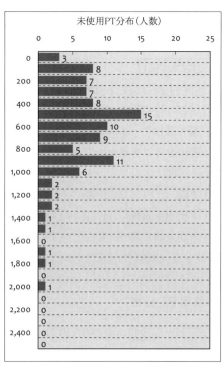

④ [合計] 度数分布表の最下段にある人数と未使用PT計の合計値は以下の式で求める（Q列とR列のセルは統合されている）．

〔P91〕 ＝SUM(P65:P90)
〔Q91〕 ＝SUM(Q65:Q90)

## 7.7 シミュレーションの結果と分析

シミュレーション結果を得るためには，まず検討するシナリオの各種変数の値をTABLE-2に入力する．そして，7.6.5節で説明した手順に従い，TABLE-4に表示される1日分の結果をTABLE-5に転記することを30回（30日分）繰り返す必要がある．それは，マウスを使ってコピー・アンド・ペースト（copy and paste）を繰り返す作業になるが，自動化することもできる．7.4節の完成例にある下の3つのボタンには，マクロ（一連の作業の手順を記述したプログラム）が登録されており，各ボタンを押す度に以下で記してある内容の処理が自動的に行われる．プログラムの内容は，参考までに，章末の付録に載せておく．

- Autoボタンを押すと，自動的に30日分の結果をTABLE-5に記録する．
- Clearボタンを押すと，TABLE-5に記録しておいた30日分の結果を消す．新しいシミュレーション結果を記録する前に使用する．
- Onceボタンを押すと，一度に1日分の結果だけをTABLE-5に記録する．シミュレーション結果を1日分単位で観察するときに使用する．

次は，シミュレーション結果のまとめ方について触れておく．まず，表7.10のような集計表を作成する．そして，TABLE-7に集約されるシミュレーション結果を10回分記録する．必要に応じて記録回数を増やせばよい．次節で示すシミュレーション結果は，すべて同集計表を10セット作成して得た計100回分の結果とする（100回分の集計作業にもマクロを使うが，そのマクロのプログラムは，紙面の制約上，掲載を省く）．

**表7.10** シミュレーション結果集計表

|  | 1回目 | 2回目 | 3回目 | 4回目 | 5回目 | 6回目 | 7回目 | 8回目 | 9回目 | 10回目 | 平均 |
|---|---|---|---|---|---|---|---|---|---|---|---|
| 売上合計 | | | | | | | | | | | |
| 発生PT合計 | | | | | | | | | | | |
| 使用PT合計 | | | | | | | | | | | |
| 未使用PT合計 | | | | | | | | | | | |
| 発行CP合計 | | | | | | | | | | | |
| 失効PT合計 | | | | | | | | | | | |

### 7.7.1 結果

今回のシミュレーションの目的は，「キャンペーン用のポイント還元率の適正水準を決める判断材料を得ること」である．そのためには，ポイント還元率をいろいろ変えた場合のシミュレーション結果を比較する必要がある．しかし，多くのケースを取り上げることは紙面の制約上できない．そのため，本章では例として，ポイント還元率を「通常の5％」と「企画案の10％」に設定した場合のシミュレーション結果を比較し，「ポイント還元率アップの効果」を調べることにする．便宜上，前者を「基本モデル」，後者を「比較モデル」と称して以下で扱う．シミュレーションの前提条件に関しては，7.4.4節で書いたものを次のように整理しておく．

- ▼ 基本モデルと比較モデルの共通の前提条件
  - キャンペーン期間：30 日
  - キャンペーン期間参加者数（母集団）：100 人
  - 商品と価格：10 種類（1,000 円～5,500 円，500 円刻み）
  - クーポン額：100 円/1 枚
- ▼ 基本モデルの前提条件
  - ポイント還元率：5%（通常）
  - 1 日の来店者数：10±3 人
  - ポイント使用率：2 割（通常）
- ▼ 比較モデルの前提条件
  - ポイント還元率：10%（企画案）
  - 1 日の来店者数：想定値±3 人（想定値：10, 11, …, 15）
  - ポイント使用率：2 割（通常）～7 割（最大）

〔1〕 基本モデルのシミュレーション結果

基本モデルのシミュレーションでは，前記の共通の前提条件に次の条件が加わる——ポイント還元率は通常の 5%，ポイント使用率も通常の 2 割，そして，1 日来店者数は通常 100 人の 1/10 に相当する 10 人に変動幅±3 を持たせた「10±3」人．

上記設定によるシミュレーション結果をまとめたのが下の表 7.11 である．同表の結果に関しては，「売上合計」の平均（963,617）に注目し，次節で示す比較モデルの結果と比較することにする．

表 7.11 基本モデルのシミュレーション結果（計 100 回分）

| | 10 回目 | 20 回目 | 30 回目 | 40 回目 | 50 回目 | 60 回目 | 70 回目 | 80 回目 | 90 回目 | 100 回目 | 平均 |
|---|---|---|---|---|---|---|---|---|---|---|---|
| 売上合計 | 975,910 | 975,780 | 941,607 | 961,423 | 969,492 | 963,714 | 963,406 | 959,148 | 964,288 | 961,406 | 963,617 |
| 発生PT合計 | 48,774 | 48,765 | 47,058 | 48,049 | 48,452 | 48,162 | 48,148 | 47,934 | 48,190 | 48,048 | 48,158 |
| 使用PT合計 | 13,590 | 14,121 | 13,893 | 13,877 | 14,308 | 13,837 | 13,895 | 14,002 | 13,812 | 13,645 | 13,898 |
| 未使用PT合計 | 35,183 | 34,644 | 33,166 | 34,171 | 34,143 | 34,326 | 34,253 | 33,932 | 34,378 | 34,404 | 34,260 |
| 発行CP合計 | 30,830 | 30,630 | 29,110 | 29,890 | 30,130 | 30,080 | 30,130 | 29,760 | 30,180 | 30,180 | 30,092 |
| 失効PT合計 | 4,353 | 4,014 | 4,056 | 4,281 | 4,013 | 4,246 | 4,123 | 4,172 | 4,198 | 4,224 | 4,168 |

〔2〕 比較モデルのシミュレーション結果

比較モデルのシミュレーションでは，まずポイント還元率を企画案どおりの 10%（通常の 2 倍）に設定する．そして，「1 日の来店者数」は 7.4.4 節(3)で述べた以下の 6 通り，「ポイント使用率」は 7.4.4 節(4)で述べた以下の 6 通りになる場合の結果を調べることにする．

- 1 日の来店者数：通常 10 人 → 10 人，11 人，12 人，13 人，14 人，15 人（6 通り）
- ポイント使用率：通常 2 割 → 0.2, 0.3, 0.4, 0.5, 0.6, 0.7（6 通り）

そうすると，「1日の来店者数」と「ポイント使用率」を組み合せた計36通り（＝6×6）のケースについて検討することになる．そのケースは下の表7.12に示した通りである．K01は，1日の来店者数の想定値を10人，ポイント使用率を0.2と想定したケースであり，基本モデルとの違いはポイント還元率を10%に設定した点だけである．他のケースについても同様に読み取ればよい．

**表7.12** 比較モデルの想定ケース一覧

|  |  | PT使用率 | | | | | |
|---|---|---|---|---|---|---|---|
|  |  | 0.2 | 0.3 | 0.4 | 0.5 | 0.6 | 0.7 |
| 客数 | 10 | K01 | K07 | K13 | K19 | K25 | K31 |
|  | 11 | K02 | K08 | K14 | K20 | K26 | K32 |
|  | 12 | K03 | K09 | K15 | K21 | K27 | K33 |
|  | 13 | K04 | K10 | K16 | K22 | K28 | K34 |
|  | 14 | K05 | K11 | K17 | K23 | K29 | K35 |
|  | 15 | K06 | K12 | K18 | K24 | K30 | K36 |

ケース別シミュレーション結果は下の表7.13に示す．同表は，前の表7.10と同じ集計表をケース別に作成して得た計100回分の結果のうち，「売上合計」の平均値だけをまとめたものである．

**表7.13** ケース別売上合計の平均（計100回分）

|  |  | PT使用率 | | | | | |
|---|---|---|---|---|---|---|---|
|  |  | 0.2 | 0.3 | 0.4 | 0.5 | 0.6 | 0.7 |
| 客数 | 10 | 950,003 | 939,225 | 932,161 | 924,300 | 919,326 | 922,702 |
|  | 11 | 1,039,898 | 1,035,133 | 1,029,284 | 1,015,413 | 1,008,286 | 1,012,698 |
|  | 12 | 1,137,001 | 1,121,296 | 1,116,603 | 1,106,502 | 1,110,581 | 1,097,337 |
|  | 13 | 1,226,537 | 1,211,679 | 1,201,471 | 1,194,201 | 1,189,215 | 1,180,828 |
|  | 14 | 1,312,597 | 1,306,058 | 1,292,793 | 1,290,408 | 1,279,530 | 1,287,690 |
|  | 15 | 1,415,385 | 1,392,179 | 1,383,491 | 1,376,861 | 1,367,703 | 1,363,343 |

「売上合計」以外の項目の結果，すなわち，「発生PT合計」，「使用PT合計」，「未使用PT合計」，「発行CP合計」，「失効PT合計」に関しても上表同様にまとめることはできる．しかし，すべての項目のシミュレーション結果に対する分析内容をここに載せるのは，紙面の制約上，無理がある．そのため，「売上合計」以外の項目のシミュレーション結果は，章末の付録に載せて参考にしてもらうことにする．

次節では，表7.13に示した「売上合計」の平均値を用いて，企画案の「ポイント還元率アップの効果」について分析することにする．

## 7.7.2 分析

本題に入る前に，前節で示したシミュレーション結果の「売上合計」の平均は，「ポイント使用分を除いた現金支払額の合計」の平均であることを記しておく．

### 〔1〕 ポイント還元率だけを5%から10%に引き上げた場合の売上

まず，他の前提条件は変えずにポイント還元率だけを通常の5%から企画案の10%に変更した場合（ケースKo1）の売上について触れよう．すでに示してあるが，表7.13にある同ケースの結果（950,003）は，表7.11にある「基本モデル」の結果（963,617）を下回っている．

表7.14 比較モデルのケースKo1のシミュレーション結果（計100回分）

| | 10回目 | 20回目 | 30回目 | 40回目 | 50回目 | 60回目 | 70回目 | 80回目 | 90回目 | 100回目 | 平均 |
|---|---|---|---|---|---|---|---|---|---|---|---|
| 売上合計 | 938,982 | 951,389 | 949,250 | 947,506 | 942,954 | 955,585 | 953,459 | 940,575 | 960,620 | 959,707 | 950,003 |
| 発生PT合計 | 93,894 | 95,134 | 94,920 | 94,747 | 94,291 | 95,554 | 95,341 | 94,054 | 96,058 | 95,967 | 94,996 |
| 使用PT合計 | 26,218 | 28,061 | 27,501 | 26,944 | 25,996 | 27,315 | 27,441 | 26,075 | 27,780 | 28,543 | 27,187 |
| 未使用PT合計 | 67,676 | 67,073 | 67,420 | 67,803 | 68,294 | 68,238 | 67,900 | 67,979 | 68,278 | 67,424 | 67,808 |
| 発行CP合計 | 64,410 | 63,780 | 63,980 | 64,600 | 64,890 | 64,900 | 64,530 | 64,760 | 64,840 | 63,910 | 64,460 |
| 失効PT合計 | 3,266 | 3,293 | 3,440 | 3,203 | 3,404 | 3,338 | 3,370 | 3,219 | 3,438 | 3,514 | 3,348 |

上の表7.14は，比較モデル「Ko1」の結果を表7.11にある「基本モデル」の結果と同じく，10回分毎にまとめたものである．前の表7.11と上の表7.14の「売上合計」欄にある全データを見比べると，例外はあるものの売上は下がることがわかる．よって，次のようにまとめることにする．

☞「ポイント還元率だけを5%から10%に引き上げると，売上は下がることが予想される．」

この結果は当然ではあるが，次のような解釈ができる――ポイント還元率を引き上げても他の条件が変わらないのであれば，通常より多く発生したポイントの使用による値引きが増え，売上は通常より下がる．このことは，すでに示したシミュレーション結果のデータからも確認できる．表7.14にある「比較モデル」の売上合計（ポイント使用分の除いた現金支払額の合計）と使用PT合計を合わせると，977,190（＝950,003＋27,187）．表7.11にある「基本モデル」の売上合計と使用PT合計を合わせると，977,515（＝963,617＋13,898）．両者の合計はほぼ同じであるが，使用PTは「比較モデル」の方が「基本モデル」のほぼ倍（1.97＝27,187÷13,898）であるため，それを差し引いた売上合計は「比較モデル」の方が低い．

しかし，ポイント還元率を引き上げても「客数」や「ポイント使用率」に何の影響もないとするKo1のような状況は想定し難い．よって，次はポイント還元率アップに伴う「客数」と「ポイント使用率」の変化（増加）を考慮したケースについて検討することにする．具体的には，「1日の来店者数」と「ポイント使用率」の変化を両方考慮して一定の売上増が期待できる場合について調べる（次項〔2〕）．また，「1日の来店者数」が増えれば売上はどれほど上がるか，「ポイント使用率」が上がれば売上はどれほど下がるかという問いに対し，「1日の来店者数」と「ポイント使用率」の増加が売上に及ぼす影響度を調べることにする（次項〔3〕，〔4〕）．

〔2〕 ポイント還元率を 10％に引き上げても売上増が期待できる場合

標記の件について調べるために，表 7.13 にある「比較モデル」のすべてのケースの値を表 7.11 にある「基本モデル」の売上合計の平均（963,617）で割る．その結果を次の表 7.15 で示す．

表 7.15 「基本モデル」の売上に対する「比較モデル」の売上の割合

|  |  | PT使用率 |  |  |  |  |  | 平均 |
|---|---|---|---|---|---|---|---|---|
|  |  | 0.2 | 0.3 | 0.4 | 0.5 | 0.6 | 0.7 |  |
| 客数 | 10 | 0.986 | 0.975 | 0.967 | 0.959 | 0.954 | 0.958 | 0.966 |
|  | 11 | 1.079 | 1.074 | 1.068 | 1.054 | 1.046 | 1.051 | 1.062 |
|  | 12 | 1.180 | 1.164 | 1.159 | 1.148 | 1.153 | 1.139 | 1.157 |
|  | 13 | 1.273 | 1.257 | 1.247 | 1.239 | 1.234 | 1.225 | 1.246 |
|  | 14 | 1.362 | 1.355 | 1.342 | 1.339 | 1.328 | 1.336 | 1.344 |
|  | 15 | 1.469 | 1.445 | 1.436 | 1.429 | 1.419 | 1.415 | 1.435 |

上表の客数「11」の欄の値はすべて 1.0 以上で，「ポイント還元率を通常の 5％にしたとき」より多い売上が期待できる場合を示す．客数「12」〜「15」の欄の値はすべて 1.1 以上で，10％以上の売上が期待できる場合を示す．ここで客数 12〜13 は，BB 社の「1 日の来店者数が通常の 2〜3 割増しになることを期待する」人数に該当する．同人数欄の平均値に注目すると，客数が同社の期待通りになった場合は平均約 16％（1.157）〜25％（1.246）増の売上が期待できる可能性を示している．以上のことを含めて表 7.15 の結果をまとめると，次のようになる．

- ☞ 「1 日の来店者数が通常（10 人）より 10％（1 人）以上増えれば，PT 使用率が 7 割になっても，通常を上回る売上が見込まれる．」
- ☞ 「1 日の来店者数が通常より 20％（2 人）以上増えれば，PT 使用率が 7 割にまで上がる可能性を考慮しても，通常より少なくとも 16％以上の売上が見込まれる．」

〔3〕 客数増加が売上に及ぼす影響度

標記の件については，客数が 1 人（基本 10 人に対する 10％該当）ずつ増えるときの売上の変化を調べることにする．表 7.13 にあるケース K01 の売上に対する K02 の売上は，9.5％増（0.095＝(1,039,898−950,003)÷950,003），K02 の売上に対する K03 の売上は 9.3％増（0.093＝(1,137,101−1,039,898)÷1,039,898）となる．他のケースについても同様に計算した結果を表 7.16 で示す．

表 7.16 客数増加の売上への影響度

|  |  |  | PT使用率 |  |  |  |  |  |
|---|---|---|---|---|---|---|---|---|
|  |  |  | 0.2 | 0.3 | 0.4 | 0.5 | 0.6 | 0.7 |
| 客数 |  | 10 | - | - | - | - | - | - |
|  |  | 11 | 0.095 | 0.102 | 0.104 | 0.099 | 0.097 | 0.098 |
|  |  | 12 | 0.093 | 0.083 | 0.085 | 0.090 | 0.101 | 0.084 |
|  |  | 13 | 0.079 | 0.081 | 0.076 | 0.079 | 0.071 | 0.076 |
|  |  | 14 | 0.070 | 0.078 | 0.076 | 0.081 | 0.076 | 0.090 |
|  |  | 15 | 0.078 | 0.066 | 0.070 | 0.067 | 0.069 | 0.059 |
| 平均 | PT使用率別 |  | 0.083 | 0.082 | 0.082 | 0.083 | 0.083 | 0.081 |
|  | 全体 |  | 0.082 |  |  |  |  |  |

表7.16の下段には,「PT使用率別平均」と「全体平均」を求めてある.「全体平均」を用いて結果をまとめると,次のようになる.

☞「1日の来店者数が10%(1人)増えると,売上は平均8.2%上がることが予想される.」

### 〔4〕 ポイント使用率の増加が売上に及ぼす影響度

標記の件については,ポイント使用率が0.1(10%)ずつ増えるときの売上の変化を調べることにする.表7.13にあるケース $K_{01}$ の売上に対する $K_{07}$ の売上は,1.1%減($-0.011 = (939{,}225 - 950{,}003) \div 950{,}003$),$K_{02}$ の売上に対する $K_{08}$ の売上は,0.5%減($-0.005 = (1{,}035{,}133 - 1{,}039{,}898) \div 1{,}039{,}898$)となる.他のケースについても同様に計算した結果を表7.17で示す.

表7.17　ポイント使用率増加の売上への影響度

| | | PT使用率 | | | | | | 平均 | |
|---|---|---|---|---|---|---|---|---|---|
| | | 0.2 | 0.3 | 0.4 | 0.5 | 0.6 | 0.7 | 客数別 | 全体 |
| 客数 | 10 | - | -0.011 | -0.008 | -0.008 | -0.005 | 0.004 | -0.006 | -0.006 |
| | 11 | - | -0.005 | -0.006 | -0.013 | -0.007 | 0.004 | -0.005 | |
| | 12 | - | -0.014 | -0.004 | -0.009 | 0.004 | -0.012 | -0.007 | |
| | 13 | - | -0.012 | -0.008 | -0.006 | -0.004 | -0.007 | -0.008 | |
| | 14 | - | -0.005 | -0.010 | -0.002 | -0.008 | 0.006 | -0.004 | |
| | 15 | - | -0.016 | -0.006 | -0.005 | -0.007 | -0.003 | -0.007 | |

表7.17の下段には,「客数別平均」と「全体平均」を求めてある.「全体平均」を用いて結果をまとめると,次のようになる.

☞「ポイント使用率が10%(0.1)上がると,売上は平均0.6%下がることが予想される.」

### 7.7.3 結論

前節の分析結果に基づく結論を，7.4.2節で言及した3つの判断材料別にまとめて示す．

#### a. ポイント還元率を10%に引き上げた場合の売上

- 1日の来店者数が通常より**10%以上**増えるように努めれば，PT使用率が7割になっても，通常を上回る売上が見込まれる．
- 1日の来店者数が通常より**20%以上**増えるように努めれば，PT使用率が7割にまで上がる可能性を考慮しても，通常より少なくとも**16%以上**の売上増が見込まれる．

#### b. 客数増とポイント使用率の売上に及ぼす影響度

- 1日の来店者数が10%増えると，売上は平均**8.2%**上がることが予想される．
- ポイント使用率が10%上がると，売上は平均**0.6%**下がることが予想される．

#### c. クーポンの発行総額とキャンペーン終了後の来店客数

この件に関しては，まだ何も言及していない．その理由は，前節の分析がシミュレーションの結果のうち「売上合計」だけに焦点を当てたからである．「クーポンの発行総額」に関しては，シミュレーター上のTABLE-7に集計される「未使用PT合計」と「発行CP合計」欄の結果に注目する必要がある．また，「キャンペーン終了後に来店が期待できる客数」については，TABLE-7の「CP還元対象者」欄の結果に注目する必要がある．章末の付録に添付したシミュレーション結果（100回分の平均）を用いた分析例をひとつだけ示しておく．

$K_{15}$は，1日の来店者数が通常より20%多く（12人），PT使用率が通常の2倍（0.4）になることを想定したケースである．同ケースの「未使用PT合計」は55,372ポイント，「発行CP合計」は51,250円，「CP還元対象者」は93人，そして「売上合計」は1,116,603円である．この結果より次のような見通しを立てることができる．

- ケース$K_{15}$のような状況が実現されたら，基本モデルの売上（963,617）の約15.9%増の売上（1,116,603）が見込まれる．
- クーポン発行総額は51,250円になるが，この費用は同ケースの売上（1,116,603）の約4.6%，基本モデルの売上に対する増加分（152,986＝1,116,603−963,617）の約33.5%に相当する．よって，クーポン発行総額にかかる費用はペイできる．
- 上記の費用をかけてキャンペーン終了後に来店が期待できるのは最大93人．そのうち，何割の人が来店するかは未知であるが，仮に全員来るとしたら，クーポン使用額は1人当たり平均約550円（＝51,250÷93）．もし，半分しか来ないとしたら，使用されない有効期限付きのクーポンは消滅するので，使用されるクーポン付与にかかる実質的な費用も半分になる．いずれの場合においても，クーポン使用目的で来店する人による「売上増」と「新規会員獲得」が期待できるので，そのメリットの方が大きい．

### 7.7.4 検証

前節で示したシミュレーション結果とそれに基づく結論については，検証する必要がある．具体的な検証事項として，以下の4点を挙げる．

① 表7.11と表7.14にある10回分毎のシミュレーション結果にはバラツキが見られるが，シミュレーションをやり直しても前節の結論は変わらないか．
② 1日の来店者数の設定に±3の変動幅をもたせているが，変動幅の値を変えても前節の結論は変わらないか．
③ 商品の価格は10種類に限定しているが，それを増やしても前節の結論は変わらないか．
④ 今回のシミュレーションでは，母集団と1日の来店者数（1,000人と100人）を1/10に縮小したモデル（母集団100人，1日来店者数10人）を取り上げている．そして，1日の来店者数は10人をベースにし，その10%に該当する1人ずつ，最大15人（通常の1日来店者数の5割増し）まで増える場合を想定している．母集団と1日の来店者数の縮小率（1/10）を変えた場合でも，前節の結論は変わらないか．

結論から言うと，検証事項①に関しては同じ100回分のシミュレーションを繰り返しても，検証事項②に関しては変動幅を±5に変えても0にしても，検証事項③に関しては商品価格を15種類に増やしても，7.7.3節の結論aとbはほとんど変わらない．検証事項④に関しては母集団と1日の来店者数の縮小率を1/5にしたモデル（母集団200人，1日来店者数20人）用にシミュレーターを拡大し，1日の来店者数を20人から30人まで2人刻みのケースのシミュレーション結果を調べても，結論aとbはほとんど変わらない．また，検証事項②〜④をすべて組み合わせた場合について確かめても結論はほとんど変わらない．'ほとんど変わらない'とは，客数とポイント使用率の増加が売上に及ぼす影響度がそれぞれ8.3%から8.2%，0.6%から0.7%に変わる程度のことをいう．検証結果の詳細なデータは，紙面の制約上，省くことにする．

### 7.8 まとめ

本章で作成したシミュレーターは，現実問題の規模を1/10に縮小したものである．これは'現実を100%反映したものではない'とし，それを理由に同シミュレーション結果に対して懐疑的な見方をする読者もいるかもしれない．本章のまとめとして，縮小モデルを使ったシミュレーションに対する私見を述べておくことにする．

まず，キャンペーン参加人数の母集団を1,000人とし，1日の来店者数を100人とする．つまり現実をそのまま反映したシミュレーションの可能性について触れよう．今のパーソナルコンピュータの処理能力からすれば，それは不可能ではない．よって，そのようにしてもよい．しかし，人数が多い分，計算量は増幅し分析に手間もかかる．その点を考慮すると，初めから大掛りなシミュレーションに着手するよりは，小さいモデルで試してからモデルの拡大の必要性を検討した

ほうが，効率いい．前節で母集団の規模を100人から200人に拡大した検証例について言及したのは，そのためである．

　次は，シミュレーションの必要性と目的という観点から述べよう．シミュレーションは現実の現象を上手く捉えたモデルを作り，その現象の解析や予測を行う実験的な手法である．そのため，必ずしも現実の完璧な再現を要しない．もし，今回の課題に対して現実状況の完璧な再現を求めるなら，実験的に企画案通りのキャンペーンを実行するしかない．しかし，それでは30日間という時間をかけて1回分の実験データしか得られない（ここにモデルを使ったシミュレーションの必要性がある）．なお，今回のシミュレーションは，企画案がもたらす結果を予測し，同案の有効性ないし妥当性を評価する判断材料を得ることを目的としている．この点に関して言うと，1/10の縮小モデルを使ったシミュレーション結果からでも7.7.3節でまとめた判断材料を提示することはできている．最後に，縮小モデルを使ったシミュレーションの実例を紹介しておこう．

　2013年1月21日，中部電力は，浜岡原発（静岡県御前崎市）に津波が到来した場合，敷地内がどのように浸水するかを検証する実験を公開した．名古屋大学の施設内に作られた水槽（幅11 m，長さ28 m）の一端に浜岡原発（1〜5号機建屋と防波堤）の150分の1の縮小模型を設置し，水槽の反対側で発生させた人工の波を襲わせる実験であった．南海トラフ地震が発生したときに御前崎市の海岸線付近に襲う津波の高さは，内閣府発表の試算では最大で19メートル．これを受けて中部電力は建設中の防波壁の高さを18 mから22 mにかさ上げすることを決めた．そのため，実験では高さ18 mと22 mの防波堤に，20 m超と23 m超の津波が襲った場合の浸水状況を調べることにした．結果は「防波堤を22 mにした場合では波が壁で遮られてほとんど水が入らなかった」という．実験の必要性に関しては，「陸上に入った波の挙動はよく分かってないため，津波に浸水する様子を確かめることと建物にかかる圧力などを測定することが不可欠だった」そうである．そして，模型と人工の波を用いた実験ではあるが，「実験で得たデータは解析し，今後の津波対策に活かす」としていた（参考資料[4][5][6]より）．

参考文献・URL

[1] ポイント・プログラムをめぐる経営の諸問題について，海保英孝，成蹊・経済研究，第187号，2010
[2] 顧客ロイヤルティ・マーケティング：小売業のベストカスタマー育成戦略，中村雅司訳，ダイヤモンド社，2001
[3] ヨドバシ・ドット・コム
　　（http://www.goldpoint.co.jp/news/topics/bookdotcom.html）
[4] 「浜岡の津波　模型で検証　南海トラフ級想定　中電と名大」，中日新聞朝刊，2013.1.22
　　（http://edu.chunichi.co.jp/?action_kanren_detail=true&action=education&no=3017）
[5] 「浜岡原発の模型で津波浸水実験　中部電力」，朝日新聞デジタル，2013.1.26
　　（http://www.asahi.com/special/news/articles/NGY201301250041.html）
[6] 「中部電，浜岡原発の津波時浸水状況を大型模型で検証」，日本経済新聞電子版，2013.1.22
　　（http://www.nikkei.com/article/DGXNZO50831700R20C13A1L61000/）

# 付録Ⅰ：シミュレーション結果一覧

・ポイント還元率：0.1（10%）　・シミュレーション回数：100回

| 売上合計 | | PT利用率 | | | | | |
|---|---|---|---|---|---|---|---|
| | | 0.2 | 0.3 | 0.4 | 0.5 | 0.6 | 0.7 |
| 客数 | 10 | 950,003 | 939,225 | 932,161 | 924,300 | 919,326 | 922,702 |
| | 11 | 1,039,898 | 1,035,133 | 1,029,284 | 1,015,413 | 1,008,286 | 1,012,698 |
| | 12 | 1,137,001 | 1,121,296 | 1,116,603 | 1,106,502 | 1,110,581 | 1,097,337 |
| | 13 | 1,226,537 | 1,211,679 | 1,201,471 | 1,194,201 | 1,189,215 | 1,180,828 |
| | 14 | 1,312,597 | 1,306,058 | 1,292,793 | 1,290,408 | 1,279,530 | 1,287,690 |
| | 15 | 1,415,385 | 1,392,179 | 1,383,491 | 1,376,861 | 1,367,703 | 1,363,343 |

| 発生PT合計 | | PT使用率 | | | | | |
|---|---|---|---|---|---|---|---|
| | | 0.2 | 0.3 | 0.4 | 0.5 | 0.6 | 0.7 |
| 客数 | 10 | 94,996 | 93,913 | 93,202 | 92,408 | 91,905 | 92,238 |
| | 11 | 103,984 | 103,503 | 102,911 | 101,515 | 100,797 | 101,231 |
| | 12 | 113,694 | 112,117 | 111,640 | 110,620 | 111,021 | 109,688 |
| | 13 | 122,647 | 121,153 | 120,125 | 119,386 | 118,877 | 118,030 |
| | 14 | 131,253 | 130,589 | 129,254 | 129,001 | 127,904 | 128,707 |
| | 15 | 141,530 | 139,199 | 138,320 | 137,642 | 136,716 | 136,266 |

| 使用PT合計 | | PT使用率 | | | | | |
|---|---|---|---|---|---|---|---|
| | | 0.2 | 0.3 | 0.4 | 0.5 | 0.6 | 0.7 |
| 客数 | 10 | 27,187 | 36,535 | 43,389 | 50,170 | 53,394 | 57,013 |
| | 11 | 32,437 | 41,362 | 50,411 | 56,612 | 60,194 | 64,832 |
| | 12 | 36,489 | 47,894 | 56,267 | 64,413 | 68,289 | 72,508 |
| | 13 | 40,278 | 53,641 | 62,044 | 70,839 | 76,155 | 80,342 |
| | 14 | 44,128 | 60,477 | 69,382 | 79,032 | 83,905 | 89,690 |
| | 15 | 50,630 | 66,086 | 76,709 | 86,454 | 91,677 | 97,082 |

| 未使用PT合計 | | PT使用率 | | | | | |
|---|---|---|---|---|---|---|---|
| | | 0.2 | 0.3 | 0.4 | 0.5 | 0.6 | 0.7 |
| 客数 | 10 | 67,808 | 57,379 | 49,813 | 42,238 | 38,511 | 35,225 |
| | 11 | 71,547 | 62,140 | 52,500 | 44,903 | 40,604 | 36,399 |
| | 12 | 77,205 | 64,222 | 55,372 | 46,207 | 42,733 | 37,180 |
| | 13 | 82,369 | 67,513 | 58,081 | 48,547 | 42,723 | 37,688 |
| | 14 | 87,125 | 70,113 | 59,872 | 49,969 | 43,999 | 39,017 |
| | 15 | 90,900 | 73,113 | 61,611 | 51,189 | 45,039 | 39,184 |

| 発行CP合計 | | PT使用率 | | | | | |
|---|---|---|---|---|---|---|---|
| | | 0.2 | 0.3 | 0.4 | 0.5 | 0.6 | 0.7 |
| 客数 | 10 | 64,460 | 53,762 | 45,961 | 38,225 | 34,384 | 30,991 |
| | 11 | 68,040 | 58,328 | 48,490 | 40,793 | 36,343 | 32,034 |
| | 12 | 73,680 | 60,307 | 51,250 | 41,921 | 38,355 | 32,657 |
| | 13 | 78,739 | 63,521 | 53,928 | 44,192 | 38,208 | 33,082 |
| | 14 | 83,482 | 66,049 | 55,563 | 45,492 | 39,467 | 34,371 |
| | 15 | 87,182 | 68,995 | 57,257 | 46,665 | 40,420 | 34,471 |

| 失効PT合計 | | PT使用率 | | | | | |
|---|---|---|---|---|---|---|---|
| | | 0.2 | 0.3 | 0.4 | 0.5 | 0.6 | 0.7 |
| 客数 | 10 | 3,348 | 3,617 | 3,852 | 4,013 | 4,127 | 4,234 |
| | 11 | 3,507 | 3,812 | 4,010 | 4,110 | 4,261 | 4,365 |
| | 12 | 3,525 | 3,915 | 4,122 | 4,286 | 4,378 | 4,523 |
| | 13 | 3,630 | 3,992 | 4,153 | 4,355 | 4,515 | 4,606 |
| | 14 | 3,643 | 4,064 | 4,309 | 4,477 | 4,532 | 4,646 |
| | 15 | 3,718 | 4,118 | 4,354 | 4,524 | 4,619 | 4,713 |

| CP還元対象者 | | PT使用率 | | | | | |
|---|---|---|---|---|---|---|---|
| | | 0.2 | 0.3 | 0.4 | 0.5 | 0.6 | 0.7 |
| 客数 | 10 | 93 | 92 | 91 | 89 | 89 | 89 |
| | 11 | 94 | 93 | 92 | 90 | 90 | 89 |
| | 12 | 95 | 94 | 93 | 91 | 91 | 90 |
| | 13 | 95 | 94 | 93 | 92 | 90 | 90 |
| | 14 | 96 | 94 | 94 | 92 | 92 | 91 |
| | 15 | 95 | 94 | 93 | 92 | 91 | 91 |

## 付録Ⅱ：実験データ自動記録用マクロ

本文の 7.7 節で説明した 3 つのボタンには，以下の内容のマクロが登録されている．

```
Sub Auto()

    Dim i As Integer
    For i = 36 To 65
        Range("AD21:AD320").Copy                    'TABLE-4 の結果をコピーする
        Cells(21, i).PasteSpecial Paste:=xlValues   'TABLE-5 に転記する
    Next i

    Application.CutCopyMode = False
    Range("A1").Activate

End Sub
```

```
Sub Clear()
    Range("AJ21:BM320").ClearContents               'TABLE-5 の記録を削除する
    Range("A1").Activate
End Sub
```

```
Sub Once()

    Dim i As Integer
    i = 36
        If Range("BM10").Value <> 0 Then
            Exit Sub                                '記録可能範囲を「30 日目」までとする装置
        End If
    Do Until Cells(8, i) = 0
        i = i + 1
    Loop
    Range("AD21:AD320").Copy                        'TABLE-4 の結果をコピーする
    Cells(21, i).PasteSpecial Paste:=xlValues       'TABLE-5 の「1 日目」から転記していく

    Application.CutCopyMode = False
    Range("A1").Activate

End Sub
```

# 第 8 章　シミュレーション結果の数理的評価

Statistical reasoning for results of simulations using random numbers

　本章では，シミュレーション結果に対する統計学的な評価方法について述べる．具体的な内容は，「シミュレーションを通して求めようとする真の値のおよその範囲を推定する方法（統計的推定方法：8.3 節）」と，「推定の精度を高めるのに必要なシミュレーション回数を算出する方法（標本の大きさの決定方法：8.4 節）」になる．その方法を用いると，シミュレーション結果の精度に対する評価ができ，またやみくもにシミュレーション回数を増やす無駄を避けることができる．そのためには，統計学の基本的なこと（統計学の基礎：8.2 節）について先に触れる必要があるが，統計学についての学習経験のない読者を対象にしたわかり易い解説を試みる．そして，章末（まとめ：8.5 節）には，本書の第 1 章で取り上げたモンティ・ホール問題のシミュレーション結果に上記の 2 つの方法を適用した評価・分析例を示し，読者の理解を高めることにする．

## 8.1 導入

　モンテカルロ・シミュレーションでは，十分安定した結果（収束値）を求め，未知の真の値に対する解（近似解）とする．ところが，十分安定した結果を得るまでに「どれ位の実験回数が必要か」がわからない．そのため，シミュレーション結果を確かめては実験回数を増やしていくことを繰り返す．そして，ある程度安定した結果を得ると，今度は「どの程度まで安定した結果を求めるか」という問題に直面する．シミュレーション結果はバラツキが小さければ小さいほど真の値に近いことを意味する．したがって，これは「どの程度の精度を求めるか」という問題でもある．

　上記のことに対して，次のような異論があり得る——乱数を用いた数千・数万あるいはそれ以上の回数のシミュレーションが，今はパソコン上でも短時間でできてしまう．したがって，シミュレーション回数を増やすことをためらう理由などない．初めから十分と思われる実験回数を設定し，後はコンピュータから弾き出される結果を待てばいい．

　このような考え方に従うと，'とにかくシミュレーションしてみたらこうなった'ということになってしまう．しかし，それで'用足りる'と見なすのか，近年のシミュレーション関連の書物にはシミュレーション結果の評価に役立つ統計学的な分析手法についての言及はないものが多い．ここでいう'統計学的な分析手法'とは，統計学の教科書に書かれている「統計的推定 (statistical inference)」に関する諸手法を指す．それは，今のようなコンピュータがなく，小さいサンプルから大きな母集団について知る必要があった時代の研究の産物ではある．それが，コンピュータ上で疑似乱数を使った大量の実験がいくらでもできるようになったため，まるで'用なし'扱いをされているかのようにも見える．

　しかし，従来の統計的推定方法を使えば，冒頭で触れた問題に対して次のようなことが言えるようになる——実験回数を後これくらい増やせば，真の値との差（誤差）がこれくらい狭まる．逆に，誤差をここまで小さくしたければ，これくらいの実験回数が必要である．すなわち，高い精度のシミュレーション結果を効率よく求めることができる．また，シミュレーション結果の精度に関して理論的な裏付けもできる．このような観点から，本章では，

- 得られたシミュレーションの結果から未知の真の値を推定する方法
- 推定の精度を高めるのに必要なシミュレーション回数を割り出す方法

について説明することにする．しかし，その説明には，統計学の基本的なことに触れざるを得ない．そのため，「統計学の基礎」についてまとめることから始めるが，統計学に馴染みのない読者にもわかり易いよう，できる限り多くの図表を使いながら平易な説明を試みる．

## 8.2 統計学の基礎

本節では，シミュレーション結果の評価に役立つ統計学の基礎的事項について解説する．

### 8.2.1 記述統計学と推測統計学

統計学は，記述統計学（descriptive statistics）と推測統計学（inferential statistics）の2つに分けられる．大まかにいえば，前者は観察データが持つ特徴を整理・要約する方法，後者は得られたデータから調査対象全体の特性を推測・検定する方法を扱う．例えば，前者では個々のデータの代表値として「平均」を求めたり，データのバラツキの度合を「分散・標準偏差」で測ったり，変数同士の影響し合う度合を「相関図や相関係数」で示したりすることを内容とする．後者では，一部のデータ（標本：サンプル）から全体（母集団：標本抽出の母体となる集団）の特性値（母平均，母分散，母比率など）を推定したり，標本から母集団の特性について立てた仮説の有意性を検証したりすることを内容とする．統計学の歴史からいうと，過去二世紀以上もさかのぼる，自然界と人間社会の様々な現象の法則性に関する研究成果から成る記述統計学の上に，ここ一世紀ほどの間に，確率論という数学理論を武器にして打ち立てられた方法論の体系が推測統計学である．

### 8.2.2 標本調査

統計調査には，「全数調査（complete survey）」と「標本調査（sampling survey）」がある．国勢調査のように調査対象全体を調べるのが全数調査，部品の抜取り検査のように調査対象の一部を調べるのが標本調査である．どちらを選択するかは，調査対象の大きさ，調査にかかるコストや労力によって決まる．全数調査の場合は，全体が調査対象であるので得られた結果に付け加えるべきことがない．他方で標本調査の場合は，全体の一部である標本から調査対象の全体像を推測する必要がある．

「一部」から「全体」を知るためには，まず「母集団のよい縮図となる標本」を得る必要がある．そのような標本を得る方法としては，くじ引きのように，ランダムに（無作為に）標本を抽出する「**無作為抽出法**（random sampling）」が使われる．しかし，これは単にランダムに（でたらめに）サンプルを取ればいいということではなく，"母集団内の各個体が抽出される確率がすべて等しいような仕組によって抽出すること[1]"を意味する．要するに，「母集団の情報が偏りなく反映された標本」を得る必要があるということである．そうすると，標本から母集団の性質や分布を正しく評価することができるため，後に説明する統計学の推定理論はランダム・サンプリングによる標本を前提としている．因みに，抽出率を等しくするために，かつては乱数が書かれた乱数表を使用していたが，今はコンピュータで生成した疑似乱数が多く使用されている．したがって，疑似乱数を使用するモンテカルロ・シミュレーションにおける1回の実験結果は，ランダム・サンプリングによる1つの標本と見なせる．

そのため，標本の値は，標本ごとに異なり，ばらつく．そこで，取った標本のまとめ方として，「平均」を求めてばらつく個々の標本の代表値として扱い，また「分散」を求めて標本のバラツキの度合を測る．そうすることによって標本の分布を知ることはできる（平均と分散は分布の形を決める基本的な統計量である）．しかし，「平均」も「分散」も取った標本に依存するため，母集団がもつ分布の平均と分散により近い値を得るには，基本的に標本の数を増やしていくしかない．そこで，便宜上，標本を一つずつ取らずにまとまった単位の標本（例えば10個）を取る．そして，それらの標本（例の10個単位ごとの標本）の平均の分布に注目することもよくある．

標本平均は，シミュレーションにおいても注目する対象である．それは，シミュレーションの結果は乱数を用いることによってランダムに変動するため，1回1回のシミュレーション結果は意味がなく，複数回の結果を平均的に見る必要があるからである．したがって，以下では標本平均の分布とその性質に関する説明をすることにする（その説明は8.2.5節まで続く）．

### 8.2.3　標本平均の分布

標本平均（sample mean）の分布とは，個々の標本の分布ではなく，前節で言及した'まとまった単位の複数の標本'の平均達の分布を指す．例として，手作りチョコレートを1箱5個入りにして製造しているところがあるとしよう．そして，昨日に箱詰めした60箱分（300個）の商品には，いつもより1個当たりの重さにバラツキが大きい可能性があることに出荷前に気付いたとする．そこで，便宜上，1箱分のチョコレートの重さを量り，1個当たりの平均を計算したとする．それを$\bar{X}_1$とし，取りあえず10箱分それぞれの平均$\bar{X}_1, \bar{X}_2, \bar{X}_3, \cdots, \bar{X}_{10}$を得たとする．この10個の平均値の分布がここで問題としている'標本平均の分布'である．さて，箱単位で量って得た1個当たりの平均値$\bar{X}_i$の分布は，箱から取り出して量った個々のチョコレートの重さ$X_i$の分布とどう違うか．直感的に次のことが考えられる．

(a)　箱単位の平均値$\bar{X}_i$には個々の$X_i$の重さのバラツキが相殺され，$\bar{X}_i$の分布は個々の$X_i$の分布よりバラツキが小さくなる．
(b)　$\bar{X}_1, \bar{X}_2, \bar{X}_3, \cdots, \bar{X}_i$の平均を$\bar{\bar{X}}$と表すと，$\bar{X}_i$の数を増やすことによって，$\bar{\bar{X}}$は$X_i$の全体平均$\mu$（300個の母集団の平均）に近づく．

このことを図で表すと，次のページにある図8.1のようになる．同図には，最初の10箱分の$\bar{X}_1 \sim \bar{X}_{10}$と新たに取った10箱分の$\bar{X}_{11} \sim \bar{X}_{20}$の平均（中心）が$\mu$から左右にずれることはあっても，バラツキは小さいことを示している．また，右側にある$\bar{X}_1 \sim \bar{X}_{20}$のように$\bar{X}_i$の数を増やしていけば，その平均（平均の平均）$\bar{\bar{X}}$は$\mu$に近づき，$\bar{\bar{X}} \cong \mu$となることを示している．

図 8.1 標本平均の分布と元の分布

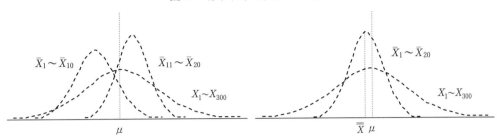

しかし，$\mu$ がわからないときに，$\overline{\overline{X}}$ が $\mu$ にどれ位近いかを知るためには，確率論的な議論が必要となる．標本の平均から母集団の真の平均を推定する確率論的装置を示す前に，まずは次節で前記の(a)と(b)を確かめることから始めることにする．

## 8.2.4 標本平均の期待値と分散

確率論では，標本はある確率分布に従う確率変数であるとする．**確率変数**（random variable）とは，ある値をある確率で取る変数のことで，$X$ と表す．そして，確率変数 $X$ が $x_1, x_2, \cdots, x_n$ の値をそれぞれ $p_1, p_2, \cdots, p_n$ の確率で取ることを，式(1)のように表す．そして，$E(X)$ を確率変数 $X$ の**期待値**（expectation），または**平均**と呼ぶ．期待値は，"平均的に得られることが期待される客観的な予想値" と理解すればいい．そして，値 $x_i$ の平均 $\mu$ からのずれ $(x_i-\mu)^2$ に確率 $p_i$ を対応させたものを**分散**（variance）といい，式(2)のように $V(X)$ と表す．また，その平方根を**標準偏差**（standard deviation）といい，式(3)のように $D(X)$ と表す．

$$E(X) = x_1 p_1 + x_2 p_2 + \cdots + x_n p_n = \mu \tag{1}$$
$$V(X) = (x_1-\mu)^2 p_1 + (x_2-\mu)^2 p_2 + \cdots + (x_n-\mu)^2 p_n = \sigma^2 \tag{2}$$
$$D(X) = \sqrt{V(X)} = \sigma \tag{3}$$

例として，サイコロを振るときにランダムに現れる数字の期待値を計算すると，式(1)より，$E(X) = 1 \cdot (1/6) + 2 \cdot (1/6) + \cdots + 6 \cdot (1/6) = \textbf{7/2}$ （=3.5）となる．この 3.5 は，サイコロの出る目の平均（正確には，確率の重みつき平均）であり，サイコロの目 1, 2, $\cdots$, 5, 6 の中心でもある．したがって，期待値は確率分布の「中心」を示す指標としても使われる（正確には，重みの重心）．分散に関しては，前式(2)よりも計算が簡単な次式

$$V(X) = E((X-\mu)^2) = E(X^2) - 2\mu E(X) + \mu^2 = E(X^2) - \mu^2 = E(X^2) - (E(X))^2 \tag{4}$$

を用いると，$E(X^2) = 1^2 \cdot (1/6) + 2^2 \cdot (1/6) + \cdots + 6^2 \cdot (1/6) = 91/6$ となり，$V(X) = 91/6 - (7/2)^2 = \textbf{35/12}$ となる．

### (1) 標本の「和」の分布

標本平均の期待値と分散を求めるためには，$\bar{X}=(X_1+X_2+\cdots+X_n)/n$ の分子である標本の「和」の期待値と分散について先に調べる必要がある．例として，2個のサイコロの目を $X_1$ と $X_2$ とすると，$X_1$ と $X_2$ は**同一分布に従う**確率変数であるので，$E(X_1)=E(X_2)=\mu$ となる．よって，$X_1$ と $X_2$ の「和」の期待値 $E(X_1+X_2)$ は式(5)のように表せる．また，$X_1$ と $X_2$ は**互いに独立**（各々のサイコロの目の出方は互いに影響しない）であるので，$V(X_1)=V(X_2)=\sigma^2$ となる．よって，分散 $V(X_1+X_2)$ は式(6)のように表せる．

$$E(X_1+X_2)=E(X_1)+E(X_2)=2\cdot\mu \tag{5}$$
$$V(X_1+X_2)=V(X_1)+V(X_2)=2\cdot\sigma^2 \tag{6}$$

よって，$E(X_1+X_2)=2\cdot(7/2)=7$, $V(X_1+X_2)=2\cdot(35/12)=35/6$ となる．因みに，式(5)と式(6)の等式が成り立つことを，それぞれ'期待値の加法性'と'分散の加法性'という．以上より，一般の $n$ 個の場合についてまとめると，次のようになる．

**$n$ 個の場合**　確率変数 $X_1, X_2, \cdots, X_n$ がすべて同一分布に従いながら互いに独立であるとき，$X_i$ の期待値と分散を $\mu$ と $\sigma^2$ とすると，$X_i$ の「和」の分布の期待値と分散は次のようになる．

$$E(X_1+X_2+\cdots+X_n)=E(X_1)+E(X_2)+\cdots+E(X_n)=n\mu \tag{7}$$
$$V(X_1+X_2+\cdots+X_n)=V(X_1)+V(X_2)+\cdots+V(X_n)=n\sigma^2 \tag{8}$$

### (2) 標本の「平均」の分布

前記同様サイコロを例にすると，2個のサイコロを振ったときに出る目の「平均」の期待値は，式(9)ように表せる．分散は，$(X_1+X_2)/2=Y$ とおいて前式(4)を用いると，式(10)のように表せる．

$$E((X_1+X_2)/2)=(E(X_1)+E(X_2))/2 \tag{9}$$
$$V(Y)=E(Y^2)-(E(Y))^2 \tag{10}$$

よって，$E((X_1+X_2)/2)=((7/2)+(7/2))/2=$**7/2** となる．また，$E(Y^2)=(2/2)^2\cdot(1/36)+(3/2)^2\cdot(1/36)+\cdots+(11/2)^2\cdot(1/36)+(12/2)^2\cdot(1/36)=329/24$ であるから，$V(Y)=(329/24)-(7/2)^2=$**35/24** となる．この結果を，サイコロが1個の場合の期待値 $E(X)=$**7/2** と分散 $V(X)=$**35/12** と比較すると，期待値は同じであるが（サイコロの個数に無関係），分散は半分（サイコロの個数で割った分），すなわち $V(Y)=V(X)/2$ になることがわかる．一般の $n$ 個の場合については，期待値と分散の演算上の性質である $E(cX)=cE(X)$, $V(cX)=c^2V(X)$ を用いて，

$$\begin{aligned}E(\bar{X})&=E((X_1+X_2+\cdots+X_n)/n)\\&=\frac{1}{n}(E(X_1)+E(X_2)+\cdots+E(X_n))=\frac{1}{n}(n\mu)=\mu\end{aligned} \tag{11}$$

$$V(\bar{X}) = V((X_1+X_2+\cdots+X_n)/n)$$
$$= \frac{1}{n^2}(V(X_1)+V(X_2)+\cdots+V(X_n)) = \frac{1}{n^2}(n\sigma^2) = \sigma^2/n \qquad (12)$$

となる(ただし,式(12)は復元抽出の場合である.非復元抽出の場合は修正が要るが,$n$ が大きくなると復元抽出と非復元抽出の区別はなくなり,非復元抽出の場合でも分散の近似解として $\sigma^2/n$ を用いることがしばしばある).以上より,一般の $n$ 個の場合についてまとめると,次のようになる.

**$n$ 個の場合** 確率変数 $X_1, X_2, \cdots, X_n$ がすべて同一分布に従いながら互いに独立であるとき,その平均 $\bar{X}=(X_1+X_2+\cdots+X_n)/n$ の期待値と分散,そして標準偏差は次のようになる.

$$E(\bar{X}) = \mu \qquad (13)$$
$$V(\bar{X}) = \sigma^2/n \qquad (14)$$
$$D(\bar{X}) = \sqrt{V(\bar{X})} = \sigma/\sqrt{n} \qquad (15)$$

### (3) まとめ

前記の式を用いて 8.2.3 節に記した(a)と(b)を確かめると,以下のようになる.

- (a′) 式(2)と式(12)より $V(X)=\sigma^2 \geq \sigma^2/n = V(\bar{X})$.よって,標本平均の分布のバラツキは元の分布のバラツキより小さくなる.
- (b′) 式(14)の $V(\bar{X})=\sigma^2/n$ に注目すると,標本平均の分散は $n$ が大きくなるにつれて減少していき,0 に収束する(これを $\sigma^2/n \to 0$ と表す).これに式(1)と式(13)の $E(X)=\mu$ と $E(\bar{X})=\mu$ を合わせると,$n$ を大きくすれば,標本平均は元の分布の平均に限りなく近づく.

補足すると,確率論では上記の(b′)を "$n \to \infty$ のとき $\bar{X}$ の分散は 0 に近づき,$\bar{X} \to \mu$ のように定数 $\mu$(母平均)に集中,確率収束していく"[2] という.因みに,これを定理の形にしたのが次節で示す「大数の法則」であるが,以下のことを意味する.

「$\bar{X}$ で $\mu$ をかなり正確に(近似的な値として)推定することができる」…(*)

統計調査においてもシミュレーションにおいても標本平均に注目するのは,上記(*)のためであることはいうまでもない.また,上記(b′)の "標本平均の分散は $n$ が大きくなるにつれて減少していく" ところの '分散' を式(15)の '標準偏差' に置き換えていうと,次のことが言える.

「$\bar{X}$ のバラツキはおよそ $1/\sqrt{n}$ の割合で減少していく」…(**)

これは次のことを意味する——$\bar{X}$ で $\mu$ を推定する場合,標本の大きさ $n$ を 4 倍にすれば推定の誤差(バラツキ)は 1/2 になる(言い換えれば,推定の精度を 2 倍にすることができる).これより,上記の(**)は,シミュレーション結果の精度を高めるのに必要なシミュレーション回数の概算によく使われる.その例は後に(8.4 節)示す.

### 8.2.5 確率論の2大定理

前節の議論を踏まえ，以下では確率論の2大定理である「大数の法則」と「中心極限定理」についてまとめることにする．

#### (1) 大数の法則

式(11)より標本平均の期待値は$\mu$に一致すること，式(12)より標本平均の分散は$n$が大きくなるにつれて0に収束すること，この2点に注目すれば予想できるが，次のことを保証するのが大数の法則（law of large numbers）である．

　「元の分布にかかわらず，標本の数を大きくすると，標本（観測値）の平均は
　　真の平均（母平均）に近づく」

これより，"標本の平均は，標本の数を大きくすると，真の平均にいくらでも近い値となることがきわめて確かである[2]"という解釈ができ，また"大標本では，観察された標本平均を母集団の真の平均（母平均）と見なしてよい[2]"ということが言える．

#### (2) 中心極限定理

式(7)と式(8)に示した標本の「和」の分布，式(11)と式(12)に示した標本の「平均」の分布は，標本の大きさ$n$が大きくなるにつれて，大略，正規分布（これについては次節で触れる）に近づくことを保証するのが中心極限定理（central limit theorem）である．これを数学的な証明を省いてまとめると，以下のようになる．

　「確率変数$X_1, X_2, \cdots, X_n$が互いに独立で，平均$\mu$，分散$\sigma^2$の同一分布に従っているとき，
　　元の分布が何であっても，$n$が大きくなると（通常30かそれ以上のとき），
　　(a)　標本の和$S_n = X_1 + X_2 + \cdots + X_n$は，$N(n\mu, n\sigma^2)$の正規分布に近づき，
　　(b)　標本の平均$\bar{X} = (X_1 + X_2 + \cdots + X_n)/n$は，$N(\mu, \sigma^2/n)$の正規分布に近づく」

参考までにこの定理に対する他書の説明を引用すると，"中心極限定理において大切なところは，もとの分布が何であっても，という点である．サンプルをたくさん取って来て平均を求めれば，バラツキは小さくなるのだから，その平均達はもとの平均を中心にしてその周辺に近づかざるを得ない[3])"，とある．因みに，"もとの分布が何であっても"は，例え母集団が左右非対称分布であっても，中心極限定理はそれに無関係に成立するという意味である．

#### (3) まとめ

前記の「大数の法則」と「中心極限定理」をまとめていうと，次のようになる——元の分布が何であろうと，標本の大きさが大きくなるにつれて，標本平均は正規分布の形をとりながら真の平均に収束する．

例を挙げると，1個のサイコロの各目の出方は確率1/6の一様分布（平均7/2，分散35/12）に従う．ところが，1個のサイコロを2回続けて振ったとき（または2個のサイコロを振ったとき）に出る目の平均達（1.0, 1.5, …, 3.5, …, 5.5, 6.0）は，サイコロを振り続けると，N(7/2, 35/24)の正規分布の形を成しながら平均3.5に集中していく，ということである．

以上のことがシミュレーションに対して示唆することをまとめてみると，次のようになる．
① シミュレーション回数はできるだけ多くし，十分安定してきた結果を求める．そうすると，真の平均に近い標本平均（近似解）を得ることができる．
② そのとき，標本平均は正規分布する．これは，正規分布の性質を利用して，真の平均（母平均）が標本平均（近似解）を中心としたある範囲内に含まれている確率を求めることができることを意味する（その方法は8.3節で示す）．

### 8.2.6　正規分布

**正規分布**（normal distribution）は，自然界や人間社会の中の多くの現象にあてはまることが知られている．そのため，調査対象の母集団に対して正規分布を想定することが多い．また，正規分布は種々の他の分布の考え方の基礎となっている．定義としては，確率変数 $X$ に対して，次のような確率密度関数が与えられる分布を正規分布という．

$$f(x) = \frac{1}{\sigma\sqrt{2\pi}} e^{-(1/2)((x-\mu)/\sigma)^2} \tag{16}$$

そして，確率変数 $X$ の平均 $\mu$ と分散 $\sigma^2$（下式参照，下式の証明は数理統計学の教科書を参照されたい）を使って，正規分布は $N(\mu, \sigma^2)$ と表す．

$$E(X) = \int_{-\infty}^{\infty} x \cdot \frac{1}{\sigma\sqrt{2\pi}} e^{-(1/2)((x-\mu)/\sigma)^2} dx = \mu \tag{17}$$

$$V(X) = \int_{-\infty}^{\infty} (x-\mu)^2 \cdot \frac{1}{\sigma\sqrt{2\pi}} e^{-(1/2)((x-\mu)/\sigma)^2} dx = \sigma^2 \tag{18}$$

ところが，確率変数 $X$ が $a$ と $b$ の区間の値となる確率 $P(a \leq X \leq b)$ を求めるには，式(19)のやっかいな計算をしなければならず，また平均 $\mu$ と分散 $\sigma^2$ の値が変わるとその度に確率を求めなおさなければならない．

$$P(a \leq X \leq b) = \int_a^b \frac{1}{\sigma\sqrt{2\pi}} e^{-(1/2)((x-\mu)/\sigma)^2} dx \tag{19}$$

そこで，次の式(20)を用いた変数変換（これを**標準化** standardization という）を行う．そうすると，平均と分散の値が異なるあらゆる正規分布を，平均=0，分散=1の正規分布 $N(0, 1)$ に変えることができるので，確率の計算は $N(0, 1)$ についてのみ求めておけば済む．この $N(0, 1)$ を**標準正規分布**（standard normal distribution）といい，分布の中心（$Z=0$）から特定の $Z$ 値までの確率を求めておいた数表を統計学の教科書の巻末に載せている．したがって，上式(19)の確率は，下式(21)の右辺の $Z$ 値に該当する数表上の確率を調べればいい．

$$Z = \frac{X-\mu}{\sigma} \tag{20}$$

$$P(a \leq X \leq b) = \int_{\frac{a-\mu}{\sigma}}^{\frac{b-\mu}{\sigma}} \frac{1}{\sqrt{2\pi}} e^{-(1/2)Z^2} dz = P\left(\frac{a-\mu}{\sigma} \leq Z \leq \frac{b-\mu}{\sigma}\right) \tag{21}$$

ここで，式(20)の Z に注目すると，$Z=1$ は，分子 $X-\mu$（観測値 X の平均 $\mu$ からの距離）と分母 $\sigma$（標準偏差）が等しくなるとき（$X-\mu=\sigma$）である．よって，$Z=2$ は，観測値 X が平均 $\mu$ から離れている距離がちょうど標準偏差の 2 倍分になるときを意味する．$Z=3$ についても同様に解釈すればいい．このことから，平均 $\mu$ から上記の 3 つの距離までの面積をそれぞれ **1 シグマ，2 シグマ，3 シグマ範囲の確率**と呼ぶ（$\sigma$ をシグマと呼ぶ）．その確率は次の通りである．確率変数 X が $N(\mu, \sigma^2)$ に従うとき，観測値 X の値が

'平均値 ± 標準偏差 1 倍分' の区間に入る確率は約 68%
'平均値 ± 標準偏差 2 倍分' の区間に入る確率は約 95%
'平均値 ± 標準偏差 3 倍分' の区間に入る確率は約 99.7%

これを式で表すと，次のようになる（右端のカッコは区間外に落ちる確率）．

$$\begin{aligned} P(\mu - 1\sigma \leq X \leq \mu + 1\sigma) &= P(-1 \leq Z \leq 1) = 0.6827 \fallingdotseq 0.68 \quad (\fallingdotseq 1/3) \\ P(\mu - 2\sigma \leq X \leq \mu + 2\sigma) &= P(-2 \leq Z \leq 2) = 0.9545 \fallingdotseq 0.95 \quad (\fallingdotseq 1/20) \\ P(\mu - 3\sigma \leq X \leq \mu + 3\sigma) &= P(-3 \leq Z \leq 3) = 0.9973 \fallingdotseq 0.997 \quad (\fallingdotseq 3/1000) \end{aligned} \tag{22}$$

このことから，式(22)を使ってデータの 95% が入る範囲を予測したり，逆にその範囲の下限や上限を超える観測値には注意を払ったりする．そのような使い方をする式(22)を，英語では two-standard-deviation rule of thumb[4] と呼ぶ．そして，計算上ちょうど 95% の範囲を示す Z 値 $=1.96$（中心 0 から上側 47.5 パーセント点，両側で 95%）を使った式(23)もよく使う（図 8.2 参照）．

$$P(\mu - 1.96\sigma \leq X \leq \mu + 1.96\sigma) = P(-1.96 \leq Z \leq 1.96) = 0.9500 \tag{23}$$

図 8.2　標本の 95% が入る区間

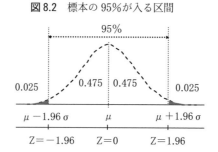

## 8.3 統計的推定方法

本節では，"統計理論の中心であり頂点[2]"ともいわれている**統計的推定**（statistical inference, estimation）についてまとめることにする．

### 8.3.1 推定量の要件

確率論では，母集団分布の特性値を**母数**（parameter）といい，母数を推定するために標本から求めた平均と分散のような統計量を**推定量**（estimator）という．母平均の推定量として考えられるのは標本平均（算術平均）の他に中央値や刈り込み平均などもある．しかし，そのすべてが母平均の推定量として適当であるのではない．推定量には"以下の2つの基準を最小限満たす必要がある[2]"という条件がつく．

▶ **不偏性** 不偏性とは，推定量 $\hat{\theta}$ の期待値が母数の値 $\theta$ と等しいこと，すなわち，平均的に母数を過大・過小に評価すること（偏り）がないことを要求する基準である．数式で書くと，以下のようになる．そして，この基準を満たす推定量を**不偏推定量**（unbiased estimator）と呼ぶ．

$$E(\hat{\theta}) = \theta \tag{24}$$

▶ **一致性** 一致性とは，標本の大きさ $n$ が大きくなるに従い，$n$ によって変化する推定量 $\hat{\theta}_n$ が母数の値 $\theta$ に近づくことである．数学的に表現すると，以下で示したように，$n \to \infty$ のとき，両者の差の確率が限りなく0に近づくことを要求する基準である．そして，この基準を満たす推定量を**一致推定量**（consistent estimator）と呼ぶ．

$$P(|\hat{\theta}_n - \theta| < \varepsilon) \to 0 \tag{25}$$

それでは，標本平均と標本分散が母平均と母分散の推定量として，上記の基準を満たすかを確かめよう．まず，母平均を $\mu$，母分散を $\sigma^2$ とするとき，大きさ $n$ の標本平均の期待値は式（13）で示したように，

$$E(\bar{X}) = \mu \tag{26}$$

であるから，標本平均は母平均の不偏推定量であることがわかる．一致性に関しては，既に触れた「大数の法則」より，標本平均 $\bar{X}$ は母平均 $\mu$ の一致推定量であることがわかる．次は母分散の推定量についてであるが，その推定量として，以下の分散

$$s^2 = \frac{1}{n}((X_1 - \bar{X})^2 + (X_2 - \bar{X})^2 + \cdots + (X_n - \bar{X})^2) \tag{27}$$

を用いることにすると，その期待値は（証明は省略）

$$E(s^2) = \frac{n-1}{n} \cdot \sigma^2 \neq \sigma^2 \tag{28}$$

となり，$1/n$ の分だけ（$n=10$ なら1割）母分散 $\sigma^2$ を平均的に過小推定することになる．そのため，式(27)の $s^2$ は $\sigma^2$ に対する不偏推定量ではない．そこで，$n-1$ で割った次式(29)の

$$s^2 = \frac{1}{n-1}((X_1-\bar{X})^2 + (X_2-\bar{X})^2 + \cdots + (X_n-\bar{X})^2) \tag{29}$$

$s^2$ を用いると，

$$E(s^2) = \sigma^2 \tag{30}$$

となるので，母分散の不偏推定量として使える．このことから式(29)の $s^2$ を**不偏分散**（unbiased variance）と呼ぶ．不偏分散の一致性に関しては，チェビシェフの不等式を使って示すことができることだけを記しておく．まとめると，標本平均 $\bar{X}$ は母平均 $\mu$，不偏分散 $s^2$ は母分散 $\sigma^2$ の推定量として使える．

### 8.3.2　推定の考え方

未知の母数 $\theta$ を推定するには，$\theta$ をある一つの値として推定する「点推定」という方法もあるが，ここでは「区間推定」という方法を取り上げることにする．区間推定は，下式(31)が示すように，真の母数の値 $\theta$ がある区間 [L, U] に入る確率を $1-\alpha$ 以上になることを保証する方法である（$\alpha$ は区間に入らない確率）．

$$P(L \leq \theta \leq U) \geq 1-\alpha \tag{31}$$

上記の $1-\alpha$ を**信頼度**あるいは**信頼係数**（confidence coefficient），区間 [L, U] を $100(1-\alpha)$% の**信頼区間**（confidence interval）と呼ぶ．また，L と U はそれぞれ，**下側信頼限界**（lower confidence limit），**上側信頼限界**（upper confidence limit）と呼ぶ．信頼度（信頼係数）は推定の精度を表すものであり，95%（$\alpha=0.05$）に設定することが多い．

### 8.3.3　母平均の区間推定

母平均の区間を推定するとき，母分散 $\sigma^2$ が既知の場合と未知の場合とでは，推定の方法が異なる．

#### (1)　母分散が既知の場合

中心極限定理（8.2.5節）で触れたように，標本平均 $\bar{X}$ は正規分布 $N(\mu, \sigma^2/n)$ に従う．そして，$\bar{X}$ を標準化した

$$Z = \frac{\bar{X}-\mu}{\sigma/\sqrt{n}} \tag{32}$$

は標準正規分布 $N(0, 1)$ に従い，

$$P\left(-Z_{\alpha/2} \leq \frac{\bar{X}-\mu}{\sigma/\sqrt{n}} \leq Z_{\alpha/2}\right)=1-\alpha \tag{33}$$

となる．ここでカッコ内の不等式を$\mu$について解くと，

$$P\left(\bar{X}-Z_{\alpha/2}\cdot\sigma/\sqrt{n} \leq \mu \leq \bar{X}+Z_{\alpha/2}\cdot\sigma/\sqrt{n}\right)=1-\alpha \tag{34}$$

となるから，母平均$\mu$の$100(1-\alpha)$％の信頼区間は次のようになる．

$$\left[\bar{X}-Z_{\alpha/2}\cdot\sigma/\sqrt{n},\ \bar{X}+Z_{\alpha/2}\cdot\sigma/\sqrt{n}\right] \tag{35}$$

ここで$Z_{\alpha/2}$は，標準正規分布$N(0,1)$における上側$100(\alpha/2)$パーセント点を表す．例えば，95％の信頼区間を求めるときに使う上側2.5パーセント点は，標準正規分布表（数表）より$P(Z>1.96)=0.025$であるから，$Z_{0.025}=1.96$となる．90％の信頼区間を求めるときに使う上側5パーセント点$Z_{0.05}$と，99％の信頼区間を求めるときに使う上側0.5パーセント点$Z_{0.005}$の値は，以下の図に示しておく．

図8.3　$100(1-\alpha)$％の信頼区間と上側パーセント点

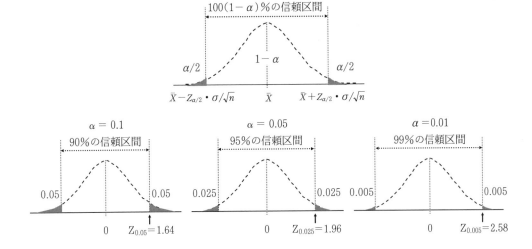

### (2) 母分散が未知の場合

この場合は，未知の母分散の推定量として式(29)の不偏分散$s^2$を使う．そして，式(32)にある$\sigma$を不変分散からとった$s$に変えて

$$t=\frac{\bar{X}-\mu}{s/\sqrt{n}} \tag{36}$$

とおく．すると，この統計量は自由度$n-1$の$t$分布$t(n-1)$に従い，

$$P\left(-t_{\alpha/2}(n-1) \leq \frac{\bar{X}-\mu}{s/\sqrt{n}} \leq t_{\alpha/2}(n-1)\right)=1-\alpha \tag{37}$$

となる．ここで $t_{\alpha/2}(n-1)$ は，自由度 $n-1$ の $t$ 分布における上側 $100(\alpha/2)$ パーセント点を表す（自由度に関する説明は第6章の付録参照）．そして，式(37)のカッコの中の不等式を $\mu$ について解くと，

$$P\left(\bar{X} - t_{\alpha/2}(n-1)\cdot s/\sqrt{n} \leq \mu \leq \bar{X} + t_{\alpha/2}(n-1)\cdot s/\sqrt{n}\right) = 1 - \alpha \tag{38}$$

となる．よって，母平均 $\mu$ の $100(1-\alpha)\%$ の信頼空間は次のようになる．

$$\left[\bar{X} - t_{\alpha/2}(n-1)\cdot s/\sqrt{n},\ \bar{X} + t_{\alpha/2}(n-1)\cdot s/\sqrt{n}\right] \tag{39}$$

### (3) 推定例

大学生200人の身長を調べたところ，平均は158.61cm，分散は25.20（$=5.02^2$）であったとする．この200人を母集団と見なし，前記の推定方法による母平均の95%の区間推定の例を示す．

① まず，母分散既知の場合の例とする．すなわち，まだ200人に対する全数調査を行っていないが，例年の調査結果より分散（身長のバラツキ）は知っていると仮定する．そして，200人からランダムに選んだ10人分のデータを今日はじめて得た標本とする．そして，その標本の平均 $\bar{X} = 159.42$ であったとする．ここで，$\sigma = 5.02$，$Z_{0.025} = 1.96$．これらの値を式(34)に代入すると，母平均 $\mu$ の95%の信頼区間は次のようになる．

$$159.42 - 1.96\cdot\frac{5.02}{\sqrt{10}} \leq \mu \leq 159.42 + 1.96\cdot\frac{5.02}{\sqrt{10}}$$
$$156.31 \leq \mu \leq 162.53$$

② 今度は，母分散未知の場合の例とする．すなわち，今回の調査が初めてであると仮定する．前記①の標本を使うことにし，同標本の不偏分散 $s^2 = 23.33$（$=4.83^2$）であったとする．ここで，自由度9の $t$ 分布の2.5パーセント点を数表から調べると，$t_{0.025}(9) = 2.262$．これらの値を式(38)に代入すると，次のようになる．

$$159.42 - 2.262\cdot\frac{4.83}{\sqrt{10}} \leq \mu \leq 159.42 + 2.262\cdot\frac{4.83}{\sqrt{10}}$$
$$155.97 \leq \mu \leq 162.87$$

③ 次は，新たに10人分の標本を抽出したところ，$\bar{X} = 156.83$，$s^2 = 28.73$（$=5.36^2$）であったとする．そして，前記②と同じく母分散未知の場合の推定を行うと，次のようになる．

$$156.83 - 2.262\cdot\frac{5.36}{\sqrt{10}} \leq \mu \leq 156.83 + 2.262\cdot\frac{5.36}{\sqrt{10}}$$
$$153.00 \leq \mu \leq 160.66$$

④ 最後は，①と③で抽出した合計20人分の標本を使い，母分散未知の場合の推定例とする．そこで，$\bar{X} = 158.13$，$s^2 = 25.96$（$=5.10^2$）であったとする．そして，$t_{0.025}(19) = 2.093$ である

から次のようになる．

$$158.13 - 2.093 \cdot \frac{5.10}{\sqrt{20}} \leq \mu \leq 158.13 + 2.093 \cdot \frac{5.10}{\sqrt{20}}$$

$$155.74 \leq \mu \leq 160.51$$

以下では，前記①〜④の推定区間を図8.4にまとめ，簡単な解説を付けることにする．因みに，200人全員のデータの約95%が入る範囲は，148.6〜168.5であったとする．

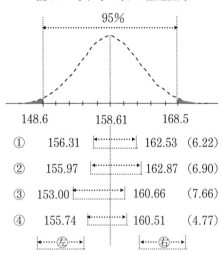

図8.4 母平均に対する推定区間

まず，①〜④の推定区間には母平均 $\mu$（=158.61）が含まれているので，①〜④の推定はそれぞれ正しいことがわかる．無論，これは母平均 $\mu$ を知っているから言えることである．母平均 $\mu$ が未知のときには，それぞれの推定区間に母平均が含まれる可能性があることを言えるだけである．そのため，場合によっては，母集団分布の裾野に近いところの標本が多く取られ，推定区間に $\mu$ が含まれない㊧と㊨のような推定となることもあり得る．その場合は母平均について誤った推定をすることになる．また，①〜④においても，信頼度95%というのは，未知の母平均に対する推定が外れる確率が5%はあることを意味するので，留意する必要がある．

次に，母分散既知の場合①と母分散未知の場合②の推定幅を比較すると，①の幅（6.22＝162.23－156.31）より②の幅（6.90＝162.87－155.97）の方が広くなっている．この例ではその差は僅少であるが，②の計算に使う $t_{\alpha/2}(n-1)$ には情報（自由度）が1つ少ない分，推定の幅が広くなる．

最後に，④の結果に注目すると，推定の幅が最も小さく（4.77），その分推定の精度が高い．それは，式(38)を見てもわかるが，推定に使用した標本数が他の例の倍（20人分）になっているからである．標本の数を増やすほど推定の精度が高まるのは，これで理解できよう．

### (4) 補足

既に言及したように，母分散が未知の場合には正規分布ではなく $t$ 分布を使う．しかし，標本の大きさ $n$ がある程度大きいときには，$t$ 分布の代わりに正規分布を使っていい．すなわち，式(38)の代わりに次式を使ってもいい．

$$P(\bar{X}-Z_{\alpha/2}\cdot s/\sqrt{n} \leq \mu \leq \bar{X}+Z_{\alpha/2}\cdot s/\sqrt{n})=1-\alpha \tag{40}$$

その理由は，自由度が大きくなると，$t$ 分布は正規分布に近づくからである．それを図 8.5 に示すが，自由度が 20 位になれば $t$ 分布は標準正規分布 N(0, 1) のグラフと重なり，見かけ上ほとんど区別ができなくなる．

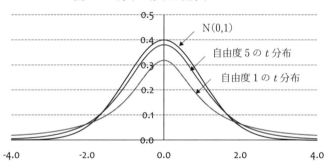

図 8.5 $t$ 分布と標準正規分布のグラフ

参考までに表 8.1 を示すが，95％の信頼区間の計算に使う上側 2.5 パーセント点の行を見ると，自由度が 60 のとき $t_{0.025}(60)=2.000$ で，それより自由度が大きくなると次第に N(0, 1) の同じパーセント点 $Z_{0.025}=1.96$ に近づいていく．因みに，統計学の教科書にある $t$ 分布の数表には，自由度が 120 か 240（その次は∞）までの値しか載っていない．これは，$t$ 分布の使用は自由度がそれまでのときを想定しているからとも言える．表 8.1 にある自由度 1,000 のときのパーセント点は参考用に計算して示したものである．以上のことをまとめた結論を下表の下に記しておく．

表 8.1 $t$ 分布と標準正規分布のパーセント点

| 自由度 | 10 | 30 | 60 | 100 | 240 | 1000 | ∞ | N(0.1) |
|---|---|---|---|---|---|---|---|---|
| 5.0％点 | 1.812 | 1.697 | 1.671 | 1.660 | 1.651 | 1.646 | 1.645 | 1.645 |
| 2.5％点 | 2.228 | 2.042 | 2.000 | 1.984 | 1.970 | 1.962 | 1.960 | 1.960 |
| 0.5％点 | 3.169 | 2.750 | 2.660 | 2.626 | 2.596 | 2.581 | 2.576 | 2.576 |

① 「母分散が未知で $n$ が小さいとき」には，式(38)の $t$ 分布のパーセント点を使う．
② 「母分散が未知で $n$ が大きいとき」には，式(40)の標準正規分布のパーセント点を使う．

### 8.3.4 母比率の区間推定

本節では，「成功」対「失敗」，「賛成」対「反対」のように，母集団が 2 つの種類に分かれているとき，その構成比率を推定する方法について述べる．因みに，可能な結果が A と B (≠A) の

2種類しかない事件・観測を，同じ条件で独立に $n$ 回繰り返すことを**ベルヌーイ試行**（Bernoulli trials）という．そして，$n$ 回試行した結果，成功が $x$ 回，失敗が $n-x$ 回出る確率が $f(x) = {}_nC_x p^x (1-p)^{n-x}$, $x = 0, 1, \cdots, n$ で与えられる確率分布を**二項分布**（binomial distribution）という．したがって，ここで取り上げる問題は，二項分布する母集団から取り出した標本の平均（標本比率）$\bar{X}$ から，母集団の比率（母比率）$p$ を推定することになる．

まず，事象 A が起こったときを 1，起こらなかったときを 0 とする二項母集団から大きさ $n$ の標本を取る場合を想定する．すなわち，互いに独立な $n$ 個の確率変数 $X_i$ ($i = 1, 2, \cdots, n$) が，次のように 1 または 0 の値をそれぞれ $p$ と $1-p$ の確率で取るとする．

$$X_i = \begin{cases} 1, & P(X_i = 1) = p \\ 0, & P(X_i = 0) = 1 - p \end{cases} \tag{41}$$

そのとき，

$$\mu = E(X_i) = 1 \times p + 0 \times (1-p) = p \tag{42}$$

$$\sigma^2 = V(X_i) = E(X_i^2) - (E(X_i))^2 = 1^2 \times p + 0^2 \times (1-p) - p^2 = p(1-p) \tag{43}$$

であるから（すなわち，母平均 $\mu = p$，母分散 $\sigma^2 = p(1-p)$），標本平均 $\bar{X} = \sum X_i / n$ は式(7)と(8)，式(11)と(12)より

$$E(\bar{X}) = np/n = p \tag{44}$$

$$V(\bar{X}) = np(1-p)/n^2 = p(1-p)/n \tag{45}$$

をもつ．また，中心極限定理を用いると，「二項分布に従う母集団から取った $n$ 個の標本の平均（比率）$\bar{X}$ の分布は $n$ が大きくなると，正規分布 $N(p, p(1-p)/n)$ 近づく」となる．すると，標準化による次の統計量

$$Z = \frac{\bar{X} - p}{\sqrt{p(1-p)/n}} \tag{46}$$

は近似的に標準正規分布 $N(0, 1)$ に従う．よって，

$$P\left( -Z_{\alpha/2} \leq \frac{\bar{X} - p}{\sqrt{p(1-p)/n}} \leq Z_{\alpha/2} \right) \fallingdotseq 1 - \alpha \tag{47}$$

が成り立つ．ここで，$\bar{X} = \hat{p}$ とし，式(47)を $p$ について解くと，

$$P(\hat{p} - Z_{\alpha/2} \cdot \sqrt{p(1-p)/n} \leq p \leq \hat{p} + Z_{\alpha/2} \cdot \sqrt{p(1-p)/n}) \fallingdotseq 1 - \alpha \tag{48}$$

となる．ところが，この式には母数 $p$ がある．しかし，標本比率 $\hat{p}$ は，$n$ が大きい場合，大数の法則によってほとんど $p$ に等しくなる（つまり，$\hat{p}$ は $p$ の一致推定量である）．したがって，母数 $p$ の代わりに $\hat{p}$ を用いて

$$P(\hat{p}-Z_{\alpha/2}\cdot\sqrt{\hat{p}(1-\hat{p})/n} \leq p \leq \hat{p}+Z_{\alpha/2}\cdot\sqrt{\hat{p}(1-\hat{p})/n}) \fallingdotseq 1-\alpha \tag{49}$$

とすると,母比率 $p$ の $100(1-\alpha)\%$ 信頼空間は以下のようになる.

$$\left[\hat{p}-Z_{\alpha/2}\cdot\sqrt{\hat{p}(1-\hat{p})/n},\ \hat{p}+Z_{\alpha/2}\cdot\sqrt{\hat{p}(1-\hat{p})/n}\right] \tag{50}$$

[例] 新しく開発したサプリメントを 500 人のモニターに試用してもらい,348 人から「良い」という答えを得た.この結果から良品と認めてくれる人の比率 $p$ の 95% 信頼区間を求めよ.

解:$\hat{p}=348/500=0.696$,$Z_{0.025}=1.96$,$n=500$ を前式(49)に代入すると,

$$0.696-1.96\cdot\sqrt{\frac{0.696(1-0.696)}{500}} \leq p \leq 0.696+1.96\cdot\sqrt{\frac{0.696(1-0.696)}{500}}$$

よって,同製品の支持率(好感度)は,信頼度 95% で $0.656 \leq p \leq 0.736$ であると推定することができる.

## 8.4 標本の大きさの決定

本節では,「標本の大きさをどの程度にすればよいか」という問題を取り上げ,その解決方法を示すことにする.

本題に入る前に,区間推定について補足することからはじめる.8.3.3 節の図 8.3 で示したように,信頼度を高めると,信頼区間の幅は広くなる.しかし,信頼区間が広過ぎると,実質的に役に立たないので推定の意味がない.逆に,信頼区間の幅を狭くしようとして信頼度を下げると,今度は推定が誤った結果となる危険性が高くなる.そこで,'信頼度は高く信頼区間は狭く' しようとすると,標本サイズを大きくするしかない.

一方,信頼度は,8.3.2 節で言及したように,推定の精度を表す.そのため,標本平均による母平均の区間推定に伴う誤差は,|標本平均−母平均| $=|\bar{X}-\mu|$ のように捉えることができる.ここで,この誤差を一定の値に抑えるために必要な標本数と,信頼区間を一定の幅に抑えるために必要な標本数を求める方法が考えられる.本書では後者の方法を示すことにする.

### 8.4.1 母平均の区間推定の場合

まずは,母分散が既知の場合についてである.そのために,式(34)の推定区間の幅を図に表しておく.

図8.6 推定区間の幅

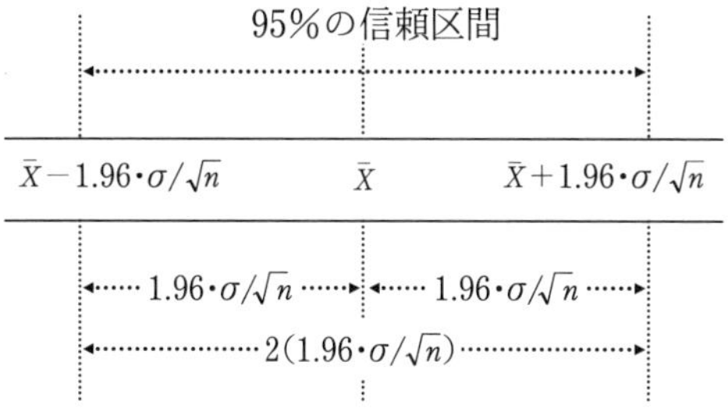

$$\overline{X} - 1.96 \cdot \sigma/\sqrt{n} \quad \overline{X} \quad \overline{X} + 1.96 \cdot \sigma/\sqrt{n}$$

ここでの問題は，図8.6にある $2(1.96 \cdot \sigma/\sqrt{n})$ を一定の幅に抑える $n$ を求めたい，ということである．求める幅を $E$ とおけば，

$$2 \cdot Z_{\alpha/2} \cdot \frac{\sigma}{\sqrt{n}} \leq E, \quad 2 \cdot \frac{Z_{\alpha/2}}{E} \cdot \sigma \leq \sqrt{n}$$

となるので，次式が得られる．

$$\left(2 \cdot \frac{Z_{\alpha/2}}{E} \cdot \sigma\right)^2 \leq n \tag{51}$$

次は，母分散が未知の場合についてであるが，この場合は式(38)にある $Z_{\alpha/2}$ の代わりに $t_{\alpha/2}(n-1)$，また $\sigma$ の代わりに $s$ を使う．そうすると，次のようになる．

$$\left(2 \cdot \frac{t_{\alpha/2}(n-1)}{E} \cdot s\right)^2 \leq n \tag{52}$$

[**例**] 8.3.3節末にある推定例①の信頼区間は [156.31, 162.53] であり，その幅は6.22である．推定例②の場合は [155.97, 162.87] であり，その幅は6.90である．両方とも10人の標本平均を使った推定結果であるが，信頼度は95％に保ちながら推定区間の幅を半分にするためには，標本数 $n$ をどれくらいにすればよいか．

解：①の場合は，$Z_{0.025} = 1.96$，$\sigma = 5.02$，$E = 3.11$ を式(51)に代入すると，$40.04 \leq n$．
②の場合は，$t_{0.025}(9) = 2.262$，$s = 4.83$，$E = 3.45$ を式(52)に代入すると，$40.11 \leq n$．

以上の結果よりわかるように，信頼区間の幅を半分にする（推定の精度を2倍にする）ためには，標本数 $n$ は4倍（10×4=40）以上にする必要がある（8.2.4節(3)項参照）．

## 8.4.2 母比率の区間推定の場合

標本比率 $\hat{p} = \overline{X} = \Sigma X_i/n$ を用いて母比率 $p$ の区間を推定する場合，$\hat{p}$ の分布は標本数 $n$ が大きくなるにつれて正規分布 $N(p, p(1-p)/n)$ に近似することは，既に述べてある．したがって，

図 8.6 と式(48)に示してある信頼区間を参照し，以下のようにする．

$$2 \cdot Z_{\alpha/2} \cdot \sqrt{\frac{p(1-p)}{n}} \leq E,$$

$$(2 \cdot Z_{\alpha/2})^2 \cdot \frac{p(1-p)}{n} \leq E^2$$

すると，次のようになる．

$$\left(2 \cdot \frac{Z_{\alpha/2}}{E}\right)^2 \cdot p \cdot (1-p) \leq n \tag{53}$$

ここで，$p \cdot (1-p)$ の取り得る最大値は，次に示すように

$$p(1-p) = (1/4) - \{(1/4) - p + p^2\} = (1/4) - \{(1/2) - p\}^2 \leq (1/4)$$

1/4 であるので，

$$\left(2 \cdot \frac{Z_{\alpha/2}}{E}\right)^2 \cdot \frac{1}{4} \leq n$$

とすると，次の一般式が得られる．

$$\left(\frac{Z_{\alpha/2}}{E}\right)^2 \leq n \tag{54}$$

母比率 $p$ が未知で $n$ が大きい場合は，$p$ の代わりに $\hat{p}$ を用いた次式を使えばいい．

$$\left(2 \cdot \frac{Z_{\alpha/2}}{E}\right)^2 \cdot \hat{p} \cdot (1-\hat{p}) \leq n \tag{55}$$

[**例**] 8.3.4 節末にある例題における 95％信頼区間の幅は 0.080（＝0.736－0.656）である．その幅を 0.05 以内に抑える推定結果を得るためには，何人以上の試用者を調査対象にすべきであったか．また，モニター調査を行う前に同じレベルの推定結果を得ることを想定していたならば，調査に必要な人数は何人と見積もるべきであったか．

解：$\hat{p} = 0.696$，$Z_{0.025} = 1.96$，$E = 0.05$ である．よって，一番目の問いに対しては，式(55)より，

$$\left(2 \cdot \frac{1.96}{0.05}\right)^2 \cdot 0.696 \cdot (1-0.696) = 1300.5 \leq n$$

二番目の問いに対しては，式(54)より，

$$\left(\frac{1.96}{0.05}\right)^2 = 1536.6 \leq n$$

## 8.5 まとめ

　疑似乱数を用いたシミュレーションの 1 回の実験結果を，確率変動する 1 つの標本と見なす．そうすると，従来の確率論をベースにした推測統計学の理論がそのまま使える．そのような観点から本章を設け，統計学に馴染みのない読者にとってもわかりやすい説明を試みた．これがかえって'難しい数式などは考えずに手軽に行える問題解決の手法がシミュレーションである'と第 1 章で述べたことに反する印象を与えたかもしれない．しかし，本章で示した理論的な知識を合わせ持つと，解を求めるのに必要なシミュレーション回数の決定に役立つだけでなく，シミュレーション結果に対する理解も深めることができる．その例を示し，本章の終わりにする．

　例は，第 1 章で取り上げた「モンティ・ホールの問題」のシミュレーションとする．第 1 章で図 1.2 の 100 回分のシミュレーション結果を示しながら，'同図に示された結果はたまたま得られたものであるかもしれないため，検証する必要がある'ことを付け加えていた．したがって，まずは第 1 章の図 1.2 の 100 回分のシミュレーション結果の検証から始めることにする．

## (1) 100回分のシミュレーション結果の検証

**図8.7** モンティ・ホール問題のシミュレーション結果例（100回目までの得点率の推移）

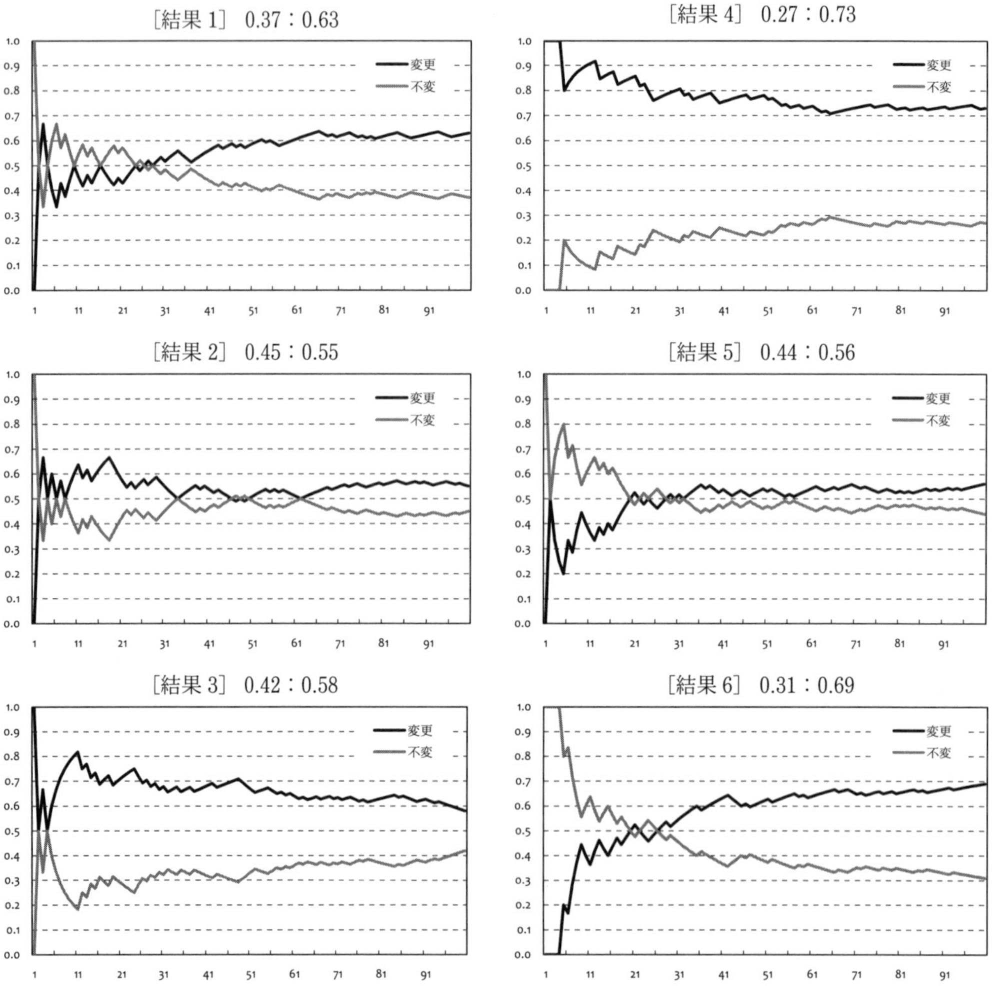

[結果1] 0.37：0.63

[結果4] 0.27：0.73

[結果2] 0.45：0.55

[結果5] 0.44：0.56

[結果3] 0.42：0.58

[結果6] 0.31：0.69

　図8.7の［結果1］は第1章に示した図1.2と同じもので，［結果2］～［結果6］は［結果1］と同じ100回分のシミュレーション結果である（図8.7は参考文献［6］に掲載したものでもある）．見てわかるように，同じ100回分の結果であってもこれほど多様な結果を目にすると，'いったい何をもってシミュレーションの結果というか'となる．

　しかし，［結果1］～［結果6］のタイトルの横にある数字（「不変：変更」の100回目の得点率）を見ると，例外なく，最初に選んだドアを変えないという意味の「不変」より「変更」した場合の得点率が高い．よって，第1章に示した図1.2の「結果1」は，5回も確認されたということになる．したがって，この［結果1］～［結果6］から，'変更の方が当たる確率が高い'を一応の結論とすることは十分考えられる．ここでいう'一応の結論'とは，'得点率が100回目以降に逆転することがないかを検証するまでの結論'という意味である．

以上が，図 8.7 の結果に対する一般的な考察例となるが，ここで，「シミュレーションの目的」と「シミュレーション結果の精度」について考えてみよう．単に「当たる確率が高いのはどちらか」を調べるのが目的なら，前記の一応の結論でも通用するであろう——[結果 1]～[結果 6] の平均得点率が **0.377**（＝0.37＋0.45＋0.42＋0.27＋.044＋0.31）÷6）：**0.623**（＝1－0.377）あり，その差も大きいことを根拠に．しかし，「当たる確率そのもの」を調べるのが目的なら，上記の平均得点率では十分とも不十分とも言えない——真の確率は未知であるため，それが真の確率にどの程度近いかを現時点では確かめることができないことを理由に．

### (2) シミュレーション結果の精度に対する統計学的分析

図 8.7 のシミュレーション結果に関する前記の諸議論に対し，本章で示した分析方法による結果を出してみよう．下の表 8.2 は式(49)と式(55)を使った計算例である．

表 8.2　母比率の信頼区間と目標精度別必要実験回数

| 計算例 | 実験回数 | 標本比率 | 95％の信頼区間 | | 幅 | $E$ | 0.100 | 0.050 | 0.025 | 0.010 |
|---|---|---|---|---|---|---|---|---|---|---|
| ① | 100 | 0.370 | 0.275 | 0.465 | 0.190 | | 359 | 1,433 | 5,732 | 35,820 |
| ② | 400 | 0.378 | 0.330 | 0.425 | 0.095 | $n$ | - | 1,445 | 5,778 | 36,111 |
| ③ | 1,500 | 0.335 | 0.311 | 0.359 | 0.048 | | - | - | 5,478 | 34,233 |

計算例①は，100 回分のシミュレーションを行った結果，「不変」が正解であった回数の比率（図 8.7 の [結果 1] の標本比率 0.370）を用いて計算した信頼区間 [0.275, 0.465] とその幅（0.190）である．その右側には，$E$（便宜上，これを目標精度と呼ぶことにする）を 0.100 以下から 0.010 以下まで抑えるのに必要な実験回数（標本数）$n$ を求めてある．計算結果は，100 回分のシミュレーション結果に基づく信頼区間の幅（0.190）を，約半分の 0.100 以下に抑えるのに必要な実験回数は 359 回以上，0.050 まで抑えるには 1,433 回以上必要であることを示している（以下同様）．これは，計算例②と③のシミュレーション回数の結果に基づく信頼区間の幅より実際確かめることができる．計算例②の 400 回分のシミュレーション結果（図 8.7 の [結果 1]～[結果 4] の平均 0.378 を使用）の信頼区間の幅を見ると，0.095＜0.100 となっている（目標精度達成）．また，計算例③の 1,500 回目までのシミュレーション結果（この結果に対しては次項(3)で詳しく触れる）の信頼区間の幅を見ると，0.048＜0.050 となっている（目標精度達成）．

以上の結果が示すように，最初の 100 回分のシミュレーション結果（図 8.7 の [結果 1]）を得た時点で，表 8.2 の計算例①のような計算をしておけば，実験回数をやたら増やす無駄を省き，実験回数を増やした場合の結果に対する見通しを立てることができる．また，100 回分のシミュレーション結果に対して次のような判断もできる——シミュレーションを通して「不変」を選ぶ場合に景品に当たる確率を求めると，0.370 であるが，真の確率は信頼度 95％で [0.275, 0.465] の間にあると推定することができる．

### (3) 再確認

最後に，シミュレーション回数を 1,500 回目まで拡大した場合の結果（参考文献[6]より）を示

しておく．図 8.8 にある 4 本の線はそれぞれ 1,500 回目までの結果（「不変」の得点率）である．その値はそれぞれ 0.335, 0.328, 0.344, 0.319 である（最初の 0.335 が表 8.2 の計算例③に記した標本比率）．

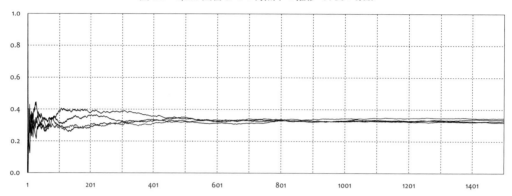

図 8.8　1,500 回目までの得点率の推移（不変の場合）

　もし，本章で示した分析方法による情報なしで，ここまでシミュレーションを拡大した（つまり 1,500 回目までのシミュレーションを 4 回行った）結果を目にしたとすると，上記の 4 つの 1,500 回目の値の平均 0.332（＝(0.335＋0.328＋0.344＋0.319)÷4）を求め，次のような結論を出すことになる——不変：変更＝0.332：0.668＝1：2.01．おそらくこれ以上シミュレーション回数を増やしてもこの結果に大きな変化はないであろう．

　しかし，本章で示した分析方法を用いると，次のような判断ができる——最初の 1,500 回目までのシミュレーション結果（表 8.2 の計算例③）を得た時点で，標本比率 0.335 に対する信頼度 95％の信頼区間を計算すると，[0.311, 0.359] となる（その幅は 0.048）．これよりさらにシミュレーション回数を増やすことにし，仮に 6,000 回（1,500 回の 4 倍）まで増やしたとしても，その結果は今の信頼区間の幅を半分にする程度に収まるだけである．

　補足だが，どの程度の精度を求めるかは，シミュレーションの問題ではなく，究極的には意思決定者の問題である．ここで，図 8.8 の結果が示唆する点を記しておこう——シミュレーション回数を 4 倍にしても，シミュレーション結果に大きな変化がなければ，もはや求める解は収束の域に達したと判断してもいい．過度な実験を行うより，得られた近似解を意思決定のたたき台にするところにシミュレーションの意義がある．特にビジネスにおいては——．

参考文献

［1］人文・社会科学の統計学，東京大学教養学部統計学教室編，東京大学出版会，1999
［2］統計学入門，東京大学教養学部統計学教室編，東京大学出版会，1994
［3］統計解析のはなし，石村貞夫，東京図書，1991
［4］Statistical Reasoning, Gary Smith, Allyn and Bacon Inc., 2nd edition, 1988
［5］経営のための直感的統計学，吉田耕作，日経 BP 社，2007
［6］シミュレーションの数理，姜秉国，南山経営研究，南山大学経営学会，30 巻 3 号，2016

# 索　引

## ア

安全係数 ……………………………………… 131
安全在庫 ……………………………………… 131
ウラム（Stanislaw Marcin Ulam） …………… 15
オペレーションズ・リサーチ ………………… 16

## カ

確率論の二大定理 ………………………… 11, 212
感度分析 ……………………………………… 102
記述統計学 …………………………………… 207
疑似乱数 ………………………………………… 7
期待値 …………………………………… 71, 209
逆マーチンゲール法 …………………………… 48
グッドマン法 …………………………………… 48
経済的発注量（EOQ） ………………………… 131
現場主義 ……………………………………… 76

## サ

循環参照 ……………………………………… 177
情報管理の一元化 …………………………… 178
信頼区間 ……………………………………… 216
信頼度 ………………………………………… 216
推測統計学 …………………………………… 207
スループット ………………………………… 145
正規乱数 ……………………………………… 110
制約条件 ……………………………………… 135
絶対参照 ……………………………………… 19
全数調査 ……………………………………… 207
相対参照 ……………………………………… 18

## タ

大数の法則 ………………………………… 12, 212
代表値 ………………………………………… 11
ダランベール法 ……………………………… 50
中心極限定理 ……………………………… 12, 212
超高速取引 …………………………………… 69
TOC（制約条件理論） ………………………… 135
定期発注方式 ………………………………… 106

定量発注方式 ………………………………… 106
テクニカル分析 ……………………………… 69
テン・パーセント法 …………………………… 48
統計的推定 …………………………………… 215
ドラム・バッファー・ロープ ………………… 138

## ナ

ノイマン（John von Neumann） ……………… 15

## ハ

発注点 …………………………………… 106, 122
ビュフォンの針 ……………………………… 14
標準偏差 …………………………… 11, 66, 166, 209
標本調査 ……………………………………… 207
VBA …………………………………………… 20
不偏標準偏差 ………………………………… 166
包除原理 ……………………………………… 41
ボックス・ミューラー法 ……………………… 110

## マ

マーチンゲール法 …………………………… 48
マルチエージェント・シミュレーション …… 4
マンハッタン計画 …………………………… 15
無作為抽出法（ランダム・サンプリング） … 207
メトロポリス（Nicholas Metropolis） ………… 15
模擬実験 ………………………………………… 2
モンティ・ホール問題 ………………………… 8
モンテカルロ法 ………………………………… 5
モンモールの問題 ……………………………… 43

## ラ

ライン生産方式 ……………………………… 136
ラインバランシング ………………………… 3, 137
リードタイム ……………………………… 111, 122
ルール・ベースの投資戦略 ………………… 45, 69

## ワ

ワーク・サンプリング ……………………… 141

## 使用関数一覧（登場順）

### CHAPTER 2
- RAND ......... 33
- RANK ......... 34
- IF ......... 34
- SUM ......... 35

### CHAPTER 3
- RANDBETWEEN ......... 57
- ROUND ......... 57
- IF ......... 58
- AND ......... 59
- COUNTIF ......... 62
- SUM ......... 62

### CHAPTER 4
- IF ......... 87
- RANDBETWEEN ......... 87
- AND ......... 88
- VLOOKUP ......... 88
- COUNTIF ......... 92
- MATCH ......... 92
- SUM ......... 95

### CHAPTER 5
- NORMINV ......... 115
- RAND ......... 115
- ROUND ......... 115
- AVERAGE ......... 116
- STDEVP ......... 116
- SUM ......... 116
- IF ......... 116
- AND ......... 118
- OFFSET ......... 118
- COUNTIF ......... 119
- MOD ......... 120

### CHAPTER 6
- RANDBETWEEN ......... 151
- IF ......... 152
- SUM ......... 153
- ROUND ......... 154
- MIN ......... 156

### CHAPTER 7
- RAND ......... 181
- RANK ......... 182
- SUM ......... 182
- ROUNDDOWN ......... 183
- RANDBETWEEN ......... 184
- IF ......... 184
- INDEX ......... 185
- MARCH ......... 185
- VLOOKUP ......... 185
- HLOOKUP ......... 185
- ROUND ......... 186
- ISERROR ......... 188
- SUMIF ......... 189
- AVERAGE ......... 191
- COUNTIF ......... 191

《著者紹介》

姜　秉国（かん・びょんく）

| | |
|---|---|
| 1992 年 | 筑波大学大学院経営・政策科学研究科経営科学専攻修士課程修了 |
| 1992 年 | Tohmatsu Touche Ross Consulting Co., Ltd.（東京）入社 |
| 1995 年 | Tohmatsu Consulting Co., Ltd.（東京）退社 |
| 1998 年 | 筑波大学大学院社会工学研究科経営工学専攻博士後期課程修了 |
| 現　在 | 南山大学経営学部経営学科准教授 |
| | 博士（経営工学） |

（検印省略）

2016年11月20日　初版発行　　　　　　　　　　　略称：シミュレーション

南山大学経営研究叢書

# ビジネス・シミュレーション　—設計・構築・分析—

BUSINESS SIMULATION: A Problem-Based Approach Using Excel

著　者　姜　　秉　国
発行者　塚　田　尚　寛

発行所　東京都文京区春日2-13-1　株式会社　創　成　社

電　話　03(3868)3867　　FAX　03(5802)6802
出版部　03(3868)3857　　FAX　03(5802)6801
http://www.books-sosei.com　　振　替　00150-9-191261

定価はカバーに表示してあります。

©2016 Byung-Kook Kang　　　　　組版：緑舎　印刷：エーヴィスシステムズ
ISBN978-4-7944-2488-4 C3034　　製本：宮製本所
Printed in Japan　　　　　　　　　落丁・乱丁本はお取り替えいたします。

―――――――― 経 営 選 書 ――――――――

|  |  |  |  |
|---|---|---|---|
| ビジネス・シミュレーション<br>― 設 計 ・ 構 築 ・ 分 析 ― | 姜　　秉　国 | 著 | 2,600円 |
| 経営情報システムとビジネスプロセス管理 | 大　場　允　晶<br>藤　川　裕　晃 | 編著 | 2,500円 |
| イ チ か ら 学 ぶ ビ ジ ネ ス<br>― 高 校 生 ・ 大 学 生 の 経 営 学 入 門 ― | 小　野　正　人 | 著 | 1,700円 |
| 脱コモディティへのブランディング<br>―企業ミュージアム・情報倫理と「彫り込まれた」消費― | 白　石　弘　幸 | 著 | 3,100円 |
| や さ し く 学 ぶ 経 営 学 | 海　野　　　博<br>畑　　　　　隆 | 編著 | 2,600円 |
| 豊かに暮らし社会を支えるための<br>教養としてのビジネス入門 | 石　毛　　　宏 | 著 | 2,800円 |
| テ キ ス ト 経 営 ・ 人 事 入 門 | 宮　下　　　清 | 著 | 2,400円 |
| 東 北 地 方 と 自 動 車 産 業<br>―トヨタ国内第3の拠点をめぐって― | 折　橋　伸　哉<br>目　代　武　史<br>村　山　貴　俊 | 編著 | 3,600円 |
| おもてなしの経営学［実践編］<br>―宮城のおかみが語るサービス経営の極意― | 東北学院大学経営学部<br>おもてなし研究チーム<br>みやぎ おかみ会 | 編著<br>協力 | 1,600円 |
| おもてなしの経営学［理論編］<br>― 旅館経営への複合的アプローチ ― | 東北学院大学経営学部<br>おもてなし研究チーム | 著 | 1,600円 |
| おもてなしの経営学［震災編］<br>―東日本大震災下で輝いたおもてなしの心― | 東北学院大学経営学部<br>おもてなし研究チーム<br>みやぎ おかみ会 | 編著<br>協力 | 1,600円 |
| 転 職 と キ ャ リ ア の 研 究<br>― 組織間キャリア発達の観点から ― | 山　本　　　寛 | 著 | 3,200円 |
| 昇　　進　　の　　研　　究<br>―キャリア・プラトー現象の観点から― | 山　本　　　寛 | 著 | 3,200円 |
| 経　　営　　財　　務　　論 | 小　山　明　宏 | 著 | 2,800円 |
| イ ノ ベ ー シ ョ ン と 組 織 | 首　藤　禎　史<br>伊　藤　友　章<br>平　安　山　英　成 | 訳 | 2,400円 |

（本体価格）

―――――――― 創 成 社 ――――――――